典学集

中国语言文学卷

罗晓静 编

编委会

主 编：胡德才

编 委：（按姓氏笔画为序）

于方 余秀才 张红蕾 范 龙
罗晓静 胡德才 阎 伟 黄俊雄

武汉大学出版社
WUHAN UNIVERSITY PRESS

图书在版编目(CIP)数据

典学集.中国语言文学卷/罗晓静编.—武汉:武汉大学出版社,
2017.10

ISBN 978-7-307-19504-2

Ⅰ.典… Ⅱ.罗… Ⅲ.①汉语—语言学—文集 ②中国文学—文学研究—文集 Ⅳ.Z121.7

中国版本图书馆 CIP 数据核字(2017)第 181398 号

责任编辑:白绍华 责任校对:李孟潇 版式设计:马 佳

出版发行:**武汉大学出版社** (430072 武昌 珞珈山)
　　　　(电子邮件:cbs22@ whu. edu. cn 网址:www. wdp. com. cn)
印刷:虎彩印艺股份有限公司
开本:720×1000 1/16 印张:28.5 字数:396 千字 插页:1
版次:2017 年 10 月第 1 版 2017 年 10 月第 1 次印刷
ISBN 978-7-307-19504-2 定价:99.00 元

序

胡德才

在中南财经政法大学新闻与文化传播学院迎来专业教育二十周年之际，为了回望来程、积累资源、传续薪火、开启未来，我们编辑了这部教师学术论文集，按新闻传播学、中国语言文学和艺术学三大学科分类成册。学院现设有新闻系、中文系和艺术系，开办了新闻学、广播电视学、网络新媒体、汉语言文学和数字媒体艺术五个本科专业。学院成立虽然只有十余年，但院内新闻、文艺等专业教育的历史却与学校的历史一样长久。学校的前身是 1948 年建校的中原大学，首任校长是著名文史学家范文澜。学校创建之初即设立了新闻系，首任系主任是时任中原局宣传部副部长的陈克寒，1949 年成立的文艺学院是中原大学最早成立的学院，也是当时中原大学的四大学院之一，另外三个学院是教育学院、财经学院和政治学院。文艺学院首任院长是著名电影导演、表演艺术家崔嵬，他曾主演和导演了《青春之歌》《红旗谱》《小兵张嘎》《杨门女将》等一批新中国电影史上有广泛影响的优秀影片。1952 年之后，因院系调整，学校人文专业中断。再到 1997 年，学校重新开办新闻学专业，创建新闻系。但从首任校长范文澜先生出版《文心雕龙讲疏》开始其学者生涯到当代学者古远清教授影响遍及海内外的台港文学研究，我们人文学科的研究是薪火相传，积淀丰赡。

本论文集选录的主要是学院成立以来各学科教师发表的部分研究成果。在征集书名时，刘君成敏博士提议为《典学集》，语出有据，古雅可喜，乃采纳之。《尚书》云："惟教学半，念终始典于学，厥德修罔觉。"孔颖达疏："念终念始，常在于学。"教乃学之半，潜心于学，矢志不渝，道德修为亦在不知不觉中提升。杨万里诗云："典学光阴璧不如，简编灯火卷还舒。"揣摩先贤哲语嘉言，于吾辈从教为学实大有裨益也。

是为序。

（作者系中南财经政法大学新闻与文化传播学院院长、中国喜剧美学研究会副会长）

目　录

古 代 文 学

现 代 文 学

外国文学及文艺学

语 言 文 字

教 育 教 学

【古代文学】

论《易林》的《诗》说

——兼论《易林》的作者

张玖青

摘　要：《易林》与《诗经》关系密切，其不仅数百次引用或化用《诗》，而且占辞绝类《诗》语，取象类《诗》，可以说是一部融通《诗》《易》的文学巨著。研究《易林》之《诗》说，不仅具有经学价值，也可以使我们据以考察《诗经》对汉代文学，尤其是汉代诗学的影响。同时对我们探讨《易林》的作者也很有裨益。

关键词：《易林》；《诗经》；经学；文；崔篆

《易林》是一部卜筮之书，全书以《周易》六十四卦为本，演变成4096卦。每一卦配四言或三言韵语占辞一首，共4096首。《易林》不仅应在《易》学史上占有一席之位，在文学史上也值得大书特书。但汉代以后，随着象数《易》的衰微，《易林》也随之淹没，沦为方术之书，其经学与文学价值渐渐不被人理解和重视，甚至于《易林》的作者都成了一桩学术谜案。有鉴于此，本文就《易林》与《诗》的关系对这些问题进行粗浅的探讨，希望得到方家的批评指正。

一、《易林》说《诗》

据笔者粗略统计，《易林》引《诗》化《诗》近四百处，涉及《诗》篇近

110篇。与先秦两汉其他典籍相比，这样的比例已经算是非常高的了。《易林》引《诗》化《诗》有言语层面的征引，如《小畜之大过》："中原有菽，以待饕食。饮御诸友，所求大得。"辞中的"中原有菽"出自《小雅·小宛》，而"饮御诸友"则出自《小雅·六月》。又如《晋之蹇》："五经六纪，仁道所在。正月繁霜，独不离咎。"辞中的"正月繁霜"即出自《小雅·正月》。尤其值得关注的是《易林》对《诗》篇的称引，因为其对《诗》篇的称引往往解说诗旨，这便为我们提供了汉人说《诗》的材料。

为了便于论述，我们兹将《易林》解说《诗》旨的材料罗列于下①，并与《毛诗序》加以比较。

《乾之临》："南山、昊天，刺政闵身。疾悲无辜，背憎为仇。"按：此说《小雅·节南山》和《十月之交》。《节南山》："节彼南山，昊天不惠，降此大戾。"《十月之交》："无罪无辜，谗口嚣嚣。噂沓背憎，职竞由人。"其中"刺政闵身"便是《易林》对这两首诗大义的阐释，而其突出"闵身"则与《毛诗序》不同。

《乾之坎》："黄鸟来集②，既嫁不答。念我父兄，思复邦国。"按：此说《小雅·黄鸟》，与《毛诗序》相合，而尤合于郑笺。

《乾之革》："玄黄虺隤，行者劳疲。役夫憔悴，踰时不归。"按：此说《周南·卷耳》。联系《鼎之乾》，知《易林》认为《卷耳》行人踰时不归而悲念父母之诗，与《毛诗序》所谓"后妃之志"相差甚大。

《坤之遁》："《鸱鸮》《破斧》，邦人危殆。赖旦忠德，转祸为福，倾危复立。"按：此说《豳风·鸱鸮》《破斧》，与《毛诗序》相同。

《坤之困》："《兔罝》之容，不失其恭。和谦致乐，君子攸同。"按：此说《周南·兔罝》，与《毛传》说解相合。

《坤之巽》："白驹生刍，猗猗盛姝。赫咺君子，乐以忘忧。"按：此说《小雅·白驹》。《毛诗序》谓"大夫刺宣王"，郑玄谓"刺其不能留贤"

---

① 所引《易林》材料依据《四库全书》本，并参以尚秉和《焦氏易林注》。
② 尚秉和依据宋本，校改此句为"《黄鸟》《采绿》"。但我认为下文"既嫁不答。念我父兄，思复邦国"云云，与《采绿》差距太大，故不采用。

乃汉代四家《诗》说之通义。《易林》"乐以忘忧"与之相差甚远。

《屯之乾》："泛泛柏舟，流行不休。耿耿寤寐，心怀大忧。仁不逢时，复隐穷居。"按：此说《邶风·柏舟》，与《毛诗序》相合。

《屯之大过》："襄送季女，至于荡道。齐子旦夕，留连久处。"按：此说《齐风·载驱》，与《毛诗序》相合。

《屯之升》："东山拯乱，处妇思夫。劳我君子，役使休止。"按：此说《豳风·东山》。《易林》说诗文本之义，故以为刺；《毛诗序》说作诗者之义，故以为美。二者说《诗》言路不同。

《蒙之蒙》："何草不黄，至未尽玄。室家分离，悲愁于心。"按：此说《小雅·何草不黄》。郑玄以草玄为初春草始生之谓，《易林》以草玄为九月物衰之候，二者不同。

《蒙之困》："氓伯易丝，抱布自媒。弃礼急情，卒罹悔忧。"按：此说《卫风·氓》，与《毛诗序》相近。

《蒙之小过》："焱风忽起，车驰揭揭。弃名追亡，失其和节，忧心惙惙。"按：此说《桧风·匪风》，与《毛诗序》《韩诗》相同。

《师之大有》："鸿雁翩翩，始若劳苦。灾疫病民，鳏寡愁忧。"按：此说《小雅·鸿雁》。《毛诗序》说《鸿雁》美宣王安集万民，而《易林》则认为此诗写灾疫病民，以致鳏寡孤独无不愁忧。二者说解不同。

《师之随》："干旄旌旗，执帜在郊。虽有宝珠，无路致之。"按：此说《鄘风·干旄》，《易林》认为《干旄》乃贤人失志之诗，与《毛诗序》认为贤者乐告善道。二者说解不同。

《师之噬嗑》："采唐沫乡，要我桑中。失信不会，忧思约带。"按：此说《鄘风·桑中》，《易林》解《桑中》为情诗，突出"忧思"，与《毛诗序》不同。

《师之睽》："清人高子，久屯外野。逍遥不归，思我慈母。"按：此说《郑风·清人》，与《毛诗序》相近。

《师之艮》："鹤鸣九皋，避世隐居。抱朴守贞，竟不相随。"按：此说《小雅·鹤鸣》。《易林》以为贤人隐居不仕，与《毛诗序》诲宣王不同。

《履之颐》："睢鸠淑女，圣贤配耦。宜家受福，吉善长久。"按：此说《周南·关睢》，与《毛诗序》相近。

《履之夬》："《吉日》《车攻》，田弋获禽。宣王饮酒，以告嘉功。"按：此说《小雅·车攻》《吉日》，与《毛诗序》"美宣王"说相近。

《否之师》："扬水潜凿，使石洁白。衣素表朱，戏游皋沃。得君所愿，心志娱乐。"按：此说《唐风·扬之水》。《毛诗序》以此诗为刺，与《易林》不同。

《谦之归妹》："爪牙之士，怨毒祈父。转忧于已，伤不及母。"按：此说《小雅·祈父》，与《毛诗序》相合。

《随之复》："蟷蜋充侧，佞人倾惑。女谒横行，正道壅塞。"按：此说《鄘风·蟷蜋》。《易林》以此诗为刺佞人、女谒，与《毛诗序》"淫诗"说不同。

《蛊之比》："视暗不明，云蔽日光。不见子都，郑人心伤。"按：此说《郑风·山有扶苏》，与《毛诗序》相近。

《观之革》："黄里绿衣，君服不宜。淫湎毁常，失其宠光。"按：此说《邶风·绿衣》，与《毛诗序》相合。

《噬嗑之渐》："鹡鸰鸱枭，治城遇灾。周公勤劳，绥得安家。"按：此说《豳风·鸱鸮》，与《毛诗序》不合。

《贲之鼎》："东门之墠，茹藘在阪。礼义不行，与我心反。"按：此说《郑风·东门之墠》。《易林》以此诗为贤人淑女守志之诗，与《毛诗序》刺乱世淫风之说不合。

《无妄之剥》："行露之讼，贞女不行。君子无食，使道壅塞。"按：此说《召南·行露》，与《毛诗序》之"召伯听讼"不同。

《大过之夬》："旁多小星，三五在东。早夜晨行，劳苦无功。"按：此说《召南·小星》。《易林》以此为贤人失志之诗，与《毛诗序》"惠及下也"不同。

《咸之复》："大椎破毂，长舌乱国。床第之言，三世不安。"按：此说《鄘风·墙有茨》。《易林》以此为哲妇倾城之诗，与《毛诗序》不同。

《咸之家人》："凯风无母，何恃何怙。幼孤弱子，为人所苦。"按：此说《邶风·凯风》，与《毛诗序》"美孝子"不同。

《咸之涣》："《采薇》《出车》，《鱼丽》思初。上下役急，君子免忧。"按：此说《小雅·采薇》《出车》《鱼丽》，解说皆与《毛诗序》不同。

《遁之巽》："江水沱汜，思附君子。伯仲处市，不我肯顾，俀娣怅悔。"按：此说《召南·江有汜》，与《毛诗序》之"美媵"说相近。

《大壮之姤》："婚礼不明，男女失常。行路有言，出争我讼。"按：此说《召南·行露》，与《韩诗》同，与《毛诗序》"召伯听讼"不同。

《晋之无妄》："阴阳隔塞，许嫁不答。《旄丘》《新台》，悔往叹息。"按：此说《旄丘》《新台》。答，当也。《毛诗序》以《旄丘》为责卫伯不能修方伯连率职责，与《易林》以为婚姻失当之说不同。但《易林》说《新台》与《毛诗序》同。

《家人之颐》："东山辞家，处妇思夫。伊威盈室，长股赢户。叹我君子，役日未已。"按：此说《豳风·东山》，《易林》以为怨，与《毛诗序》以为"美"不同。

《姤之遁》："伯去我东，发如飞蓬。寤寐长叹，展转空床。内怀怅恨，心摧肝肠。"按：此说《卫风·伯兮》，与《毛诗序》说诗言路不同。

《萃之贲》："泣涕长诀，我心不悦。远送卫野，归宁无咎。"按：此说《邶风·燕燕》，与《毛诗序》说诗言路相同。

《萃之渐》："乔木无息，汉女难得。祷神请佩，反手离汝。"按：此说《周南·汉广》，与《韩诗》同，《毛诗序》不合。

《井之大有》："大舆多尘，小人伤贤。皇甫司徒，使君失家。"按：此说《小雅·无将大车》，与《毛诗序》相近，尤合于郑笺。

《革之小畜》："子车针虎，善人危殆。黄鸟悲鸣，伤国无辅。"按：此说《秦风·黄鸟》，与《毛诗序》合。

《鼎之乾》："倾筐卷耳，忧不能伤。心思古人，悲慕失母。"按：此说《周南·卷耳》，与《毛诗序》不同。

《兑之噬嗑》："南循汝水，伐树斩枝。过时不遇，愁如周饥。"按：此说《周南·汝坟》。"过时不遇"乃是就诗中"未见君子"而言，所以《易林》说诗更加直接，而《毛诗序》则与三家《诗》合。

二、《易林》说《诗》与汉代四家诗

关于《易林》的《诗》学派别，清代以来的主流意见是将其归之于《齐诗》。间或有不同意见，也多态度游移，如尚秉和先生在其《焦氏易诂》中认为《易林》所习为《韩诗》，而在《焦氏易林注》中又认为《易林》所习为《齐诗》。我们认为，《易林》说《诗》与《毛诗序》有同有异，《毛诗》之外，《易林》说《诗》多同于《韩诗》。下面我们就从用字、释词以及解说诗旨三个方面讨论《易林》与《韩诗》关系。

首先，看用字。《屯之大过》："襄送季女，至于荡道。齐子旦夕，留连久处。"此说《齐风·载驱》，其诗曰："载驱薄薄，簟笰朱鞹。鲁道有荡，齐子发夕。"《毛传》："发夕，自夕发至旦。"其解"发"为"出发"，"发夕"为"自夕发"，而"至旦"则为引申之词。陆德明《经典释文》引《韩诗》："发，旦。"《易林》曰："齐子旦夕"，是以《易林》与《韩诗》同。

《屯之恒》："多载重负，捐弃于野。王母谁子，但自劳苦。"此当是解《邶风·北门》，其诗有"我入自外，室人交遍摧我"语。《毛传》："摧，沮也。"摧折、沮毁之义。据《经典释文》，知《韩诗》"摧"作"譙"，曰："譙，就也"。马瑞辰曰："譙、就以双声为义，就当作蹵，蹵与蹙同。《广雅》：'蹵，罪也。'《广韵》：'蹙，迫也。'与《玉篇》'譙，谪也'义正合。"①按：譙，《玉篇》作"誰"，曰："誰，谪也。"《易林》之"王母谁子"即"王母誰子"，与《韩诗》同。

---

① 马瑞辰：《毛诗传笺通释》，中华书局 1989 年版，第 154 页。

又《未济之暌》："猃狁匪度，治兵焦获。伐镐及方，与周争疆。元戎其驾，衰及夷王。"此说《小雅·六月》。猃狁匪度，《毛诗》作"猃狁匪茹"，郑笺："茹，度也。"郑玄从张恭祖学《韩诗》，其释"茹"为"度"，正是用韩申毛。而《易林》与《郑笺》同，说明《易林》用《韩诗》。

其次，看释词。《周颂·小毖》："肇允彼桃虫，拚飞维鸟。"《毛传》："桃虫，鹪也，鸟之始小终大者。"郑玄则曰："始者信以彼管蔡之属，虽有流言之罪，如鹪鸟之小，不登诛之，后反叛而作乱，犹鹪之翻飞为大鸟也。鹪之所为鸟，题肩也，或曰鸮，皆恶声之鸟。"陈启源《毛诗稽古编》："鹪巧而危，故得巧雀、巧匠、巧女、巧妇、女匠、袜匠之名。而荀子说蒙鸠，有苕折卵破之喻，即桃虫也。小如黄雀，取茅秀为巢，大如鸡子，所须不过一枝。《尔雅》曰：'桃虫，鹪，其雌鴱。'是也。先儒以为鸤鸮、鹡鸠，亦此鸟矣。《小毖》笺合鹪与题肩及鸮三者为一鸟，其以为鸮者即鹡鸠之说。至曰'鹪之所为鸟，题肩'，则证拚飞义也。然疏云：'事不知所出矣。'案陆玑谓桃虫之雏化而为雕，焦贡《易林》亦言'桃虫生雕'，雕与题肩皆鸷鸟，意与郑同，其说当有本。"我认为郑玄解说桃虫之所以与《易林》同，其共同的源头当来自《韩诗》。

又，《豫之豫》："冰将泮散，鸣雁雍雍。丁男长女，可以会同，生育贤人。"此说《邶风·匏有苦叶》之"士如归妻，迨冰未泮"，是《易林》认为男女以秋冬为婚期，二月冰泮则止。此说同于《韩诗》《毛诗》，与《白虎通》及马融异。《周礼·媒氏》疏引《韩诗传》："迨，愿也。古者霜降迎女，冰泮杀止。"《毛传》注《陈风·东门之杨》："男女失时，不逮秋冬。"而《白虎通·婚嫁》："娶必以春何？春者天地交通，万物始生，阴阳交接之时也。《诗》曰：'士如归妻，迨冰未泮。'"，而马融则据《周官》，认为男女二月成婚。故郑玄说《匏有苦叶》便依据马融，曰："二月可以昏矣。"[①]

---

① 王先谦：《诗三家义集疏》，中华书局 1987 年版，第 166~167 页。

　　最后，看解说诗旨。《无妄之剥》："行露之讼，贞女不行。君子无食，使道壅塞。"《大壮之姤》："婚礼不明，男女失常。行路有言，出争我讼。"此两辞说《召南·行露》。《韩诗外传》卷一："传曰：夫《行露》之人许嫁矣，然而未往也，见一物不具，一礼不备，守节贞理，守死不往，君子以为得妇道之宜，故举而传之，扬而歌之，以绝无道之求，防污道之行乎！诗曰：'虽速我讼，亦不尔从。'"两相比较，《易林》与《韩诗外传》同，并且明言是因"婚礼不明"而起纷争，与《毛诗序》之"召伯听讼"说不同。

　　《随之复》："蟊螮充侧，佞人倾惑。女谒横行，正道壅塞。"此说《鄘风·蟊螮》，与《毛诗序》"止奔"之说不同。《后汉书·杨赐传》："国家休明则鉴其德，邪辟昏乱则视其祸。今殿前之气应为虹蜺，皆妖邪所生，不正之象，诗人所谓'蟊螮'者也。"李贤注引《韩诗》曰："《韩诗序》曰：'《蟊螮》，刺奔女也。''蟊螮在东，莫之敢指。'诗人言蟊螮在东者，邪色乘阳，人君淫佚之征。臣子为君父隐藏，故言莫之敢指。"我认为李贤注不仅引了《韩诗序》，其下对"蟊螮在东，莫之敢指"的解说也是用《韩诗》，因为唐时唯《韩诗》尚存。其说解与《毛诗》不同，当是用《韩诗》。诚如是，则《易林》说《蟊螮》与《韩诗》略同。

　　《萃之渐》："乔木无息，汉女难得。祷神请佩，反手离汝。"又《噬嗑之困》："二女宝珠，误郑大夫。交父无礼，自为作笑。"此皆说《周南·汉广》。许慎《说文解字》："魅，鬼服也，一曰小儿鬼。《韩诗传》曰：郑交甫逢二女，魅服。"许慎是东汉经学大师，其既然说此说出《韩诗传》，则可为确证。李善注郭璞《江赋》引《韩诗内传》："郑交甫遵彼汉皋台下，遇二女，与言曰：'愿请子之佩。'二女与交甫。交甫受而怀之，超然而去，十步循探之，即亡矣，回顾二女，亦即亡矣。"此外如《初学记》《太平御览》都认为汉水神女事出自《韩诗》。或以为刘向的《列仙传》也有类似的记载，但《列仙传》乃托名刘向，不足信。

　　《大过之夬》："旁多小星，三五在东。早夜晨行，劳苦无功。"按：

此说《召南·小星》，与《毛诗序》"惠及下也"不同。《韩诗外传》卷一："传云：不逢时而仕，任事而敦其虑，为之使而不入其谋，贫焉故也。诗云：'夙夜在公，实命不同。'"又唐人吕向注曹丕《杂诗二首》"天汉迥西流，三五正从横"，曰："天汉，河也。《诗》云：'嘒彼小星。'喻小人在朝也。从横，言多也。"与《易林》解说十分吻合，与《韩诗外传》之"不逢时"也相吻合。唐时唯《韩诗》尚存，吕向以"小人在朝"说《小星》，极有可能是用《韩诗》，且又与《韩诗外传》同。而《易林》之"早夜晨行，劳苦无功"，与吕向之"小人在朝"说、《韩诗外传》之"不逢时"说相同，证明《易林》与《韩诗》同。

此外，如《噬嗑之渐》对《豳风·鸱鸮》的解说[1]，《讼之大有》解《黍离》为伯封闵其兄伯奇之作[2]，《井之大有》对《无将大车》的解说尤合于《郑笺》，都可以证《易林》与《韩诗》关系非常密切。

三、《易林》说《诗》的学术史意义

有汉一世，《诗》学授受主要有四家。其授受之渊源，如史有明文自不容怀疑，如瑕丘江公传《鲁诗》见诸《汉书》。但另有众多学《诗》传《诗》者之渊源授受，史无明文。如冯衍，《后汉书》本传记载其"九岁能诵《诗》，至二十而博通群书"，却并没有记载其系何《诗》派。或者其著述中间或用《诗》，而其本人并不专意于《诗》。如张衡，史籍并未记载

---

① 尚秉和先生认为《易林·噬嗑之渐》之"鹬鸠鸱鸮，治成遇灾。周公勤劳，绥德安家"，解说的是《豳风·鸱鸮》，其曰鸱鸮为"不孝鸟"，与《韩诗》之"鸱鸮所以爱其子者，适以害之"相同。故而认为《易林》用《韩诗》，焦氏习《韩诗》。详参氏著：《焦氏易诂》，陈金生点校，中华书局1991年版，第274~275页。

② 《黍离》，《毛诗》以为"闵宗周"，刘向《新序》以为卫宣公之子寿闵其兄伋而作，唯《太平御览》引《韩诗》，以为尹吉甫之子伯封闵其兄伯奇所作。《韩诗外传》亦以《黍离》为孝子思亲之诗，曹植学《韩诗》，故其《令禽恶鸟论》亦以为伯封作。《易林》以伯奇事解说《黍离》，与《韩诗》同。

其以《诗》名世，但其诗赋中大量引《诗》化《诗》，如《西京赋》云："独俭啬以龌龊，忘《蟋蟀》之谓何?"与《毛序》、桓宽《盐铁论》、傅毅《舞赋》《古诗十九首·东城高且长》解说并同。而其《南都赋》云"游女弄珠于汉皋之曲"，则与《韩诗》解《汉广》同。所以我们在分析汉代《诗》学传授时，应采取谨慎而客观的态度。

自宋人董逌作《广川诗诂》"兼取三家，不专毛郑"以来，中经朱子倡议，王应麟作《诗考》专主三家，以"扶微学，广异义"。元、明两代虽无专门三家《诗》辑佚之作，然解《诗》多征引三家《诗》，如冯复京《六家诗名物疏》、何楷《诗经世本古义》等。到了清代，辑佚之学大兴，三家《诗》也成就斐然，名家辈出，如范家相、阮元、冯登府等，尤以陈乔枞、王先谦成就最大。清人之三家《诗》辑佚定派，大体有如下几种思路①：

第一，以《史记》《汉书》等传世文献或碑刻之类的出土文献论定其派别。

第二，以文字差异论定其派别。凡文字不同于传本《毛诗》，一律定其为三家诗用字。如《卷耳》之"陟彼砠矣"，《尔雅》也作"砠"，而《说文》引诗作"陟彼岨矣"，于是便断定《毛诗》与《鲁诗》同，作"岨"者为《韩诗》《齐诗》。

第三，以时代先后论定其派别。清代学者认为鲁、齐、韩三家先出，《毛诗》后出，而三家中《鲁诗》又最先，由此论定学者派别。如清人论贾谊之属《鲁诗》，理由便是汉初唯有《鲁诗》。

第四，以师承推断其派别。如清人论司马迁尝从孔安国问学，而孔安国学《鲁诗》，因而断司马迁为《鲁诗》派学者，《史记》说《诗》皆为《鲁诗》。

第五，以家法论定其派别。如清人推断刘向为《鲁诗》学者，理由

----

① 刘立志《汉代〈诗经〉学史论》（中华书局 2007 年版）曾论及，但未涉及碑刻、说诗风格等。

便是刘向祖楚元王受《诗》于浮丘伯，与《鲁诗》派开山鼻祖申公同门。

第六，以说《诗》风格论定其派别。汉人论《春秋》学有鲁学、齐学之分，《谷梁》为鲁学，《公羊》为齐学。后推而广之，以鲁学、齐学为汉代今文学之大宗。鲁学、齐学之分，或以地缘，或以学风。以学风论，举凡明于象数，善推祸福，以著天人之应者皆为齐学，凡淳朴谨严，长于训诂者则为鲁学。其学为齐，其《诗》说则为《齐诗》；其学为鲁，其《诗》说则为《鲁诗》。清人辑佚三家《诗》说，尤用心于《齐诗》，盖因《齐诗》早亡，其《诗》说少见，故凡以灾异谶纬说《诗》者，皆为《齐诗》。

第七，以其人偶见之说《诗》论定其派别。或以其同于某家而定，如扬雄、王充、王符、王逸、高诱并以《关雎》为刺诗，便定其为《鲁诗》。或以其异而定，如桓宽《盐铁论》说《兔罝》与鲁、韩、毛并异，便定其为《齐诗》。

对于清人的三家《诗》研究，近代以来多批评之声，如徐复观批清人"门户偏蔽之私，竟发展至丧心病狂的程度"，是"言汉代经学、言汉代思想的一大厄运、一大陷阱"①。然而如何清理清人的三家《诗》研究，进而该如何研究汉人《诗》学又是一个没有得到很好解决的大问题。简而言之，研究汉人《诗》学，一要处理好今古文的问题，二要处理好四家《诗》的问题。所谓《诗》的今古文的问题，即要如何界定今文《诗经》与古文《诗经》的差别。我们既不能否认《诗》的今古文分歧的存在，也不能如清人一样将《诗》今古文完全对立，较为客观的态度应该是承认其有同有异。今文代表了官方，而古文则代表了民间，这不仅是《诗》的问题，而是代表了整个汉代经学今古文的分野。而所谓汉代四家《诗》的问题，即汉代四家《诗》能否涵盖汉代《诗经》学全部。我们认为，四家《诗》只是代表汉代中期四家主要《诗》学派别。除此以外，尚有先秦

① 徐复观：《徐复观论经学史两种》，上海书店出版社 2006 年版，第 128 页。

《诗》说的流传①，以及新的《诗》学流派，如谶纬《诗》学，它既不属于古文，也不应归于今文。在此基础上，我们才能有针对性地清理清人的三家《诗》研究。当然，限于篇幅，我们在此不拟对此问题展开论述。

就《易林》而言。清人将《易林》说《诗》归之于《齐诗》，理由是"孟喜从田王孙受《易》，得《易》家候阴阳灾异书，喜即东海孟卿子，焦延寿所从问《易》者，是亦齐学也。故焦延寿《易林》皆主《齐诗》说"②。但据此推断《易林》传《齐诗》，理由并不充分。《易林》作者为何人，尚有争论。我们认为《易林》作者乃涿郡崔篆，详下文。退一步说，即使《易林》作者为焦延寿，焦延寿之《易》传自何人，当时便有争论。孟喜的弟子如白生等并不认可，刘向校书，也认为焦延寿得隐士之说而托名孟氏。再退一步说，就算是焦延寿学归齐学，也不能因此断定《易林》的《诗》说为《齐诗》。我们认为，齐学是一个被清人无限放大了的一个概念，齐学与《齐诗》，与谶纬等非常诡异之学并不能画等号，而我们上文对《易林》与《韩诗》《毛诗》之间关系的讨论也可以证明这一点。准确地说，我们认为《易林》说《诗》是汉代《诗》学复杂状况的一个缩影。它说《诗》主于《韩诗》，表明它受到了今文《诗》学的影响；而其与《毛诗》又有相同之处，展示了汉代《诗》学共通性一面；而其以《易》理说《诗》，把阴阳作为说《诗》的理论基础，又属汉代谶纬《诗》学。

四、《易林》说《诗》的文学史意义

研究《易林》说《诗》，不仅具有学术史意义，还具有文学史意义。

---

① 如《秦风·黄鸟》之本事见诸《左传》，故汉人对《秦风·黄鸟》诗旨的解说大体相同。又如《小雅·无将大车》，《荀子·大略》："取友求善人，不可不慎，是德之基也。《诗》曰：'无将大车，维尘冥冥。'言无与小人处也。"则荀子已将《无将大车》解为小人伤贤之诗，故《韩诗外传》《易林》以及《毛诗》解《无将大车》大体相同。

② 王先谦撰，吴格点校：《诗三家义集疏》，中华书局 1987 年版，第 9 页。

因为《易林》说《诗》具有非常明显的非"经"色彩，而较多对《诗》文本的解说，因而对《诗》的文学性发掘得较为深入。下面我们便结合具体的例子来讨论这一问题。

《卷耳》诗义，先秦两汉典籍多有记载，但都是将"怀人"解释为求贤，"周行"为解释为周之列位，从而把《卷耳》视为"求贤审官"之诗。如《左传》襄公十五年(公元前558)记载"君子曰"称赞楚能官人，便引"嗟我怀人，寘彼周行。"为证，并解"周行"为王、公、侯、伯、子、男、甸、采、卫、大夫等列位。近出上博简《孔子诗论》："《卷耳》不知人。"所谓"不知人"，也是说不能求贤审官。① 此外如《荀子·解蔽》《淮南子·俶真训》及高诱注，皆是如此。尤其是《毛诗序》，其曰："《卷耳》，后妃之志也。又当辅佐君子求贤审官，知臣下之勤劳，内有进贤之志，而无险诐私谒之心，朝夕思念，至于忧勤也。"便特别强调诗旨为"求贤审官"。但这样的解说，显然是一种"误读"，是以道德伦理和政治说教代替对诗文本义的阐释。

《易林》也有三条辞涉及《卷耳》。《乾之革》与《师之临》皆曰："玄黄虺隤，行者劳疲。役夫憔悴，踰时不归。"这两条辞对《卷耳》文本的解读应该说是非常切合诗旨的，《卷耳》诗的第二、三、四章都是写行者役夫之劳疲憔悴状况的，而且《易林》特别指出行者的怨毒情绪是因"踰时不归"而产生的。《鼎之乾》："倾筐卷耳，忧不能伤。心思古人，悲慕失母。"所谓"忧不能伤"乃是针对诗中所说的"维以不永伤"，而"悲慕失母"则是对诗中悲伤情绪产生的另一缘起的交代。至于为什么把《卷耳》的忧伤情绪归之于"失母"，我想可能确实代表了《易林》对诗旨的理解，是从役夫的角度切入的。在《师之睽》解说《清人》《谦之归妹》解说《祈父》《泰之否》解说《陟岵》中，《易林》都特别强调了役夫悲伤之情的产生与不得赡养父母有关。但不管如何，我们都不能忽视《易

① 曹建国、张玖青：《孔子论"智"与上博〈诗论〉简以"智"论诗》，《江汉考古》2004 年第 2 期。

林》解说诗尽量回避对诗的政教意义的发掘，而重在揭示其情感内涵。

再看《卫风·伯兮》。《毛诗序》："《伯兮》，刺时也。言君子行役，为王前驱，过时而不反焉。"《毛诗序》的解说重点还是在于突出其"刺时"的政教意义，其所谓"过时而不反"云云，也不能彰显诗意。相较而言，郑玄笺注特意点出"为王前驱久，故家人思之"，则比《毛诗序》高明了许多。而《易林》解说则更加贴近文本。《比之复》："季去我东，发栖如蓬。辗转空床，内怀忧伤。"《节之谦》《妬之遁》："伯去我东，首发如蓬。长夜不寐，辗转空床。内怀惆怅，忧摧肝肠。"与《毛诗序》相比，《易林》淡化了政教色彩；与《郑笺》相比，《易林》则把家人之思具象化了。林辞所谓"长夜不寐，辗转空床。内怀惆怅，忧摧肝肠"等都是对诗意的形象再现，模拟了"思"的具体情状。而且在《易林》作者看来，《伯兮》就是一首爱情诗，展示的是思妇情怀。班婕妤《捣素赋》："若乃窈窕姝妙之年，幽闭贞专之性。符'皎日'之心，甘'首疾'之病。歌《采绿》之章，发《东山》之咏。"也是把《伯兮》解读为一首爱情诗，与《易林》有相通之处。

从上述两例中我们不难看出，《易林》对诗的解说重视文本，且注意发掘诗的情感内涵。但这些仍然只局限于文句，包括对《伯兮》《东山》等诗的解说都没有突破原诗。而其对《鄘风·桑中》的解说体现出《易林》的创造性发挥，极大地张扬了原诗的情感内涵。《桑中》是一首约会的诗，主人公志得意满，反复咏唱的是"期我乎"、"要我乎"、"送我乎"，其情感的表达则是"云谁之思"。而《易林》在《师之噬嗑》等林辞中则曰："采唐沫乡，要我桑中。失信不会，忧思约带。"如果说《桑中》原诗是一幕喜剧，《易林》的解说却将之变成了悲剧。其中"忧思约带"四字尤妙，刻画出失恋的主人公内心的悲伤程度，其表达的意思与古诗"去家日以远，衣带日以缓"相同，但却更加凝练。

《易林》对《诗》的文学性解读，促进了《易林》自身文辞及情感的文学性生成。首先，从林辞形式看。尽管《易林》一部《易》学书，其意在于解《易》而不在于作诗，但其将林辞创作成四言形式并通篇押韵，明显是受到了《诗经》的影响。所以宋人杨简《慈湖诗传》共 67 次用《易林》韵验证《诗》韵，明人杨慎更是对《易林》推崇备至，称其为"西京文辞也。辞皆古韵，与《毛诗》《楚辞》叶音相合，或似诗，或似乐府、童谣"，而钱锺书先生更是称其与《诗经》"并为四言诗矩矱"①。

其次，从林辞用象看。《易》之道在于以象明意，故《易·系辞下》曰："八卦成列，象在其中。"对《易林》而言尤其如此。因为《周易》一卦一辞，而《易林》一卦六十四辞，故较之《周易》，《易林》用象更密，所谓"正象、覆象并用"。尚秉和先生尝感慨："二千年学者不知《易林》谈《易》象，故莫能以象定词。而《易林》之书遂讹误不堪卒读。"然而如何取象，《易林》独尽妙思。如《同人之蛊》："龙渴求饮，黑云影从。河伯捧觞，跪进酒浆，流潦滂滂。"此林所写当为下雨之事，当其时天地间狂风大作、乌云密布，紧接着大雨滂沱，一片汪洋。惟其构想出"龙渴求饮"、"河伯捧觞，跪进酒浆"之事，出人意表，让人不禁拍案叫绝。又《大畜之观》："三蛆逐蝇，陷坠釜中，灌沸济噎，与母长诀"这是一首寓言诗，无情嘲讽那些追名逐利之人，柳宗元《蝂蝜传》与之神似。《易林》之象一如《诗》之比，其间奇思妙想不胜枚举，故钱锺书先生称许《易林》"工于拟象"②。

最后，从林辞情感指向看，《易林》多哀辞，宣言"作此哀诗，以告孔忧"（《大有之贲》）。其或写内忧，"奸佞施毒，上下昏荒，君失其邦"（《蒙之比》）；或写外患，"跨马控弦，伐我都邑"（《震之丰》）；或斥奸臣误国，"众雾集聚，共夺日光"（《噬嗑之艮》）；或写批外戚专权，"女谒横行，正道壅塞"（《蛊之复》）；或伤君子失路，"小人成群，君子伤伦。"（《随之明夷》），或闵百姓疾苦，"暴骨千里，岁饥民苦"（《小畜之恒》）。这显然是受到了《诗经》的影响，所以《易林》在阐发《易》理的同时，也阐发《诗》心，彰显诗的"刺世"之功。

---

① 钱锺书：《管锥编》，中华书局 1979 年版，第 536 页。
② 钱锺书：《管锥编》，中华书局 1979 年版，第 549 页。

五、《易林》作者乃崔篆

关于《易林》的作者，是学术史上的一桩公案，自古以来便有崔篆、焦延寿、许峻、东汉以后人等诸多说法。近代以前，大多人认为西汉焦延寿为《易林》作者，故《易林》又称《焦氏易林》。自近代以来，先有余嘉锡先生撰《四库提要辨证》①，对《易林》作者问题作了详细考辨，认为崔篆才是《易林》的作者。后有胡适先生发表《〈易林〉断归崔篆的判决书》一文②，同样认定崔篆才是《易林》的作者。

观余、胡二先生的论断，大抵以《东观汉记》所载沛献王用今本《易林》事，排除许峻、东汉以后人二说。再用《易林》言傅太后、王昭君等焦延寿身后事，否定焦延寿的著作权。最后以敦煌遗书《修文殿御览》及《艺文类聚》记载"崔赣《易林》"、"崔颢《易林》"，探讨崔篆讹为焦赣的原因。然有学者不认可余、胡二位先生的观点，仍然认为焦赣才是《易林》的作者，《焦氏易林》之称名无误。③ 对于《易林》提及傅太后、昭君事，认为或是焦延寿年寿果长而言及此事，或是《易林》文字多错讹而当另作解释④。并认为《易林》多批判现实，同情民生疾苦，与"有愧汉朝"的崔篆不合，倒与沉沦下僚的焦延寿身份相吻合。⑤

持论者阐释不同，其结论也大相径庭。看来仅仅靠几条林辞内容，并不能解决《易林》作者问题。而所谓以《易林》内容之批判现实度来讨

---

① 余嘉锡：《四库提要辨证》，中华书局 1980 年版。
② 胡适《〈易林〉断归崔篆的判决书》初稿完成于 1943 年，后刊于《历史语言研究集刊》1948 年第 20 卷上册。
③ 陈良运：《焦氏易林诗学阐释》，百花洲文艺出版社 2000 年版，第 520 页。
④ 陈良运：《焦氏易林诗学阐释》，百花洲文艺出版社 2000 年版，第 520~523 页。
⑤ 陈良运：《焦氏易林诗学阐释》，百花洲文艺出版社 2000 年版，第 492~515 页。

论决定《易林》的著作权问题，更是汗漫无边，没有说服力。那么我们能否抛开这些材料，另辟蹊径呢？

首先我们从《易林》用韵上看。音韵具有鲜明的时代特征，会随着时代的变化而变化。两汉音与先秦音不同，而东汉音与西汉音也有差异。就西汉、东汉语音差异而言，西汉时期诗赋等韵文中之、鱼相押的例子不多，而东汉以后就多了起来。又如西汉时铎与职、沃、锡没有相押的例子，东汉以后就有了，其中铎、锡相押的例子还比较多。① 《易林》之、鱼相押的例子特别多，涉及林辞248条。② 同样，《易林》中铎与职、铎与沃、铎与锡都有相押的例子，其中铎与职相押还比较多。③ 据此我们可以推断，《易林》用韵与东汉比较接近。史载焦赣是昭宣时期的人，而崔篆当两汉之交，东汉光武帝时尚在世。所以从用韵的时代特征看，崔篆作《易林》的可能性更大。

语音除了具有时代特征，还具有地域特征。史载焦赣为梁人，梁国治所在睢阳；他终老于小黄令，小黄属陈留郡。汉代著名作家如郑众、边韶、边让、蔡邕等都是陈留人。而崔篆为河北涿郡人，崔骃、崔瑗、崔琦、崔寔等都是涿郡人。据此，我们可以通过《易林》的用韵和上述不同地域作家的作品用韵进行比较，判断其作者的地域所属。通过比较我们发现，《易林》用韵与蔡邕等差距较大。如以汉代真、文两部入韵为例，《易林》真、文单独入韵例占全部真文入韵例的70%，而真、文合韵的占30%。而蔡邕等人作品中，真、文单独入韵例占36%，真、文合韵的占64%。而崔骃等人作品中，真、文单独入韵例占75%，真、文合韵例占30%。④ 不仅如此，《易林》在押韵习惯上，如之鱼幽宵通

---

① 罗常培、周祖谟：《汉魏晋南北朝韵部演变研究》，中华书局2007年版，第59、62页。

② 罗常培、周祖谟：《汉魏晋南北朝韵部演变研究》，中华书局2007年版，第270~272页。

③ 罗常培、周祖谟：《汉魏晋南北朝韵部演变研究》，中华书局2007年版，第301~304页。

④ 刘冠才：《两汉韵部与声调研究》，巴蜀书社2007年版，第48~55页。

押、东冬阳通押、真元通押、元谈通押、入声通押、鱼部包括麻韵字、阳部包括庚韵字等，都与崔骃、崔瑗等人的作品非常接近。罗常培、周祖谟先生据此认为《易林》作者当为崔篆，《易林》用韵反映出汉代幽州冀州的方音。① 尽管邵荣芬先生认为《易林》押韵比较宽泛，但他也赞成《易林》的作者是崔篆。②

其次我们从《易林》与《诗经》的关系看。《易林》与《毛诗》关系密切，而西汉时期《毛诗》未立学官。试想，如果《易林》作者为昭宣时期的焦延寿，似不大可能有如此多的解《诗》同于《毛诗》。而崔篆当两汉之交，平帝时《毛诗》曾短暂立于学官，新莽更极力扶助古文经学，崔篆有条件接触并了解《毛诗》。另据《后汉书·孔僖传》记载，崔篆与孔僖祖父孔子建友善，而孔氏世传《毛诗》，这也使崔篆有可能了解并接受《毛诗》说。至于《易林》说《诗》多同于《韩诗》，如果《易林》作者为焦延寿则同样不易理解，如是崔篆则比较好解释。《汉书·儒林传》记载，孝宣帝时，涿郡韩生乃韩婴之后，传《韩诗》与韩氏《易》。崔篆为涿郡人，故《易林》说《诗》多同于《韩诗》，可能因为是地缘因素。

《后汉书》保留了崔篆《慰志赋》，其中涉及《诗经》者五处，可见崔篆确实是精于《诗》者。《慰志赋》对《诗》的引用与解说也与《易林》相吻合。如《慰志赋》："扬蛾眉于复关兮，犯孔戒之冶容。懿氓蚩之悟悔兮，慕白驹之所从。"其说《卫风·氓》，赞美《氓》诗能自悟自悔；说《白驹》，则仰慕贤人能自隐遁。这与《易林·蒙之困》以"氓伯易丝，抱布自媒。弃礼急情，卒罹悔忧"解说《氓》，《坤之巽》以"白驹生刍，猗猗盛姝。赫咺君子，乐以忘忧"解说《白驹》非常相近。《易林》多称颂隐逸和仰慕隐士的林辞，也或与崔篆心态有关。

最后我们再从文学角度看。《易林》可以说是一部水平很高的四言

① 罗常培、周祖谟：《汉魏晋南北朝韵部演变研究》，中华书局 2007 年版，第 96~97 页。

② 邵荣芬：《邵荣芬音韵学论集》，首都师范大学出版社 1997 年版，第 98 页。

诗集，自明代以来一直受到了人们的称赞，如杨慎等都给予了很高的评价。焦延寿的文学修养如何，史无明文，我们也不好妄加评判。但崔篆的文学水平却有《后汉书》保存的《慰志赋》可证，范晔也曾称赞"崔为文宗，世禅雕龙"。《易林》博引群书，与崔篆及其家世也较吻合。史载其母师氏也能通经学百家之言，而崔篆《慰志赋》自称其"竫潜思于至赜兮，骋六经之奥府"。所以从文学水平的角度看，我们认为崔篆作《易林》的可能性更大。

总之，《易林》占辞内容丰富，博涉先秦典籍，具有很高的文化史价值。就其与《诗经》关系而言，其不仅数百次引用或化用《诗》，而且占辞绝类《诗》语，取象类《诗》，可以说是一部融通《诗》《易》的文学巨著。研究《易林》之《诗》说，不仅有助于我们了解汉代《诗经》学，借以重新审视清代学者的三家《诗》研究，也可以使我们据以考察《诗经》对汉代文学，尤其是汉代诗学的影响。至于《易林》作者，我们认为当为两汉之交的崔篆。

（原刊于《文学评论》2010 年第 2 期）

（张玖青，文学博士，教授，主要研究方向为中国古代文学、古典文献学。）

汉赋"持论"说

刘成敏

摘　要："持论"一语由人物品目形容口辩之才，进而用以文学批评，乃古人作文、评文之重要准式。汉赋持论应系赋学批评重要范畴，根于持论决定了赋家地位、汉赋政治品位及其有用性。作为批评范畴，汉赋持论性可从体、义、用三端阐发，概略言之：在文式形制(体)上，赋奏兼体以及由文入赋，以铺排藏议论为赋之正格；在思想内涵(义)上，持论尚器识，大赋镕子入史而准于经义，铸成辩而不激、畅而归典之风轨；在功能表现(用)上，夸饰即讽谏，描绘王政之形，写影以寓实，意在目击道存，劝一而讽百。汉赋持论成就大赋一代文赋格调，虚实辅成、铺藏相济为赋之流变提供了文式轨范，由文入赋亦是后世赋弊纠偏一剂良方。

关键词：汉赋；持论；器识；功能

在汉代赋学批评中，一些批评范畴、观念或赋式格调论无实主，但于文本不无塑形。若此文献与批评结合，从汉赋元典中绌绎、提炼和阐释显得必要。汉之文盛兼含奏疏、汉赋二体，而汉赋代盛之造就与汉政密契表里，其要在于赋体以艺术方式表达政治思想，构成形式上之政论。赋、奏二体所尚存有共性，即根于持论。本文以为，持论性正是既有赋论之外又一重要批评范畴，笔者试作探讨。

一、引子：赋家"见视如倡"辨

赋家心态系汉赋批评重要一目，"见视如倡"说最为突出。《汉书·枚皋传》载："皋赋辞中自言为赋不如相如，又言为赋乃俳，见视如倡，自悔类倡也。"①东方朔固无明言作赋倡优之感，但叹不逢时往往溢于言表。帝王之于赋家"俳优蓄之"似为学界定评，若细辨之，"见视如倡"说尚需辩解三点：

（1）游仕消歇，士人角色焦虑。俳优心声不早于武帝朝，帝国正处推恩削藩完结期。早期赋家多游士，寄食藩国，陈义论说，如邹阳、枚乘尝书谏吴王，言辞恳切，抗直不挠。《七发》之作可谓枚乘"在为游士张目。……他所憧憬的，是重现战国时期百家争鸣的局面，从而恢复游士当年的社会地位"②。史载邹阳、枚乘等"皆以文辩著名"，"卒为上客"、"大国上宾"③，足见地位非同一般。因藩国归统中央，包括赋家在内诸多士人游仕消歇，纵横残梦终结。君之于士，"绥之则安，动之则苦；尊之则为将，卑之则为虏；抗之则在青云之上，抑之则在深泉之下；用之则为虎，不用则为鼠"④。深具辩士色彩如东方朔、枚皋之徒不适角色转换，萌生倡优之感当属自然。

（2）题材咏物，赋作无关宏旨。《西京杂记》载梁孝王游于忘忧之馆，集诸游士各使为赋：枚乘《柳赋》、路乔如《鹤赋》、公孙诡《文鹿赋》、邹阳《酒赋》、公孙乘《月赋》、羊胜《屏风赋》、邹阳代韩安国作

---

① 班固：《汉书》卷五一《枚皋传》，中华书局 1962 年版，第 2367 页。
② 周勋初：《赋体评议》，《南京大学学报》（哲学·人文科学·社会科学）1994 年第 2 期。
③ 班固：《汉书》卷五一《贾邹枚路传》，中华书局 1962 年版，第 2338、2353、2365 页。
④ 班固：《汉书》卷六五《东方朔传》，中华书局 1962 年版，第 2865 页。

《几赋》①，题材皆是咏物。枚皋之徒被其风绪，陪侍武帝"从行至甘泉、雍、河东，东巡狩，封泰山，塞决河宣房，游观三辅离宫馆，临山泽，弋猎射驭狗马蹴鞠刻镂，上有所感，辄使赋之"②，大率品物毕图无干政事。滑稽之雄东方朔"与枚皋、郭舍人俱在左右，诙啁而已"③，其《皇太子生禖》《屏风》《殿上柏柱》《平乐观赋猎》也无出应景咏物之囿。咏物娱戏不涉帝国政教，赋家自视如倡固无足怪。扬雄谓赋家"颇似俳优淳于髡、优孟之徒。非法度所存、贤人君子诗赋之正也，于是辍不复为"④，蔡邕言"夫书画辞赋，才之小者，匡国理政，未有其能。……其高者颇引经训风喻之言，下者连偶俗语有类俳优"⑤。细忖本意，二人皆针对不合法度、谐谑诙啁之作立论，批评作赋咏物娱戏、无关宏旨，绝无全盘否定赋家之意。

（3）赋格有缺，言说不根持论。上述两点学界容或述略，但道理犹可更进一层。武帝尚辩才，以为"公孙丞相、儿大夫、董仲舒、夏侯始昌、司马相如、吾丘寿王、主父偃、朱买臣、严助、汲黯、胶仓、终军、严安、徐乐、司马迁之伦，皆辩智闳达，溢于文辞"⑥，问询东方朔"先生自视，何与比哉"，态度何若判然明了。《汉书·严助传》载"严助，会稽吴人。……郡举贤良，对策百余人，武帝善助对，繇是独擢助为中大夫。后得朱买臣、吾丘寿王、司马相如、主父偃、徐乐、严安、东方朔、枚皋、胶仓、终军、严葱奇等，并在左右。是时征伐四夷，开置边郡，军旅数发，内改制度，朝廷多事，屡举贤良文学之士。……上令助等与大臣辩论，中外相应以义理之文，大臣数诎。其尤亲幸者，东方朔、枚皋、严助、吾丘寿王、司马相如。相如常称疾避事。朔、皋不

---

① 葛洪：《西京杂记》，中华书局1985年版，第26页。
② 班固：《汉书》卷五一《枚皋传》，中华书局1962年版，第2367页。
③ 班固：《汉书》卷六五《东方朔传》，中华书局1962年版，第2863页。
④ 班固：《汉书》卷八七《扬雄传》，中华书局1962年版，第3575页。
⑤ 范晔：《后汉书》卷六〇《蔡邕列传》，中华书局1965年版，第1996页。
⑥ 班固：《汉书》卷六五《东方朔传》，中华书局1962年版，第2863页。

根持论，上颇俳优畜之"①，颜师古注"不根持论"："论议委随，不能持正，如树木之无根柢也"。比照之下，正是朔、皋不根持论，乃武帝俳优畜之、亦其自悔类倡而不见重之根结。吴质《答魏太子笺》言，"往者孝武之世，文章为盛。若东方朔、枚皋之徒，不能持论。……其唯严助、寿王，与闻政事"②。宋人叶廷珪《海录碎事》卷九则专设"不根持论"条，明谓"司马相如以辞赋得幸，东方朔、枚皋不根持论，好诙谐，上以俳优畜之，虽数赏赐，终不任以事"③。至乎相如常称疾避事，但实以辞章见用，明人王世贞称"司马长卿……固智人也。……彼其材已试于西南夷，武帝固心器之矣。使小与公卿国家之事，而取通侯之印，拥公卿之组固不难。其与主父、吾丘、买臣、严助辈骈首于东市亦易也"④。

一些赋家见视如倡纵或与时势、帝王偏好有关，自身不根持论、难合时用或更难辞其尤。赋家根于持论决定了汉赋政治品位及其有用性，遂启思汉赋持论这一命题。

二、持论：作为文学批评的范畴

据颜师古注，持论在于能够提出见解主张，立论有根有据，无纵诡随。"夫物有定名，而论有一至。是故有可一言而得其极，虽十言而不能夺者，唯析理即实为得，不以滥丽说辞为贤也。然而世俗之人聪达者寡，随声者众。持论无主，俯仰为资。因贵势而附从，托浮说以为定。不求之于本，不考之于理，故冗长溷殽之言，而众莫能折其中，所以为口费而无得也。夫论辨者，贵其能别是非之理，非巧说之谓也。……辞

---

① 班固：《汉书》卷六四《严助传》，中华书局 1962 年版，第 2775 页。

② 萧统：《文选》，上海古籍出版社 1986 年版，第 1825 页。

③ 叶廷珪：《海录碎事》，上海辞书出版社 1989 年版，第 257 页。

④ 王世贞：《读书后》卷二《书司马相如传后》，清文津阁四库全书本。

气支离，取喻多端，幸较以类，理不应实。而听者因形饰伪，徒赞然之。是所谓以巧辞多喻为辨，而莫识一言之别实者也"①，此论驳辩巧辞游说，其"求之于本，考之于理"精神可视作根于持论之注脚。

作为批评术语，"持论"原出汉世，其先更多用于人物品目：《汉书·儒林传》载"蜀人赵宾好小数书，后为《易》，饰《易》文。……宾持论巧慧，《易》家不能难"②，"武帝时，江公与董仲舒并。仲舒通五经，能持论，善属文。江公呐于口，上使与仲舒议，不如仲舒"③。汉末何休《春秋公羊注序》指陈公羊学者时弊，在其"守文持论败绩失据之过"④。形容口辩之才，持论此番用义，尚如《机云别传》载"机天才绮练，文藻之美独冠于时。云亦善属文，清新不及机，而口辩持论过之"⑤，《北史·卢柔传》载"（柔）性聪敏好学，未冠解属文，但口吃不能持论"⑥，《陈书·顾越传》载"（越）聪慧有口辩，说毛氏诗，傍通异义……义理精明，尤善持论"⑦，史不乏例。

言出为论，落笔成文，口辩与文章，颇难区辨。持论由形容口辩，进而用以文学批评，亦属自然之势。如：

曹丕《典论论文》言"孔融体气高妙，有过人者，然不能持论，理不胜辞"，张铣注曰"言文美理弱也"。⑧

《北史·潘徽传》言："（徽）善属文，能持论。"⑨

唐人刘禹锡尝与白居易联句，刘称白文："持论峰峦峻，战文矛戟森。"⑩

① 参见孔鲋《孔丛子》，商务印书馆 1939 年版，第 163 页。
② 班固：《汉书》卷八八《儒林传》，中华书局 1962 年版，第 3599 页。
③ 班固：《汉书》卷八八《儒林传》，中华书局 1962 年版，第 3617 页。
④ 参见阮元校刻《十三经注疏》，中华书局 1980 年版，第 2191 页。
⑤ 陈寿：《三国志》卷五八《陆逊传》，中华书局 1959 年版，第 1360 页。
⑥ 李延寿：《北史》卷三〇《卢柔传》，中华书局 1974 年版，第 1088 页。
⑦ 姚思廉：《陈书》卷三三《顾越传》，中华书局 1972 年版，第 445 页。
⑧ 参见《六臣注文选》，中华书局 1987 年版，第 967 页。
⑨ 李延寿：《北史》卷八三《潘徽传》，中华书局 1974 年版，第 2814 页。
⑩ 刘禹锡：《刘禹锡集》，上海人民出版社 1975 年版，第 343 页。

明人陈鸣鹤《东越文苑》言："(许天锡)所为文雅正，善持论。"①

《清史稿·姚莹传》言："莹师事从祖鼐，不好经生章句，务通大意，见诸施行，文章善持论，指陈时事利害，慷慨深切。"②

至如清初叶燮私意诋摘汪琬作文，亦曰："余尝评其文有四语，谓行文无才，持论无胆，见理不明，读书无识。"③

宋人尚理，率多主张作文当具三多，持论居其一。如：

林之奇《拙斋文集》卷八："前辈论作文必具三多，而有所谓持论多者。"④

又，朱胜非《绀珠集》卷十一："学者当取三多，看读多，持论多，著述多。三多之中，持论尤难。为文须辞理相称，不然同乎按检不足取也。"⑤

又，苏颂《苏魏公集》卷五十一："学者当务三多：著述，看读，持论尤难。属文须词理相副。"⑥

文能持论，或曰持正，颇为学者文人所重。宋人潘自牧编《记纂渊海》"言语"部设列"持论"条⑦，从经、史、集部中择选其例明示推许。明人彭大翼《山堂肆考》卷一二六"文学"目"文章"条下，亦引称"三多"说："谭苑学者当取三多：读书多，持论多，著述多。三多之中，持论为难。"⑧

持论之文重义尚理。"然持论有深浅，析义有精浮。"⑨其中义深、

① 陈明鹤：《东越文苑》卷六《许天锡传》，清同治十二年刻本。

② 赵尔巽：《清史稿》卷三八四《姚莹传》，中华书局 1977 年版，第 11672 页。

③ 参见民国赵经达辑《汪尧峰先生年谱》，民国刻又满楼丛书本。

④ 参见林之奇《拙斋文集》(第四册)，国家图书馆出版社 2013 年版，第 11 页。

⑤ 朱胜非：《绀珠集》卷十一《谈苑》，清文渊阁四库全书本。

⑥ 苏颂：《苏魏公文集》(下册)，中华书局 1988 年版，第 768 页。

⑦ 潘自牧：《记纂渊海》，中华书局 1988 年版，第 2427 页。

⑧ 彭大翼：《山堂肆考》卷一二六《文章》，清文渊阁四库全书本。

⑨ 参见王钦若《册府元龟》，中华书局 1960 年版，第 6957 页。

理当、辞工者尤见推重，唐人李翱道"六经之后，百家之言兴。老聃、列御寇、庄周、鹖冠、田穰苴、孙武、屈原、宋玉、孟轲、吴起、商鞅、墨翟、鬼谷子、荀况、韩非、李斯、贾谊、枚乘、司马迁、相如、刘向、扬雄，皆足以自成一家之文，学者之所师归也。故义虽深，理虽当，词不工者不成为文宜不能传也。文、理、义三者兼并，乃能独立于一时，而不泯灭于后代，能必传也"①。推此可知，作为批评范畴，"持论"已成古人作文、评文之重要准式。

三、汉赋持论：体·义·用

纵观赋史，以理入赋，或赋体论政并非罕例。宋人王禹偁《君者以百姓为天赋》《黄屋非尧心赋》诸篇即为政论赋。清人陈元龙奉敕纂编《历代赋汇》，其中治道、典礼诸目所收无非论体。以"持论"评赋，如"骚人之辞怨刺愤怼，虽援及君臣教化，而不能霑洽持论"②，清人浦铣尝谓"闽人林茂之古度荔枝赋，持论平允，词极清致，通首不着金樱玉粟等一字，尤为可贵"③。王应麟《小学绀珠》分赋二十体④，其明道、论理、析微诸体皆涉论，叙事、颂德、纪功之余或明功用或系作赋手法，亦堪周于持论。赋体持论于理可行，于实有征。早期荀卿赋肇其端绪，至汉散体大赋方称完型。不过，与纯粹理赋有异，汉赋持论有其特性与政治语境，试从体、义、用三端略加阐说。

---

① 李翱：《李文公集》卷六《答朱载言书》，四部丛刊景明成化本。
② 裴延翰：《樊川文集序》，参见吴在庆《杜牧集系年校注》，中华书局 2008 年版，第 4 页。
③ 浦铣著，何新文校证：《历代赋话校证（附：复小斋赋话）》，上海古籍出版社 2007 年版，第 405 页。
④ 王应麟：《小学绀珠》，中华书局 1985 年版，第 160 页。按，二十体：叙事、颂德、纪功、赞序、缘情、明道、祖述、论理、咏物、述咏、引类、指事、析微、体物、假象、旁喻、叙体、总数、双关、变态。

首先，文式形制(体)：赋奏兼体，以及由文入赋、以铺排藏议论为赋之正格。

持论文不拘体，但无疑"文"体物理形制更适于"论"。同时"设文之体有常，变文之数无方"①，大赋持论堪与奏文比附。汉世文章以奏疏、大赋为盛，然二体之间不无相形互渗。宋人项安世《项氏家说》中言"贾谊之《过秦》，陆机之《辨亡》，皆赋体也"②，推类而言，贾谊《陈政事疏》、贾山《至言》、东方朔《谏除上林苑》诸篇不无彰显赋形。至如今存陆贾《新语》，也因其"系分篇奏给不学无文的刘邦听的，中间杂有韵语，亦即杂有赋体"③。

大赋陈辞托义，亦与汉臣名奏义旨相通、风格有类。作为内廷侍臣，赋家兼有谏议之职。观大赋名篇，作者多以奏赋为名或有类奏文之实：相如奏《上林赋》，"其卒章归之于节俭，因以风谏。奏之天子，天子大说。……赋奏，天子以为郎"；奏《长杨赋》，"是时天子方好自击熊豕，驰逐野兽，相如因上疏谏"；奏《大人赋》，"上林之事未足美也，尚有靡者。臣尝为大人赋，未就，请具而奏之"。④ 扬雄四大赋皆具"奏"实，"从上甘泉，还奏《甘泉赋》以风……赋成奏之"，"雄以为临川羡鱼不如归而结网，还，上《河东赋》以劝"，"恐后世复修前好，不折中于泉台，故聊因《校猎赋》以风"，《长杨赋》亦因事而谏。⑤ 围绕都邑问题，后汉论都赋往往与奏疏无差。杜笃主张西迁，直以奏议上赋。《后汉书》载"笃以关中表里山河，先帝旧京，不宜改营洛邑，乃上奏《论都赋》"，其赋序即汉臣奏文常式，"臣所欲言，陛下已知，故略其梗概，不敢具陈。昔盘庚去奢，行俭于亳，成周之隆，乃即中洛。遭时

① 范文澜：《文心雕龙注》，人民文学出版社 1958 年版，第 519 页。
② 项安世：《项氏家说》，中华书局 1985 年版，第 92 页。
③ 徐复观：《中国文学精神》，上海书店出版社 2006 年版，第 437 页。
④ 班固：《汉书》卷五七《司马相如传》，中华书局 1962 年版，第 2533、2589、2592 页。
⑤ 班固：《汉书》卷八七《扬雄传》，中华书局 1962 年版，第 3522、3535、3541、3557 页。

制都，不常厥邑。贤圣之虑，盖有优劣；霸王之姿，明知相绝。守国之势同归异术：或弃去阻阨，务处平易；或据山带河，并吞六国；或富贵思归，不顾见袭；或掩空击虚，自蜀汉出；即日车驾，策田一卒；或知而不从，久都硗埆。臣不敢有所据，窃见司马相如、杨子云作辞赋以讽主上，臣诚慕之，伏作书一篇，名曰《论都》，谨并封奏如左"①。班固承此以赋陈政，"自为郎后，遂见亲近。时京师修起宫室，濬缮城隍，而关中耆老犹望朝廷西顾。固感前世相如、寿王、东方之徒，造构文辞，终以讽劝，乃上《两都赋》"②。张衡有见"天下承平日久，自王侯以下，莫不踰侈"，拟《两都》形迹，"作《二京赋》，因以讽谏"。③ 即事造赋与朝臣上疏无甚差别，奏赋形同上行文书。元人陈绎曾《汉赋格》即赞汉赋"说军阵如良将，论政事如老吏"④。进言之，《子虚上林》《两都》诸赋虚设人物，拟化现实君、臣，其相与辩难实同君臣或臣僚之集议抗辩，诘难而后显志类乎奏疏陈旨，"赋之讽谏，可于斯取则"⑤。

赋奏兼体乃汉赋持论显见一面。不惟于此，在手法上，回溯文章流变，赋体持论得于文者犹多，要在由文入赋，铺排叙义。赋铺排起于情、义、理扩充之客观需要，"赋起于情事杂沓，诗不能驭，故为赋以铺陈之"⑥。大赋铺张扬厉袭用纵横风气，"纵横出自行人。短长诸策，实多口语，寻理本旨，无过数言，而务为纷葩，期于造次可听。溯其流别，实不歌而诵之赋也。秦代仪、轸之辞，所以异于《子虚》《大人》者，

① 范晔：《后汉书》卷八〇《杜笃列传》，中华书局 1965 年版，第 2595 页。
② 范晔：《后汉书》卷四〇《班固列传》，中华书局 1965 年版，第 1335 页。
③ 范晔：《后汉书》卷五九《张衡列传》，中华书局 1965 年版，第 1897 页。
④ 陈绎曾：《文筌》，清李士棻家钞本。
⑤ 刘熙载著，袁津琥校注：《艺概注稿》（上册），中华书局 2009 年版，第 447 页
⑥ 刘熙载著，袁津琥校注：《艺概注稿》（上册），中华书局 2009 年版，第 411 页。

亦有韵无韵云尔"①，章太炎认为纵横家言与赋相仿，个别区殊只在有韵无韵之间；《国故论衡·辩诗》云"纵横者，赋之本。古诗诵诗三百，足以专对，七国之际，行人胥附，折冲于樽俎间。其说恢张谲宇，绅绎无穷，解散赋体，易人心志。鱼豢称：'鲁连、邹阳之徒，援譬引类，以解缔结，诚文辩之隽也。'武帝以后，宗室削弱，藩臣无邦交之礼。纵横既黜，然后退为赋家，时有解散"②，认为赋家乃纵横家衍变而来，承续其致用思维和艺术风神，颇得前者精神意气。事实上，"纵横"一语历周而汉，其义涵由诸子九流之一家、策士捭阖权变之谋略渐变而为文家铺陈敷义之文格。刘熙《释名》谓"敷布其义谓之赋"③。大赋造作仿如策士进谋，虽凭虚构象但寓实于虚，气流墨中而奇伟雄劲，承转即如文式④。《历朝赋格》置诸大赋入"文赋格"，评《子虚》"纵横驰骋"、《两都》"笔力劲安态丰"、《鲁灵光殿》"雄励之气运乎其腕，犹班马之余勇"。⑤ 曲尽变态，纵横畸伟，大赋持论如此，可谓"持论有见，行文亦奇宕"⑥。

若言奏文论议尚实，大赋论政则务虚，二者无谓乎孰优孰劣，行文取法不同但归趣相仿。大赋于疆域、物产、珍宝、宫室、楼阁诸端铺展形胜，乃言说争竞必需技法。刘熙载谓："以精神代色相，以议论当铺排，赋之别格也。正格当以色相寄精神，以铺排藏议论耳。"⑦不同于一般说理文率直而少致，大赋于铺排之中涵蓄力量，于奇宕委曲中检束论

① 章太炎：《文学说例》，参见舒芜编《近代文论选》，人民文学出版社 1959 年版，第 411 页。

② 章太炎：《国故论衡》，上海古籍出版社 2003 年版，第 91 页。

③ 刘熙：《释名》，中华书局 1985 年版，第 100 页。

④ 比照文制，大赋起端、铺叙、引类、议论、用事、结尾皆与古文制式多相类合，可参陈绎曾《文筌》。

⑤ 参见陆葇《历朝赋格》（上集），清康熙间刻本。

⑥ 参见陈天定《古今小品》卷八，清道光九年刻本。

⑦ 刘熙载著，袁津琥校注：《艺概注稿》（上册），中华书局 2009 年版，第 474 页。

议，堪称赋中正格。或如马、扬极言而归正，或如班、张正言而极之，义旨呈示皆不失曲致。故刘氏又谓"赋须曲折尽变。孔颖达谓'言事之道，直陈为正'，此第明赋之义，非论其势，势曲固不害于义直也"①，而大赋持论于势曲中见义直更显见于其义涵旨归及功能表现上。

其次，思想内涵（义）：持论尚器识，大赋镕子入史而准于经义，铸成辩而不激、畅而归典之风轨。

持论尚器识，所谓"文人持论当有英雄气"②即关乎此。古人谓升高能赋，已寓涵才识怀抱须高之意。《三国志·魏书·管辂传》裴松之注引辂别传，单子春语："此年少盛有才器，听其言论，正似司马犬子游猎之赋，何其磊落雄壮，英神以茂。"③赋家器识英伟，文多雄气，谓《游猎赋》磊落雄壮英神以茂谅非虚言。宋人孙何《论诗赋取士》曰："惟诗赋之制，非学优才高，不能当也。……观其命句，可以见学殖之浅深。即其构思，可以觇器业之大小。"④赋家器识聚焦于大赋思想内涵，而比辑其义，则无外子、史、经三端，"赋知器识"⑤即见之于赋家兼合、熔铸功力及旨归。

相如《子虚》言楚王畋猎后"怕乎无为，憺乎自持"、扬雄《长杨》中客卿子墨谓"人君以玄默为神，澹泊为德"系引道家无为。张衡《二京》言"使心不乱其所在，目不见其可欲"，则"为无为，事无事，永有民以孔安。遵节俭，尚素朴。思仲尼之克己，履老氏之常足"⑥，融入老、庄、孔义趣。大赋多尚清宁、节俭，仿如道、墨、儒诸家宗旨；随时立法因事制礼、明君臣上下，不失法家要义。可以说，汉赋之于诸子具有

---

① 刘熙载著，袁津琥校注：《艺概注稿》（上册），中华书局 2009 年版，第463 页。

② 参见沈长卿《沈氏日旦》卷六，明崇祯刻本。

③ 陈寿：《三国志》卷二九《管辂传》，中华书局 1959 年版，第 812 页。

④ 参见沈作喆《寓简》，中华书局 1985 年版，第 34 页。

⑤ 参见祝穆著，株式会社编《新编古今事文类聚（别集）》，中文出版社 1989年版，第 1623 页。

⑥ 萧统：《文选》，上海古籍出版社 1986 年版，第 127 页。

形式上赋以言道之寓居、承载、化用之功。《世说新语·文学》刘孝标注引《续晋阳秋》称"自司马相如、王褒、扬雄诸贤，世尚赋颂，皆体则《诗》《骚》，傍综百家之言"①；章学诚谓古之赋家"自成一子之学"，申言"赋家者流，犹有诸子之遗意，居然自命一家之言者，其中又各有其宗旨焉，殊非后世诗赋之流，拘于文而无其质，茫然不可辨其流别也。……汉廷之赋，实非苟作；长篇录入于全传，足见其人之极思，殆与贾疏董策，为用不同，而同主于以文传人也。是则赋家者流，纵横之派别，而兼诸子之余风，此其所以异于后世辞章之士也。故论文于战国而下，贵求作者之意指，而不可拘于形貌"②，足见诸子学说乃大赋持论义所从来重要一途，而能于持论亦大赋堪称一子之学重要标征。

挚虞言"古诗之赋，以情义为主，以事类为佐"③，事类佐义一般取材经典故实。古人重史，要在取义。刘勰谓"事类者，盖文章之外，据事以类义，援古以证今者也。……明理引乎成辞，征义举乎人事，乃圣贤之鸿谟，经藉之通矩也。……屈宋属篇，号依诗人，虽引古事，而莫取旧辞。唯贾谊鵩赋始用鹖冠之说，相如上林撮引李斯之书，此万分之一会也。及扬雄百官箴，颇酌于诗书；刘歆遂初赋，历叙于纪传：渐渐综采矣。至于崔、班、张、蔡，遂捃摭经史，华实布濩，因书立功，皆后人之范式也"④，黄侃继之阐说"文之为用，自喻喻人而已。……喻人奚贵？贵乎信。……道古语以剀今，道之属也。取古事以托喻，兴之属也。意皆相类，不必语出于我；事苟可信，不必义起乎今。引事引言，凡以达吾之思而已。若夫文之以喻人也，征于旧则易信，举彼所知则易为从"⑤。以史记事类入文系古人作文手法，大赋持论多取径乎此：

① 参见刘孝标注，龚斌校释《世说新语校释（上册）》，上海古籍出版社 2011 年版，第 528 页。
② 章学诚著，叶瑛校注：《文史通义校注》，中华书局 1985 年版，第 80 页。
③ 参见浦铣《历代赋话（续集）》，第 342 页。
④ 范文澜：《文心雕龙注》，人民文学出版社 1958 年版，第 614 页。
⑤ 黄侃：《文心雕龙札记》，华东师范大学出版社 1996 年版，第 239 页。

彰教化则引征圣哲行迹意象，相如《上林》中"德隆于三皇，功羡于五帝"①，扬雄《甘泉》中"搜述索耦皋、伊之徒，冠伦魁能，函甘棠之惠，挟东征之意，相与齐虖阳灵之宫"②、《河东》中"嗟文公而愍推兮，勤大禹于龙门。……乐往昔之遗风兮，喜虞氏之所耕。瞰帝唐之嵩高兮，眽隆周之大宁。……轶五帝之遐迹兮，蹑三皇之高踪"③、《羽猎》中"加劳三皇，勖勤五帝。……立君臣之节，崇贤圣之业"④。资鉴镜则述略往代人事故实，扬雄《长杨》溯回汉家创业守文之迹，首起暴秦"封豕其士，窳窳其民"，后述高祖立国、文帝节俭、武帝武功，明乎王道之途；杜笃《论都》援史入赋，历叙前汉各代，尤推武帝盛世，及于光武中兴赞颂宏业，陈说政尚文治、然西京势便不可偏废之理；班固《两都》、张衡《二京》手法相类，稽之上古考诸近世，引叙故实前后比照，说理信而有征。"赋欲纵横自在，系乎知类。太史公《屈原传》曰'举类迩而见义远'，《叙传》又曰'连类以争义'，司马相如《封禅书》曰'依类托寓'，枚乘《七发》曰'离辞连类'，皇甫士安叙《三都赋》曰'触类而长之'"⑤，徐师曾《文体明辨序》言"以叙事为议论者，乃议论之变"⑥，大赋持论以事类佐义虽尚不构成叙事，但在引谕⑦推类之思维层面则颇相类同。

阮元《四六丛话序》谓"综两京文赋诸家，莫不洞穴经史"⑧，前此有就汉赋用经考论翔实⑨。大赋持论镕子入史而准于经义，乃其立义持

---

① 班固：《汉书》卷五七《司马相如传》，中华书局 1962 年版，第 2574 页。

② 班固：《汉书》卷八七《扬雄传》，中华书局 1962 年版，第 3530 页。

③ 班固：《汉书》卷八七《扬雄传》，中华书局 1962 年版，第 3538 页。

④ 班固：《汉书》卷八七《扬雄传》，中华书局 1962 年版，第 3553 页。

⑤ 刘熙载著，袁津琥校注：《艺概注稿》（上册），中华书局 2009 年版，第 459 页。

⑥ 徐师曾：《文体明辨序说》，人民文学出版社 1962 年版，第 78 页。

⑦ 引谕，古人谓取谕法之一，"援引前言，以证其事"。参见陈绎曾《文式》卷上，明刻本。

⑧ 阮元：《揅经室集》（下册），中华书局 1993 年版，第 738 页。

⑨ 参见许结、王思豪《汉赋用经考》，《文史》2011 年第 2 辑。

正之本。此种思维与汉代学术轨迹相表里，刘勰言两汉诸子"体势漫弱，虽明乎坦途，而类多依采"，范文澜注说"坦途，谓儒学。……汉自董仲舒奏罢百家，学归一尊，朝廷用人，贵乎平正，由是诸家撰述，惟有依傍儒学，采掇陈言，为世主备鉴戒，不复敢奇行高论，自投文网"①。览观相如、扬雄、班固、张衡诸家大赋篇制，在彰显志意处，无不显形儒家旨趣，关乎三皇五帝、王道王政意象也最集中密集。如此具有三重意义：论辩争胜之必需，讽劝王政之鹄的，儒术尊崇之承显。刘劭《人物志》谓文有道理、义理、事理、情理四家，刘熙载指出"文之本领，只此四者尽之，然孰非经所统摄者乎"②。至如刘勰推尚之文，"镕铸经典之范，翔集子史之术，洞晓情变，曲昭文体，然后能孚甲新意，雕画奇辞"③，而大赋持论正可谓取法乎此。

汉代经学以法典权威渗透进政治、思想诸层面，讲究法度、合乎经义乃扬雄、班固、蔡邕诸家赋论核心，亦即大赋堪于持论之根柢。枚皋"不通经术，诙笑类俳倡，为赋颂，好嫚戏，以故得媟黩贵幸，比东方朔、郭舍人等，而不得比严助等得尊官"，"其文骫骳，曲随其事，皆得其意，颇诙笑，不甚闲靡。凡可读者百二十篇，其尤嫚戏不可读者尚数十篇"④。东方朔学殖匪浅，"时观察颜色，直言切谏，上常用之"，"武帝既招英俊，程其器能，用之如不及。时方外事胡、越，内兴制度，国家多事，自公孙弘以下至司马迁皆奉使方外，或为郡国守相至公卿。而朔……与枚皋、郭舍人俱在左右，诙啁而已。……其言专商鞅、韩非之语也，指意放荡，颇复诙谐，辞数万言，终不见用"，则见其弊正在"言不纯师，行不纯德……朔名过实者，以其诙达多端，不名一行，应谐似优，不穷似智，正谏似直，秽德似隐"，贻人"口谐倡辩，

---

① 范文澜：《文心雕龙注》，人民文学出版社 1958 年版，第 325 页。
② 刘熙载著，袁津琥校注：《艺概注稿》（上册），中华书局 2009 年版，第 2 页。
③ 范文澜：《文心雕龙注》，人民文学出版社 1958 年版，第 514 页。
④ 班固：《汉书》卷五一《枚皋传》，中华书局 1962 年版，第 2366 页。

不能持论，喜为庸人诵说"之口实。①

古人崇奉"学有渊源，文有楷法，持论坚正"②，推见皋、朔之徒文不雅驯，义违法度，率多轻滑之弊。刘师培谓中国文学受人攻击之一即"游戏笔墨"，他说"凡学为文章，与其推崇天才，毋宁信赖学力。庸流所奉为才子派者，实不足为楷式"③。赋须学力，章太炎谓"持论之难，不在出入风议，臧否人群，独持理议礼为剧。出入风议，臧否人群，文士所优为也。持理议礼，非擅其学莫能至"④。大赋镕子入史，持论本经立义，实亦托赋体释经义，堪谓《五经》鼓吹、经典羽翼⑤，其理致颇显典正。扬雄谓"诗人之赋丽以则"，王世贞《艺苑卮言》引征则为"扬雄曰诗人之赋典以则"⑥，《西京杂记》载"司马长卿赋时人皆称典而丽，虽诗人之作不能加"⑦。"丽则"隐喻法度，"典"则突显渊雅之风。王氏又称"持论之文，辨而不激；叙事之文，峭而能洁；发意之文，畅而归典"⑧，准此评语，大赋持论兼取叙事、发意，无论体物写志、铺排叙义以及镕子入史，卒归乎雍典；"丽词雅义，符采相胜"⑨，不徒辞胜观瞻之美，亦深涵学理思致，铸成辨而不激、畅而归典之风轨。

复次，功能表现(用)：夸饰即讽谏，描绘王政之形，写影以寓实，

---

① 班固：《汉书》卷六五《东方朔传》，中华书局 1962 年版，第 2863、2873 页。

② 牟巘：《陵阳集》卷二四《黄提干行状》，民国吴兴丛书本。

③ 刘师培：《汉魏六朝专家文研究》，中国人民大学出版社 2004 年版，第 161 页。

④ 章太炎：《国故论衡》，上海古籍出版社 2003 年版，第 82 页。

⑤ 东晋孙绰言"(左思)三都、(张衡)二京，《五经》鼓吹"，刘孝标注上及汉赋语曰"经典之羽翼"，可参《世说新语校释》，第 524 页。

⑥ 王世贞著，罗仲鼎校：《艺苑卮言》，齐鲁书社 1992 年版，第 6 页。

⑦ 葛洪：《西京杂记》，中华书局 1985 年版，第 21 页。

⑧ 王世贞：《弇州山人四部续稿》卷四五《徐天目先生集序》，清文渊阁四库全书本。

⑨ 范文澜：《文心雕龙注》，人民文学出版社 1958 年版，第 136 页。

意在目击道存，劝一而讽百。

《人物志》言"守能待攻，谓之持论之材"①，武帝重赋家持论，别有用意。其时行内、外朝制，作为言语侍从，赋家系属内臣。赋家铺写盛事，能于持论，乃武帝压制外臣反对批评之重要力量。《礼记·礼器篇》中于宫室、宗庙、衣冠、器用诸方贵多、贵大、贵高、贵文，即意于为君主壮其观瞻而养其威重，高祖时萧何筑造宫室已经启其端绪。且又"国无强文，德暗不彰"②，大赋夸饰用在渲染盛世气象。但综观大赋体用，则非此一语尽道，其功能表现自具述行特性。

鲁迅说："汉初善言治道，亦擅文章。"③两汉擅文章者亦多通于治道。大赋圣手如相如、扬雄、班固皆明达治体。大赋持论关契政教，不徒赋写畋猎、都城、礼制诸端，大要在于塑形王道、描绘王政以及代言圣君。武帝言"受命而王，各有所由兴，殊路而同归……汉亦一家之事"④，其义涵由宣帝"汉家自有制度，本以霸王道杂之"⑤而明朗。朱熹言"须晓得如何是王，如何是伯，方可论此。宣帝也不识王、伯，只是把宽慈底便唤做王，严酷底便唤做伯"⑥，事实上汉帝对王道皆无深理。汉臣奏疏之中心议题由"过秦论"而"迹天心"，于王政何如总略言之则失诸空洞殊少具象，相反大赋中对其理念、制度、仪式和图景形多描绘。郑玄谓"赋之言铺，直铺陈今之政教善恶"⑦，皇甫谧为左思序《三都赋》道"昔之为文者，非苟尚辞而已，将以纽之王教，本乎劝诫也"⑧。大赋持论以情为表、以理为职，而以言为端倪，无论铺排叙义，

① 刘劭著，刘昞注：《人物志》，中州古籍出版社 2007 年版，第 93 页。
② 王充著，黄晖校释：《论衡校释》，中华书局 1990 年版，第 854 页。
③ 鲁迅：《汉文学史纲要》，凤凰出版社 2009 年版，第 44 页。
④ 司马迁：《史记》卷二三《礼书》，中华书局 1959 年版，第 1160 页。
⑤ 班固：《汉书》卷九《元帝纪》，中华书局 1962 年版，第 277 页。
⑥ 黎靖德编，王星贤点校：《朱子语类》（第八册），中华书局 1986 年版，第 3228 页。
⑦ 参见阮元校刻《十三经注疏》，中华书局 1980 年版，第 796 页。
⑧ 萧统：《文选》，上海古籍出版社 1986 年版，第 2038 页。

或镕子入史而准于经义，其真精神正在王道政治之绘形写影。所谓"体国经野，义尚光大"①，其手法恰须壮辞夸饰之极致运用。

古人评汉赋弊端归结一点，即文辞夸饰不周于用。扬雄谓"赋者将以风也，必推类而言，极丽靡之辞，闳侈钜衍，竞于使人不能加也。既乃归之于正，然览者已过矣。……赋劝而不止"②，虚辞滥说、靡丽多夸、劝百讽一乃大赋弊病之总说。刘熙载谓"诗为赋心，赋为诗体"③，大赋实兼儒家诗教美、刺两端，"志与讽谏，赋之体用具矣。……非雅丽何以善之"④。《两都赋序》云"或以抒下情而通讽谕，或以宣上德而尽忠孝，雍容揄扬，著于后嗣，抑亦《雅》《颂》之亚"⑤，便充分肯定赋之讽劝功用。"颂以颂美，贵形容盛伟。雅以咏政，贵铺张正大"⑥，扬雄"劝百讽一"说此亦一偏之见，杨修《答临淄侯笺》明确予以反批评："今之赋颂，古诗之流，不更孔公，《风》《雅》无别耳。修家子云，老不晓事，强著一书，悔其少作。若此仲山、周旦之俦，为皆有愆耶！君侯忘圣贤之显迹，述鄙宗之过言，窃以为未之思也。若乃不忘经国之大美，流千载之英声，铭功景钟，书名竹帛，斯自雅量，素所蓄也。岂与文章相妨害哉。"⑦大赋持论宗经一归大道，即如祝尧所称"上林、甘泉，极其铺张，终归于讽谏，而风之义未泯。两都等赋，极其炫曜，终折以法度，而雅颂之义未泯"⑧。而由讽谏向讽谕略转，则是两汉赋家论赋、作赋旨趣之微区：马、扬讽谏为多，至于班、张则揄扬之意胜，

---

① 范文澜：《文心雕龙注》，人民文学出版社 1958 年版，第 135 页

② 班固：《汉书》卷八七《扬雄传》，中华书局 1962 年版，第 3575 页。

③ 刘熙载著，袁津琥校注：《艺概注稿》（上册），中华书局 2009 年版，第 411 页。

④ 刘熙载著，袁津琥校注：《艺概注稿》（上册），中华书局 2009 年版，第 445 页

⑤ 萧统：《文选》，上海古籍出版社 1986 年版，第 3 页。

⑥ 陈绎曾：《文筌》，清李士菜家钞本。

⑦ 萧统：《文选》，上海古籍出版社 1986 年版，第 1819 页。

⑧ 祝尧：《古赋辨体》卷三，清文津阁四库全书本。

讽谏之意鲜①。

清人何焯谓"赋家之心……无非六义之风，非苟为夸饰也。其或本颂功德，而反事侈靡，淫而非则，是司马班扬之罪人矣"②，诚识司马扬班诸家初心。壮辞夸饰并非汉赋持论弊病，反是绘形、宣示王政极富成效之手法。抽象空言王政，毋宁以赋铺叙写形更见直观，此乃文家以艺术方式表达政治思想之优长。《文心雕龙·夸饰》言"夫形而上者谓之道，形而下者谓之器。神道难摹，精言不能追其极；形器易写，壮辞可得喻其真；才非短长，理自难易耳。故自天地以降，豫入声貌，文辞所被，夸饰恒存。……是以言峻则嵩高极天，论狭则河不容舠，说多则子孙千亿，称少则民靡孑遗，襄陵举滔天之目，倒戈立漂杵之论，辞虽已甚，其义无害也。……自宋玉景差，夸饰始盛。相如凭风，诡滥愈甚，故上林之馆，奔星与宛虹入轩；从禽之盛，飞廉与鹪鹩俱获。及扬雄甘泉，酌其余波，语环奇，则假珍于玉树，言峻极，则颠坠于鬼神。至东都之比目，西京之海若，验理则理无不验，穷饰则饰犹未穷矣。又子云校猎，鞭宓妃以饟屈原；张衡羽猎，困玄冥於朔野。娈彼洛神，既非罔两；惟此水师，亦非魑魅；而虚用滥形，不其疏乎！此欲夸其威而饰其事义睽剌也。……然饰穷其要，则心声锋起，夸过其理，则名实两乖。若能酌诗书之旷旨，剪扬马之甚泰，使夸而有节，饰而不诬，亦可谓之懿也"③。赋象物形，大赋完型定制及言说机制模式化，意谓其载道论政功能广被认知和采纳。"模式的功能就是简单化，从而使真实的世界更易于理解。"④诚如黄侃之言，"文有饰词，可以传难言之意……可以

① 刘熙载著，袁津琥校注：《艺概注稿》（上册），中华书局 2009 年版，第446 页。
② 何焯著，崔高维点校：《义门读书记》（上册），中华书局 1987 年版，第332 页。
③ 范文澜：《文心雕龙注》，人民文学出版社 1958 年版，第 608 页。
④ 彼得·伯克：《历史学与社会理论》（姚明等译），上海人民出版社 2001 年版，第 72 页。

省不急之文……可以摹难传之状……可以得言外之情"①。

　　大赋"夸饰处皆讽也"②，而具体操作，则"夸饰在用，务先大体，望古定法，举要治繁"③。借用海登·怀特之"形式的内容"④理论，大赋壮辞夸饰不仅传达意义，也在创造意义，即夸饰不仅是形式，更是内容。大赋于王政绘形写影，赋家意在以此启悟帝王，实可谓劝一而讽百，"一"即王政，"百"即不合王道诸端。此即《庄子·田子方》中所谓"目击而道存"⑤，大赋持论之关键本此。有学者认为，凭虚倾向反映于大赋体制及作者精神气度诸方面⑥。大赋凭虚与铺排、夸饰不无相关，但秉儒家之文而"理有典刑，辞有风轨"⑦使得逞辞归于收敛，所以"敛藏是大赋文体的重要特征……用来表现新王官学中的雅正主题，则极大地拓展了诗教传统中含蓄蕴藉的艺术内涵"⑧。倘撇开虚辞滥说、劝百讽一之陈见，从赋家持论本心出发，那么大赋铺排叙义反是持论文式之长，壮辞夸饰乃"形式的内容"。

四、结　语

　　章学诚言："子史衰而文集之体盛，著作衰而辞章之学兴。文集者，辞章不专家，而萃聚文墨，以为蛇龙之菹也。后贤承而不废者，江

①　黄侃：《文心雕龙札记》，华东师范大学出版社 1996 年版，第 229 页。

②　何焯著，崔高维点校：《义门读书记》（下册），中华书局 1987 年版，第 874 页。

③　樊增祥：《樊山集（续集）》，台北文海出版社 1978 年版，第 1703 页。

④　"形式的内容"理论于理解大赋夸饰即讽谏亦通。参见海登·怀特《形式的内容：叙事话语与历史再现》（董立河译），文津出版社 2005 年版。

⑤　郭庆藩：《庄子集释》，中华书局 1961 年版，第 706 页。

⑥　易闻晓：《汉赋"凭虚"论》，《文艺研究》2012 年第 12 期。

⑦　范文澜：《文心雕龙注》，人民文学出版社 1958 年版，第 423 页。

⑧　黄卓颖：《论汉大赋的敛藏》，《南京大学学报》（哲学·人文科学·社会科学）2013 年第 4 期。

河导而其势不容复遏也。经学不专家，而文集有经义；史学不专家，而文集有传记；立言不专家，而文集有论辨。"①汉赋首开文集之式，形式上则体备经、史、子、集，故而在思想内涵上，绝非后世拘于声韵形貌之辞章可比。作为一种文化体式，汉赋海纳百川，吸纳熔铸先秦至汉诸思想、学术资源；又如万斛泉源，为赋体衍变预流诸多路向。大赋持论深于理致，成就一代文赋格调，凭虚不失谨严，浮夸寓涵自持，虚实辅成、铺藏相济为赋之流变提供了文式轨范。清人王芑孙尝言汉赋家莫非文杰，针对南宋以降之赋弊，指出"有志者必以通经治古文为本，读三代两汉之书以尊其体，赅九流七略之用以会其归……经史之归，以古文为路，由是而赋"②，可见汉大赋集萃子史本于经义，其由文入赋亦是后世赋弊纠偏一剂良方。

（原刊于《文学研究》2015 年 1 卷 1 期）

（刘成敏，文学博士，讲师，主要研究方向为汉代政治与学术、文学研究。）

---

① 章学诚著，叶瑛校注：《文史通义校注》，中华书局 1985 年版，第 61 页。按，"立言专家"，即诸子书。
② 王芑孙：《读赋卮言（总指）》，参见《渊雅堂全集》，清嘉庆刻本。

《绝妙好词》传播接受研究

张春媚

摘　要：《绝妙好词》是一部具有流派意识的词选，向来被词家目为"雅词派"之范本。是选编成后，流传极少，仅在临安遗民词人群的小范围内传播。元明两朝，是选湮没不彰，仅见少数藏书家著录书目，却录而不刊，抄而不传。清代康熙、乾隆以后，由于浙西词派的选择和推崇，遂使是选广为传播，获得良好的接受效果。

关键词：《绝妙好词》；词选；传播；接受

《绝妙好词》七卷，为周密所辑之南宋词选。所选皆南渡后词人词作，始于张孝祥，终于仇远，殿以己作，凡 132 家，词作 385 首。所选均为醇雅清空之作，向来被词家目为"雅词派"之范本。《四库全书总目》以为是选"去取谨严，犹在曾慥《乐府雅词》、黄昇《花庵词选》之上。宋人词集今多不传，并作者姓名亦不尽见于世。零玑碎玉，皆赖此以存，于词选中最为善本"①。《绝妙好词》流传极少，元初之际，仅在临安遗民词人群的小范围内传播品评，元明两朝四百年间，鲜有人提及，及至明末清初，随着汲古阁精钞本及述古堂元钞本的出现，是选才得以重见天日，但仍被藏书家视为瑰宝，秘而不宣，康乾之际，经柯煜、高士奇、项絪、朱彝尊、励鹗等人搜寻、抄录、镌刻，又经浙西词派推选、激赏和笺注，遂使是选在有清一代广为流传，获得良好的传播

---

① 纪昀：《钦定四库全书总目》整理本，中华书局 1997 年版，第 2805 页。

效果。

一、元初之际：小范围内的传播接受

《绝妙好词》在宋末元初的第一个传播者，就是编选者周密本人。周密生活在宋末元初，为临安遗民词人，是选为周氏晚年所辑。据书中卷七所选张炎于元成宗元贞元年（1295）所做《甘州·饯草窗西归》，可知此书辑成当在元贞元年后、大德二年（1298）周密去世之前。是书编成后，周密曾在其他著述中数次提及传播该书。其《浩然斋雅谈》卷下云："云窗张枢，字斗南，又号寄闲，忠烈循王五世孙也。笔墨萧爽，人物酝籍，善音律，尝度《依声集》百阕，音韵谐美，真承平佳公子也。予已选六阕于《绝妙词》。"又云："秋崖李莱老，与其兄篔房竞爽，号龟溪二隐。予已刊十二阕于《绝妙选》矣。"又云："篔房李彭老，词笔妙一世，予已择十二阕入《绝妙词》矣，兹不重见。"又云："薛梯飙长短句，予尝收数阕于《绝妙词》。"①周密所著之《浩然斋雅谈》是一部内容丰富，颇具文献价值的唐宋史料笔记，《四库全书总目》称此书"多识旧人旧事，故其所记佚篇断阕，什九为他书所不载……若其评骘诗文，则固具根柢，非如阮阅诸人，漫然搜辑，不择精确者也。"②周密在书中数次提及《绝妙好词》，在当时无疑为词选的传播推广起到一定的推波助澜的作用。

在宋遗民词人群中，与周密同时代并时有交游的词人，也曾提及《绝妙好词》。如吴文英有词《踏莎行·敬赋草窗〈绝妙词〉》，张炎也有词《西江月·〈绝妙好词〉乃草窗所集也》。可见，在元初之际临安遗民词人群中，吴文英、张炎等词家巨擘曾亲眼目睹是选，并在其文化圈子

---

① 唐圭璋辑：《词话丛编·浩然斋词话》，中华书局 1986 年版，第 224、225、230 页。

② 纪昀：《钦定四库全书总目》整理本，中华书局 1997 年版，第 2753 页。

中引起议论。张炎《词源》卷下"杂论"云:"近代词人用功者多,如《阳春白雪集》,如《绝妙词选》,亦自可观,但所取不精一。岂若周草窗所选《绝妙好词》之为精粹。惜此板不存,恐墨本亦有好事者藏之。"①知《绝妙好词》曾经刊刻过,周密去世后,书版不存,无人传刻,而张炎所见版本,可能就是该选的最初刻本,所云"墨本",或即指周氏手稿或他人传抄稿。由此可见,《绝妙好词》成书后在当时的传播范围是如此的狭小,接受群体又是如此的小众。

《绝妙好词》不仅在遗民词人群中引起时人关注,而且还直接影响了张炎的词学思想,其《词源》所标榜的"清空骚雅"主张及所列佳作品评,与周氏《绝妙好词》多有重合。张炎用词作、词话品评等形式表达他对周氏其词其选的肯定和多维接受。首先,周密与张氏家族交往密切,时有诗词唱和。周密生于公元 1232 年,张炎生于公元 1248 年,周密比张炎年长十六岁,但二人关系密切,交游频繁。周密与张炎父张枢友善,二人诗词唱和,往来密切。其《武林旧事》《癸辛杂识》等书记载诸多关于张家的盛事和文艺活动。其词作中明确交代次张枢词的有《露华》《过秦楼》《风入松》《清平乐》《水龙吟》等多首作品。张炎虽为晚生后辈,但年幼时,常在父左右,耳濡目染,与周密神交已久,其《山中白云词》集中,为周密而题之作即达七首之多:《疏影·余于辛卯岁北归,与西湖诸友春酌,因有感于旧游,寄草窗》《祝英台近·与草窗话旧》《探芳信·西湖春感寄草窗》《甘州·饯草窗归雪》《一萼红·弁阳翁新居,堂名志雅,词名〈蘋洲渔笛谱〉》《西江月·〈绝妙好词〉乃草窗所集也》《思佳客·题草窗〈武林旧事〉》。从这些词题、词序,足见二人关系友好,这些寄赠、饯别、话旧、题词之作,特别是为周氏著作《蘋洲渔笛谱》《绝妙好词》《武林旧事》题词,显见张炎对周密的赏识,其《西江月·〈绝妙好词〉乃草窗所集也》词云:"花气烘人尚暖,珠光出海犹寒。如今贺老见应难。解道江南肠断。谩击铜壶浩叹,空存锦瑟谁弹。

---

① 唐圭璋辑:《词话丛编·词源》,中华书局 1986 年版,第 266 页。

庄生蝴蝶梦春还。帘外一声莺唤。"①在张氏看来，周密编辑此选，并非消遣之作，而是大有深意所在，其中"解道江南肠断"一语，透露出二人在文学旨趣之外，更有一种遗民词人共有黍离之悲的同感。其次，周密和张炎均为姜派词人，二人有相近的词学审美取向和共同的师法对象。"清空骚雅"是张氏《词源》所标举的词学审美标准，其论词，师白石，主清空，倡高远，以雅正为旨归。评价姜夔词"如野云孤飞，去留无迹"，赞扬《暗香》《疏影》《扬州慢》等作"不惟清空，又且骚雅，读之使人神观飞跃。"而关于"清空"的主张，早在张氏《词源》之前，周密已在《浩然斋雅谈》中有过论述："水心翁以挟云汉、分天章之才，未尝轻可一世，乃于四灵若自以为不及者，何耶？此即昌黎之于东野，六一之于宛陵也。惟其富赡雄伟，欲为清空而不可得，一旦见之，若厌膏粱而甘藜藿，故不觉有契于心耳。"②虽然周氏此处为论诗之"清空"，但作为"雅词派"之范本的《绝妙好词》，其选词的第一标准就是清空醇雅、精工典丽。陈匪石《声执》卷下云："盖周氏在宋末，与梦窗、碧山、玉田诸人皆以凄婉绵丽为主，成一大派别。此书即宗风所在，不合者不录。"③周密虽然没有专门的词学论著，但他却通过词选编撰的形式来述宗派之旨，表词论之说。《词源》卷下列举 20 首南宋"清空"佳作，其中有 16 首见之于《绝妙好词》。同时，《词源》中列举品评最多的词人是姜夔、史达祖和吴文英数家，而此数家词在《绝妙好词》中所选数量亦位居前列。《词源》卷下"赋情"、"咏物"、"节序"诸条援引，均出自《绝妙好词》。不惟如此，周氏不选寿词，张炎亦大谈寿词之流弊："难莫难于寿词。倘尽言富贵则尘俗，尽言功名则谀佞，尽言神仙则迂阔虚诞。"④凡此种种，足见《绝妙好词》对张炎影响之深，其词学论著《词源》正是受该选影响而作的雅词宣言。

---

① 黄畲校笺：《山中白云词笺》，浙江古籍出版社 1994 年版，第 297 页。
② 周密：《浩然斋雅谈》卷上，辽宁教育出版社 2000 年版，第 8 页。
③ 唐圭璋辑：《词话丛编·声执》，中华书局 1986 年版，第 4958 页。
④ 唐圭璋辑：《词话丛编·词源》，中华书局 1986 年版，第 266 页。

二、有明一代：录而不刊湮没不彰

如前所述，《绝妙好词》的元刻本在元初之际即已失传，仅有"墨本"流传，而随着宋遗民词人群的相继谢世，元明两朝四百年间，是选更是湮没无闻，几为失传。降至明末，是选方始见于少数私家书目。明代留下藏书家寓目著录《绝妙好词》的文字有：

1. 王道明《笠泽堂书目》载周密《绝妙好词选》四册。

2. 董其昌《玄赏斋书目》载《弁阳老人绝妙词选》。

3. 赵琦美《脉望馆书目》载《绝妙好词》一本。

4. 赵贤用《赵定宇书目》载《绝妙好词》一本。

5. 黄虞稷《千顷堂书目》载周密《绝妙好词选》八卷。

6. 毛扆《汲古阁珍藏秘本书目》载《绝妙好词》二本，中华再造善本收毛晋汲古阁藏本《绝妙好词》二册，钤有"元本"、"毛晋"、"汲古主人"、"毛扆之印"、"黄丕烈印"等印，凡七卷，前有总目，又有细目，卷端下题"弁阳老人辑"。

上述六家书目所著录《绝妙好词》均为抄本，其中五家均未标明版本，仅有毛氏汲古阁藏本标元本，完整流传下来的也只有汲古阁本，其余五家均已湮没失传。《绝妙好词》在明代的传播局面是藏书家录而不刊，抄而不传，湮没不彰。是选为何在明代遭遇如此清冷的传播际遇呢？

首先，从词史发展进程看，与宋词之高峰或清词之中兴相比，明词的衰敝是不争的事实。吴衡照《莲子居词话》云："金元工于小令套数而词亡，论词于明，并不逮金元，遑言两宋哉！盖明词无专门名家，一二才人如杨用修、王元美、汤义仍辈，皆以传奇手为之，宜乎词之不振也。"[①]

---

① 唐圭璋辑：《词话丛编·莲子居词话》，中华书局 1986 年版，第 2461 页。

吴梅《词学通论》云："论词至明代，可谓中衰之期……永乐以后，两宋诸名家词选，皆不显于世，惟《花间》《草堂》诸集，独盛一时。于是才士模情，辄寄言于闺阃，艺苑定论，亦揭橥于香奁，托体不尊，难言大雅，其弊一也。"①词兴起于唐五代，繁盛于两宋，衰落于元明，中兴于清。词集版刻传播与词史的这种发展态势是基本同步的。明词中衰，明代唐宋词集的刊印传播也整体上呈现衰落不振的状态，这直接影响到《绝妙好词》的传播效果。在明代，唐宋词集除了藏书家作为典籍收藏外，明代文人很少论及前代词人，也很少有刊印前代词集之举。到了明代后期，词学才渐以复兴，词集整理和刊刻才得到重视，以毛晋为代表的藏书家和书商居功甚伟。

其次，从传播内容层面看，词集传播的速度与广度，与词集本身的审美趣味密切相关。能迎合当下审美风尚的词集往往能够广泛传播广为接受，反之，特立于时代审美风尚之外的词集，则常常不被重视不能广泛传播。在明代，唐宋词选本传播版本数量较多的集子有：《草堂诗馀》（22种），《花间集》（19种），《花庵词选》（10种），《阳春白雪》（3种），《乐府补题》（3种），《绝妙好词》（2种）。② 可以看出，前三种词选传播的版本数量均高达十数种，其中《草堂诗馀》版本更达22种之多，远远超越后四种词选只有三两种版本的传播数量。究其原因，与明代的词学风尚相关，与各词选本的审美趣味相关。明人词学思想尚俗避雅，甚至有"大雅罪人"的各种言论。王世贞云："词须婉转绵丽，浅至儇俏……作则宁为大雅罪人，勿儒冠而胡服也。"③顾宋梅云："词以艳俗为正则，宁作大雅罪人，弗带经生气。"④这种千人一辞求浅尚俗，宁

---

① 吴梅：《词学通论》，华东师范大学出版社1996年版，第139页。
② 参萧鹏：《群体的选择——唐宋人词选与词人群通论》附表《历代唐宋词选版本数量比较表》，凤凰出版社2009年版，第416页。
③ 唐圭璋辑：《词话丛编·艺苑卮言》，中华书局1986年版，第385页。
④ 唐圭璋辑：《词话丛编·古今词话》卷下引顾宋梅语，中华书局1986年版，第807页。

愿为"大雅罪人"的言论，成为明代最流行的词学观念和话语模式。从审美取向上看，前三种《草堂》《花间》《花庵》诸选，风格尚俗，故而版本数量较多，传播范围较广；后三种《阳春》《乐府》《绝妙》诸选，风格尚雅，故而版本数量较少，传播范围不广。朱彝尊《书绝妙好词后》云："《绝妙好词》全本虽未全醇，然中多俊语。方诸《草堂》所录，雅俗殊分。"①朱氏"雅俗殊分"一语道出了两类不同风格的唐宋词选在明代传播冷热不均的命运。在弥漫着浅至僿俏、尚俗避雅思想的明代词坛，选词一以清空醇雅为依归的雅词范本《绝妙好词》，难以迎合时人尚俗的审美视野，自然难以找到受众获得青睐，乃至湮没无闻几为失传。

三、入清以降：从秘密传抄到广为刊刻并有笺注

文学传播的历程，往往不是直线型的而是曲线型的，有沉寂期也有盛行期。《绝妙好词》的传播在经历了元明两朝漫长的沉寂期后，终于在清初引起各大藏书家的关注，从秘密传抄到广为刊刻并有笺注，在康乾之际，迎来了它的传播盛行期。

《绝妙好词》在清初仍是秘本，其传播形态以秘密传抄为主。各大藏书家寓目传抄是选的有：

（1）钱曾《也是园藏书目》载《弇阳老人绝妙词选》七卷，又《钱尊王述古堂藏书目录》载抄本《绝妙词选》一本。钱氏《读书敏求记》卷四《弇阳老人绝妙词选》提要云："弇阳老人选此词，总目后又有目录，卷中词人大半余所未晓者。其选录精允，清言句秀，层见叠出，诚词家之南董也。此本又经前辈细勘批阅，姓氏下各朱标其出处、望第，展玩之，心目了然。"②钱氏云此本有总目，又有目录，有前人朱墨批注，与毛氏

① 施蛰存：《词籍序跋萃编》，中国社会科学出版社1994年版，第683页。
② 蒋哲伦、杨万里：《唐宋词书录》，岳麓书社2007年版，第64页。本文关于《绝妙好词》在清代的版本情况主要参考是书。

汲古阁藏元抄本卷数、编次大致相同，盖为同出一源。①

（2）朱彝尊《曝书亭藏书目》载《绝妙好词》一册，又载《绝妙好词今辑》一册，抄本。又《竹垞行笈书目》载《绝妙好词》一本。朱氏抄本乃出自钱氏抄本。据道光徐棨爱日轩刻本《绝妙好词笺》录吴焯《读书敏求记跋》云："绛云楼未烬之先，藏书至三千九百余部……牧翁毕生之精华，萃于是矣。书成，扃置枕中，出入每自携，灵踪微露。竹垞谋之甚力，终不得见。竹垞既应召，后二年，典试江左，遵王会于白下。竹垞故令客置酒高宴，约遵王与偕，私以黄金翠裘予侍书小史启钥，预置楷书书生数十于密室，半宵写成而仍返之。当时所录，并《绝妙好词》在焉。词既刻，函致遵王，遵王渐知诡得，且恐其流传于外也。竹垞乃设誓以谢之。"②而朱氏《书绝妙好词后》亦云："周公谨《绝妙好词》选本，虽未全醇，然中多俊语，方诸《草堂》所录，雅俗殊分。顾流布者少，从虞山钱氏钞得，嘉善柯孝廉南陔重锓之。作者百三十有二人。第七卷仇仁近词残阙，目亦无存，可惜也。"③可见，钱曾对自己的藏书珍爱有加，编成书目后，严关密锁，秘不示人。而朱彝尊只好不惜以重金厚赀贿赂钱氏随从才得以窃抄成功。

康乾之际，《绝妙好词》在清代的传播形态产生重大变化，从过去秘密传抄的形式转向公开刊刻的形式，其传播速度迅速提升，传播范围也急遽扩大。兹列是选在清代康乾之际的主要刻本及笺注本如下：

（1）《绝妙好词》七卷，康熙二十四年（1685）柯崇朴小幔亭刻本。柯煜自序云："时岁甲子，访戚虞山叔丈……得此一编，如逢拱璧。不谓失传已久，犹能藏弆，至今讽咏自深，剞劂有待。河北胶东之纸，传此名篇，然脂弄墨之余，成余素志。上偕诸父，俾我弟昆，共订鲁鱼，

---

① 参林夕：《闲闲室读书记》卷三《绝妙好词》文，广西师范大学出版社 2011 年版，第 143 页。本文关于《绝妙好词》在清代的版本情况于是书多有参考。

② 转引自蒋哲伦、杨万里：《唐宋词书录》，岳麓书社 2007 年版，第 65 页。

③ 施蛰存：《词籍序跋萃编》，中国社会科学出版社 1994 年版，第 683 页。

重新梨枣。"①柯煜与钱曾为姻亲，康熙二十三年，柯氏走访钱氏，得钱氏藏书，与叔父柯崇朴及兄弟共同校订，于次年付刻。自此，《绝妙好词》始有刻本流传于世。

（2）《绝妙好词》七卷，康熙三十七年（1698）高士奇清吟堂印本。高氏本实乃柯煜转让刻版，高氏稍作改易而印行于世。②

（3）《绝妙好词》七卷，康熙小瓶庐印本。是本仍是据柯氏刻本而来。③

（4）《绝妙好词》七卷，雍正三年（1725）项絪群玉书堂刻本。项氏《重刻绝妙好词序》云："近嘉善柯氏尝从虞山钱氏钞得藏本付梓。顾考钱氏述古堂题辞有云：'此本经前辈细勘批阅，下各朱标其出处里第。'今嘉善本悉皆无之。长夏掩关无事，因翻绎故书，漫加搜讨，遂已十得八九。至前人品评，与夫友朋谈艺，其言有合，及佚事可征者，悉为采录，系于本词前后。"④知项氏此本，乃据柯氏刻本而来，然项氏因不满柯氏刻本多有疏漏之误，于是仿钱氏述古堂抄本体例，于词作者名下标出处里第，又于词作前后附本事或品评，项氏本虽然规模未宏，但已是笺释之先声。

（5）《绝妙好词笺》七卷，查为仁、厉鹗合笺，乾隆十五年（1750）查氏澹宜书屋刻本。厉鹗进京候选，途经天津，会查为仁，于查氏水西宅共笺词选，定名为《绝妙好词笺》。《四库全书总目》详叙此事："初，为仁采撷诸书，以为之笺，各详其里居出处，或因词而考证其本事，或因人而附载其佚闻，以及诸家评论之语，与其人之名篇秀句，不见于此集者，咸附录之。会鹗亦方笺此集，尚未脱稿，适游天津，见为仁所

① 蒋哲伦、杨万里：《唐宋词书录》，岳麓书社2007年版，第64页。
② 参林夕：《闲闲室读书记》卷三《绝妙好词》文，广西师范大学出版社2011年版，第147页。
③ 参林夕：《闲闲室读书记》卷三《绝妙好词》文，广西师范大学出版社2011年版，第147页。
④ 蒋哲伦、杨万里：《唐宋词书录》，岳麓书社2007年版，第64页。

笺，遂举以付之，删复补漏，合为一书。"①澹宜书屋笺注本刊行后风行于世，原各刊本罕有人问津。陈匪石《声执》卷下云："樊榭作笺，以后翻印者不止一家，几于家弦户诵，为治宋词者入手之书。风会所趋，直至清末而未已。"②查氏笺注本的问世，标志着《绝妙好词》在清代的传播接受，进入到了广且深的层面。

明末清初，《绝妙好词》一直以抄本的形态在极少数的藏书家圈子里传播，直到康熙年间柯氏小幔亭刻本的出现，这部养在深闺人未识的秘本方始见闻于世。从传播广度的层面看，以柯煜、柯崇朴、朱彝尊等为代表的浙西词人，对《绝妙好词》的传播贡献主要是在文本的重新发现和整理刊刻，后经高士奇、项絧等人的重刻修补，使这部湮没不彰的秘本迅速传播推广，成为当时的流行读本。从传播深度的层面看，朱彝尊、汪森、厉鹗等浙西词派中坚分子，对《绝妙好词》的追捧和痴迷，模仿和笺注，使该选在清代的传播进入到了理论批评的深层次接受，并最终成为影响有清一代词坛最深远的一部唐宋词选。

浙西词派对《绝妙好词》的选择和接受，不是一种偶然的相遇，而是有着明显的开宗派、立法度，以之为雅词范本的目的。龙榆生《选词标准论》云："选词之目的有四：一曰便歌，二曰传人，三曰开宗，四曰尊体；前二者依他，后二者为我。"③依此说法，《绝妙好词》就是一部"为我"词选，一部选派型词选。周氏在编《绝妙好词》时，偏向于选录与自己有交游并词作题材风格相接近的词人词作。据统计，是选中，周密录与之有交往的词人共 17 人词作共 129 首（含周密本人词作），所录词作数量约占全书三分之一，这俨然是公开的拉帮结派、自立盟主的做法。因此，《绝妙好词》是一部具有流派意识的词选。陈匪石《声执》云："张玉田诸人之品评，允为恰当。以其不独与《乐府雅词》《花庵词

---

①　纪昀：《钦定四库全书总目》整理本，中华书局 1997 年版，第 2805 页。
②　唐圭璋辑：《词话丛编·声执》，中华书局 1986 年版，第 4958 页。
③　龙榆生：《龙榆生词学论文集》，上海古籍出版社 1997 年版，第 59 页。

选》不取派别者有殊。即视《阳春白雪》，亦无几微失当之处。以一家之言成总集者，清代为盛，而周氏实启之。即谓其选法、做法，皆有开清之风气，亦无不可。"①说明周氏选词的目的是为了表明其词学主张，同时他的这种以词选的方式来开宗派、立法度的做法对清代词坛产生了重大的影响。而受其影响最深者当为浙西词派。朱彝尊推崇姜夔、张炎，对南宋雅词醉心已久。其《词综·发凡》云："言情之作，易流于秽。此宋人选词多以雅为目法。"又云："世人言词，必称北宋，然词至南宋始极其工，至宋季始极其变，姜尧章氏最为突出。"②标尚纯雅，是浙西词派的词学主张，而编选《词综》，则是其效法周密以词选方式彰显词学思想的具体表现。朱氏在编选《词综》之初，遍访词藉，然尚未见到《绝妙词选》。其《发凡》云："古词选本，若《家宴集》《谪仙集》《兰畹集》《复雅歌辞》《类分乐章》《群公诗余后编》《五十大曲》《万曲类编》及草窗周氏选，皆轶不传。"③朱氏编选时所见姜夔词共存 20 余首，遂将其悉数编入《词综》。而周密《绝妙好词》所选姜夔词也高达 13 首，可见二人在推崇姜夔上是隔代相通的。《词综》初编完成后，朱氏无暇顾及补遗，遂交给汪森、周青士等人辑补。汪森在补遗过程中发现了《绝妙好词》并采词补入《词综》，《绝妙好词》遂成《词综》选源之一。汪森作《词综补遗后序》详叙其辑补经过："《词综》之刻，成于戊午。会锡鬯以应荐入都，官翰林，嗣不省故集。继典试江南，事竣，会予与青士于故里，论及前刻，挂漏尚多，欲谋为定本而卒难刊改，思补辑以成完书。……辛酉春，青士偕山子过舍，相与燕坐草堂，出其远近所搜辑，并锡鬯所遗，复从故集翻阅，汇为两卷，得词若干首，犹未备也。久之，各以事罢去。其后，从吴门藏书家得《梅苑》《翰墨全书》《铁网珊瑚》及宋、元小集二十余种，青士又从魏塘柯南陔携草窗所辑《绝妙好辞》，偕山子相为讨论，目视手钞，日无宁晷，而郡城曹子民表亦时有缄寄，佐所不

---

① 唐圭璋辑：《词话丛编·声执》，中华书局 1986 年版，第 4958 页。
② 朱彝尊、汪森：《词综》，上海古籍出版社 1999 年版，第 9 页。
③ 朱彝尊、汪森：《词综》，上海古籍出版社 1999 年版，第 9 页。

逮，共补人百二十有二，补词三百六十余首，裒然可观矣。"①汪森的词学思想和选词标准是推崇南宋雅词，标举姜派词人，与朱彝尊是相一致的。其《词综序》赞扬姜夔"句琢字炼，归于醇雅"，并云："于是史达祖、高观国羽翼之，张辑、吴文英师之于前，赵以夫、蒋捷、周密、陈允衡、王沂孙、张炎、张翥效之于后。"②把他们作为姜夔之后风雅词派的代表，认为他们"词之能事毕矣"而加以推崇。

浙西词派通过辑选《词综》，推尊南宋诸家雅词来宣扬其词学宗旨，这种做法，与周密通过《绝妙好词》来彰显其清空醇雅的词学理念具有内在一致性。焦循《雕菰楼词话》云："近世朱彝尊所选《词综》，规步草窗，学者不复周览全集，而宋词遂为朱氏之词矣。"③一语中的。宋金元人词集在清代的接受，有两次高潮，第一次是清康熙乾隆时期，以毛扆、朱彝尊为代表；第二次是嘉靖道光年间，以黄丕烈等为代表。④《绝妙好词》正是在第一次高潮期，通过浙西词派的传播来完成它的辉煌接受史。

（张春媚，文学博士，讲师，主要研究方向为唐宋词、宋代文学。）

---

① 朱彝尊、汪森：《词综》，上海古籍出版社1999年版，第5页。
② 朱彝尊、汪森：《词综》，上海古籍出版社1999年版，第1页。
③ 唐圭璋辑：《词话丛编·雕菰楼词话》，中华书局1986年版，第1491页。
④ 参邓子勉：《宋金元词籍文献研究》，上海古籍出版社2008年版，第418页。

说"白"

——兼释"宾白"

姜金元

摘　要："白"有明白义，有陈述、表白、告白义。"宾白"一词揭示了说白在中国古典戏曲中的地位(宾位)和作用(使其白直、明白)，也反映了中国戏曲以音乐为基调，重视抒情，重视曲词，重视"唱"的特征。

关键词：白；戏曲；宾白

一、说"白"

"白，西方色也。阴用事，物色白。从入合二。二，阴数"(《说文》)。汉代以五色(青、赤、白、黑、黄)与五行(木、火、金、水、土)相配，并与方位相组合，许慎云："青，东方色""赤，南方色""白，西方色"(《说文解字》)。按照许慎的说法，"白"乃会意字，"从入合二"，《段注》："出者阳也，入者阴也。故从入。""二"为阴数，"阴"也象征着死亡以及死亡的归属之地。故"白"也与丧事相联系，按习俗，丧事往往用白色的物品。如保持上古习俗的羌人对于年过花甲的死者，会给死者装殓白衣、白帕子、白绑腿。

但许慎对"白"的解释是基于晚起的小篆"白"，朱骏声对此曾提出质疑："青黄赤黑，皆举一事以形之。白字何独为会意。入二意亦迂曲不憭。"①

"白"的原始字形在甲骨文中有作"♈"者，有作"♉"者，有作"◔"者，有作"◓"者。故对"白"的本义的解释也各不相同。如郭沫若认为"白"字的原始字形"♈"，实为"拇指之象形，……拇为将指，在手足俱居首位，故白引申为伯仲之伯，又引申为王伯之伯，其用为白色字者乃假借也。"②朱骏声《说文通训定声》云："蒋骥曰：'（白）字从日，上象日未出初生微光。'按日未出地平时，先露其光恒白，今苏俗语昧爽曰东方发白是也，字当从日丿，指事，训太阳之明也。"③如"皓"等字从日训白。徐锴曰："初出其光白也。"《文选》班固《幽通赋》："皓尔太素"注："皓，白也。"商承祚先生也从"白"字的字形"◔"出发，指出："'白'字从日锐顶，象日始出地面，光闪耀如尖锐，天色已白，故曰白也。"④朱芳圃先生则从"◓"的字形中判断"白字初文作◓，中△象火盛，外◔象光环，省作◔。义当训明，引申为色素之名。"⑤我们认为朱骏声的解释较为可靠，由日光初白可以引申为"明白""清楚"等意义，还可指一切白的、明的事物。

从现代语言学的角度来看，"白"在古代原本是对一种状态的描述，其词性为形容词，或名词，但"白"还作动词用。《孟子·告子章句上》："犹彼白而我白之，从其白于外也，故谓之外也。""白之"的"白"即用

① 朱骏声：《说文通训定声》，中华书局 1984 年版，第 464 页。
② 郭沫若：《金文丛考》，转引自《汉语大字典（简编本）》，湖北辞书出版社、四川辞书出版社 1986 年版，第 1223 页。
③ 朱骏声：《说文通训定声》，中华书局 1984 年版，第 464 页。
④ 商承祚：《说文中之古文考》，转引自《汉语大字典（简编本）》，湖北辞书出版社、四川辞书出版社 1986 年版，第 1223 页。
⑤ 朱芳圃：《殷周文字释丛》，中华书局 1962 年版，第 18 页。

作动词，一般视为"意动"用法，指人从内心里将其认定为白。

　　"白"在造字之初被用来描述自然界由幽暗不明到敞亮的过程，当"白"用来描述人的内在意念由隐藏到公开的过程时，"白"就有告白、表白等含义。《论语·乡党》载：国君让孔子接待宾客，"宾退，必复命曰：'宾不顾矣。'"孔安国曰："复命，白宾已去也。""曰"与"白"词义相通。故有的版本(如台湾三民版)"复命曰"作"复命白"。何晏、皇侃《论语集解义疏》解释得更清楚："言反白君，道宾已去也。"①"白""道""曰"词义相通。《楚辞·九章·惜诵》："情沉抑而不达兮，又蔽而莫之白也。"王逸注："白，明辨也。"此处"白"和"达"的功能是一致的，都是指被遮蔽、抑制的心迹得以表现、传达。《楚辞·九章·惜往日》："愿陈情以白行兮，得罪过之不意。"此处"陈"（陈述）与"白"构成关联动作，王逸注："白，明也。自明其行之无罪也。"《吕氏春秋·节士》中介绍齐国的气节之士北郭骚甘守清贫，不臣乎天子，不友乎诸侯，但为了养活母亲，他拜在晏子门下，晏子赠与他粮食和钱财，北郭骚仅受粮食，谢绝钱财。后来，晏子被齐王猜忌仓皇出逃，经过北郭骚的门前，北郭骚沐浴迎接晏子，并劝阻晏子，晏子登车叹曰："婴之亡岂不宜哉？亦不知士甚矣。"面对齐王猜疑晏子，以及晏子对自己的误解，北郭骚决定，"吾将以身死白之。"此处的"白"即"表明""显示"的意思。司马迁《史记·滑稽列传》云："西门豹曰：巫妪弟子是女子也，不能白事，烦三老为入白也。"此处的"白"即"告诉""禀告"之意。《孔子家语·致思》："汝之民为饿也，何不白于君，发仓廪之食以赈之？""白"即告也。《礼记·曲礼》："少间愿有复也。"郑玄注："复，白也。"故《广雅·释诂》云："告、复、白，语也。"《宋本玉篇》亦云："白，西方色也，明也，告语也。"《五音集韵》卷十五释"白"："西方色，又告也，语也。"

　　"白"作为一种语言传达方式往往指下位者对上位者的表达。《正字

---

① 何晏、皇侃：《论语集解义疏》，中华书局 1985 年版，第 131 页。

通·白部》："白，下告上曰禀白，同辈述事陈义亦曰白。"在古代书信中，"白"属敬语。如曹丕《与吴质书》的开头："二月三日，丕白：岁月易得，别来行复四年。三年不见，东山犹叹其远……"，结尾处："……东望于邑，裁书叙心，丕白。"

"白"既可作动词，意指告白、表白，也可作名词，意指言词。尤其是通俗的、非正式的言词。湖北方言词中有"搭白"（搭话、搭腔）、"扯白"（说谎话）。"搭白"的"搭"有附着的意思，故"搭白"不是居于话语中心的表达，而是非中心，甚至未被邀请进入的表达。"白"作为语词、言词及其表达活动与"告""语""曰"词义大致相近，但其话语的地位和权威性似乎较为弱化。

二、"宾白"

"宾白"又称"白""说白""念白"，它是中国古典戏曲的重要构成要素。任半塘认为，"科白类戏初唐已立"[1]，宾白在唐代已成为戏剧的因素之一。开元、天宝间人常非月《咏谈容娘》有关于戏曲演出的描述："举手整花钿，翻身舞锦筵。马围行处匝，人簇看场园。歌要齐声和，情教细语传。不知心大小，容得许多怜?"[2]其中有"歌"有"语"，奠定了中国戏曲的基本体制。元杂剧每折戏包括曲、白、科三个组成部分。明人王骥德开始从戏曲理论上关注宾白。清人李渔云："然传奇一事也，其中义理分为三项：曲也，白也，穿插联络之关目也。"[3]王国维在《宋元戏曲考》中曰："杂剧之为物，合动作、言语、歌唱三者而成，故元剧对此三者，各有其相当之物。其纪动作者曰科；纪言语者曰宾、曰

① 任半塘：《唐戏弄》，上海古籍出版社1984年版，第138页。
② 任半塘：《唐戏弄》，上海古籍出版社1984年版，第55页。
③ 李渔：《闲情偶寄》，浙江古籍出版社1985年版，第11页。

白；纪所歌唱者曰曲。"①

如上文所言，"白"原本就有表白、陈述的含义，为何改称"宾白"而不直接言"白"或"说白"？

明人徐渭的解释是："唱为主，白为宾，故曰宾白。"②清人焦循基本继承徐渭的说法，他在《剧说》中引毛西河《西河词话》："若杂色人场，第有白无唱，谓之'宾白'。'宾'与'主'对，以说白在'宾'，而唱者自有主也。至元末明初，改北曲为南曲，则杂色人皆唱，不分宾主矣。"③明人李诩（1506—1593）则认为，"两人对说曰宾，一人自说曰白。"④近时也有学者认为"宾白"源于汉赋中的主客问答、对话。徐渭的宾白说着眼于"白"在整个戏曲中的地位和作用，将其与"唱"相比较，突出它的辅助功能，而李诩的宾白说则着眼于"白"的表现形式和"白"的分类，"宾"乃对白，"白"乃独白。王国维《宋元戏曲考》中引明人姜南《报璞简记》语："两人相说曰宾，一人自说曰白"，云："则宾、白又有别矣。"⑤对李诩的宾白说，明人凌濛初（1580—1644）在《谭曲杂劄》中就提出了质疑："白谓之'宾白'，盖曲为主也。《戒庵漫笔》曰：'两人对说曰宾，一人自说曰白。'未必确。"⑥

应该说，徐渭意义上的"宾白"说比较符合中国古典戏曲的实际。

首先，从中国戏剧产生的历史来看，戏剧萌芽于娱神歌舞，无须说白。对于诸宫调而言，唱不但是主体，而且几乎是全部。中国戏曲的成熟形式元杂剧也以唱为主，宾白很少。元代的戏曲重视"曲"而轻视

---

① 王国维：《王国维文学论著三种》，商务印书馆 2001 年版，第 156 页。

② 秦学人、侯作卿编著：《中国古典编剧理论资料汇辑》，中国戏剧出版社 1984 年版，第 40 页。

③ 焦循：《剧说》，《中国古典戏曲论著集成》（八），中国戏剧出版社 1959 年版，第 97 页。

④ 李诩：《戒庵老人漫笔》卷五，中华书局 1982 年版，第 194 页。

⑤ 王国维：《王国维戏曲论文集》，中国戏剧出版社 1984 年版，第 81~82 页。

⑥ 凌濛初：《谭曲杂劄》，《中国古典戏曲论著集成》（四），中国戏剧出版社 1959 年版，第 259 页。

"白"，故而以"曲"来命名元代戏剧——元曲。现存唯一的元代刊本《元刊杂剧三十种》，其中宾白非常少，有的作品甚至没有宾白。"元杂剧的语言主要表现为曲文和宾白两种形式，其中曲子是杂剧形成的基础，是剧作用以塑造形象和表现主题的最根本的手段，在每折戏中都居于核心地位。元剧作家们首先以能曲擅长，读者和当时的观众也总是要通过那些铿锵流利，具有鲜明韵律感的曲文来满足自己的审美要求。"①

其次，从创作过程与程序来看，元曲以音乐为基调，故曰"填词"，其创作是"先唱后白"，即剧作家先写作曲文，然后再写作宾白，甚至仅创作曲文，宾白由艺人表演时自由加入。明人臧晋叔《元曲选序》中指出元曲"主司所定题目外，止曲名及韵耳，其宾白则演剧时伶人自为之"。② 清人李渔亦云："前人宾白之少，非有一定当少之成格。盖彼只以填词自任，留余地以待优人，谓引商刻羽我为政，饰听美观彼为政；我以约略数言，示之以意，彼自能增益成文。"③创作时只写出关键的宾白，或者在刻印时省略一些非关键性的宾白，故鲜有"全宾""全白"。宾白不全，虽给艺人临时发挥留下了自由的空间，但也因艺人表演艺术参差不齐甚至以插科打诨干扰戏曲的有机统一性，故李渔十分重视宾白的写作，其《笠翁十种曲》中宾白有的长达千余字。其自夸："传奇中宾白之繁，实自予始"。④

至于"先白后唱"则并非创作程序，而是表演体例或演出顺序，即在主角登台演唱之前，先由杂色入场，用说白吟诵一段韵文或散文，以介绍人物或剧情。王骥德《曲律·论宾白》云："宾白，亦曰'说白'。有'定场白'，初出场诗，以四六饰句者也。"定场白虽出场在先，但其作用是辅助。据考证，定场白源于"赞"，"赞"有"明""助"之义。刘勰《文心雕龙》中认为"赞"乃"唱发之辞"（引发之辞）、"助辞"，即相对于

① 朱泽吉：《元剧宾白论》，《河北学刊》1985 年第 1 期。
② 臧晋叔编：《元曲选》，中华书局 1958 年版，第 3 页。
③ 李渔：《闲情偶寄》，浙江古籍出版社 1985 年版，第 44 页。
④ 李渔：《闲情偶寄》，浙江古籍出版社 1985 年版，第 43 页。

主辞的"宾"词。黄侃《文心雕龙札记》对"赞"作了更详细的察覈："彦和兼举明、助二义,至为赅备。详赞字见经,始于《皋陶谟》。郑君注曰:明也。盖义有未明,赖赞以明之。故孔子赞《易》,而郑君复作《易赞》,由先有《易》而后赞有所施,《书赞》亦同此例。至班孟坚《汉书赞》,亦由纪传意有未明,作此以彰显之,善恶并施。故赞非赞美之义。而后史或全不用赞,或其人非善,则亦不用赞。此缘以赞为美,故歧误至斯。史赞之外,若夏侯孝若《东方朔画赞》,则赞为画施;郭景纯《山海经、尔雅图赞》,则赞为图起,此赞有所附者,专以助为义者也。"①事物的发展有一个过程,戏剧的展开也有一个渐入、高潮、煞尾的过程,元曲的入场白,先白后唱正说明"白"的辅助、铺垫、引领作用。这也符合"白"的基本语义,由不明到明的转换时刻,《释名》释"白":"启也。如冰启时色也。"中国戏曲体裁唱白兼用,但唱白并不均衡,唱为主,白为辅。清人梁廷枏提到宾白的两种功能——"引起"和"补充":"以白引起曲文,曲所未尽,以白补之。"(《曲话》卷二)

再次,"曲词抒情,宾白叙事",此说虽不甚严密,曲词本有叙事功能,宾白也有抒情功能,但就"主次"关系而言,"曲词抒情,宾白叙事"是合理的。晚明孟称舜称赞元人武汉臣《天赐老生儿》的宾白:"此剧之妙,在宛畅入情,而宾白点化处更好。或云元曲填词皆出辞人手,而宾白则演剧时伶人自为之,故多鄙俚蹈袭之语。予谓元曲固不可及,其宾白妙处更不可及。如此剧与《赵氏孤儿》等白,直欲与太史公《史记》列传同工矣。盖曲体似诗似词,而白则可与小说演义同观"②。孟称舜指出了宾白在叙事方面的特性,强调宾白的重要性。然而,中国戏曲毕竟产生于重视抒情的传统之中,特别是文人制作的戏曲作品抒情意味更浓,故曲词相对于宾白,地位更突出。中国戏曲不像西方戏剧,西方戏剧(除歌剧)偏重情节,而中国戏曲不重关目、宾白。王国维曰:

---

① 黄侃:《文心雕龙札记》,上海古籍出版社 2000 年版,第 74 页。
② 孟称舜:《古今名剧合选·老生儿》眉批。

"元剧关目之拙，固不待言。"①"北曲之介白者，每折不过数言，即抹去宾白而只阅填词，亦皆一气呵成，无有断续，似并此数言，亦可略而不备者。"②而法国耶稣会会士普雷马雷于 1698 年将元杂剧《赵氏孤儿》译成法文，只译宾白而删除曲词，这说明了中西方戏剧重心的差异。元杂剧一人主唱，对情节不甚关注，必要的情节交代主要由宾白担任，且宾白甚少。明清以降，受小说的影响，传奇作品的叙事成分有所增加，有学者统计，清代的戏曲作品中宾白在主人公的台词总数中所占的比例超过 60%。但即便如此，宾白依然是"宾"白，因为从数量上看，其演出时间长度远未达到半数，从作用上看，依然是辅助性的。

此外，从刊刻形式上看，无论金元杂剧、诸宫调或明传奇，曲词往往用大号字，而宾白则用小号字，宾白文字直观地显示了其在整个剧本中的辅助地位。

清初李渔曾高度重视宾白。他针对历来重曲轻白的戏剧创作状况提出"宾白一道，当为曲文等视"。③ 他甚至认为宾白的作用超过曲文："至于词曲一道，止能传声，不能传情，欲观者悉其颠末，洞其幽微，单靠宾白一着。"④他提出曲文与宾白相互配合，"有最得意之曲文，即当有最得意之宾白，当使笔酣墨饱，其势自能相生。常有因得一句好白，而引起无限曲情，又有因填一首好词，而生出无穷话柄者"⑤。

但是，李渔是为了纠正轻白的倾向，在一种辩论性语境中发表此论的。故难免偏颇之词，如他说"词曲一道，止能传声，不能传情"就不符合实际。且李渔提倡"宾白一道，当为曲文等视"，是就剧作家对宾白的关注程度而言，并非改变宾白的辅助地位。我们从李渔的言论中看到的依然是对宾白的"宾"的地位和作用的认定。如："曲之有白，就文

① 王国维著，洪治纲主编：《王国维经典文存》，上海大学出版社 2003 年版，第 49 页。
② 李渔：《闲情偶寄》，浙江古籍出版社 1985 年版，第 40 页
③ 李渔：《闲情偶寄》，浙江古籍出版社 1985 年版，第 40 页。
④ 李渔：《闲情偶寄》，浙江古籍出版社 1985 年版，第 44 页。
⑤ 李渔：《闲情偶寄》，浙江古籍出版社 1985 年版，第 40~41 页。

字论之，则犹经文之于传注；就物理论之，则如栋梁之于榱桷。"①传、注是以经为依据，对经文的阐明，经为本，传注为辅。栋梁是椽子的依托，栋梁是主，榱桷是宾。在这段类比中，肯定了曲的主位和白的宾位。李渔"重白"的主张对后世影响颇大，但是中国戏曲的"重曲轻白"并非无缘无故。

宾白在中国戏曲中"宾"的地位和作用实际上是一贯的，只不过表现形式略有差异。元杂剧以角色划分，主角"唱"，杂色"白"；明传奇皆出于鸿儒硕士、骚人墨客之手，唱词大多雅致精美，集中了作者的主要精力和兴趣，而作为日常语言的宾白处于附属、辅助地位，有类诨科，有学者认为"宾白从科诨蜕变而来"②。"白"原本该直白如"话"，清楚明白。从表演的角度看明传奇的这种"白亦兢富"（凌濛初《谭曲杂劄》）的状况未必合理，但从艺术语言的角度看自有其价值；清代以降，地方戏渐兴，演员取代骚人墨客而跃为戏剧的主体，戏剧的表演因素超过语言因素或文学因素，听众去剧院是看"戏"，而"戏"不同于"曲"，其重心在于演出，剧本反退到次要地位。听众是"听"戏，而非听故事，故"唱"依然是主体，说白依然是"宾"。而且，戏是可以反复聆听的，其百听不厌的秘诀正在"唱"而非"白"。明清时期剧作家对情节更加关注，甚至出现了一些有白无曲的作品，如富春堂本《破窑记》等，但真正改变说白的"宾"的地位是"话剧"，但那已不是中国传统的戏曲了。

总之，"宾白"不仅是中国戏曲的一个术语，而且是中国戏曲的一"大关目"，其间浓缩了中国戏曲的基本特点和戏曲理论家的基本观念。

（原刊于《影视戏剧评论》第 1 辑，中国电影出版社 2015 年版）

（姜金元，文学博士，副教授，主要研究方向为中国古典文论、文学批评、美学。）

---

① 李渔：《闲情偶寄》，浙江古籍出版社 1985 年版，第 40 页。
② 祝肇年：《古典戏曲编剧六论》，中国戏剧出版社 1986 年版，第 210 页。

汉代休闲娱乐文化与"戏"

李漫天

摘　要：汉代社会盛行娱乐休闲，汉代娱乐方式主要包括乐舞、百戏，"戏"原本有游戏、戏谑、娱乐之义。汉代的休闲娱乐文化蕴含着鲜明的"戏"的因素。

关键词：汉代娱乐；乐舞；百戏

一、汉代休闲娱乐风尚

汉代立国继承了秦朝的大国遗产，但在治国方略上不像秦朝严刑峻法，而是采用"黄老之学"，清静无为。黄老之学作为道家的一个变体，比较重视人的自身目的性，而不是将人仅仅视为手段，因而蕴含着休闲文化的基因。人具有"好逸"的天性，道家哲学崇尚"自然"，强调人的自适其意，与人的优游的天性相契合。《淮南子·淑真训》曰："夫鱼相忘于江湖，人相忘于道术。古之真人，立于天地之本，中至优游，抱德炀和，而万物杂累焉，孰肯解构人间之事以物烦其性命乎?"正是对"安逸"的追求，人们选择了道家思想作为理论依据和价值支撑。

经过汉初的休养生息，汉代经济得到迅速发展，社会财富猛增，国力强盛，特别到了汉武帝时期，帝国国土版图辽阔、政治稳定、经济发达、思想文化统一，这些为休闲娱乐提供了条件。《盐铁论》中贤良指出汉代休闲风气的形成："古者，庶人春夏耕耘，秋冬收藏，昏晨力作，夜以继日。……非腊腊不休息，非祭祀无酒肉。今宾昏酒食，接连相因，折醒什半，弃事相随，虑无乏日。"①"于是既庶且富，娱乐无疆。都人士女，殊异乎五方。游士拟于公侯，列肆侈于姬姜。"（班固《西都赋》）自王公贵族至平民百姓风行娱乐休闲之习，"公卿列侯亲属近臣……奢侈逸豫，务广第宅，治园池，多畜奴婢，被服绮縠，设钟鼓，备女乐，……吏民慕效，寝以成俗。"（《汉书·成帝纪》）"富者钟鼓五乐，歌儿数曹。中者鸣竽调瑟，郑儛赵讴。"（《盐铁论·散不足》）"虽白屋草庐，歌讴鼓琴，日给月单，朝歌暮戚"，"家无斗筲，鸣琴在室"（《盐铁论·通有》）。社会上下弥漫着休闲娱乐之风，"耳目欲极声色之好，口欲穷刍豢之味，身安逸乐，而心夸矜势能之荣。"（司马迁《货殖列传序》）甚至一些宦者家中也是"嫱媛、侍儿、歌童、舞女之玩，充备绮室"。（《后汉书·宦者列传》）

逸乐似乎占驻着汉人生活的中心。为了逸乐，可以超越名利。东方朔《与友人书》云："不可使尘网名缰拘锁，怡然长笑。"为了逸乐，人们背离官场放弃仕途，选择"岩岫颐神，娱心彭老"（郭泰《答友劝仕者》），"追渔父以同嬉"（张衡《归田赋》）。为了逸乐，人们可以超越贫贱，对于士人而言，"宽裕"的生活并不一定是富足的生活，首先在于休闲和逸乐，崔琦在《四皓颂》中提出"驷马高盖，其忧甚大。富贵而畏人，不如贫贱而轻世"。扬雄"为人简易佚荡，口吃不能剧谈，默而好深湛之思，清静亡为，少嗜欲，不汲汲于富贵，不戚戚于贫贱，不修廉隅以徼名当世。家产不过十金，乏无儋石之储，晏如也。自有大度，非圣哲之书不好也。非其意，虽富贵不事也。"

从考古发掘的实物来看，汉代娱乐休闲渗透进社会各个层面、各个

---

① 桓宽撰，王利器校注：《盐铁论校注》，天津古籍出版社 1983 年版，第 353 页。

领域。以蜀地为例，我们可以感受汉代休闲文化的基本面貌。在我国休闲学历史上，蜀地具有特别重要的意义。汉代蜀郡学人严遵"雅性淡泊"，据说街头卜卦只为糊口，得数钱便收工休息。严遵在《得一篇》中提出无忧无虑安定闲散的生活理想："是以圣人……贵而无忧，贱而无患，高而无殆，卑而愈安。"司马相如、扬雄等赋家都生活在"安逸"的蜀地。成都扬子山二号墓出土的《宴乐歌舞杂技画像砖》（成都博物馆藏），图上部左侧有一男一女坐榻上，地位比较尊贵，可能是墓主人夫妇。图左下部位有两个乐工坐榻吹排箫，右方上部有两人赤裸上身，一人弄丸，五粒丸在空中划出一道彩虹般的弧线，另一人右手持剑，左肘立一坛，此即当时所谓"扛鼎"戏。右下部有舞者二人：一男子裸上体，右手持鼗调节，一女子高髻长袖踏柎而舞。

《宴乐歌舞杂技画像砖》（成都博物馆藏）

甚至一些劳动场景也以轻松娱乐的方式得以呈现。让我们看看李浴的介绍：

如渠县蒲家湾无名阙上的青龙、朱雀与《田边小憩》，——这幅农村生活图，表现了一个持锸的农夫和一个坐于独轮车上的人在田边休息；此外还有一树一人，构成了一幅完整的风俗画面。再如建于延光年间（公元 121—125 年）的沈君阙，阙身雕有朱雀，白虎，青龙之外也有独轮车、农民持锸的田家生活图以及仙人骑鹿等浮雕。……这些石阙上的石刻画像，不但在内容上，特别是关于农民生活之田家风俗浮雕图像为河南、山东等地的画像所少见。①

1972 年四川大邑安仁乡出土的《弋射收获》画像砖整个画面分成上下两部分：上部左侧为弋射图，右为莲池，池内浮着莲叶，水中有鱼鸭遨游，空中有惊飞的水鸟，两名射手，一人跪地射向前方，另一人低身仰望高空，引弓待发。下部为收获图，右侧两人挥舞长镰在收割，中间三人俯身拾稻捆束，左侧一人肩挑稻束，右手提篮，似兼送饮食。整个画面，简洁明快，生活气息浓郁。

《弋射收获画像砖》（四川省博物馆藏）

汉代文化存在鲜明对应的两极，一端从儒家正统思想出发推崇道德反对逸乐，另一端则基于人之自然癖好，追求感官之娱和闲裕。为了享

---

① 李浴：《中国美术史纲》（上卷），辽宁美术出版社 1984 年版，第 324～325 页。

受休闲时光，人们设置了各种娱乐节目，从宫廷歌舞到集市百戏，无奇不有。钱志熙先生指出，在汉代存在着一个十分强大的文化娱乐系统，上至帝王将相，下及庶民百姓都在这一庞大的系统内生活，并且由于两汉君王的激赏，汉代娱乐之风的昌炽为论家所公认。①"恐怕没有哪个时代会像汉代那样，勿论尊卑上下，不关四夷八方，几乎都在歌舞伎乐面前表现得如痴如醉，趋之若鹜。大凡帝国将相、诸侯九卿、重臣大吏、文人学子、豪门大族、商贾巨富、妃姬姜婢、贩夫走卒……差不多都被裹挟进这一歌舞伎乐的时代风尚中。该时尚渗入到社会生活的方方面面，其流布之广，浸滋之深，形制之繁，势之烈，影响之巨，均可称得上前无古人，后无来者。可以说，歌舞伎乐已成为汉代一种全社会的文化景观。"②

二、汉代的休闲文化与乐舞

汉代的休闲娱乐文化最集中表现在音乐舞蹈的流行和游戏的繁多。我们先来看看乐舞。

乐舞是中国传统文化的重要组成部分，先秦也十分重视乐舞，但先秦的乐舞或者是在大型祭祀活动中娱神，以换得神灵的保佑；或者是从政治功利出发协同社会关系，所谓"乐合同，礼别异"（《荀子·乐论》）；或者是从道德伦理出发调适人的心态，"乐也者，圣人之所乐也，而可以善民心，其感人深，其移风易俗，故先王著其教焉"（《礼记·乐记》）。汉代的乐舞则更强调人间的娱乐和世俗的休闲。

汉代乐舞的发展变化集中表现在"俗乐"的繁荣。中国古代有"雅乐"和"俗乐"的分别。"雅乐"主要是与祭祀和政教相联系的音乐，如

① 钱志熙：《汉乐府与"百戏"众艺之关系考论》，《文学遗产》1992 年第 5 期。
② 仪平策：《中国审美文化史》，山东画报出版社 2002 年版，第 12～13 页。

"六代之乐"（《云门》《大咸》《九韶》《大夏》《大燕》《大武》）、"颂"等。"雅乐"的功能是娱神和歌颂先祖的功德，其风格肃穆、庄严。"俗乐"主要是民间的音乐、异族的音乐。"俗乐"的功能是娱人，"相和而歌，自以为乐"（《淮南子·精神训》），俗乐受到世人的追捧主要是因其悦耳动听，能带来感官刺激，"在很大程度上，俗乐舞是以娱乐、特别是自娱为主的。它是一种个体存在的自述和放纵，一种世俗生命的沉醉与欢欣，有时甚至是本能自然的'宣泄性'行为方式。"①"俗乐"风格多种多样，活泼自由，往往被正统观念视为"侈乐""淫声"，成为被排斥的对象，即便纳入视野也总是力图加以改造和纯化。在汉代，"雅乐"崩坏，连世代相传的乐工都不了解"雅乐"的本源，《汉书·礼乐志》记载："汉兴，乐家有制氏，以雅乐声律世世在大乐官，但能纪其铿锵鼓舞，而不能言其义。"相反，"俗乐"受到空前的重视和推崇，高祖刘邦即喜欢"俗乐"，其《大风歌》即为楚地的民歌。《史记·高祖本纪》记载高祖荣归故里，"悉召故人父老子弟纵酒，发沛中儿得百二十人，教之歌。酒酣，高祖击筑，自为歌诗曰：'大风起兮云飞扬，威加海内兮归故乡，安得猛士兮守四方！'令儿皆和习之。高祖乃起舞，慷慨伤怀，泣数行下……"。为了更好地收集、整理俗乐，汉代秉承秦制，设立与"太常""太乐"并立的专门机构——"乐府"。《隋书·天文志》记载："……乐府，主俳倡戏乐，又主夷狄远客，负海之宾。"当时乐府属于比较大的机构，管理的伶人乐工数量庞大，桓谭《新论·离事》记载："昔余在孝成帝时为乐府令，凡所典领倡优伎乐，盖有千人之多也。"周代天子宴请大臣用的是雅乐，汉代天子则用俗乐与大臣相娱乐。东汉设有"黄门鼓吹署"，其长官是承华令。晋刘昭注《后汉书·礼仪志》引蔡邕《礼乐志》曰："汉乐四品：一曰太予乐，典郊庙、上陵、殿诸食举之乐；二曰周颂雅乐，典辟雍、飨射、六宗、社稷之乐……；三曰黄门鼓吹，天子所以宴乐群臣……"。前两品为雅乐，而"黄门鼓吹"为俗乐。宋代郭

---

① 仪平策：《中国审美文化史》，山东画报出版社2002年版，第31页。

茂倩在《乐府诗集》中指出，"汉有黄门鼓吹，天子所以宴群臣。然则雅乐之外，又有宴私之乐焉。"①而蔡邕未列出的第四中乐舞也许就是贾谊所说的"熏服之乐"："王者官人有六等：一曰师，二曰友，三曰大臣，四曰左右，五曰待御，六曰厮役。……师至，则清朝而侍，小事不进。友至，则清殿而侍，声乐技艺之人不并见。大臣奏事，则俳优侏儒逃隐，声乐技艺之人不并奏。左右在侧，声乐不见。侍御者在侧，子女不杂处。故君乐雅乐，则友大臣可以侍；君乐燕乐，则左右、侍御者可以侍；君开北房，从熏服之乐，则厮役从。清晨听治，罢朝而论议，从容泽燕。夕时开北房，从熏服之乐。是以听治、论议、从容泽燕，矜庄皆殊序，然后帝王之业可得而行也。"②"熏服之乐"是泽燕休息时听的音乐。

汉代的"歌"重视多个歌者的唱和，以形成热闹、激越的效果。如"相和歌"，《宋书·乐志》记载："相和，汉旧歌也。""但歌四曲，出自汉世。无弦节，作伎，最先一人唱，三人和。"张衡在《西京赋》中有"发引和，校鸣笳"句。"引和"即相和歌，歌时先唱引，后唱和。相和歌的演奏也比较热闹，南阳市军帐营出土的东汉墓"相和歌"画像石，有人抚琴，有人吹埙，有人吹笙，有人鼓琴，还有人吹排箫。在相和歌的基础上汉代还出现了曲体结构较为复杂，歌、舞、器乐相结合的乐舞形式——相和大曲。

古代"舞""乐"是融合在一起的。《周礼》"春官宗伯第三"说："旄人掌教舞散乐，舞夷乐。"汉代郑玄注曰："散乐，野人为乐之善者，若今黄门倡矣，自有舞。夷乐，四夷之乐，亦皆有声歌及舞。"所以"乐舞"连用。

"舞"起源于"巫"。汉许慎《说文解字》云："巫，祝也。女能事无

---

① 郭茂倩：《乐府诗集》卷五十六，文学古籍刊行社 1955 年影宋本，第 819 页。

② 贾谊著，王洲明、徐超校注：《贾谊集校注》，人民文学出版社 1996 年版，第 289~294 页。

形，以舞降神者也。"古代"巫"既可指女性，也可指男性，"觋"则特指事神的男性，"觋，能斋肃事神明也。在男曰觋，在女曰巫。"(《说文解字》)巫是沟通神界与人间的使者，他通过神秘色彩的仪式表演来利用或操纵神秘力量，其目的是借助娱神来获得某种回报，满足人的某种目的。"灵之为职，或偃蹇以象神，或婆娑以乐神，盖后世戏剧之萌芽，已有存焉者矣。"①而娱神的手段是歌舞，巫也就成为最早的职业舞者。郑玄《诗谱》云："古代之巫，实以歌舞为职。""巫"与"舞"为同源字，"所谓舞者，乃巫者所擅长，而巫字实即舞字"。② 中国古代之巫地位很高，"古之王即巫者，故禹步亦称巫步"。③ 周代之后理性文化发达，巫的地位有所下降，甚至成为王监视民众的帮凶，但南方巫风保持得较为完好，东汉王逸在《楚辞章句》中介绍："昔楚国南郢之邑，沅、湘之间，其俗信鬼而好祠。其祠，必作歌乐鼓舞以乐诸神。"④

汉时娱神的乐舞渐渐衰退，而娱人的"好音"成为时尚，即便是祭祀天地也渐失乐舞。《汉书·郊祀志》载："其春，既灭南越，嬖臣李延年以好音见。上善之，下公卿议，曰：'民间祠有鼓乐舞，今郊祀而无乐，岂称乎？'"⑤之所以出现这种状况，是因为正统的舞蹈气氛肃穆，难以满足人的感官之娱。《史记·殷本纪》中有记载："(纣)于是使师涓作新淫声，北里之舞，靡靡之乐。"⑥《太平御览》卷五六九引梁元帝萧绎《纂要》："古艳曲有《北里》《靡靡》《激楚》《流风》《阳阿》之曲，皆非正声之乐也。"纣王因此而亡国，故被视为亡国之声。"北里之舞"就是能满足人的感官之娱的舞蹈，其功能正如傅毅《舞赋》所言："郑卫之

---

① 王国维：《王国维戏曲论文集》，中国戏剧出版社 1984 年版，第 5 页。
② 陈梦家：《商代的巫术与神话》，《燕京学报》第 20 期（1936 年），第 535 页。
③ 陈梦家：《商代的巫术与神话》，《燕京学报》第 20 期（1936 年），第 535 页。
④ 洪兴祖：《楚辞补注》，中华书局 1983 年版，第 55 页。
⑤ 班固：《汉书》卷二十五，中华书局 1962 年版，第 1232 页。
⑥ 班固：《汉书》卷二十五，中华书局 1962 年版，第 1232 页。

乐,所以娱密坐,接欢欣也。余日怡荡,非以风民也。"①汉代"淫声"大作,"要妙之音"流行,《盐铁论》记录了这种转变:"往者民间酒会,各以党俗,弹筝鼓缶而已,无要妙之音,变羽之转。今富者钟鼓五乐,歌儿数曹。中者鸣竽调瑟,郑舞赵讴。"②

郑、赵两地,历史上本有擅歌舞的传统,汉代由于王公贵族的喜好、时尚的驱使,郑赵更是以歌舞闻名,"郑姬""赵女"成为舞者的代名词。《史记·货殖列传》:"今夫赵女郑姬,设形容,揳鸣琴,揄长袂,蹑利屣,目挑心招,出不远千里,不择老少者,奔富厚也。游闲公子,饰冠剑,连车骑,亦为富贵容也。弋射渔猎,犯晨夜,冒霜雪,驰阬谷,不避猛兽之害,为得味也。博戏驰逐,斗鸡走狗,作色相矜,必争胜者,重失负也。"《汉书·礼乐志》载:"是时,郑声尤甚。黄门名倡丙彊、景武之属,富显于世。贵戚五侯、定陵、富平外戚之家淫侈过度,至与人主争女乐。"《汉书·元后传》亦载:"后庭姬妾,各数十人,僮奴以百数,罗钟磬,舞郑女,作倡优,狗马驰逐。"《史记·货殖列传》言赵地习尚:"中山地薄人众,犹有沙丘纣淫乱余民。民俗懁急,仰机利而食。丈夫相聚游戏,悲歌忼慨,起则相随椎剽,休则掘冢作巧奸冶,多弄物,为倡优。女子则鼓鸣瑟,跕屣,游媚富贵,入后宫,遍诸侯。"汉武帝的夫人李夫人就是中山人。汉时技艺超群的舞者可以富显于世,如上文提到的丙彊、景武,一些出色的"女乐"甚至可以得到皇帝的宠幸,如汉成帝的皇后赵飞燕。

汉代舞蹈继承了楚舞的特点,轻柔飘逸,突出表现在长袖和折腰,戚夫人即"善为翘袖折腰之舞"。河南南阳出土的一块新莽时期的画像石,上面有两个高髻、细腰的女伎折腰甩袖而舞,呈燕飞之状。

汉代的舞蹈由仪式性的表演转向生活情绪的抒发,而且许多是即兴

---

① 萧统:《文选》卷17,中华书局1977年版,第246~247页。

② 桓宽撰,王利器校注:《盐铁论校注》,天津古籍出版社1983年版,第355页。

抒怀。高祖谋立赵王如意为太子不成，乃召戚夫人，"戚夫人泣涕，上曰：'为我楚舞，吾为若楚歌。'"（《汉书·张良传》）据《西京杂记》记载："高帝、戚夫人善鼓瑟击筑。帝常拥夫人倚瑟而弦歌，毕，每涕下流涟。夫人善为翘袖折腰之舞……"

汉代的舞蹈强调众人的参与性。与"歌"中的"相和歌"相类似，舞蹈中有"以舞相属"。"属"，就是"邀请"的意思。其形式是：在宴会酒酣之际，舞者甲邀请乙参与进来，乙又可以再"相属"丙。这样就可以让更多的在场者参与到舞蹈中来，从而加强舞场的热闹气氛。而且，主人起来跳舞，邀请客人共舞，这成为汉代的一种重要礼节。如果客人不起身受约，便是一种失礼的行为。《汉书·灌夫传》载：西汉武帝时的一次宴会上，"及饮酒酣，夫（灌夫）起舞属蚡（丞相田蚡），蚡不起。夫徙坐，语侵之。"晋葛洪《西京杂记》卷三记载了汉代戚夫人侍儿贾佩兰对"连臂踏歌"的描述："在宫内时，尝以弦管歌舞相欢娱，竞为妖服，以趋良时。十月十五日，共入灵女庙，以豚黍乐神，吹笛，击筑，歌上灵之曲。既而相与连臂踏地为节，歌赤凤皇来。"①

汉代舞蹈重视娱乐、调笑、戏谐，打乱了礼乐的秩序和严肃。西汉史游《急就篇》云："倡优俳笑观依庭。""倡""优""俳"均为以调笑、戏谑为业的人。《说文解字》段注："以其戏言之谓之俳，以其音乐言之，谓之倡，亦谓之优，其实一物也。"颜师古注史游《急就篇》曰："优，戏人也。俳谓优之亵狎者也。笑谓动作云为皆可笑也。""优""倡""俳"自古属于俗乐系统，其共同特征是"戏"。《左传·襄公六年》杜预注："优，调戏也。"孔颖达注《左传·哀公二十八年》："优者，戏名也……戏为可笑之语，而令气之笑也。"《正韵》云："优，调戏也。""俳，戏也"。（《说文》）王国维也指出："古代之优，本以乐为职"，"以调戏为主"。②

---

① 葛洪：《西京杂记》，中华书局 1985 年版，第 19~20 页。
② 王国维：《王国维戏曲论文集》，中国戏剧出版社 1984 年版，第 6 页。

三、汉代的休闲与百戏

"百戏"是我国古代乐舞、杂技、幻术、俳优、角抵、驯兽等节目的总称。《古今图书集成·艺术典》(七)卷八〇五"百戏"条:"《汉元帝纂要》曰:百戏起源于秦汉曼衍之戏,后乃有高絙、吞刀、履火、寻橦等戏。"①《隋书·音乐志》:"始齐武平中,有鱼龙烂漫、俳优、侏儒、山车、臣象、拔井等,奇怪异端,百有余物,名为百戏。"徐坚等《初学记》引梁元帝《纂要》云:"古艳曲有《北里》《靡靡》《激楚》《流风》《阳阿》之曲。又有百戏,起于秦汉。有鱼龙蔓延、高絙凤皇、安息五案、都卢寻橦、丸剑、戏车、山车、兴云、动电、跟挂、腹旋、吞刀、履索、吐火、激水、转石、嗽雾、扛鼎、象人、怪兽、含利之戏。"②可见,"百戏"的内容十分驳杂、繁多。

"百戏"中的一些项目起源很早,比如"角抵"源于西周时期的角力(古老的摔跤表演)、"讲武",但当时主要用于竞技训练。战国之后增加娱乐因素,成为"乐戏",秦以后更名"角抵"。③"百戏"一词最早出现于汉代,它是汉代休闲娱乐文化繁荣的产物和标志。余秋雨指出:"'百戏'的'戏',意义很宽泛。凡是在当时能引起人们愉悦的动态技艺表演,大多包括在内。音乐、演唱、舞蹈、杂技、武术、幻术、滑稽表演片段……"④

从出土的一些实物、绘画,我们可以强烈地感受到当时的娱乐休闲

---

① 陈梦雷编:《古今图书集成·艺术典》,鼎文书局印行 1977 年版,第 8421 页。

② 徐坚等:《初学记》卷十五"乐部上",中华书局 1962 年版,第 372 页。

③ 班固《汉书·刑法志》:"春秋之后,火弱吞小,并为战国,稍增讲武之礼,以为戏乐,用相夸视,而秦更名曰角抵。"

④ 余秋雨:《中国戏剧史》,上海教育出版社 2006 年版,第 26~27 页。

文化氛围。

汉代墓穴壁画，有大量描绘娱乐休闲的画面。古人有"侍死如侍生"的习惯，从这些壁画大致可以感受当时人们的娱乐休闲生活的种种。其内容包括：宴饮、骑射、狩猎、吹竽、吹箎、鼓瑟、挑丸、马术、戏车、建鼓舞、盘舞、长袖舞、斗鸡、斗牛、斗虎、驯马，等等。

山东省费县垛庄镇汉墓出土的乐舞百戏画像中有吹排箫的，有吹埙的，有给主人扇风的，有击鼓伴奏的，主人端坐台上观看。河南密县打虎亭二号汉墓，有一幅《百戏图》，画的西部绘红地黑色帷幕，其前绘有大案，案面绘朱色杯盘。案旁坐二人，身着长衣，似为墓主人宴饮图像。帷幕两侧各绘四个衣着不同的侍者，案前绘有跪、立的人像。画面上下两边各绘一排贵族人物，他们身穿各种不同色彩的袍服，跽坐于席上，宴饮作乐，观看百戏。图中绘有跳丸、盘舞等多姿献技的图像。

此外汉代画像砖、画像石内容也出现了歌舞、射猎，出行、斗鸡、驯牛、击刺、投壶，等等。

投壶（南阳汉画馆藏）

投壶是古代宴会上一种助酒兴的游戏。画像的中央立一壶，壶内已经插有两只"矢"，壶的左侧有三条腿的酒樽，樽上搁置一把舀酒的勺子。有两人分别跽坐于壶的左右，每人怀抱三只矢，一只手举起矢向壶投掷。画面的右端有一人跪坐，两手拱抱，为旁观者。画面左端一彪形大汉席地而坐，他似乎因醉酒而不能自持，又像投壶落败后颇为懊丧。

古人的娱乐活动中，杂技占有重要位置。古代杂技又称为"杂伎""杂技乐"，它是与乐舞结合在一起的娱乐方式。汉代是中国杂技发展的黄金时期，在汉代的"百戏"中包含丰富的杂技技巧，如掷盘、跳丸、冲狭、扛鼎、吞刀、吐火、蹴鞠、踏拊、弄剑、击刺、角抵、象人之戏、斗兽，等等。汉代官方也十分重视杂技，自汉武帝元封三年至汉元帝初元五年六十余年，皇室举行盛大宴会和赏赐典礼，上演百戏杂技，还有来自西域等异域的表演家的精彩表演，场面热闹，常常"三百里内皆观"。

《乐舞百戏图》(内蒙古和林格尔出土)

1971年出土于内蒙古和林格尔汉墓的《乐舞百戏图》，乃东汉时期的作品。画面中央立一建鼓，两侧各有一人执桴击鼓。场地中心有弄丸者同时飞掷五个弹丸；飞剑者跳跃着将剑抛向空中；舞轮者立在踏鼓上将车轮抛动；倒提者在四重叠案上倒立……四周环绕着观赏者和乐队。

"戏"，有游戏、玩笑、戏笑之意。《尔雅》："戏，谑也。"《说文解字》段注"戏"引申为"戏谑"。任半塘先生指出："戏有四义，其中第一义云：'戏，谑也。'①汉代娱乐风习盛行，戏谑蔓延，就连丧礼的歌舞也充满"戏"的色彩，《盐铁论·散不足》载："古者，邻有丧，舂不相杵，巷不歌谣。孔子食于有丧者之侧，未尝饱也，子于是日哭，则不歌。今俗因人之丧以求酒肉，幸与小坐而责辨，歌舞俳优，连笑伎戏。""戏"成为汉代文化的底色，在这底色上既有的一切皆幻化为"戏"的光影，一切新产生的皆染上"戏"的痕迹。

（原刊于《影视戏剧评论》第 1 辑，中国电影出版社 2015 年版）

（李漫天，副教授，主要研究方向为写作学、散文理论。）

---

① 任半塘：《唐戏弄》，上海古籍出版社 1984 年版，第 1308 页。

从戏文名称看南戏传奇的变迁

朱　浩

摘　要： 戏文名称在宋元明清不同时期的变化，反映了民间南戏向文人传奇变迁以及文人传奇自身调整的轨迹，亦反映出我国戏剧按其内在的要求不断演进之过程。宋元时期是戏文的初始阶段，主要是一种民间文化，其名称多为"人名+故事"结构，叙事性较强；明初至嘉靖晚期是民间戏文向文人戏文的过渡期，"人名+故事"结构逐渐减少；明嘉靖晚期至明末，民间戏文演进为文士文化，从而追求名称的典雅含蓄，叙事性减弱，再加上"记"字用来命名的适宜性，形成了整齐而稳定的"三字记"结构；到了明末清初，随着作家的结构意识愈发显著，戏文名称也随之调整为不带"记"的三字结构，并且在清代一直沿用下去。

关键词： 戏文名称；南戏；传奇；戏剧史

从宽泛意义上说，所有中国戏剧脚本或文本皆可概称为"戏文"。而学界多称之为"南戏""传奇"的一类长篇戏剧，在所有中国戏剧中，其发展最为成熟，故本文所谓"戏文"乃就此类戏剧而言，其范围包括宋、元、明、清。① 南戏、传奇本不存在截然可分之界限，出于行文统一和研究方便的需要，本文所谓的"南戏"指"民间戏剧"而言，其词质

---

① 参看解玉峰：《戏文之结构及其变迁》，《文化遗产》2013 年第 2 期。今人所谓"南戏""传奇"，古人称为"戏文"者，钱南扬《戏文概论》"引论第一"、洛地《戏文辨正》(见《洛地文集》戏剧卷一)等文著引证甚多。

朴鄙俗，编者为无名之书会才人(民间艺人或下层文人)，观众主要为
市坊乡村之小民；而本文所谓的"传奇"主要是作为"文人戏剧"而言，
其词华美流丽，作者主要是文士阶层。

　　表面来看，戏文名称只是一个微小的话题，但其涉及的问题实际有
很多，关系亦颇重大，然而对戏文名称的周详细致的考察研究，笔者寡
陋，尚未及见到。有鉴于此，本文对戏文名称在不同时期的特征、功
用，以及由名称变化体现出的南戏传奇的变迁轨迹等问题尝试做一考
察。一种事物的名称在部分程度上反映出命名者的身份、目的以及对此
事物的认识和观念，而当其名称发生变化时，必定有它的原因和道理，
也会体现出该事物自身变迁的某种轨迹。根据戏文名称的变化和特征，
本文将宋元明清大致分为四个阶段：宋元时期、明初至嘉靖晚期、嘉靖
晚期至明末、明末至清代。因现存文献未足，作者闻见有限，疏陋之
处，祈请方家指正。

一、宋元时期："人名+故事"结构

　　戏文在宋元时期，主要是一种民间艺术，学术界一般称之为南戏。
明代天池道人《南词叙录》(1559)是宋元明清四代专论南戏的唯一著作，
更可贵的是此书还独此仅有地记载了作者当时所能见到的戏文剧目，并
且清晰地分为"宋元旧篇"和"本朝"两类。这为研究南戏提供了极好的
材料，也为旨在考查戏文名称的本文提供了极大的便利。《南词叙录·
自序》云："惟南戏无人选集，亦无表其名目者，予尝惜之。客闽多病，
咄咄无可与否，遂诸录戏文名，附以鄙见。"①可知作者当时是亲见到了
这些剧本。而且，"宋元旧篇"和"本朝"著录的剧目名称都是全名，而

---

　　① 天池道人：《南词叙录》，《中国古典戏曲论著集成》(三)，中国戏剧出版
社1959年版，第239页。

在正文中提及剧目时则用简称，例如正文中将《诈妮子·莺燕争春》简称为《莺燕争春》。

为明晰起见，笔者将"宋元旧篇"65 种剧目制成下表，以呈现宋元时期南戏剧目名称的特征。

《南词叙录》"宋元旧篇"剧目名称分析表

结构 ＼ 字数		三字到五字	六 字	七字与八字
人名		《刘盼盼》、《王公绰》、《赵氏孤儿》	《赵贞女蔡二郎》	
人名+故事（主谓结构）	无"记"	《王祥卧冰》、《王魁负桂英》、《王孝子寻母》、《赵普进梅谏》、《朱文太平钱》、《张孜鸳鸯灯》	《孟姜女送寒衣》、《贺怜怜烟花怨》、《何推官错勘尸》、《苏秦衣锦还乡》、《林招得三负心》、《秦桧东窗事犯》、《刘锡沉香太子》、《史弘肇故乡宴》、《宋子京鹧鸪天》、《蒋世隆拜月亭》、《吕洞宾黄粱梦》、《薛云卿鬼做媒》、《柳毅洞庭龙女》、《刘文龙菱花镜》、《孟月梅锦香亭》、《陈叔万三负心》	《陈巡检梅岭失妻》、《王月英月下留鞋》、《崔君瑞江天暮雪》、《唐伯亨八不知音》、《诈妮子莺燕争春》、《陈光蕊江流和尚》、《裴少俊墙头马上》、《京娘怨燕子传书》、《吕洞宾三醉岳阳楼》、《柳耆卿花柳玩江楼》、《苏小卿月下贩茶船》、《柳文直正旦贺升平》、《乐昌公主破镜重圆》
	有"记"	《苏武牧羊记》、《冯京三元记》、《莺莺西厢记》、《周处风云记》	《刘知远白兔记》、《吕蒙正破窑记》、《闵子骞单衣记》、《刘孝女金钗记》、《蔡伯喈琵琶记》、《王俊民休书记》、《朱买臣休妻记》、《王十朋荆钗记》	《司马相如题桥记》、《贾似道木棉庵记》、《董秀英花月东墙记》

续表

结构　　字数		三字到五字	六　字	七字与八字
其他	动宾并列	《杀狗劝夫》、《借烛寻珠》、《教子寻亲》		
	地点	《百花亭》、《宝妆亭》、《多月亭》		
	另外	《欢喜冤家》、《冤家债主》、《生死夫妻》、《秋夜銮城驿》、《鬼元宵》		

　　由上表来看，我们可以得到以下数据：第一，从结构看，"人名"4种，约占6%；"人物+故事"50种，约占77%；"其他"11种，约占17%。第二，从是否带"记"看，带"记"15种，约占23%；不带记60种，约占77%。第三，从字数看，三字到五字24种，约占37%；六字25种，约占38%；七字和八字共16种，约占25%。

　　表面看来，宋元南戏的题目，体既不一，形制也各异，字数或多或少，结构或人或地或事。但是，如果仔细分析上述统计数据，我们可以大致概括出此时南戏名称的基本特征：多"人名+故事"结构；字数从三字到八字不限，以五字到八字居多；带"记"的不多。

　　而其最突出的特征则是多为"人名+故事"的主谓结构，占到了77%。《永乐大典目录》卷三十七，三未韵"戏"字下，有戏文二十七卷，凡三十三本。其中名称非"人名+故事"结构的只有《刘文龙》《小孙屠》

《张协状元》等 3 种。① 另外,《宦门子弟错立身》第五出中几只曲牌所征引的戏文剧目,也多为"人名+故事"结构,例如《洪和尚错下书》《崔护觅水》等。由此可见,根据《南词叙录》"宋元旧篇"概括出的南戏名称的结构特征是可以成立并具有代表性的。

以"人名+故事"为结构的名称,从语法角度看,他们大多是一个叙述句,功能在于叙述一个事件,例如《陈巡检梅岭失妻》。即使《孟月梅锦香亭》②《王十朋荆钗记》这种在现代语法中非完整的叙述句也是在叙述一个事件。因此,南戏名称中最重要的成分有二,一为人物,一为行为,这也恰是故事情节不可或缺的两种因素。叙述句是南戏名称的最主要的形式,这种句型所体现出来的叙事性则是名称的核心。也就是说,南戏这种"人名+故事"结构的命名方式,其本质在于叙事,在于总括剧情,在于仅从题目就使观众知晓该剧所演何人何事。

那么,宋元时期南戏的名称为何会呈现出这种特征?由于现存文献未足,我们无法得知南戏在民间产生之初时的名称是何种模样。笔者推测,南戏在民间产生之初,还是一种朴素的状态,可能本无名称,或者随意而不定,因为在乡镇庙台演出时也没必要有确切的名称。当时的文人对这种民间艺术也不重视,偶有记载也是径称人名。③

但当民间的南戏进入城市勾栏演出时,按照宋元时期的演出习俗,通常要提前在勾栏门口贴出类似今日海报的"招子",而"招子"则可能对南戏名称起到定型的作用。无论南戏演出前的"招子"包含哪些内容,最醒目的是剧目名称。那么,在勾栏里众多伎艺及同行的激烈竞争中④,

① 详细剧目名称见钱南扬:《宋元戏文辑佚》,中华书局 1956 年版,第 73 页。

② 《永乐大典目录》著录为《孟月梅写恨锦香亭》,仍然是一个完整的叙述句。

③ 例如南宋遗民周密《癸辛杂志》中说温州人将当地恶僧祖杰的行径"撰为戏文以广其事",后人就称这部戏文叫《祖杰》;元代叶子奇《草木子》云:"俳优戏文始于《王魁》,永嘉人作之"、元代刘一清《钱塘遗事》云:"至戊辰(宋度宗咸淳四年,1268)、乙巳(五年,1268)间,《王焕》戏文盛行于都下"等,都是径称人名。

④ 关于瓦舍勾栏之演出情况,《武林旧事》卷六"瓦子勾栏"条、《梦粱录》卷十九"瓦舍"条、《东京梦华录》卷五"京瓦技艺"条、《繁胜录》"瓦市"条等俱有相关记载,为人熟知,兹不赘引。

在观众主要是寻求耳目之娱的市井小民的情况下，什么样的南戏名称才最具吸引力呢？无疑是"人名+故事"的结构。因为这种结构可以明白地告诉观众上演何人何事，例如《吕洞宾三醉岳阳楼》。当然，与城市勾栏演出并行的是乡村庙台之演出，彼处的南戏演出可能仍然没有确定的名称，但被时人和后人记录下来的南戏名称，可能多来自于城市勾栏演出时的"招子"，因为其水平更高也更容易引起文人的注意。这是笔者在文献不足之下的猜测，供方家指正。

在古代的文学艺术中，如果用以抒情性为本质特征的诗文作为参照系的话，小说、戏曲、说唱文学三者是同源异流的，叙事性是它们共同的血缘纽带。所以，我们对宋元时期小说和说唱文学的名称特征的考察，也可以作为分析南戏名称特征的佐证之一。根据目前有限的文献记载，此处考察宋元时期说话和诸宫调的名称。

首先看说话。在现今所能看到的宋元话本名目中，当以《醉翁谈录》著录者最为可信。其"小说开辟"引录 107 种小说之目①，有五字和二字各 1 条，四字 24 条，余 81 条皆为三字者，例如《李亚仙》《章台柳》等。由此看来，似乎宋元话本的题目很简单，不像南戏那么长和具有叙事性。但实际情况并非如此，"小说标目"关于引录之名目与正文所录之名目在体制上并不相同。正文所录 79 种，大多是五字以上的名称，以七字最多。例如前有《李亚仙》，正文引录时则是《李亚仙不负郑元和》。所以有学者指出，"当时话本的标目体制绝非如'小说开辟'中列举的那么简单，从种种迹象可以知道，其标目当受《清琐高议》双名制影响，即当有简名和全名"，而且全名"是用作招子来宣传的"。② 这与南戏写在招子上的名称结构是一致的，都是"人名+故事"形式。

再看诸宫调。《水浒传》第五十一回有这样一段：

---

① 罗烨编撰，周晓薇校点：《新编醉翁谈录》，辽宁教育出版社 1998 年版，第 3~4 页。

② 李小龙：《中国古典小说回目研究》，北京大学出版社 2012 年版，第 80~81 页。

那白秀英早上戏台……念了四句七言诗，便说道："今日秀英招牌上，明写着这场话本，是一段风流蕴籍的格范，唤做'豫章城双渐赶苏卿'。"说了开话又唱，唱了又说。①

《水浒传》此处提及的说唱话本大多数学者认为是诸宫调。这一段对"招子"形式与功能的记录很有参考价值，"招子"上写着"豫章城双渐赶苏卿"，是一个完整的叙述句，其正常的顺序是"双渐豫章城赶苏卿"，这与南戏写在"招子"上的名称结构也是一致的。

综上，宋元时期南戏的名称多为"人名+故事"形式，功能在于叙述一个事件。南戏在产生之初，也许本无确定的名称，而进入城市勾栏后，在表演前临时悬挂以吸引观众的"招子"，可能促进了"人名+故事"形式的定型。名称当时定型如此，后世亦一直沿用。另外，在后人看来，宋元时期南戏的名称就应该是"人名+故事"这样的古朴结构。例如张彝宣《寒山堂新定九宫十三摄南曲谱》标榜"古本"和"元本"，"不以旧谱为据，一一力求元词"。② 其卷首"谱选古今传奇散曲集总目"所收戏文名目 70 余种，绝大多数采用早期南戏旧称，例如《岳忠孝王东窗事犯记》《黄孝子千里寻母记》等。③

二、明初至嘉靖晚期：过渡时期的混杂形态

戏文是宋代诞生的民间艺术，其在元代因系"南人"之戏，又与北曲杂剧相别而被称为"南戏"。它仍然是民间戏，以民间为其驰骋的原

①　凌赓、恒鹤等校点：《容与堂本水浒传》，上海古籍出版社 1988 年版，第 756 页。
②　张彝宣：《寒山堂新定九宫十三摄南曲谱》，中国艺术研究院所藏抄本。
③　笔者按，《寒山堂曲谱》几乎每个南戏名称都带"记"字，这可能是作者张彝宣所加。

野。至明初，南戏延续宋元以来流行态势，在南方民间拥有广大的观众和市场，到明中期仍在民间流被广远。祝允明（1460—1526）《猥谈》谈到弘治、正德（1488—1521）剧坛风气时，曾说："数十年来，所谓南戏盛行，更为无端，于是声音大乱。"①同时，自从元末第一部文人戏文即高明《琵琶记》的出现，文士阶层开始陆续参与戏文的编创。

在文士开始参与戏文创作之后，剧坛就存在着民间戏文（南戏）与文人戏文（传奇）并存的局面。此乃民间戏文向文人戏文的过渡期，这也反映在此时戏文名称的形式上。完成于嘉靖三十八年（1559）的《南词叙录》著录的"本朝"剧目，比较适合分析明初至明嘉靖晚期的戏文名称的特征。为明晰起见，笔者将"本朝"48种剧目制成下表，以呈现这段时期剧目名称的特征。

《南词叙录》"本朝"剧目名称分析表

结构 ＼ 字数		三字	四字与五字	六字	七字
人名		高文举	五伦全备		
人名+故事（主谓结构）	无"记"		《姜诗得鲤》、《孟宗泣竹》、《桂英诬王魁》、	《韩信筑坛拜将》、《邓攸弃子抱侄》、《张良圯桥进履》、《岳飞东窗事犯》、《玉箫两世姻缘》	《冯国珍衣锦还乡》
	人名+记		《商辂三元记》、《冯京三元记》、《张许双忠记》、《裴度还带记》、《洪皓使虏记》、《唐僧西游记》	《崔莺莺西厢记》、《王十朋荆钗记》、《贾云华还魂记》、《兰蕙联芳楼记》、《陈可中剔目记》、《邹知县湘湖记》、《高汉卿罗囊记》、《王阳明平逆记》、《李白宫锦袍记》、《八不知犀合记》	

---

① 祝允明：《猥谈》，陶宗仪等编《说郛三种》，上海古籍出版社1988年版，第2099页。

结构 \ 字数	三字	四字与五字	六　字	七字
物名+记	《绣鞋记》、《花园记》、《银瓶记》、《金钱记》、《罗带记》、《罗帕记》、《鸳鸯记》、《香囊记》、《龙泉记》、《玉玦记》、《娇红记》、《三益记》	《芙蓉屏记》		
其他	《琼奴传》、《百行传》	《文林四景》、《丽情四景》、《忠孝节义》、《破镜重圆》《中山狼白猿》、《天赐温凉[角戈]》		

由上表分析，可得到以下数据：第一，从结构看，"人名"2 种，约占 4%；"人物+故事"24 种，约占 50%；"物名+记"13 种，约占 27%；其余 9 种，约占 19%。第二，从是否带"记"看，带"记"29 种，约占 60%。其中三个字的 12 种，约占 25%；四个字的 1 种，约占 2%；五个字的 6 种，约占 12%；六个字的 10 种，约占 21%。第三，从字数看，三字 14 种，约占 29%；四字和五字 16 种，约占 33%；六字 15 种，约

占 31%；七字 1 种，约占 2%；无八字。

　　表面看来，此时的戏文名称体制各异，或稳定如"人名+故事"结构，或整齐如"三字记"结构，或人名，或物名，甚至有的以"传"字结尾。但与"宋元旧篇"对比，"本朝"戏文名称的明显变化是：第一，带"记"增多，从 23% 增到 60%。第二，出现了带"记"的三个字的形式（以下简称为"三字记"），共 12 部，而之前的"宋元旧篇"没有。第三，"人名+故事"结构减少，从 77% 减少到 50%；七字与八字锐减，从 25% 减到 2%。其中，第三点变化是前两点变化的自然结果。

　　此处主要分析第一个变化。名称带"记"的戏文从宋元的 23% 增加到此时（明初至嘉靖晚期）的 60%，这说明在人们的观念中，"记"字已越来越适宜于戏文名称。"记"字的本义是记住、记录，其主要功能就是以备忘为目的的记录。《说文解字》曰："记，疏也。从言己聲。居吏切。"① 段玉裁注曰："记，疋也。疋，各本作疏，今正。《疋部》曰：'一曰走，记也。'此疋、记二字转注也。疋今字作疏，谓分疏而识之也。"② "分疏而识之"就是分条或分类记录的意思。由"记录"这一意义，"记"衍生出了专门文体上的一个概念。明代徐师曾《文体明辨》中这样解释"记"体的源流：

　　　　按《金石例》云："记者，纪事之文也。"《禹贡》《顾命》，乃记之祖；而记之名，则昉于《戴记》《学记》诸篇……其文以叙事为主，后人不知其体，顾以议论杂之。③

徐师曾道出了"记"体文最原初和最主要的特征，它是一种以叙事为主的文体，所谓"以叙事为主""纪事之文"也。从后来的作品看，以"记"命名的作品的形式不拘一格，所以清代姚鼐将以"记"名篇的文章称为

────────────

① 许慎撰，徐铉校订：《说文解字》，中华书局 1963 年版，第 53 页。
② 段玉裁：《说文解字注》，上海古籍出版社 1981 年版，第 95 页。
③ 徐师曾：《文体明辨序说》，人民文学出版社 1998 年版，第 145 页。

"杂记"，然而"叙事"仍然是其基本特征。

中国古代的文体名称，往往相当模糊，有着广泛的外延。起初，"记"体文大多记录国家之大事，例如《戴记》。但到魏晋南北朝时，以"记"名篇的作品，虽然仍可记录庄严之事，但其意义之一途，则偏向于志怪、述奇、杂录等义，其中又以志怪一类为最多。例如（晋）干宝《搜神记》、（晋）王浮《神异记》、（宋）刘义庆《宣验记》、（宋）东阳无疑《齐谐记》、（齐）王琰《冥祥记》、（梁）吴均《续齐谐记》、（隋）颜之推《集灵记》等。我们仅从书名中之"神""异""冥""灵"等字样，即可看出其志怪、述奇之一斑。

此类以"记"命名的六朝志怪小说虽然"非有意为小说"①，但其幽冥神鬼、灵异变化之迹甚明，成为一时之风气，给后人留下一种深刻之印象："记"字可以用来命名此类以故事题材奇异为特征的作品。比如，发展到唐代的传奇小说，名称以"记"字结尾者颇多，单篇如《枕中记》《三梦记》等，小说集如《博异记》《集异记》等。到了宋代，以"记"命名的小说就更多了。结合来看，"记"字意义之一途，就以"叙事"为旨归，以"奇异"为元素之一。

戏文是一种叙事性的艺术体裁，作为一部长篇作品，又是叙述一个曲折新奇的故事，故适宜以"记"命名。然而，"适宜"只是原因之一，要想把这种"适宜"推广，还需要借助其他力量。宋元时期的戏文名称已经采用了"记"，但不是主流，只占了23%，可用可不用。但是到了"本朝"明代，用"记"增至60%，占了半壁江山。其间，如《蔡伯喈琵琶记》《王十朋荆钗记》这样当时有名而且影响深远的作品，其命名方式很可能也为后世作者所仿效，对于"记"的普及有推波助澜之效。

另外，此时"三字记"结构的出现是个引人注目的现象，这也是带"记"戏文名称增多的一个重要原因。宋元时期的戏文名称不见"三字记"结构，故其必为入明之后文人参与戏文编创之结果，详细分析见本

① 鲁迅：《中国小说史略》，上海古籍出版社1998年版，第24页。

文下一部分。

民间戏文的名称与"宋元旧篇"相似，多是"人名+故事"结构，故大部分字数也较多，例如《韩信筑坛拜将》等。而文人编创的戏文名称则或是"三字记"结构，或是在前面加个人名，例如《香囊记》《冯京三元记》等。我们从戏文名称的结构与字数，大概可以判断哪些是民间戏文，哪些是文人戏文，虽然这并不完全绝对。总之，戏文名称这种混杂的形态正是明代前中期民间戏文（南戏）向文人戏文（传奇）过渡而暂时并存的外在表现。此过渡期的作品，可谓上结宋元南戏之局，下启明清传奇之端。

那么，为何本文将这段时期截至嘉靖晚期呢？因为之前虽然文士已经参与戏文创作，但并未成普遍现象。无论是历史研究还是文学研究，分期始终是一个颇为棘手的问题。然而，为了便于研究，同时，更为直观地把握历史的变迁，却又不得不面对这个问题。如果非要指出从何时或者哪部作品开始，文士才普遍地参与到戏文创作，笔者倾向于嘉靖晚期的梁辰鱼《浣纱记》（1563）。[①] 这种分期大致与吕天成（1580—1618）《曲品》"旧传奇"和"新传奇"的分法一致，"旧传奇"以《宝剑记》（1547）为下限，《浣纱记》则另入《新传奇》。《浣纱记》之后的文人传奇创作确实蔚为风气，继而在万历年间出现了"词山曲海，于今为烈"的盛况。

三、明嘉靖晚期至明末："三字记"结构

明代嘉靖晚期，或具体到《浣纱记》（1563）之后，文士创作传奇成

[①] 关于梁辰鱼创作《浣沙记》的年代，诸家说法不一，本文此处引用的是吴书荫先生的观点。详请参见吴书荫：《〈浣沙记〉的创作年代及版本》，华玮、王瑷玲主编《明清戏曲国际研讨会论文集》（下），中研院中国文哲研究所筹备处，第441页。

为普遍的现象。吕天成《曲品》卷上《新传奇序》云："博观传奇，近时为盛。"①《曲品》收录"新传奇"184 种，时限从嘉靖二十六年（1547）至万历四十一年（1613），创作可谓繁盛。祁彪佳（1602—1645）《远山堂曲品》成书于崇祯十三年（1640），今存本虽有残佚，其收录的剧目仍然达到 466 种。由此可见，明代嘉靖晚期以后的剧坛，诚如沈宠绥《度曲须知》卷上《曲运隆衰》所形容，"名人才子，踵《琵琶》《拜月》之武，竞以传奇鸣，词山曲海，于今为烈。"②

这个时期文人传奇的剧目名称，绝大多数是末尾加"记"的三个字即"三字记"结构，例如《博笑记》《义侠记》等。明代两部著录传奇剧目最多的著作《曲品》《远山堂曲品》可以提供明显的证据。有一点需要说明，此二书在收录剧目时，为了抄写和刊刻的方便，都省略了"记"字。吕天成《曲品》一书，初刻于万历三十八年（1610），增补于万历四十一年（1613），"新传奇"部分著录传奇作品 184 种。据笔者统计，其中约 93%作品的名称是"三字记"结构，例外的只有 12 种作品。③ 祁彪佳《远山堂曲品》收作品 466 种，即使除去"杂调"一类大多为民间作品的 46 种之外，亦有文人传奇 420 种。据笔者统计，其中"三字记"结构的剧目名称多达 376 种，约占总数的 90%。

由此可见，"三字记"结构已经成为此时传奇名称的约定俗成的命名方式。本来，《南词叙录》"本朝"戏文中，带"记"的名称已经占据了半壁江山，而且其中有 12 种是"三字记"结构。到了此时，"三字记"结构已经形成一统天下的垄断地位。这种变化自有其内在原因。

第一，从文学演进规律上看，简化的"三字记"名称乃是戏文在文

① 吕天成：《曲品》，《中国古典戏曲论著集成》（六），中国戏剧出版社 1959 年版，第 211 页。

② 沈宠绥：《度曲须知》，《中国古典戏曲论著集成》（五），中国戏剧出版社 1959 年版，第 198 页。

③ 即《南柯梦》《邯郸梦》《风教编》《重定天书》《金门大隐》《忠孝完节》《红梨花》《白练裙》《鹦鹉洲》《清风亭》《樱桃梦》《玉镜台》等 12 种。

人参与创作之后雅化的结果。

宋元时期的民间戏文名称不见"三字记"结构，其乃入明之后文人参与戏文编创之结果。"三字记"结构就是将原本带"记"的名称去掉人名，例如变《崔莺莺西厢记》为《西厢记》。清代罗敦融《文学源流·总论》说："文学由简而趋繁，由疏而趋密，由朴而趋华，自然之理也。"①这是中国古代文学艺术样式文人化的大致过程。这种风格的典雅化，也表现于民间南戏到文人传奇的嬗变过程。

明代的文士要将质朴俚俗的民间南戏改造成典雅绮丽的传奇，这一追求也体现于戏文名称。文人对戏文名称具有一种求雅倾向，注重其诗意，而忽视名称内容与叙事功能的悖离。他们已经不屑于宋元时期那种"人名+故事"式的通俗名称，为追求名称的文雅含蓄而去掉"人名"，最终形成了整齐的三字标目即"三字记"结构。这种结构模糊了名称的叙事性，仅从名称上已很难使人知道所叙何人何事，而这正符合文士们对于典雅含蓄的要求。名称之简化，乃民间南戏文人化的必然结果。但戏文的名称必定要与内容发生联系，在简化名称之后，文人也在一定程度上重视名称的线索功能，例如《蕉帕记》《玉簪记》等。

也许在明代文人刚开始改编戏文旧本的时候，按照惯例，名称也是带有"人名"的。例如《南词叙录》"本朝"剧目中的《崔莺莺西厢记》（李景云编）、《王十朋荆钗记》（李景云编）、《岳飞东窗事犯》（用礼重编）等，都标注了"编"或"重编"等字眼，这类明确是改编旧作的戏文名称就带有"人名"。但到后来，随着对戏文的不断参与和改造，文人开始了独立创作，竭力将质朴鄙俗的民间戏文改造成文辞典雅、格律精严的精雅艺术。如此一来，戏文名称中的"人名"就消失了。《南词叙录》"本朝"剧目中的《香囊记》（邵文明作）、《玉玦记》（郑若庸作）、《忠孝节义》（方谕生作）等，都标注了"作"这一字眼，是作者独立完成的作品，名称中就没有加"人名"。

---

① 《国粹学报》第 2 卷第 17~21 期（1906 年）。

第二，从名称的继承上看，"三字记"名称乃唐代传奇小说名称之直接影响。

戏文名称的文人化使得其字数简短而含蓄，那么，为何非要采用"三字记"的结构呢？为何不直接写成类似后来《桃花扇》《长生殿》这样的三字结构呢？为何一定要在末尾加个"记"字呢？上文已经给出了部分解释：一是"记"字适宜作为戏文名称之结尾；二是著名作品如《蔡伯喈琵琶记》《王十朋荆钗记》等对于"记"字的普及有推波助澜之功。除此之外，还有一个十分重要的原因，那就是唐代传奇小说名称的直接影响。明传奇（戏曲）在取材于唐传奇（小说）①的同时，也继承了唐传奇中以"记"名篇的命名方式。

明代胡应麟（1551—1602）说：

> 若今所谓戏剧者，何得以传奇为唐名？或以中事迹相类，后人取为戏剧张本，因辗转为此称不可知。②

从"传奇"之名先见于小说、后用于戏曲这一历史事实来看，胡应麟的这一推测大抵离事实不远。明代传奇多有改编自唐代传奇小说者，据学者统计，"共有48篇唐传奇被改编成83篇明清传奇，其中，明代传奇52篇，存29篇，佚23篇"。③

由此可见，唐传奇中大量的情节成为明传奇产生的故事原型。在输出情节的同时，唐传奇的名称作为一种遗传信息也会相应地沉积明人传奇的名称中。那么，唐传奇的名称有何特点？唐人传奇多以"传""记"命名，例如《枕中记》《李娃传》等。有学者从单篇传奇和小说集两个方面做了精确的统计，唐传奇以"传"命名的共25种，以"记"或"纪"命名

---

① 下文出现的"明传奇"俱为明代文人创作的长篇戏曲，"唐传奇"俱为唐代文人创作的传奇小说，不再逐个注明。

② 胡应麟：《少室山房笔丛》，中华书局1958年版，第555页。

③ 程国赋：《唐代小说嬗变研究》，广东人民出版社1997年版，第263页。

的共 21 种，以"志"命名的共四种，以"录"命名的共 15 种。① 古代"记"与"纪"相通，"志"和"录"也有"记"的意思。根据命名之不同，亦有学者将唐人传奇概括为"传"和"记"两大类。② "记"类传奇比较侧重于情节，对人物形象注意较少；"传"类传奇注意于人物形象的刻画，对主要人物叙述比较完整，它受史传的影响较大，等于是一个人物的传记。这种区分很有意义，符合实际情况。如果我们对比作者同是沈亚之的两篇唐传奇《秦梦记》和《冯燕传》，就会理解"传"和"记"类的不同。

"传"和"记"的确是有区别的。《四库全书总目提要》"传记类"按语曰："传记者，总名也。类而别之，则叙一人之始末者为传之属，叙一事之始末者为记之属。"③"传"和"记"的区别，界限比较清楚，一以人物为中心，一以事件为中心。"记"类传奇注重情节叙事，故"记"字前加非人名的修饰语，如《离魂记》；"传"类传奇注重人物始末，故"传"字前必加人名，如《冯燕传》。

明代文人传奇继承了"记"类命名方式，而舍弃了"传"类命名方式。因为明人创作传奇，着意在叙述一个曲折传奇的故事，自然适宜以"记"为名。而"传"主要是写人，等于是一个人的传记，以之命名者必加人名，但如上文所述，人名已经被明代文人所舍弃了，故也舍弃了"传"类命名方式。

那么，读者也许会问：宋元南戏和元曲杂剧也有取材于唐传奇者，为何没有采用类似唐传奇的名称呢？如本文第一部分所论述，民间的宋元南戏因其民间特质，故特别重视名称的叙事功能，需要采用"人名+故事"结构来吸引观众。而元曲杂剧取材唐传奇者虽然很多，但元曲杂剧是以"曲"为"本"的一类戏剧，其主要特征是抒情而不是叙事。④ 而

---

① 程国赋：《唐五代小说的文化阐释》，人民文学出版社 2002 年版，第 3 页。

② 李宗为：《唐人传奇》，中华书局 1985 年版，第 32 页。

③ 《钦定四库全书总目》（整理本），中华书局 1997 年版，第 820 页。

④ 参看洛地：《戏弄·戏文·戏曲》，《洛地文集》（戏剧卷一），艺术与人文科学出版社 2001 年版，第 45~53 页。

"记"类作品的最原始和最主要的含义就是叙述一件事情，所以现存元曲杂剧极少以"记"命名。

明代后期传奇的创作、演出呈现繁荣局面，出现了一批戏剧理论，戏剧在整个社会文化中占有相当重要的地位。传奇的剧本体制渐趋规范，音乐体制也渐趋稳定，成为华美流丽的精雅艺术。明代文士的热情参与使得传奇与中国早期戏剧截然有别。然而，文士们在尽情驰骋学识和才情的同时，相对漠视了叙事的流畅，以至于情节漫衍。

四、明末至清代：不带"记"的三字结构

与前一个时期相反，大概从明末的崇祯年间开始，传奇的名称逐渐显示出另一种明显的特征，即不带"记"的三个字，例如《燕子笺》《绿牡丹》等。到了清初，这种形式的名称就已经占据绝对的垄断地位，并且一直在清代沿用下去。

清初高弈《新传奇品》著录明末清初 27 家的作品，所录传奇达 209 种。所录作家始于阮大铖，终于王香裔，多为明清易代之际人物。《新传奇品》著录的 209 种传奇中，只有 5 种是"三字记"结构，① 而其余都是类似《燕子笺》这种不带"记"的三字结构。

清代无名氏《传奇汇考标目》②著录了很多元明清的传奇作家作品。其所著录的作家，最晚的止于孔尚任、洪昇和万树等人，可以推定作者成书的时代，约在康熙末年或雍正初年。《传奇汇考标目》将"明传奇"分为两部分著录：第一部分名称全为"三字记"结构(原书著录时呈现为两字，因为省略了"记"字)，著录明代作家 91 人的作品 174 本，无名

---

① 即单槎仙的《蕉帕记》《露绶记》和袁于令的《西楼记》《金锁记》《玉符记》。见高弈：《新传奇品》，《中国古典戏曲论著集成》(六)，中国戏剧出版社 1959 年版。

② 此处所用版本为"集成本"，即《中国古典戏曲论著集成》(七)，中国戏剧出版社 1959 年版。

氏作品 47 本。第二部分名称绝大多数为不带"记"的三个字，① 著录明代作家 53 人的作品 177 本。而第二部分著录的多为明末的作家作品，虽然也混入了一些明代万历时期和清代初期的作品。由此可见，即使《传奇汇考标目》的作者只是按照传奇名称字数的不同(两字与三字)而把明代传奇分为两类，那也至少说明清代人已经意识到：明末清初传奇作品这种不带"记"的三字结构的名称形式，已与之前的传奇名称明显不同，所以才分类著录。

我们再来了解一下戏剧史上经常列出的明末清初传奇家的作品。先看明末的作家作品。有些作家的传奇名称仍然都是"三字记"结构，例如孟称舜(1599—1684?)著有传奇《娇红记》《二胥记》《贞文记》等七种。有些作家的传奇名称有的带"记"，有的不带"记"，例如吴炳(1595—1648)著有传奇《画中人》《绿牡丹》《疗妒羹》《情邮记》《西园记》等五种，今存崇祯间刻本，名称三种无"记"，两种有"记"。有些作家的传奇名称则都是不带"记"的三个字，例如阮大铖(1587—1646)著有传奇《春灯谜》《燕子笺》《双金榜》等 11 种，都是其崇祯年间罢官居南京时所作。再如范文若(1590—1637)著有传奇 16 种，名称也都没有"记"，现存《花筵赚》《梦花酣》《鸳鸯棒》乃崇祯间刻本。

再来看清初的作家作品。继续明末的繁荣局面，清初传奇创作仍然保持着旺盛的势头。在李玉为代表的苏州派市民化风格和李渔为代表的风流文人风情剧之外，也还存在着一些以吴伟业为代表的以正统文人身份厕身剧坛的传奇作家。从现存剧目名称来看，他们的传奇作品都为不带"记"的三字结构，如《秣陵春》《风筝误》等。而且这种样式的传奇名称，在之后清代文人传奇的命名方式上一直沿用下来。学者李修生主编的《古本戏曲剧目提要》所录现存清代传奇作品共 265 种，其中不带

---

① 只有少数例外是"三字记"结构，即孙仁孺《醉乡记》、张思维《双列记》、许自昌《报主记》、吴炳《西园记》《情邮记》等 5 种。

"记"的有 242 种，约占 91%。①

综上所述，从明代末年开始，传奇的名称已经有了明显的变化，即由先前的"三字记"结构变为不带"记"的三字结构。但是，明末毕竟是承前启后的一个时期，"三字记"名称仍然为某些作家青睐和使用，例如孟称舜、袁于令等人。而到了清初，不带"记"的三字结构的传奇名称，已经形成一统天下之地位。历史真是巧合的反复，曾经占据着明代剧坛一统天下地位的"三字记"名称，此刻已被另一种名称形式所取代，并且这种新的命名方式在清代一直沿用下去。

相对于传奇名称变化的表象，我们更需要分析其中内在隐藏的原因。因为传奇名称的这一显著变化，必定反映了戏文在完成文人化过程之后自身内部的某些变迁。那么，为何明末至清代的传奇名称会呈现这种整齐的不带"记"的三字的特征？这种现象背后反映了传奇内部的何种变迁？

笔者以为，主要原因是此时传奇作家的戏剧结构意识愈发显著，因而更加重视名称的结构性作用。明代中后期的传奇，规模庞大，结构一般都冗长松散。在明代，戏剧理论家和创作家的热点始终集中在音律和文辞上，传奇作品的艺术结构并未引起人们充分的重视。到了明代末年，很多传奇作家意识到了这个问题，愈发重视传奇的结构艺术，追求情节的精练和集中。现代日本学者青木正儿在评价清代万树的作品时，提到了明末作家已经很注重情节关目的安排：

> 余以为其更妙处，在于关目省略法甚得其宜，演出各要点，而中间杂事仅于宾白中语之，不令演出。此法始自明末，沈自晋、范文若、吴炳等作品，渐臻工巧，但至万树，令人觉其最得其法也。②

① 李修生主编：《古本戏曲剧目提要》，文化艺术出版社 1997 年版。
② 青木正儿：《中国近世戏曲史》，中华书局 2010 年版，第 292 页。

这就是说，舞台上演出的是应该是富于戏剧性的情节，而中间杂事则用说明的方法一笔带过。从现存作品来看，明末的吴炳、孟称舜、范文若、阮大铖等人的传奇大多结构精巧，误会和巧合被频繁使用。阮大铖的剧作值得在这里专门提出，《石巢四种》虽然极尽辞藻雕琢之能事，但他自己养有家班，老于戏场，所以其作品结构精巧，适合舞台扮演，故一直盛演不衰。

清初传奇仍较繁荣，但与明代中后期江南地区家班林立，为家班创作的剧作家辈出的情况有所不同。清初传奇的繁荣主要表现在江南地区的职业戏班繁盛，催生出了一大批以创作戏曲剧本、从事戏剧活动为生的职业戏剧作家，如以李玉为代表的苏州派作家和以李渔为代表的职业文人。这些职业剧作家对明中期以来的文人曲家往往专注于挥洒才情而漠视排场结构的做法有所不满。他们总结了明末作家在传奇结构上的探索和经验，创作的传奇篇幅比以前有所缩短，李渔更是第一次提出了"结构第一"的主张，巧合、误会等喜剧性手法的大量使用也体现了传奇在艺术结构方面的进步。

在这种重视排场结构的风气之下，传奇的名称也随之调整，以突出其对于全剧的结构性的作用。在功能上，明代中后期流行的传奇名称中的"记"字没有任何实际作用与意义，有凑字之嫌。所以，明清之际越来越重视结构艺术的传奇作家们去掉这个毫无作用的"记"，而辅以一个实字。一个好名字可以串联全剧，可以提示情节，也可以吸引观众。例如李渔《风筝误》，风筝之误是一个契机性的事件，它有引起以下情节的关键作用，并且"误"会一贯到底。显然，作为剧目的名称，《风筝误》比《风筝记》要好，因为一个"误"字可以提示观众这个故事会因为"误会"而生出很多波澜和曲折。如果换成"记"，观众从剧目名称就只知道这个故事跟风筝有关而已，也难以达到作者给剧目命名时想要的效果。再如万树《念八翻》传奇，叙写虞柯与祝凤车、阮霞边的爱情，剧中以功罪、邪正、师弟、奴主、贞淫、老少、贫富、贵贱、僧俗、痴慧、生死、慈忍、文武等相互翻案，凡二十八样变幻，故名《念八翻》。

试想如果改成其他的名称，则达不到此种贴切概括之效果。

由此可见，明末清初传奇名称的显著变化，是因为作家戏剧结构意识愈发显著而带来的传奇自身内部的调整。而这种不带"记"的三字结构的名称形式，在清初被接受和普及之后，又形成一种约定俗成的惯例，在以后清代的文人传奇中一直沿用下来。

综上所述，戏文在其初始阶段，主要是一种民间文化，随着文人士大夫的日渐参与，它逐渐由一种民间文化演进为文士文化，这种演进也体现于戏文名称上。戏文名称在宋元明清的不同时期呈现出三种比较明显的特征，有过两次明显的变化，而戏文名称之变化则反映了民间南戏向文人传奇变迁以及文人传奇自身调整的轨迹。宋元时期，民间南戏也许在起初没有确定的名称，但进入城市勾栏后，在表演前临时悬挂以吸引观众的"招子"，则可能促进了"人名+故事"形式的定型。明代中后期，文人染指和改造民间戏文，亦将传统文人的艺术思维方式和审美趣味带入传奇，从而追求名称的典雅含蓄，再加上"记"字用来命名的适宜性，此时的传奇名称形成了整齐而稳定的"三字记"结构。到了明末清初，随着传奇作家的结构意识愈发显著，传奇的名称也随之调整为不带"记"的三字结构，并且一直沿用下去。

（原刊于《戏剧艺术》2014 年第 6 期）

（朱浩，艺术学博士，讲师，主要研究方向为中国古代戏曲、中国古代小说、古代民俗。）

《西厢记》评点"斩足"的观照意义
及戏剧理论价值

韦　乐

摘　要:"斩足"是晚明清初渐次发生在《西厢记》评点领域的一种文学现象,指砍掉第五本情节,收局于第四本第四折张生惊梦草桥店。在《西厢记》世俗唱演式微的情形下,文人圈内关于《西厢记》题材情事的强大解读传统逐渐显现其力量,"斩足"因而在评点这种极具文人质素的批评样式中发生。秉承唐宋以来前贤的解读思路,从徐渭到潘廷章等一系列评点家借明清之际的哲思盛风,通过"斩足"积极展现其对农耕文化下国人命运的深刻观照。这恰恰推动了古典戏曲文体独立性与民族性的建构。

关键词:《西厢记》评点;斩足;文人心路;戏曲文体

一

"斩足"是指砍掉《西厢记》中演绎团圆结局的第五本,让剧情收尾于张生告别崔莺莺后惊梦草桥店。这是一个诞生于评点境域的文学现象,从批评演变的表面情形来看,它的诞生与之前曲界关于作者的论争以及由此引发的作品拆分有着传承关系。

虽然由文人编著的《录鬼簿》和《太和正音谱》早已指出王实甫是作者，但该观点并未获得民间艺界认同，"乐府者流，知《西厢记》传于关董，而不知《录鬼簿》疏云王实甫作"①。成化七年（1471）金台鲁氏刊本有《题西厢咏十二月赛驻云飞》，主关作王（未明言实甫）续（未明言续第五本）；嘉靖二十年（1541）金陵富乐院妓刘丽华则主关汉卿作②。这表明成书于文人却广演于民间的《西厢记》在文人和民众两个传播域中的信息具有一定偏差，大概正因为如此，现存最早完整刊本弘治十一年（1498）《注释西厢记》采取了未署撰人的审慎做法。嘉靖四十一年（1562），顾玄纬《增补会真记序》在认可王实甫作的前提下附言"或称关补"，表明两种论调开始以拆解作品、位分主次的方式融合。此说经王世贞《艺苑卮言》发展，被明确阐述为实甫作"至邮亭梦而止，……此后乃关汉卿所述"。鉴于他在文坛巨大的影响力，这可以被视为文人圈对该问题的一锤定音。它立即在评点这种具有浓厚文人质素的批评样式中得到响应。

万历七年（1579），迄今可知最早评本少山堂刊本诞生，篇首谢世吉《引》明确以第四本第四折《草桥惊梦》为王关之作的分界线。次年，依然是在评点领域，分界迅速演变为褒贬。徐士范刊题评本认为关续"极力模拟，然比之王本，终自钩铢"。至万历三十九年（1611）《批点画意》徐渭评本认为"实甫既传其奇，而以梦结之，甚当。汉卿纽于俗套，必欲以荣归为美，续成一套"，则已是从思想上质疑第五本的价值，"斩足"苗头已露。天启元年（1621），槃薖硕人《增改西厢》明确宣称"汉卿可无续矣，汉卿犹然未悟耶"。它虽"为登坛习玩者计"保留了第五本，但"斩足"实已呼之欲出。顺治十三年（1656）前后，金圣叹《第六才子西厢记》相当深入地论证了止笔惊梦的意义，赞其"开悟天下，百代无穷，……其立言之志，诚欲与功德并垂不朽"。它留存第五本作反

---

① 顾玄纬：《增编会真记序》，《中国古代戏曲序跋集》，中国戏剧出版社1990年版，第60页。

② 王骥德：《新校注古本西厢记·附录》卷六，明万历四十二年（1614）。

面教材予以痛斥，"斩足"已得事实确立。金本在清代影响极大，康熙间朱璐评本、李书云评本、雍正间邓汝宁评本、乾隆间周昂评本、光绪间戴问善评本、清末民初蓝炳然评本都接受了它的观点，直接将第五本定性为"蛇足"（周昂评语），朱、戴、蓝三人索性彻底删除文本，使"斩足"形实兼备。这种形实兼备即便在个别排斥金圣叹的评本中也得到殊途同归的展现，比如康熙十九年（1680）的潘廷章评本。

据上，"斩足"在现象层面似由著作权纷争引发，但评者们总将蛇体奉与王实甫，而将蛇足判给关汉卿，却很值得思考。《太和正音谱》早以"深得骚人之趣"重王，而以"可上可下"轻关。看来，作为新型戏曲批评样式，戏曲评点仍贯注着文人系学术传承的血脉。这种血脉让评者有意与世俗唱演的《西厢记》拉开距离。关汉卿遭到薄待，很有可能与贾仲明《凌波仙》等史料对他"驱梨园领袖"的记载有关，而热闹团圆的第五本在价值取向上显然与此近似。

二

《西厢记》早期传播并不以文本为主。元代周德清《中原音韵》自序已信手拈第一本第三折"忽听，一声，猛惊"论韵，表明彼时作品在氍毹上已具相当影响。明万历间潘之恒指出"武宗、世宗末年，犹尚北调，杂剧院本，教坊司所长。而今稍工南音……"①及沈德符《万历野获编》卷一载明武宗临幸杨一清府看《西厢记》，表明唱演热潮一直持续到万历前，而这恰好与今存万历前文本稀少对应，表明该阶段传播以勾栏为主。从"耆耊妇孺，瘖瞽疲癃，皆能拍掌"②的观戏情景可以推知，文本刊刻的兴起一定与大众由观戏延伸的兴趣有关。事实上，早期刻本

---

① 潘之恒著，汪效倚辑：《潘之恒曲话》，中国戏剧出版社1988年版，第51页。

② 何璧：《北西厢记·序言》，明万历四十四年（1616）。

亦多为注释本。这正与明代前期朱有燉散曲《风流秀才》所言"把《西厢》注解。演乐厅捏下个酸丁怪"吻合。一批混迹勾栏的文人顺应唱演大潮，开始为大众疏通剧本阅读障碍，并付梓传播。由此，《西厢记》刊刻实由唱演引发，这在很大程度上决定了早期刊本的文献特征。

以弘治本为例，它几乎页页配图，图中人物情态与场景配置很似戏台表演，其注释主要是对曲词中一些故事性典故进行普及介绍，最值注意的，是它在曲文之外设有丰富附录，内容广涉《西厢别调》俚曲、《闺怨蟾宫》俗词、《秋波一转》论、《蒲东珠玉》诗等，形式活泼多样，具有鲜明娱乐性。如此文献形态明显可以满足人们在勾栏外的余兴寄托，正如《西厢别调》以"董解元古词章，关汉卿新腔韵"标榜，早期刊刻依附唱演，传播由市井民众主导，具有浓厚世俗精神。

然而评点出现后，情况发生了颠覆性变革。万历八年（1580）问世的徐士范本开篇已是文人程巨源和徐士范分别撰写的序言，二序一洗闾阎趣味，攀《风》比《雅》，前者尊《太和正音谱》而以王实甫为主要作者，后者更溯祖元稹，并将实甫列于曾考证和咏叹会真情事的宋代文人王铚、赵德麟之后。与此相应，附录不收俗词俚曲，倒将忧伤晦涩的文言小说《会真记》列于首位。万历二十六年（1598），继志斋本更爬罗剔抉地加入元稹及历代文人吟咏会真情事的诗词笔记和王铚《辩证》等考辨情事与元稹生平契合度的文献，两类材料汇聚在《会真记》麾下，向世人华丽展示着数百年间文人阵营的会真文化建构。此后，在雨后春笋般涌现的评本中，这种建构被一再确认，市井铅华消除殆尽，早期的娱乐性附录甚至被视为"非唯添蛇，真是续狗"①。

据此，评点的介入使文本传播逐渐摆脱对唱演的依附，文人要按照本群体价值取向重塑这部在元明之际被世俗高度娱乐化的作品，打造"士林一部奇文字"②。不以团圆收局的《会真记》地位被不断强化，正

---

① 何璧：《北西厢记·凡例》，明万历四十四年（1616）。
② 何璧：《北西厢记·凡例》，明万历四十四年（1616）。

是这场重塑运动的精神风向标。

三

《会真记》表面是老套的"始乱终弃"故事，实则非常特别。男女主人公具有同题材作品难以匹敌的复杂性格：崔莺莺无疑极深情，自荐枕席、临别痛哭以及回信张生都是典型例证。然而她贯穿爱情始终的冷漠也是不争之实，包括初见的"凝睇怨绝"，既见的"端服俨容"，乃至自荐之夜"终夕无言"，自荐后十余日"杳不复知"，热恋中从不以辞表爱，也不满足恋人再三的诉求。至于张生，离弃崔并以"妖孽"评论对方的行径很符合人们对负心汉的定义，但这却是对他"内秉坚孤，非礼不可入"和"年二十二，未尝近女色"性格背景的回归，也与他在恋爱进程中的诸多表现一致。比如托红娘传情遭遇尴尬，他"羞而谢之，不复云所求"；逾墙遭崔训斥，他"自失者久之"，"于是绝望"；自荐之夜被惊醒，他"犹疑梦寐，然而修谨以俟"。然而在他被"礼"制约的宏观性格轨迹中又产生了诸多不和谐要素，包括难以自持爱上崔、分手后仍寄信"广其意"，乃至各自嫁娶后竟因求见不得而"怨念之诚，动于颜色"。如此，小说以二律背反的性格塑造充分打破了痴情温柔女和轻浮绝情男的传统形象套路，并导致链条式传统叙事逻辑解体。"前言不搭后语"的跳跃式叙述成为常态，而每个叙述片段都能充分传达某种与其他片段无涉的美感。比如喜读张生获简时，难料逾墙遭斥之惊；索然于逾墙遭斥，绝不意自荐之媚；才欣慰两情正浓，哪知便凄怆诀别。尤其文末"妖孽"之说呼应开篇"非礼不入"，道貌岸然的"君子过而能改"主题刚要成立，竟突然杀出"怨念之诚，动于颜色"的求见"蛇足"，让人唯叹"日暮乡关何处是？烟波江上使人愁"。

特别的人物塑造和叙事体系让习惯于传统叙事的读者不断失去其顺理成章的期待，难以指望再欣赏完整的情节，却意外饱尝了变幻莫测的情感刺激。而该效果的显现是小说对崔张恋情性质定位的必然结果。小说打破"色"重"才"轻的惯有模式，不断以"微言"彰显恋情的精神性质。它虽以"颜色艳异，光辉动人"套话描写崔的出场，却强调其"常服"，"不加新饰"，其后更间歇速写她各种冷傲，并反复皴染她出色的才华，将她塑造成颇具个人意识，与男权社会审美标准有距离的才女。它安排修谨孤高的张生爱上这样的女性，接受她"愁艳幽邃，恒若不识。喜愠之容，亦罕形见"的个性，表明爱情基础中大有超越肉欲和功利的精神要素。恋情确立后，无论是张对崔"艺必穷极，而貌若不知；言则敏辩，而寡于酬对"的细微体察，聆听和探味她的凄恻琴音，再三求索她的诗文，还是崔在诀别时终酬张愿，抚琴相送，别后长信相寄，都能一再确认该要素。在纷说"徒悦其色而不征其情性"的年代，这无疑可贵。然而正因如此，崔张会比一般醉梦男女更执守良知，从而更深切地感悟人生交织在爱情、礼法、功名中难以避免的矛盾，并因此始终处于痛苦徘徊的心理状态。崔的冰面与火心、张的忍情与存情都是对该状态的客观呈现，人性的复杂和生命的艰涩由此得到深刻揭示，生活亦遭到本质性暴露。这或许就是作品真正的主题，相形之下，割裂社会牵绊而痴缠个人情感的"痴情女子负心汉"或"有情人终成眷属"不免肤浅。

《会真记》的高度使人逐渐了悟上述诸评本中庞大文献附录的用意。在传奇史上，文人们（包括后来的评点者）从未如此钩沉考辨，不懈力证作者自寓。这与其说是其历史兴趣，还不如说是他们被小说的独特主题引发了探究热情。这些汇辑的材料佐证出一种识见，即小说主题是元稹的自我生命体验，他一再写作《赠双文》《莺莺诗》《春晓》《梦游春》等同题材诗作，表明该体验已非瞬时感受，而是对人生的恒定认识。这些诗歌反复追忆情事，佳人笑靥灵动诗间，若非深知深爱，绝难写出。《春晓》的"二十年来晓寺情"表明情事在他心上刻下极深伤痕，而这种伤痕在《梦游春》中得到高屋建瓴的展示：他在"夜夜望天河"中深埋了"果遂平生趣"的情感，回归结姻名门、致君尧舜的正道，怎知竟因"快意言多忤"遭到严重打击，被贬江陵，而妻亦逝。所谓的觉醒同样以

"终难驻"收局，使他进一步确证曾在情事中遭遇的体验。他以"忏诚人所贼，性亦天之付"透彻指出个性与社会的冲突是人无法回避也难以解决的问题，也无疑是人生痛苦的渊薮。"事事身已经，营营计何误"则表明他的人生观在无法排解的痛苦中滑向虚空。由此，会真情事能超越男欢女爱情节表象，升华为古代社会特别是封建文化中人典型命运的真实写照。它成为元稹这位敏感的文化精英关于人在这种特殊文化中如何存在的思考载体，如《梦游春序》所言"斯言也，不可使不知吾者知，知吾者亦不可使不知"，他渴望与知音交流，但亦深惧此惨淡用心为醉梦世人误读。

日后情事的传播果然印证了元稹的两种心绪。通俗娱乐介入前，情事在文人圈内激起层层浪花，再无别篇传奇如它般让代代文人痴醉。据诸评本附录可知，他们不断通过诗词模拟情境，很多人为莺莺拟情深凄婉之言，以表达对她的显著同情，但很少因此对张生持同力度的谴责。同样的身份和未改变的处境让他们敏锐捕捉到元稹寄寓的讯息，"长安"作为社会对士子身份寄予的象征，常和莺莺并提，使其难下断语，所以这些作品虽都认同情事，但没有一篇在艺术想象中赐予团圆结局。"聚散离合亦人之常情"（逍遥子《蝶恋花》末首序）、"写出心语……忧愁不平，事固有不得已者，难为始终"（危素《会真记跋》）等观点一再表明他们在社会期待与自我追求之间清醒的人生态度，而"地久天长终有尽，绵绵不似无穷恨"（逍遥子《蝶恋花》）、"匆匆，梦惊萧寺中"（张肎《河传》）则透露出清醒人生下无尽的悲哀。随着金元时期通俗娱乐的介入，情事被翻演为市井喜闻乐见的《西厢记》诸宫调和杂剧，大团圆结局作为最显著的变化，以其热闹活泼的世俗精神消解了文人圈内传播的严肃沉重。然而从元明之际韩奕对"薄俗流传，新声描写，展转翻成郑卫风"（《沁园春》）的批判可知，即便在世俗唱演如火如荼的阶段，题材的传统解读意识仍未消亡。一旦表演式微，当文人可通过日渐兴盛的刊刻入主《西厢记》传播时，那由来已久的精神旨归便会借评点重绽光彩。

四

　　较早出现的徐渭评本首先承续了这种精神。万历间《批点画意》本和《田水月》本都在四折四套《草桥惊夜》眉头明确揭示《西厢》是传《会真》之奇，① 赞王实甫止笔于惊梦"甚当"。而该套尾批更附徐渭与骆金卿的对论，骆氏析此套为"孤鸿别鹤，落寞凄怆""牛鬼蛇神，虚荒诞幻""梦蝶初回，晨鸡乍觉，不胜其惊怨悲愁"三层，获徐渭力赞，因为这和他眉批中的"天下事原是梦"是同一用意，都可谓集前代文人解读《会真》之大成，通过强调私情在礼法社会昙花一现的宿命来体认元稹视人生为春梦的认识。这与徐渭对《雌木兰》《女状元》的情节设计一致，女状元和女将军虽能风光一时，却难称心一世，最终只能重入绣阁。荣归续笔被他视为"俗套"，表明晚明俗文化并未消解他对生命沉重感的体认，在王学左派狂飙突进时，这位文化精英并未丧失严肃的清醒，他对根深蒂固的礼法文化下国人命运的改观并不乐观。如果说徐渭的解读是承上，那么在它以名著加名人效应散播天下后，诱发的便是真正属于评点时代的成果，一个极富思辨特征的阶段将开启。

　　槃薖硕人评本的出现，可被视为评点史的一个里程碑，因为它首次摆脱七拼八凑的出版运作，由评家亲自操刀。这意味着评家能消除商业传播干扰，更系统地表达文学观点，更纯粹地展现文化品位。卷首巢睫轩主人《叙》首句即称《西厢》"昉自唐《会真记》"，其附录不仅详收小说及一众诗词，还作附记指认小说系元稹自道，并特点《梦游春》与小说之互见关系。《叙》又于诸明代评本中独顿首徐渭之"增释意旨"，可见此本解读思维与前述徐评同脉。然而硕人并不以文学著称，在史上他更

① 明清人对元杂剧体例无严格界定，本、折、套等时常混用。后槃薖硕人本更因改动而使折数发生变化。

多被称作徐奋鹏，因编著《诗经删补》《古今道脉》《古今治统》等书而称誉思想界和史界，故较之前人，他拥有更成熟的哲学主张。他用"人生天地之间，全凭礼法维持。如荡其身于不检，则只是行尸走肉"评《鄘风·相鼠》①，是以礼为社会本质属性，但又将《论语·颜渊》中孔子描述的"大宾""承祭"等外部行止解为"此心期可以对人曰见宾，此心期可以对天曰承祭，邦家无怨于己，乃己心通于邦家也。世界缺陷，即是此心不曾圆满"②，则是认为礼非抽象存在，而是内心之外化。这种与王阳明"心即礼"类似的主张显然可以消解个性与社会的对立，所以他依旧主张收尾惊梦，却不会重陷先贤困局。廿五折《野宿惊梦》眉批曰："又谓上数段是梦境，至【雁儿落】、【得胜令】是觉境。予谓通部《西厢》说人情为色所迷是梦境，而此煞之曰'玉人何处也'是觉境。而续云柳丝之牵惹、水声之呜咽、月灯之明灭，皆是难执存之义。""又谓"正是徐渭观点，而"予谓"之前半似禅，貌若白居易《和梦游春》开解元稹的"艳色即空花，浮生乃焦穀"。事实上，他也承认受到白氏遁禅的启发，但结句"难执存"却揭晓了他的底牌。它看似接近佛家"不执""破执"，却以肯定私情片时存在的"难"为前提，故与佛无缘。而它对私情不具终时性的认定，恰合"发乎情，止乎礼"。这是立足乐生基石，援引佛家空观思维阐释儒家"执中"，以拥抱矛盾的姿态积极面对人生。如此，崔张可因自然之情而欢合，也应因皈依礼秩而分离。先贤那由"必执"生发的无奈苦绪可得解除，他因此能明朗坚定地主张"斩足"，不仅以"可无续"直接否定第五本，还在《惊梦》眉头和文末以数百字反复申说"斩足"意义。这种在哲学支撑下实现的由被动向主动的转换，表明文人探索既定文化下生命本质的进程取得了突破性进展。

然而这中正平和的生命识见很快便被"天崩地坼"的明清鼎革搅乱，"华夷之辨"让囊括了生存、发展、情爱等要素的个体诉求与社会既定

---

① 徐奋鹏：《诗经捷渡》，《诗经汇评选刊》（张洪海），《中国文学研究》第十六辑。

② 张岱：《四书遇·论语·仲弓章》，浙江古籍出版社1985年版，第255页。

秩序的关系变得极其复杂，文人们在这场前所未有的心灵拷问中继续通过"斩足"推进生命探究。

潘廷章在明为诸生，明亡"弃举业，不复应试"①，还参与顺治二年(1645)周宗彝组织的抗清战斗。事败隐居，以教书为业，无奈坐视抗清风云消散，既怀"蓟北无人横铁马，洛南有客叹铜驼"(《金陵》)之愤，又添"下里儿童新长成，窄袖广帽添风采"(《烟雨楼词》)之悲。对现实的绝望持续到天命之年，② 将这位用世儒者送入空王寂境，故评本史无前例地借"祖师西来"公案题名"西来意"。卷首《说意》用"以佛殿始，以旅梦终。于空生，而即于空灭，全为西来示意也"凝练概括他架空情事以解悟禅机的思路。故他认为张生首次登场以【混江龙】至【天下乐】三曲自陈抱负，是太过执着世俗欲求的"情之所钟，百劫难灰"。张生一拜菩萨即遇莺莺，是"举头转眼间忽现出风流业冤来"，意指绝色佳人是引导张生领悟妙谛的媒介，"色空相禅之介，为一部《西厢》起头"。此后张生的疯魔痴傻便是"因现见而起慕悦，因慕悦而生烦恼，因烦恼而成颠倒"。正如褚廷琯《序》所示，评点"借《西厢》标指，破尽尘缘，还归本际"。张生陷入情障实为文人安身立命滋味的典型概括，千百年来，因私情、伦理、国运等因素，陷入色、声、香、味、触、意六种"妄尘"者何其多！"妄尘"固然给过其欢乐得意，却正因如此，心灵更难面对悲痛失意。所以潘氏认为，崔张即便百年缱绻，也必然"皓首涕泣而言长别"，反添"见尾之羞"。人何必在反复悲喜中磨蚀心灵，空耗情志？"人生惟情焰最难打灭，……非具大觉性者岂能斩断"，要证真如智慧，获得彻底解脱，《西厢》必须斩足，一剑挥下，让所有"得心""伤心""惊心""快心"之事"皆已入寂"。故惊梦实为其评点思路之"大收煞"，《西来意》也由此成为评点史上第一部收局于惊梦，仅有十

---

① 《硖川续志》卷六，《中国地方志集成·乡镇志 20》，上海书店 1992 年版，第 944 页。

② 潘廷章生于 1612 年，《西来意》成书于 1679 年，而此书有针对 1656 年前后问世的金圣叹评本所发之见解，综合考量，可知评点约发生于他知天命后。

六折的原创评本。

如果说徐渭是无奈回归现实的"身觉"，徐奋鹏是调和内心与现实的"情觉"，那么潘氏以"向来都是梦"为前提，以"既觉不复梦"为后果，"流根既净，本根乃现"，是堪称找到生命本质归宿的"性觉"。特殊时代遭际让他完全摆脱理情冲突之宿命式羁绊，不惟能淡然于西厢之地、事、人等客体的消解，更能坦然于张生本体"飘飘焉、渺渺焉，望之云山烟水之外"的命运。然则张生既空，便应彻底死寂么？答案当然是否定，因为他已指明"《西厢》之结，而仍然未结也，物不可穷焉故也"，正因心空，反获得万条出路，若春树春花，满枝并发。若说当年白居易是以"外重性易染，内战心难剘。法句与心王，期君日三复"（《和梦游春》）力证"真空"，则潘氏已得"妙有"。由此，这条肇始于唐代，隐伏文人心田的草蛇灰线终于在这特殊时代发展为成熟"情禅"，成为开释文人心头巨障的妙谛。

同样由明入清，金圣叹的解读却是别样天地。从他以"逐臭之夫"讥刺第五本拥泵，并力赞前四本"天仙化人"可知，他并无潘廷章般空寂心境。廖燕评他"凡一切经史子集、笺疏训诂，与夫释道内外诸典，以及稗官野史、九彝八蛮之所记载，无不供其齿颊，纵横颠倒，一以贯之，毫无剩义"[1]，后人往往从中看到他极富创造性的才气，然而这也必然派生驳杂矛盾的精神世界。

他首先是位儒生，即便他做过戏弄考官、扶乩唬人等荒唐事，但用世精神在他身上依然有较明显展现。明末他作《癸未秋兴》《甲申秋兴》等诗谴责时政黑暗，入清他虽弃绝功名，却因清廷关注民生而颂之"圣朝日月如清镜"（《赠夏广文》），他罹难也是因替民请命。"儒"之精神于他不是义理的"华夷之辨"，而是素朴的民本思想，所以他不很纠结江山谁主，而更关心天下重新稳定，正如他评杜甫《登兖州城楼》说：

---

① 廖燕：《金圣叹先生传》，《廖燕全集》，上海古籍出版社 2005 年版，第 301 页。

"秦不失德，则今日犹秦；汉不失德，则今日犹汉。"基于此，他评点《西厢》或不止学界强调的文学目的，更寓论世之心。

金评最为人称道者，是它以莺莺为中心的人物心理评析，但学界未注意到这恰是对前代会真诗词多借莺莺拟言的思路回归，且与会真故事丰富的情感内蕴相当吻合，就此而言，他的评点视角实是文人圈《会真》解读意识的延续。然而，当他力超前人地将千古文人心头的佳人推向"至尊贵、至有情、至灵慧、至矜尚"的完美境界时，便产生了属于他的时代和他的创见的飞跃。"有情"和"灵慧"被锁在"尊贵"与"矜尚"之间，表明守礼是"千金国艳"的前提。王实甫设计不够标准，他便窜改文本，变《惊艳》佛殿相逢为庭前偶遇、让《寺警》中崔母替莺莺提出下嫁、使《酬简》时莺莺终夕不语。为映衬莺莺，他又打造张生为绝无轻狂的孔门子弟，以此彰显才子佳人有情但更重礼的形象。

整部评点中，他对礼的关注远甚于情，《琴心》折批中甚至大呼"先王制礼，万万世不可毁"。联系他对明清之际时政的评论，便可感受他在顺治间如此塑造和解读崔张，应不无吸取明末纵心任情以致乱的教训，希望以礼熄乱，渴求稳定的论世主张。《易·序卦》以男女为父子君臣诸人伦之原，《礼记》将男女结姻定为"礼之本"，故才子佳人事于天下重定大计并非风马牛。《惊艳》折批云"巧借古之人之事，以自传道其胸中若干日月以来，七曲八曲之委折"，多被人从文学角度阐释为塑造人物时的心理活动，而事实上，此话前提是在驳斥世人以纵情无礼误释才子佳人，故其胸中委折之本义，应是他在《秋兰篇》中已提倡的"贱妾与君一室，共乐仁王太平"《关雎》式情爱。

然而他又不是本分的儒生。从他以"安得不悲，安得复忌，安得再忍，安得不许"四个反问理解莺莺因张生病危而许身的行径可知，苏州市井活跃的生命尊重意识让他难以"舍生取义"。他曾在批李商隐《曲池》时提及幼年小事，可知他的天性本好追索又敏感：

　　　某尝忆七岁时。眼窥探井，手持片瓦，欲竟掷下，则念其永无出理，欲且已之，则又笑便无此事。既而循环摩挲，久之久之，瞥地投入，归而大哭……至今思之，尚为惘然。①

小小瓦片已如此，何况尊礼、重生，以及"谁人家中无此事（床第)"的人类生活实况等彼此矛盾的巨大命题？《西厢》使他再次惘然。儒家"好色不淫"的立身要义被翻翻覆覆念叨为"好色必如之何者谓之好色？又必如之何者谓之淫？又如之何谓之几于淫？而卒赖有礼，而得以不至于淫……"（《酬简》折批）。对"好色"和"淫"差别的深惑让他进而对"发乎情止乎礼"的可操作性产生怀疑。这和上述尊礼简直是背离的，它们同出其口，可以想见他进入了怎样的纠结混乱。

这是与前人同一类型却更幽微的苦恼。他也曾期冀"世间虚空，本自不有"（《惊梦》折批）的救赎，但他本非潘廷章般绝望世事者，"镜花水月"如何能平此苦恼？幸而在他驳杂的思想中，尚有庄子这个大宗。他曾颇有心得说："《南华》七篇之义，尽于一'游'字，其下手功夫，全在打破'论'"字。②当《惊梦》中过往人事在张生梦中一一登场，悲喜聚散竟一如前十五折现实时，他猛然惊觉到"是耶非耶，化为蝴蝶"之齐物境，并由此想到孔子的"不梦周公"。在他"先师则岂独不梦见周公焉而已？惟先师此时实亦不复梦见先师"的阐释中，儒家社会理想与人性现实的矛盾得到化解，看似泾渭分明的价值观间实可寻求是非有无之转换，从而达于逍遥。洋洋洒洒三千字的折批承载着他豁然开朗后的激动，而为了更透彻传达这份开悟，他又一次拿起改笔，插入一段惊醒，将梦境隔作两段，让现实与梦境反复交替，使整部情事更加徜徉迷离。意迷情痴与礼义廉耻便在这梦与现实的混溶中难分彼此，不经意间竟恍然登入"好色而不淫"之境。

---

① 金圣叹：《金圣叹选批唐诗六百首》，北京出版社1989年版，第350页。
② 金圣叹：《语录纂》，《金圣叹文集》，巴蜀书社1997年版，第141页。

五

"斩足"固然以深刻观照开释了千古文人对生命的疑惑，而由此带来的关于《西厢记》认识的转变也可以充分见证古典戏曲文体走向成熟的进程。"戏曲"二字，本由"戏"与"曲"组合，但在元明浓厚的唱演氛围下，人们的批评普遍以"曲"为纲，视戏曲为"诗之变"①。这不仅意味着目前学界充分提及的偏重音律词采，以满足听众对悦耳的期待。更应该注意的是，这种批评观其实已对戏曲文体的功能进行了限定。将诗歌作为戏曲的形式渊源，主张"音由心生，词由音出"②，便是认为戏曲要承担诗歌那种抒写心灵瞬时感受或识见的功能。明代十分流行的《西厢》言情，《琵琶》谈理之类的单一主题论不免诞生。这种批评观反过来又影响着创作，明代戏曲的代表作《牡丹亭》全本倡扬"至情"，其实只是对人生进行片断性演绎的行为。在这种观念下，戏曲反映的人性始终属于与诗歌类似的壮怀激烈的瞬间爆发，就像昙花一样，短暂而美丽。也正因为如此，以大团圆收局的《西厢记》会像歌谣般流布天下，如程巨源在徐士范本序言所指出的，"人生于情，愚夫愚妇可以与知"。宋元以来个性意识逐渐抬头，对情爱彻头彻尾的颂唱使长期处于礼教制约中的国人感受到史无前例的痛快淋漓，因此在兴盛的《西厢记》世俗唱演中跨越了雅俗界限，实现了最基本的共鸣。

然而，人性毕竟是复杂的。随着历史的前行，当万历时期已经能出现《金瓶梅》这暴露人欲的"哀书"时，市井文化引领的"以情反理"显然已不能代表彼时国人的典型生命体验。因此，并不是文人的顽固保守，

---

① 康海：《沜东乐府序》，《历代曲话汇编》明代编第一集，黄山书社 2009 年版，第 236 页。类似表述在当时许多批评著述中比比皆是。

② 梅鼎祚：《丹管记题词》，《历代曲话汇编》明代编第一集，黄山书社 2009 年版，第 597 页。

使他们在评点中向曾经的《会真记》解读思路回归，事实上，他们作为知识掌握者所具备的敏感和责任，让他们始终站在前端，以深刻的观照心态面对文学，借此探寻这种今天被我们称为"农耕文化"中人的命运与出路。在晚明蓬勃而起的那场前所未有的情理思辨中，评点者们恰恰是因时顺势地以新视角深入挖掘《西厢记》的文学内蕴。

在《金瓶梅》今见最早刊本出现后四年（1621），槃薖硕人《西厢记》评本的《小引》就发出"宇宙是人生一大戏场"之论。和"诗之变"相比，此论的本质特征在于跳出狭隘的形式承继追溯，直指文体的宏阔内蕴。看来，现实中复杂人性的充分展露，使"戏"终于跳出"曲"的界囿成为文体之纲。而如何本真而深刻地反映人性，则成为戏曲急需解决的新命题，也是戏曲文体独立的机遇。《西厢记》的"斩足"流变，充分展示了评点在新命题和新机遇中的贡献。

评点家们秉承元稹以来就开始的人物心理关注视角，立足曲辞抒写心灵瞬时感受的认识，借"心学"热潮之东风，细腻追索戏中人纠葛在情、理这两种农耕文化下最基本人生命题中的心灵况味。从徐渭等人到金圣叹、潘廷章，他们越来越坚定地支持"斩足"，便是基于人性真实图景，既欣然迎纳"可喜娘庞儿罕曾见"之激悦，又坦然面对"娇滴滴玉人何处也"之伤憾，以此表达戏曲应传达全面生命体验的观点。农耕文化下的国人，一生若无痴缠，何以有为人之趣？但一味痴缠，则何以有为人之境？人生便是在情理互动的大开大合中体验千峰万壑之雄险秀逸。戏曲便应发挥其抒心的长处，在宏阔的勾勒中完成对人性深刻而本真的表达。

这种告别了散金碎玉式抒写的宏阔表达，让中国戏曲由此迥异于西方以戏为头尾皆备封闭过程的认识。在斩足于第十六折时，诸位评点家不同程度地认为，娇滴滴玉人的消逝将开启下一场生命循环，也就是说，戏曲没有实质性收局，开放无止的情节将会在氍毹之外延展。这无疑是得益于《易》的阴阳互动智慧。人生的本质，不就是在存与灭、情与理的消长平衡中前行吗？所以，苏珊·朗格"戏剧的基质，不是悲剧的，就是喜剧的"①见解只适用西方戏剧。《西厢记》评点的"斩足"充分证明，中国戏曲不会以个性绝对舒张的失败为悲，也不会以滑稽的所谓"喜"来表达对抗的"反转"②，无论借道于儒、释、道哪一种思想法门，都必将通向拥抱生命的澹荡。

回望《西厢记》评点的"斩足"流变，这是百代文人不懈求索的心路，历经焦灼、疑惑和苦闷的坎坷，终于在明末清初这风云际会的哲思时代解悟生命的妙谛。回望《西厢记》评点的"斩足"流变，这也是戏曲理论从稚拙到成熟，以及戏曲终于成为具有独立性和民族性的文体样式的生动过程。

（原刊于《清华大学学报》（哲学社会科学版）2015 年第 3 期）

（韦乐，文学博士，副教授，主要研究方向为中国古代文学与文学批评、文学与文化研究。）

---

① 苏珊·朗格：《情感与形式》，中国社会科学出版社 1986 年版，第 387 页。
② 潘智彪：《喜剧心理学》，三环出版社 1989 年版，第 189~193 页。

【现代文学】

"群"与"个人":
晚清政治小说与"五四"问题小说
之比较研究

罗晓静

摘　要：晚清政治小说与"五四"问题小说具有不可忽视的内在联系，但又显示出各自极为鲜明的特征。本文从比较研究的视角切入，着重探讨"群"与"个人"这两种不同的思想预设、观念诉求如何影响和建构了这两种小说在生成机制、主题内容、文学形式诸方面的差异。由此，不仅可以较为深入地探析这两种小说潮流的不同取向和特质，而且有助于进一步思考思想文化观念如何制导和影响了文学创作乃至现代小说的转型之路。

关键词：群；个人；政治小说；问题小说

晚清政治小说与"五四"问题小说，分别开启了近代和现代两种具有典型时代特征的创作风气。除其他因素之外，它们都是思想文化和意识形态直接影响下产生的一种文学表达，是中国小说现代转型之路上出现的全新的小说潮流。

以往的研究，要么偏重于晚清政治小说的政治话语，要么聚焦于"五四"问题小说的社会意识；至于将两者联系起来的比较研究，则更为鲜见。在笔者看来，这两种小说潮流具有不可忽视的内在联系，但又显示出各自极为鲜明的特征。而"群"与"个人"这两种不同的思想预设、观念诉求，影响和建构了这两种小说在生成机制、主题内容、文学形式诸方面的差异。因此，从群体性和个人性的角度入手比较晚清政治小说与"五四"问题小说，不仅可以较为深入地探析这两种小说潮流的不同取向与特质，而且将有助于进一步思考思想文化观念是如何制导和影响了文学创作乃至现代小说的转型之路。

一

"群"的建构与"个人"的在场，作为两种不同的思想取向与观念诉求，对于晚清政治小说与"五四"问题小说的文化文学生态、作者身份认同、写作立场方式等，产生过对比鲜明的不同影响。

其一，从文化文学生态看，晚清政治小说发生于以"改良群治"和"新民"为诉求的群体启蒙与国家、国民政治语境，"五四"问题小说则诞生于以"发现个人"为指归的个人自由与个性解放场域。

众所周知，晚清以来，近代启蒙思想家包括知识分子精英的政治参与意识日渐增强。这不仅体现在他们变革图新的政治抱负与政治实践方面，也体现在他们唤醒民众的思想启蒙与文学改良方面。于是，以文学改良致达思想启蒙和政治革新，便成为晚清知识分子精英的必然选择；而"改良群治"和"新民"，则成为晚清政治小说得以发生的重要思想语境。事实上，晚清政治小说中，"群"乃至"国民"被赋予非常重要的地位和价值。在晚清政治小说的作者们看来，小说必须成为现代社会的治"群"之工具；人们可以用小说开启民智，塑造新国民，进而实现民族振兴。因此，他们对小说问题的关注着重聚焦于其社会政治功利性和启蒙教化作用。从这种意义上讲，晚清政治小说不仅产生于"群体-国民"的群体启蒙与国家、国民政治语境中，而且被视为改良"群治"和"新民"的重要工具和手段。

至于"五四"问题小说，其孕育形成自然有多方面的原因，但最重要的一点，则与"五四"时期现代个人观念的崛起及其形成的"个人-个性"解放的思想场域密切相关。"五四"前后，人们开始旗帜鲜明地提出以"个人"为价值之源，公开宣扬个人本位。正如胡适所说："无疑的，民国六七年北京大学所提倡的新运动，无论形式上如何五花八门，意义上只是思想的解放与个人的解放。……我们在当时提倡的思想，当然很显出个人主义的色彩。"①伴随着思想文化界现代个人观念的确立，"五四"新文学运动的基本动力与诉求之一就是"发现个人"。茅盾曾指出："人的发见，即发展个性，即个人主义，成为'五四'期新文学运动的主要目标；当时的文艺批评和创作都是有意识的或下意识的向着这个目标。……个人主义成为文艺创作的主要态度和过程，正是理所必然。而'五四'新文学运动的历史的意义，亦即在此。"②由之，"个人"取代了"群体""国民"乃至"国家"，成为"五四"新文学的基本立足点与核心价值之一。例如，当时文艺界出现的"易卜生热"，更具体地说是"娜拉热"，就典型地表征了思想文化观念乃至文学观念中现代个人意识的觉醒、现代个人价值的确立。

其二，不同的文化文学生态，极大地影响到小说作者的文学观念及身份认同。从晚清政治小说到"五四"问题小说，作者对自己的身份定位由群体代言者或国民教育者变为个体思考者或个性表达者。这是两者在思想文化文学观念、尤其是自我身份认同上的显著差异之一。

晚清政治小说的主要作者，对自己的身份定位就是群体代言者或国民教育者。他们或以小说为武器"不断对政府和一切社会恶现象抨击"，或利用小说"从事新思想新学识贯输，作启蒙运动"③。梁启超创作《新中国未来记》，"专欲发表区区政见，以就正于爱国达识之君子"，"确

① 胡适：《个人自由与社会进步——再谈五四运动》，《胡适全集》（第 22 卷），安徽教育出版社 2003 年版，第 283~284 页。

② 茅盾：《关于"创作"》，《茅盾文艺杂论集》（上），上海文艺出版社 1981 年版，第 298 页。

③ 阿英：《晚清小说史》，东方出版社 1996 年版，第 4~5 页。

信此类之书，于中国前途，大有裨助"①。蔡元培曾回忆创作小说《新年梦》的意图："是时西洋社会主义家废财产、废婚姻之说，已流入中国。孑民亦深信之。曾于《警钟》中揭《新年梦》小说以见意。"②小说《未来世界》的作者在文中时刻不忘宣称其创作动机："放大地之光明，灌文明之公益，要把那二万万同胞的女子，一个个都变作完全资格的国民。这就是在下做书的这几回小说的本意了。"③晚清著名女权主义小说《女娲石》亦迎合了当时的整体潮流："近来改革之初，我国志士，皆以小说为社会之药石。故近日所出小说颇多，皆傅以伟大国民之新思想。"④由此可见，晚清政治小说作者将小说作为提倡维新爱国和塑造理想国民的重要工具之一，因而主观上大多以"改良群治"和"新民"为己任。

"五四"问题小说的代表性作家，对自己的身份定位主要是个体思考者或个性表达者。如冰心认为无论什么样的文学作品，"可以使未曾相识的作者，全身涌现于读者之前。他的才情，性质，人生观，都可以历历的推知。……这种的作品，才可以称为文学，这样的作者，才可以称为文学家"，因此她呼吁文学家"努力发挥个性，表现自己"⑤。叶圣陶这样表达自己对于语言和文学的看法："语言的发生本是为着要在大群中表白自我，或者要鸣出内心的感兴"，衡量作品的标准即"这文字里的表白与感兴是否确实是作者自己的"，因此作文应该"要写出诚实

① 梁启超：《新中国未来记·绪言》，阿英编《晚清文学丛钞》（小说一卷上册），中华书局1960年版，第1页。
② 蔡元培：《传略（上）》，《蔡元培全集》（第三卷），中华书局1984年版，第325页。
③ 春骕：《未来世界》，《中国近代小说大系·轰天雷、梼杌萃编、未来世界》，百花洲文艺出版社1996年版，第600页。
④ 海天独啸子：《〈女娲石〉凡例》，陈平原、夏晓虹编《二十世纪中国小说理论资料》（第一卷），北京大学出版社1997年版，第148页。
⑤ 冰心：《文艺丛谈（二）》，贾植芳等编《文学研究会资料》（上册），河南人民出版社1985年版，第69页。

的，自己的话"①。许地山将"创作者个人的经验"看作是作品的"无上根基"，而鉴赏作品也应该"明了主观——作者——方面底世界观和人生观，看他能够在艺术作品上充分地表现出来不能"②。庐隐说："足称创作的作品，唯一不可或缺的就是个性，——艺术的结晶，便是主观——个性的情感。"③概而言之，"五四"问题小说作者形成一种共识：文学作品应该是作者自己的个人思考和个性展示，这既是小说创作的原动力之一，也是小说创作的目的之一。

其三，作者自我身份认同上的差异，决定了他们在写作立场、方式等方面的区别：晚清政治小说作者更倾向于集体性的思维方式和价值追求；"五四"问题小说作者则更偏重于个人的立场与诉求。

晚清政治小说作者的价值取向、政治立场和社会目标虽然不尽相同，但如何在社会转型时期通过社会变革实现社会理想则是小说的共同表达。在晚清新小说尤其是政治小说蔚为大观的景象中，"乌托邦"小说格外引人注目。据统计，1900 年至 1919 年，出现"乌托邦"小说 400余篇，其中译、著各占一半。现代乌托邦思想具有面向未来理想的前瞻性和介入现实社会改造的入世性，因而"对处于重大历史拐点、被未知和不确定谜团包围着的中国人来说具有极强的吸引力"④。而思想观念的表达借助传奇小说的体裁，可以减少说教的性质，使作品本身不至于索然无味，也契合了近代知识分子将其政治理念传播于广大民众的想法。因此，近代知识分子被深深地吸引，并且集中地以小说的形式构造他们的"现代乌托邦"。《新中国未来记》《新中国》《新年梦》《狮子吼》

①　叶圣陶：《诚实的，自己的话》，贾植芳等编《文学研究会资料》（上册），河南人民出版社 1985 年版，第 122~125 页。

②　许地山：《创作底三宝和鉴赏底四依》，贾植芳等编《文学研究会资料》（上册），河南人民出版社 1985 年版，第 165、167 页。

③　庐隐：《创作的我见》，贾植芳等编《文学研究会资料》（上册），河南人民出版社 1985 年版，第 159 页。

④　耿传明：《清末民初"乌托邦"文学综论》，《中国社会科学》2008 年第 4期。

《女狱花》《女娲石》《黄绣球》《极乐地》等，就是其中的代表性作品。

"五四"问题小说的创作虽然有着相对一致的思想资源和写作动机，但作家的出发点主要是个人的生活和对自我的观照，解决问题的方法和答案也很个人化。比如，叶圣陶曾说"似乎没有写什么自己不怎么清楚的事情"①，其问题小说创作基于他自己对劳苦大众和底层知识分子的深刻了解和真挚同情。冰心的问题小说，大多来自"眼前的问题"和"回忆中的事物"，"眼前的问题做完了，搜索枯肠的时候，一切回忆中的事物，都活跃了起来。快乐的童年，大海，荷枪的兵士，供给了我许多的单调的材料"②。至于冰心试图以"爱的哲学"来安慰、调解青年知识分子的苦闷、彷徨，许地山用宗教来救赎、引导女性走出心灵和现实的双重困境，叶圣陶通过他者的短暂缺席来恢复人之为人的天性，等等，均表明"五四"问题小说作者不是诉诸一种集体性的思维方式和价值追求，而是将"个人之立场与诉求"作为起点与归宿。

二

"群"的话语和"个体"的书写，既是晚清政治小说和"五四"问题小说得以产生的不同内在逻辑与机理，又是两种小说潮流在内容方面(包括题材、主题、人物等)具有差异性的原因所在和基本表征。晚清政治小说力图解决民族独立、国家振兴等问题，其基本出发点或解决方案，更倾向于群体、民族、国家等宏大叙事。"五四"问题小说中的问题意识发生及其特质，在很大程度上，是觉醒后的个人、个体，基于个人观点、从个人出发而向个人生存环境、生存境遇——个人、个体所栖息的

① 叶圣陶：《叶圣陶选集自序》，刘增人、冯光廉编《叶圣陶研究资料》，北京十月文艺出版社1988年版，第257页。
② 冰心：《我的文学生活》，《冰心全集》(3)，海峡文艺出版社1999年版，第9页。

一般世界(社会的、现实的、精神的等)的发问。

其一，从题材和主题来看，晚清政治小说以民族、国家、社会等公共领域为主，其主题大多都是醒世、救国与新民——一种基于"群体至上"的、"非个体"乃至"反个体"的考量与言说；而"五四"问题小说则主要集中于个人、家庭、婚姻等私人领域，强调以个人独立、个性解放来对抗传统家庭、家族乃至整个传统社会及其伦理秩序的群体性专制与暴力——一种基于"个体本位"的、以"独立""自由"为指归的现代精神的呼唤与操演。

晚清政治小说最集中的一个主题，就是在小说中构造"现代乌托邦"。小说《黄绣球》中，黄绣球面对因遭外村人羡慕、妒忌以至欺负被弄得全无一点自由乐趣的"自由村"，从自己放足开始，继而破除迷信、启蒙民众、兴办女学，将"自由村"绣成了一座"锦绣围屏"，最终朝着"独立自治"的方向前进。《痴人说梦记》中，贾希仙在现实社会中开通民智、实施新政的各种改革尝试都失败了，却将仙人岛变成了"家家富足，户户读书，从此过下太平日子"的理想王国。作者在小说中构造理想"国民"的"现代乌托邦"，正是试图通过抓住公众的想象力，创造出供人效法的中心，并以新的思想和理想注入集体道德，使其根据某个群体的愿望、渴求和目的去理解其时代概念，从而保证社会向着集体思维的方向进步。在这样的作品中，整体性和群体性观念是非常突出的；个体的权益或意义，从一开始就是产生于集体的，其目的也是被运用于集体生活。

因此，以"群"来统摄"个人"，是晚清这类小说趋向一致的观念。《黄绣球》以开办学堂为中心事件，而新式学堂的办学宗旨即培养合群、爱群、有用于国的人才。陆士谔的小说《新中国》中，分析中国富强的原因有这样一段议论："这是创业的人心理不同，所以收效也各两样了。欧洲人创业，纯是利己主义，只要一个子(笔者注：即一个人)享着利益，别人饿煞冻煞，都不干他事。所以，要激起均贫富党来。我国人创业，纯是利群主义。福则同福，祸则同祸，差不多已行着社会主义了，怎么还会有均贫富风潮?"陆士谔用自己的语言描述了他所理解的社会主义，特别强调中国利群主义的价值。1905 年创作的《市声》，是一部反映外国资本主义势力冲击下，中国新兴资产阶级如何振兴民族经济、"实业救国"的长篇小说。社会是一个有机整体，"有群"，主要包括工商业者的联合和劳资双方的联合，是小说指出的摆脱危机、战胜外洋的出路。所以，个人与小家是改革的起点，而国家才是改革的目的。合群治国，不仅是社会改革的基本方案，也是保障个人权益最为有效的途径。

"五四"问题小说表面上有很多非个人的话题或主题，如妇女问题、青年问题、社会压迫或不公问题等，但其出发点与基本诉求，大多可以归结为个人意识觉醒与个性解放驱力。例如，"五四"问题小说中有的固然涉及民族国家的问题，但作者所要表达的显然不是群体性、整体性观念。因为小说主人公并没有去积极设计、实施种种救国兴国方案，其基本立场是以个体的眼光来反叛、审视自己所处的家庭、时代和社会。冰心的《斯人独憔悴》《去国》等作品，篇中充溢着青年人浓浓的爱国救国报国之情，但"国家"这一宏大话语却难以遮蔽对于个体人生的揭示和关注。《斯人独憔悴》以"五四"运动为背景，颖铭、颖石两兄弟在学校参加学生的反帝爱国运动，因为父亲的反对干涉不得不回到家中。他们没有成为"登高一呼、应者云集"的时代领袖，而是被圈禁在小小的守旧的家庭中，最后所感伤的是自己即便连求学的希望也无法实现。我们固然可以从中读出唤醒国民、鼓起民气、以国民为己任的主题，但真正引人喟叹的，则是觉醒个人与封建父权的尖锐冲突，以及冲突之后"斯人独憔悴"的哭泣、低徊、绝望。《去国》写留学归国的英士满怀报国热忱回来了，从家乡到北京的所闻所见只是一片失望，热情犹如炉中之火从炽红到昏暗以至变成死灰。小说在批判社会、政治等现实问题的背景之下，着力描写的是一个青年人冰冷、寂寞、悲凉的心情。对于民族国家的忧患意识，并没有冲淡终极的个人关怀。在他们的思想深处，最重要的主题是个人命运的发展和个人价值的实现。

　　"五四"问题小说中还有不少作品，其主题本身就聚焦于个人的情感、个体的生命以及生存体验。如罗家伦的《是爱情还是苦痛》，深刻揭露"五四"青年儿女在恋爱婚姻上因家庭控制不得自由的痛苦。程叔平是一个中西文学都好的有志青年，曾经遇到一个志趣相投、彼此爱慕崇拜的女子素瑛。正当这一段感情发展至情浓之时，程叔平却从家信中得知父亲已为自己定下了钱家女儿为妻。他数次写信回家力争解除这桩父母之命的婚事，但其父以顾全诗礼之家的场面为由坚持前议不动。程叔平不禁质问："我不知我的家庭是为'诗礼'而有了，还是为'人性'而有的?"小说结尾用程叔平断断续续、悲郁沉痛之声控诉："这……这就是中国的家……家庭……"许地山的《命命鸟》写一对生活在仰光的青年男女冲破封建门第等级界限，反抗封建礼法和旧俗，争取自由恋爱。敏明和加陵是七八年的老同学，感情非常要好。但他俩一个属蛇一个属鼠，被认为生肖相克，双方家庭都不允许他俩结合，甚至请蛊师施法术破坏他们的感情。两个年轻人携手从容地走向湖水深处，要到另一个世界去做"我很爱你，你是我底命"的"命命鸟"。他们的双双殉情，是一种彻底的"出走"，传达出了以极端形式热烈追求婚姻自由、个性解放的勇气。沅君的小说《旅行》，写一对青年恋人十天旅行同居的生活。我们在车上的时候，两人座位中间放着件行李作为"界牌"，"我很想拉他的手，但是我不敢，我只敢在间或车上的电灯被震动而失去它的光的时候，因为我害怕那些搭客们的注意。可是我们又自己觉得很骄傲的，我们不客气的以全车中最尊贵的人自命"，因为我们的旅行"是要完成爱的使命"。我们在旅馆开了两间房做样子，实际上是同居一室，起初还有些难为情，后来也就安之若素了，因为"除了法律同……的关系外，我们相爱的程度可以说已超过一切人间的关系"。很明显，小说中的"他"已有妻室，而且也不可能离开家庭。"我"面对外界排山倒海般的压力，实践着这一悲壮神圣的行为，因为"我们所要求的爱是绝对的无限的。我们只有让它自由发展，决不能使它受委屈，为讨旧礼教旧习惯的好。在新旧交替的时期，与其作已经宣告破产的礼法的降服者，不如做个方生的主义真理的牺牲者。"《旅行》中青年恋人虽然徘徊在"将毅然和传统战斗，而又怕敢毅然和传统战斗"之间，但他们用短短的十天旅行，向旧礼教旧习惯造成的不良婚姻制度宣战，掀起了生命之流中的伟大波澜，绽放了生命之火中的灿烂星花。这也正是中国式"娜拉"们的真实写照。早在20世纪初就有人提出"家庭革命"的口号，但那个时候对家庭乃至家族制度的指责，是批判其阻遏了中国人国民意识的形成。"家庭革命"的目的是培养"国民""国民母"，而不是创造独立、自主的"个人"。新文化运动中知识分子才真正认识到儒家伦理在私领域对家庭之主宰，导致个人的自主性丧失。"五四"问题小说沉痛控诉中国的家庭乃至家族制度，其目标指向于将"个人"从家庭、家族等群体关系中分离出来，从而寻找和追求属于个人的自由空间。

其二，从作品人物来看，晚清政治小说着力于塑造"理想的国民"，而"五四"问题小说侧重于表现"孤独的个人"——其主要人物的基本生存方式和生命本质大多是"痛苦"而"孤独"的。

晚清政治小说"改良群治"和"新民"的政治理想，通过理想"国民"这一形象被具体化。理想的"国民"，包含了爱国自立思想、尚武冒险精神、破除迷信禁锢、重视女权等基本要素。因此，"国民"与国家、群体等整体性概念密不可分，国民性改造与国家命运紧紧拴在一起。小说《瓜分惨祸预言记》试图激发出中国同胞"宁舍此身，以存吾国"的思想，因此塑造了一大群"竭我心血，尽我心力"以图挽救国家危亡的英雄人物，如登高一呼的领袖曾子兴、华永年、夏震欧，也有奋勇杀敌、以身殉国的烈士史有名、方是仁、万国闻、章千载、应不降等。小说《黄绣球》在"自由村"的改造过程中，黄通理发誓要与守旧破坏分子猪大肠相对抗，其誓愿也是"牺牲一身，以为国民，死而无悔"。在自由村改革者的观念中，为了公理而争闹，即便粉身碎骨也不应丝毫退让。这是因为"失了公理，就失了人心；失了人心，就不成为国；没有了国，还保得住家，做得完人吗?"而这，正是晚清政治小说对"牺牲小己、完成大群"观念的经典演绎。

　　与此同时，女性群体也是按照"国民之母"的标准来刻画的。《黄绣球》中留学回国的医生毕太太是一个重要人物，其形象是"她姓毕，单名一个强字，外号叫做去柔，也是我们江南人氏，年纪不过三十多、不上四十。却是一双大脚，像广东婆娘，走起路来直挺挺的，两步跨作一步，倒着实爽快"。从毕太太的形象可以看出，他们大力提倡一种阳刚之气和尚武精神，这是理想国民必备的质素之一。即便是柔弱的女性群体，不仅不能多愁善感、沉湎于儿女之情，反而应该是胸怀大志的"英雄"。这种女性形象才是理想的"国民之母"，才能实现强种以至强国的群体性目标。更有意思的是，《黄绣球》中的"国民之母"仍要信从于"国民"。作者借黄绣球之口重新解读"三从四德"的"从"字："这不是光叫女人服从的意思，是那为父、为夫、为子的，本是个有德育、有才识的国民，故而为女、为妻、为母的，也要信从了，……说到可从的从，自然不可从的就不能从了，……从其可从，就是我的权，也就是与他平权了。"无论是男女平权，还是自我主张，"国民"始终排在第一位。"国民"是一个群体的、整体的概念，他的形象在舞台的聚光灯下巍然矗立，成为凝练一个时代的精神偶像，在这一时代的文学作品中烙下深深的印记。

　　"五四"问题小说探讨人与人之间的关系问题，最终结论并非在"己轻群重"或"群己平衡"的框架中定位个人、个体，反而是在与"同类""众数"乃至"庸众"的比照中，塑造了可以称之为"异类"的孤独的个人——这其实也是鲁迅"五四"前后小说的重要主题之一。小说《超人》的主人公何彬，历来被看做"爱的哲学"所感化的代表；其主旨也多被定位在肯定他者、群体的同时提升个体存在的价值和意义。实际上读完这篇小说，深刻地留在读者心中的只是一个面色冷然的异类的孤独者形象。一开始他不但和人没有交际，凡是带一点生气的东西，他都不爱。他认为人和人，和宇宙，和万物，与其互相牵连，不如互相遗弃。后来他虽然对可怜的禄儿生出慈悲之心、慷慨相助，但面对禄儿的道谢却"好像忘记了似的，冷冷的抬起头来看了一看，又摇了摇头，仍去看他的书"。当禄儿因为可以给他帮点小忙而欢天喜地，并借此想与他说话时，他依旧"不理会，拿着绳子自己走进去了"。他留给禄儿的回信看似纠正了自己从前的观点，实际上并未真正期望和寻求互相之间的沟通和理解。禄儿对于"他送给我的那一蓝花儿呢"的疑惑，在小说的结尾使人产生一种终极的孤独感！小说《悟》中的星如，在朋友眼中也是一个既活泼坦荡又冷心冷面的怪人。他看似在友人的爱、家人的爱、自然的爱以及人类的爱中领悟了"爱的哲学"，其实这最终的领悟不过是日头下的雪人，在一瞬间就融化坍塌了。星如在给妹妹的信中有一番自我表白："我只是我，随着人家说去，无论是攻击，是赞扬，我都低头不理。……我并不求人们的谅解。"持有群体性、整体性观念的人，是以"合群"为人的本质和特性的；而持有个人性、个体性观念的人，则将"孤独"视为人的一种基本存在方式。无可否认，个人的孤独或孤独的个人具有历史性或文化性；但"生命的孤独"，它往往具有普遍性乃至超越性，因而可以与国族、文化无关。

"五四"问题小说中也不乏直接以"孤独""隔绝"等为题的作品。如叶绍均的《孤独》，刻画了一个极为孤独的老先生的形象。他用红的、圆的、香的橘子向小孩子讨好，只为听他"叫一声"，竟最终未能如愿，结果是"孤独的感慨便乱云一般叠满他的心中"。他到唯一的亲戚表侄女那儿寻找些许温暖，也只得到几句平淡无奇的安慰，反而更使他"伤悼自己的衰老和孤独"。这是一个被光明热闹的世界所遗忘的老人，他偶尔燃起摆脱孤独的热望，却一次次被无情地掐灭，抛入无边的黑暗和沉寂之中。佝偻的身躯和寂寞的心灵，也许不单单属于这一个孤独的老人，而是我们每一个人的宿命。孙俍工的《隔绝的世界》中，人与人之间、不同的世界之间尤如隔着一堵堵冰冷的高墙。一边是饥饿、寒冷、愁苦、困倦的妻子和生病的小孩，一边是充满了打牌声和笑语声的温暖、热闹的公馆；一边是小小黄土堆做的新坟与凄惨的哭声，一边是野树、竹林、木桥、小山与艺术家的视图。在冰心的小说《寂寞》中，尚处于孩童时期的小小也是孤独的。一种淡淡的寂寞的悲哀，弥漫在一颗稚弱的心灵里。读完这样的小说，不禁想起鲁迅曾经的感慨："总仿佛觉得我们人人之间有一道高墙，将各个分离，使大家的心无从相印"，"不再会感到别人的精神上的痛苦。"①因此，"孤独"或许就是普遍的人生处境或生存状态，是"个人"最高可能的存在和不可逃脱的归宿。自"五四"问题小说开始，以后的"五四"文学中，"孤独者"已经成为一种人物形象的范式。"孤独者"或"孤独"，正是在个体性与群体性、内在性与外在性的悖论中，"个人"的自性与我性的完整、独立的存在。

三

一般说来，任何文学形式的演进，固然要遵循文学本体自身发展的内在规律与要求，但同时也受制于文学主体、文学环境乃至整个思想文化生态的极大影响。从这种意义上讲，文学形式与思想观念，不是简单的表现与被表现的关系，而是双向互动的辩证关系。在中国小说乃至文学的现代转型和现代个人观念之间，后者对于前者具有深层意识结构和发生逻辑的意义，前者对于后者则不仅仅具有表征的意义，而且也具有生成的意义。

就晚清政治小说和"五四"问题小说文学形式的生成与演化而言，"群"和"个人"的不同取向，亦在体裁表征、结构方式、话语表达等多方面具有不同程度的制导、促动作用以及隐喻和象征意味。

第一，从晚清政治小说到"五四"问题小说，中国小说在体式上发生了由长篇到短篇的转变，这一看似属于文学形式方面的问题，本质上仍然相关于从"群"到"个人"的观念发展变化：晚清政治小说主要采用传统章回体长篇小说体式，隐含着的是一种整体性、集体性的观念；

① 鲁迅：《俄文译本〈阿Q正传〉序及著者自叙传略》，《鲁迅全集》(第七卷)，人民文学出版社2005年版，第83页。

"五四"问题小说主要采用短篇小说的体式，既体现了"五四"时期短篇小说自觉的理论探索和文学实践，也映射了现代社会中个人、个体借以对抗非个人、非个体的基本价值追求与策略。

孕育于唐宋、赋形于元末明初、鼎盛于明末至清中叶的古代中国章回体长篇小说，演进至清末民初，虽产量不减且仍有佳作，但就其整体水平而言已显出颓势。究其原因，自然是多方面的。但其中一个重要因素，则与其视角单一、模式僵化，尤其是体式与表达上的封闭性与程式化密切相关。晚清政治小说家虽然力图从内容到形式对章回体长篇小说进行改良，但由于他们的群体代言、政治表达、尤其是宏大叙事的欲望远甚于个体书写、个性展示尤其是艺术多样性的追求，加之他们有意无意地忽视小说艺术的内在规律以及形式特征，晚清政治小说在体式变革上所取得的成效亦非常有限。例如，梁启超就曾经说自己的《新中国未来记》："似说部非说部，似稗史非稗史，似论著非论著，不知成何种文体，自顾良自失笑"①。

到了"五四"时期，中国小说才真正具有了一种自觉、明确而强烈的体式变革意识。"五四"时期的小说理论家注意到：世界文学发展的趋势都是由长趋短、由繁多趋简要，"写情短诗""独幕剧""短篇小说"这三项代表着世界文学最近的趋向。胡适以西方的"短篇小说"（short story）为标准，为短篇小说做出科学的界定："短篇小说是用最经济的文学手段，描写事实中最精彩的一段，或一方面，而能使人充分满意的文章"②。施畸在《小说概论》中将短篇小说和长篇小说对比进行了概括："短篇小说是以紧细的背景，简单的机构，要产生一种热烈而单纯的感效。它是抽出一个人物；或一件事情中最精警的一段；可是有排定的焦点，和自然的结局。……长篇小说是把一种人生；为面面俱到而有

---

① 梁启超：《新中国未来记·绪言》，阿英编《晚清文学丛钞》（小说一卷上册），中华书局 1960 年版，第 2 页。
② 胡适：《论短篇小说》，陈平原、夏晓虹编《二十世纪中国小说理论资料》（第二卷），北京大学出版社 1997 年版，第 37 页。

系统的表写，用产生复杂的感效。它容载的人物很多；并且详细描写他们的背景。"①

因此，"五四"时期的小说理论家以西方小说为参照系，提出了以短篇小说创作为主的体式变革主张。如叶圣陶问题小说的代表作《这也是一个人?》又名《一生》，写"伊"从十五岁出嫁到丈夫死后被卖的悲惨人生。但作者并非如题所说完整记载主人公一生的经历，甚至连主人公的姓氏籍贯等都未做交代，而是选取了"伊"一生中最能够显示"问题"和"意义"的人生片段，对其"非人""非个人"的人生状态进行深刻的批判和反思。片段、简单、非系统、非全体等，是短篇小说的精髓所在，也是现代个人观念的基本构成元素。正是在这种意义上，"五四"问题小说引领中国小说史上第一次出现短篇小说创作兴盛的格局："于是所谓新文学界者，白话诗而外，殆为短篇小说所充满"②，中国现代小说首先经由短篇体式创作而走上转型之路。

第二，晚清政治小说具有群体话语的特征，着重表达事关国家民族的整体取向和宏大意愿，因而多采用"寓言化"的语境和"外化"即情节化的结构方式；"五四"问题小说大多具有个体言说甚至"个人独语"的性质，它们更多的是相因于个体意识、个人书写而存在，所以大多选择"日常化"的语境和"内化"即"非情节化"的叙述方式。

晚清政治小说大多都处于虚构的空间和时间环境中，但又借用晚清社会的现实状况来详述其改革方案的实施过程。如《痴人说梦记》，写贾希仙因一个偶然的机会漂泊到"仙人岛"，他引导岛民们开采矿产、开办学堂、实行通商，创办生铁厂、熟铁厂、炼钢厂、机器厂，设立警察局、邮政局等，推行民主、讲求公理，仙人岛变成了理想王国。《自由结婚》则虚构了一个叫做"爱国"的大国，这个国家"开化甚早，疆土

---

① 施畸：《小说概论》，陈平原、夏晓虹编《二十世纪中国小说理论资料》(第二卷)，北京大学出版社1997年版，第349~350页。

② 吴宓：《评杨振声〈玉君〉》，陈平原、夏晓虹编《二十世纪中国小说理论资料》(第二卷)，北京大学出版社1997年版，第393页。

极大，人民极多"，但是一个"盗主国体，贼民政体"的国家。小说以黄祸和关关的爱情为线索，他们为了爱国宁愿舍弃个人幸福，努力一步步把"爱国"变成一个"独立""自由"的国家。这些作品都重在叙事，有明显的结构线索，其情节多是回环曲折、跌宕起伏。其中也间或有人物的心理描写，但并不具有结构性作用和意义。

"五四"问题小说历来被列入文学研究会的小说创作潮流之一，是属于"为人生"文学，与创造社的"自我表现"相对。事实上，在不少"五四"问题小说中，情绪、心理等细节、内倾的描写占据着主体地位。如王统照所说："只想将我这真实的细弱的'心声'写出。"①重新阅读"五四"问题小说，最明显的感受是几乎每篇都没有事实上的情节结构，主观感受性的心理内容大大强于客观描述性的叙事内容，给小说笼罩上一层浓厚的主观抒情色彩。冰心的《两个家庭》《斯人独憔悴》《超人》《悟》等，都是满纸秋声的悲观之语和感伤情调。同样以问题小说步入文坛的庐隐，简直就是一个主观抒情小说家。庐隐的《海滨故人》写露莎等几位追求人生意义的苦闷青年，围绕着她们几乎没有什么明晰的事件或情节，渗透在字里行间的只是一种主观情绪。许地山的《商人妇》《缀网劳蛛》，也主要描写漂泊异乡的命运多舛的女性的孤独彷徨。在这样的小说中，心理描写不再是单一的、一段一段的，而是在整个行文过程中随时随地进行剖白。心理描写也不再仅仅被用来丰富情节，而是开始成为推动小说情节发展的主要力量，以对主人公心理的摹写、情感的抒发带动全篇。

如果单论故事情节，"五四"问题小说是平淡无奇乃至阴郁沉闷的，一点也不吸引人。但以人物心理描写代替离奇曲折的事实叙述，正是近代小说发展的大趋势。沈雁冰曾引述《近代小说》著者华纳的一段话："近代小说之牺牲了动作的描写而移以注意于人物心理变化的描写，乃

---

① 王统照：《〈号声〉自序一》，冯光廉、刘增人编《王统照研究资料》，宁夏人民出版社1983年版，第115页。

是小说艺术上一大进步。"①高等的小说是以人物的心理进化和心理冲突构成事实的原料，小说研究的中心应该转向"情感的长成变迁，意识的成立轻重，感觉的粗细迟敏，以及其他一切人的行为的根本动机等"②。如郭沫若的《橄榄》、郁达夫的《茑萝》、王以仁的《孤雁》等，都是写自己的故事且随便写下去，虽然没有事实上的结构，但情调的统一就可以成为其结构了。从近代小说发达的过程看来，结构是最先发展完成的。正如西方小说理论家珀西·卢伯克谈到西方小说所进行的现代艺术革命时所说："小说家将他的故事当作一件事物来展示，事情如此地展开，以致能够讲述它自己，只有在这个时候，小说艺术才算开始。"③"五四"问题小说以人物的心理描写为结构中心，传达的是对个人内心的关注。人物形象因为心境、情绪的抒写而饱含情感内蕴，显示出灵动和个性。由此可见，"五四"问题小说顺应了近现代小说发展大趋势，从而参与和促进了中国小说整体特征翻天覆地的变化。

第三，晚清政治小说中充满了演讲、论辩等内容，其审美重心明显偏于"我们"的公共性的话语表达；"五四"问题小说则大量引入私人的书信、日记和自叙，将审美的焦点和重心转向"我"及其感觉和情绪的表达。

晚清政治小说既然是改良"群治"和"新民"理想的产物，必然体现着急切的用世之心，将叙述、议论、政论等手段交织在一起，正是符合时代主题的话语表达方式。《新中国未来记》这部开时代风气的著作，全书两万多字，辩论的篇幅就达到了一万六千字。阿英甚至认为，"《新中国未来记》最精彩的部分，只是政治的论辩"。《黄绣球》中的黄

---

① 沈雁冰：《人物的研究》，陈平原、夏晓虹编《二十世纪中国小说理论资料》（第二卷），北京大学出版社 1997 年版，第 390 页。

② 郁达夫译：《小说的技巧问题》，《郁达夫全集》（第十二卷），浙江大学出版社 2007 年版，第 195 页。

③ 转引自[美]韦恩·布斯《小说修辞学》，付礼军译，广西人民出版社 1987 年版，第 11 页。

通理、黄绣球、毕太太等几个主要人物，经常就当时的各种社会状况发表自己的政见。思想之深刻、议论之精辟、见解之独到，成为小说中极为闪光的部分。晚清政治小说中作为理想国民代表的主要人物，从《新中国未来记》中的黄克强开始，《自由结婚》中的爱国英雄黄祸和关关、《痴人说梦记》中的改革志士宁孙谋和魏淡然，还有鼓吹妇女解放的沙雪梅(《女狱花》)、金瑶瑟(《女娲石》)、黄英娘(《中国新女豪》)、袁贞娘(《女子权》)等，他们无一不具有演说政治和社会理想的卓越才能。晚清政治小说主要是以小说为改革社会的药石，用来宣传伟大国民之新思想。因此，小说中议论多、宣讲强，小说几乎成了整个时代政治文化的一部分或具体表现形式之一。

"五四"问题小说借书信、日记、自叙书写自己的感情，靠真实、深邃的内心世界感动读者，从而更好地体现人物的个性、自我。《超人》中何彬看了禄儿写给他的一封短信之后，"什么定力都尽了，不禁呜呜咽咽的痛哭起来"。至于何彬离开前给禄儿的那封信，茅盾在《超人》发表时就加附注说："雁冰把这篇小说给我看过，我不禁哭起来了！谁能看了何彬的信不哭？如果有不哭的啊，他不是'超人'，他是不懂得吧！"无论是小说人物见信而哭，还是编者读者看信而哭，都因为书信将冰冷的信息化作心灵的倾吐，书信中充满了人物乃至作者的血和泪。写信，使个人的主体性表现了出来。小说《悟》中书信更是成为了结构性的内容，作品多次引用主人公星如与朋友钟梧和妹妹的来往书信，以书信来展示人物最深层的生命体验和最隐秘的情感世界。文中几个主要人物形象也都是靠那些书信才得以成立的。叶绍均的《一包东西》完全是借主人公自己的笔意语气，叙述自己的阅历、思想、感情以及周围之物象等。这些原本以第三人称叙述为主的小说，因为书信、日记和自叙，主观感受性的心理内容大大强于客观描述性的叙事内容，给小说笼罩上一层浓厚的主观抒情色彩，有力地推动了人物内心世界的出场，从而创造出真实、丰满、个性的"我"的形象。

综上所述：晚清政治小说家对改良"群治"和"新民"的执著追求，

使小说成为建立理想"国民"的现代乌托邦的试验场，给社会进步规划出了基本路向和结构草图，这在中国小说史上具有重要意义。但从而后的发展看，这类作品也有明显的局限性：由于看重群、忽视个体，小说的政治、理念大大压倒了形象。我们在以政治叙事为主的晚清新小说中所看到的人物形象固然光彩夺目，却并非有血有肉、性格鲜明、内心充实的个体；女性和男性的差异也几乎被抹杀殆尽。对于近代知识分子来说，自由、独立的"个人"不是终极关怀的对象；其价值在于被整合进合群的"国民"之中。"五四"问题小说乃至整个"五四"文学，正是密切相关于现代个人观念的确立，从而在内容和形式两方面产生了个性化的表达要求。"个人"，就成为一个越来越频繁出现的关键词；而体现了不同价值取向的个人观念、具有不同精神内涵的"个人"形象，更是这个时代文学中最为夺目的一页。就整个中国小说的演进和发展而言，"五四"问题小说为现代小说的诞生、尤其是其多元品格和多元样态的赋形，提供了一种契机，一种反传统的力量，一种转换和转型的动力。

（原刊于《文学评论》2012 年第 6 期）

（罗晓静，文学博士，教授，主要研究方向为中国近现代思想文化文学，世界华文文学。）

春柳社与新民社的家庭戏之比较

——以《不如归》《家庭恩怨记》与《恶家庭》为例

殷　璐

摘　要：《不如归》《家庭恩怨记》同为春柳悲剧，在新民社却有着截然不同的遭遇。这两部春柳社的家庭戏与新民社的家庭戏《恶家庭》比较之下，从情节内容、表演手段以及市场接受三个方面都有其具体差异，从中也可看出春柳社与新民社的家庭戏的不同特征。从这三个剧目的差异性可以反映出文明戏发展到后期的演变特征：本土色彩逐渐加深，更为注重戏剧情节的观赏性和娱乐性，穿插成分增多，表演手段更为通俗化，且主要塑造中下层小人物，迎合观众接受心理，并最终走向庸俗化道路。

关键词：家庭戏；情节；表演；市场

《不如归》被称为"中国第一悲剧"和"悲剧中之绝作"，是春柳社演出次数最多的剧目（共22次），在新民社则完全未被演出过。同是春柳出品《家庭恩怨记》，不仅是春柳社的招牌剧目，且被各剧社争相上演，其中新民社演出甚至达15次之多。而新民社代表剧目、被朱双云《新剧史》评价为"以回天之力，底于中兴"的《恶家庭》，创下了文明戏的最高票房纪录，也是新民社演出数量最多的剧目。这三部戏都是家庭戏，且都是文明戏发展史上的代表作品，遭遇却不尽相同。同是春柳剧作的《不如归》和《家庭恩怨记》有何区别，新民社《恶家庭》与之相比又有哪些共通与不同之处？对这三部戏进行比较研究，有助于对春柳与新民的演剧风格，乃至新剧家庭戏的发展，产生更深层的认知。

一、情节内容

《不如归》是日本作家德富芦花的成名作，也是明治最受欢迎的大众小说之一，被搬上新剧舞台之后大受欢迎，一度出现"三座竞演"的盛况。春柳社马绛士参照柳川春叶脚本进行改译，译本于 1914 年 10 月刊于《大共和画报》，经《鞠部丛刊》转载，在《传统剧目汇编·通俗话剧》(上海文艺出版社)和《中国早期话剧选》(中国戏剧出版社)中均有收录。其主要情节是：康中将的女儿康帼英嫁给赵金城后，二人情深意笃。但她身染肺疾，婆婆受人挑唆，担心疾病传染以及赵家无后，于是执意违背儿子的意愿，把帼英送回娘家。帼英牵挂军务繁忙又长期在外的丈夫，最终在身心俱创的摧残之下离开人世。整个故事有浓厚的《孔雀东南飞》的色彩，婆婆虐待儿媳的情节也为中国观众所熟悉，赵金城与康帼英的爱情悲剧深深打动了观众。马绛士对日版剧作进行了一些中国本土化的改动，使观众更为熟悉，如背景由甲午战争改为中俄战争，地名和人名改为中国地名和人名(如逗子海岸—葛枯海岸、山科车站—丰台火车站、川岛武男—赵金城、浪子—康帼英)，采蕨菜改为踏青，剧中所谈及的樱花也变为中国传统审美所熟悉和喜爱的菊花或梅花，等等，同时还删去了歌舞伎成分。但是总体来说结构没有大的变化。整部戏语言生动流畅，口语化特征明显。

《家庭恩怨记》是春柳社唯一自己原创且拥有完整剧本的戏，由陆镜若创作。由于原本流失，目前所能见到的是胡恨生忆述本，同样在《传统剧目汇编·通俗话剧》和《中国早期话剧选》中有所收录。主要讲述的是：前清军官王伯良趁辛亥革命之机挟公款逃到上海，娶了妓女小桃红。小桃红婚后依然与旧相好李简斋私下来往，二人私情被王伯良前妻之子重申撞破，小桃红便设计诬陷重申。王伯良听信谗言，怒斥重申，重申含冤自杀。重申的未婚妻梅仙受强烈精神刺激而疯。后来王伯良发现真相，杀死小桃红，并在朋友劝说下打消自杀念头，决定投身救国事业。整个故事情节曲折起伏，有一定的刺激性。

《恶家庭》由郑正秋《苦丫头》和《奶娘怨》合并扩充而成十本连台本戏，故事情节更加复杂离奇：穷书生卜静丞发迹后娶妓女新梅为妾，卜母带儿媳闵氏、孙儿宜男和婢女阿蓬来找卜却备受虐待，阿蓬遭毒打并被弃于荒郊，幸被一乡下老人救活。后卜又诱奸女佣小妹还反诬是她勾引在先，小妹蒙冤自尽，为讼师所救。新梅与人私通为卜母发现，反冤枉卜母拐带民女蓉花，卜母因此被陷害入狱。蓉花得知新梅欲将她远卖为娼，决定逃走，路遇阿蓬、小妹，三人向过路钦差喊冤。卜静丞被革职，新梅欲与奸夫潜逃，路遇强盗被杀。最后，卜静丞病入膏肓，悔恨而死，宜男和阿蓬结为夫妻。这个戏充满奸淫谋杀复仇等恶人恶行的内容，情节曲折，头绪纷繁，浅显易懂，一时颇受市民欢迎。

欧阳予倩曾一语道破文明戏的本质："专讲情节的戏"，"所采的是佳制剧（well-made-play）的方法而不是近代剧的方法，所以说春柳的戏是比较整齐的闹剧（melodrama），而不是我们现在所演的近代剧"。① 这三部戏的主要情节都是主要以家庭生活作为情节和场景，以不同家庭成员之间的矛盾冲突为关注焦点。婆婆与儿媳、继母与继子、丈夫与妻妾、家主与仆人等角色之间爱恨情仇、亲疏远近的人物关系，推动了戏剧情节的发展，属于不折不扣的家庭戏和情节剧，在文明新戏庞杂的诸多剧目当中，有很典型的代表意义。其中，《不如归》是本土化程度较好的编译剧本，主要批判和鞭挞了封建家长对青年爱情幸福的扼杀，以赵康二人爱情由幸福走上不幸的故事为主线，是一对相爱的年轻夫妇不得不妥协于封建家长力量的悲剧故事。《家庭恩怨记》可以视为由幕表

① 欧阳予倩：《自我演戏以来》，中国戏剧出版社 1959 年版，第 64 页。

发展来的无形剧本,① 台词与内容基本固定, 重心在于小桃红这个人物的"恶"对于王伯良一家的影响。《恶家庭》则是需要三天才能演完的连台本戏, 无具体剧本, 是典型的幕表制戏剧。三者之中其剧情最为曲折, 人物众多, 时间跨度长, 有曲折动人之处也有些不合情理之处, 着重于反复渲染卜静丞与新梅的种种恶行, 用因果报应的道德观念推进情节发展。

这三部戏虽都是情节剧, 特征却不尽相同。《不如归》中婆媳矛盾在开幕之前已成不可更改的基本设定, 且赵金城与康帼英几乎没有反抗过, 赵母在面对儿子微弱的反对声时以母亲不可抗拒的家长威严痛斥以对, 占据了矛盾冲突中的压倒性优势立场。剧中鲜有剧烈争执, 整体上舒缓温和, 多静态场景, 用人物深情款款的对话与情意交流, 营造出凄美感伤的氛围。《家庭恩怨记》中有谋杀下毒、撞破私情、复仇杀人等冲突剧烈之场景,《恶家庭》中奸淫盗杀等诸多恶行更是不胜枚举, 最富刺激性。同样以女主角死亡为结局,《不如归》中好比一朵柔弱的花逐渐枯萎而死, 而后两剧中被仇杀和被强盗杀, 则显得触目惊心, 前者催人泪下, 后者骇动人心。《恶家庭》与哪部戏更相接近, 已是一目了然。

从情节的跌宕起伏与新奇性来说, 从《不如归》到《家庭恩怨记》再到《恶家庭》, 呈现出愈演愈烈的趋势。《恶家庭》中"天呆饰曾怀仁, 其毒死旅邸时, 呻吟之声, 响彻云霄, 闻者可恨又可怜, 演来精彩异常。""警警饰钱妈, 疮毙时号叫之声, 演出毒死情状, 曲曲入绘。"②类似如此对剧中耸人听闻的新奇情状的津津乐道, 是当时新剧观众心理的典型代表。情节内容的刺激性, 对于新剧来说十分关键。从这个角度来看,《家庭恩怨记》在新民社更受欢迎也就不足为奇了。

---

① 王凤霞:《文明戏的剧作类型和语体》,《文艺争鸣》2010 年第 22 期。

② 毕公天:《新民社之恶家庭》,《慕侠丛纂初集》, 上海通俗研究社 1914 年版。

二、表演手段

(一)演员

　　春柳演剧有浓厚的日本新派剧特色，主要演员班底或多或少都受到新派名角的影响。伊井蓉峰、河合武雄、喜多村绿郎在日本被并称新派三巨头，春柳主力演员就接受了他们的影响。陆镜若喜欢看伊井蓉峰的戏并学习他的做派，在饰演角色时常模仿他，也一样很注意舞台形象的美感。欧阳予倩赞赏陆镜若台上气质不俗，"真挚动人的地方殊不可及"，"再没有遇见过谁演小生有他那样雍容华贵，而肝胆照人的"。①欧阳予倩主要与河合武雄相近，能饰演不同性格、不同年龄的女性形象，能演活泼激昂的女子也能演老妇。他在《不如归》里头，从康帼英以至乳娘都演过。马绛士对喜多村绿郎非常倾倒，受其影响很深。他"身材瘦小，有楚楚动人之致；声音微涩，平常说话就带着一种呜咽的声调，演悲剧最会抽抽咽咽地说话，最后纵声一哭，人说他真有鹤唳九霄，猿啼巫峡之概。"②，马绛士的悲剧演出才能有目共睹，"尤以《不如归》脍炙人口"，他能够演出康帼英的柔婉瘦弱、善良凄苦的神韵。《不如归》上演之后，演员"正角配角，支配极合"的默契演出颇受好评，且各角色有各自神韵，"镜若饰赵金城，化妆极佳，合英雄儿女于一身，演来颇非易易。绛士饰康帼英，台词娴雅，不失名门闺嫒身份。病中面色嗓音凡五六变换，综观海上可称独步。我尊饰康中将，神气威严，极似老将风度"。③ 可见春柳同仁在饰演此剧时颇受好评，演出效

---

① 欧阳予倩：《自我演戏以来》，中国戏剧出版社 1959 年版，第 45 页。
② 欧阳予倩：《自我演戏以来》，中国戏剧出版社 1959 年版，第 22 页。
③ 浙东布衣：《无题》，《申报》1915 年 2 月 1 日。

果极佳。总的来说，春柳演剧有自然、细致、熨帖的特征，① 艺术态度严肃，真正下苦功练习，且因为颇受日本新派风格影响，有一定的演出水平。

《不如归》经过春柳社的优异演绎，可称为"大纯小疵，已称绝作，春柳剧场之演此今镜若死矣，此剧恐难再见。若易他社之新剧家演之，将不知成了何种怪状。"②"各人有各人的好处"，颇受好评，被认为是春柳的"大绝作"，"这本戏无论如何，首推绛士镜若"，及至"久未排演，无人敢演"。③ 到了其他社试图上演《不如归》的时候，皆另辟蹊径，或强调"布景格外考究"，或更改演出服装，新人耳目，"本台不惜重资，特制种种日本服装、日本布景，将为新剧界放一异彩"。④

春柳演剧特色鲜明，水平较高，但同时期其他剧社就没有好演员了吗？光是朱双云《新剧史》中列举的知名新剧演员就人数众多，申报上也不乏打着演员招牌来招徕顾客的广告。在新剧发展过程中，传统戏曲名角制的影响并未消失，演员的号召力相当之重要。新民社的创始成员最初是为拍电影而聚集，如徐半梅所说，"那班演员已经都有了五六年的舞台经验，非初次登台的人可比，演来也自然可观了"⑤。在《新民社始末》⑥一文中详细介绍了，从开幕初期的阵容强大，到 1913 年 11 月被民兴社重价挖角受损，再到重新招揽人才强化实力并不断发展壮大，总的来说并不缺乏演剧人才。其中，进化团台柱汪优游、王无恐、凌怜影、李悲世等人由湘来沪，"既有丰富的舞台经验，又有相当的演剧技巧"，这使得新民社"精神为之一振，营业亦为之日盛"。且因为演

① 黄爱华：《中国早期话剧与日本》，岳麓书社 2001 年版，第 188 页。

② 马二先生：《啸虹轩剧话：新剧佳作不如归》，《游戏杂志》1915 年第 18 期。

③ 和平社广告：《悲剧中之大王》，《申报》1919 年 12 月 21 日。

④ 民兴社广告：《日本布景日本装，新剧界中破天荒》，《申报》1916 年 8 月 30 日。

⑤ 徐半梅：《话剧创始期回忆录》，中国戏剧出版社 1957 年版，第 53 页。

⑥ 王凤霞：《新民社始末》，《学术研究》2011 年第 7 期。

戏卖座，演员获得相对稳定的长期工作机会，飘摇不定的生活得到一个时期的安定，这就使他们能够在表演技术方面彼此互相研究、观摩、比较、竞争，一天一天有所提高。新民社演员细致入微地观察生活，生动描绘了形形色色的人物形象，尤其是小市民阶层。他们的演技在演家庭戏中得到锤炼，塑造出一批鲜明的人物形象：中上家庭的老爷、太太、姨太太、少爷、少奶奶、丫头、男仆；妓女、流氓、巡捕；买办、小商人、摊贩、城市贫民——卖花的、倒马桶的、扫街的；三教九流人物——和尚、道士、医生、卜卦算命的、三姑六婆；男女学生、私塾先生等。可见舞台上的人物角色空前地日常化、生活化了。《恶家庭》开启了家庭戏热潮，演员对家庭生活及人物本就比较熟悉，因此更容易演得像。"该社社员，无美不备，饰何种人像何种人，神气、表情、说白，靡不处处逼真。观剧者黄檀置身其间，难得难得。"①由此看来，《恶家庭》的成功并非偶然，一开始"吸引"观众是因为剧材的亲民通俗，而接下来屡演不衰"留住"观众，则有赖于演员的生动演出。

通过上述可以发现，春柳与新民都不乏好演员，然而后者更擅长塑造民众人物和反映日常生活，因为他们能对社会各行各业人物体察入味，能注意到中国社会的风俗习惯，不管是饰演家庭妇女还是江湖好汉，都有独到之处，表演可圈可点。因为又能巧妙地运用方言，能使观众倍感亲切，更易被接受。而《不如归》剧中人物都是通篇北京话，用国语演出，与观众有一定心理距离。"演剧者不操南音，尤违入国问俗之道"。其中康帼英和赵金城的语言或娴雅大方，或沉稳庄重，有较浓的文学气氛。"如归一剧，饶有文学的意味，冲远雅淡，华藻缤纷，倘新剧中第一高尚之作。"②遵照文学性较强的剧本，进行较为严肃的演出，这显然与新民社的演出风格并不相符，因为他们更擅长于幕表制编

---

① 毕公天：《新民社之恶家庭》，《慕侠丛纂初集》，上海通俗研究社 1914 年版。

② 民兴社广告：《日本布景日本装，新剧界中破天荒》，《申报》1916 年 8 月 30 日。

演制度下的即兴发挥，不擅长也就可以理解了。同为春柳戏，《家庭恩怨记》则很好地中和了《不如归》与《恶家庭》的特点，不像前者那样过于文学化，口语化特征明显，穿插了不少民间俗语，"锣鼓不敲不响，话儿不说不明"，"光棍只打九九，不打加一"，"青竹蛇儿口，黄蜂尾上针，两者俱不毒，最毒妇人心"等诸多为人们耳熟能详的俗语穿插于台词当中，更富有民间特色，朗朗上口，易为观众所接受。且在使用国语的同时，也不乏松江白方言的插入，更易被接受。且其重点情节主要由小桃红的性格来推进和发生，因此，小桃红饰演者的表演就至关重要。而小桃红这样一位泼辣风流、妖媚老辣的典型妓女形象，完全在新民社擅长的领域之内，诠释起来自然不在话下。其他角色如老爷、少爷、老鸨等众多角色相当齐备，也是信手拈来，远不如《不如归》那样有距离感。

(二) 布景

另外需要指出的是，从布景角度来说，《家庭恩怨记》与《恶家庭》更易操作一些。新剧阶段的布景制作方法主要承袭和借鉴了日本的方法，往往由一块绘画软景与前置半立体硬景组合而成。《恶家庭》现存演出图片中可以看到有图画背景和实体硬景。[①]《家庭恩怨记》受到热烈欢迎一定程度上也有赖于舞台布景的增色。在剧中舞台说明里，每一幕都有详细的场景说明，妓院的炕榻、书斋内的沙发、壁上对联书画、摆设的照片鲜花、桌上文房四宝、卧室橱柜乃至摆放的酒菜等，都详尽而具体。从现存剧照上可以看到第三幕王家花园中，月洞门、假山石、大树与花草等都一应俱全。[②] 1913 年，新剧同志会在湖南长沙左文襄祠演出《家庭恩怨记》，当时布景由汤有光、日本人藤田洗身以及专干

---

① 《著名新剧〈恶家庭〉之一幕》，《游戏杂志》1914 年第 2 期。
② 刘平编：《中国话剧百年图文志》，武汉出版社 2007 年版，第 7 页。

舞台生活的日本工匠负责搭造，因为"演出有情有节有布景"且相较于旧戏比较通俗易懂，结果"开演的时候真是人山人海，挤得两条街水泄不通"，可谓是"盛极一时"，说"一出《家庭恩怨记》，就把人看疯了"，并不为过。① 显然，《家庭恩怨记》的布景制作与陈设更易完善，使得演出效果更加真实完整。

而《不如归》的布景主要依靠绘画软景，如海浪、远岛和孤帆。1914 年 7 月 12 日《申报》专门刊登了上演广告《〈不如归〉新加火车站布景》，宣告新增火车站一幕的舞台布景。火车站中帼英金城擦肩而过，除呼唤对方名字之外，并无其他言语交流，但情味甚浓，只因为在东京各剧场"因其布置过难，多从省略"，而春柳社成员们"不避溽蒸不惜汗雨"，竭力将难度大的布景搬上舞台并广而告之。将火车站实景搬上舞台，且不论其必要与否，对当时的中国观众来说是相当有吸引力的。这与当时观众的审美心理密切相关。新剧的发展最初就是因为其有实体布景，令观众大感新奇。而趋向写实化风格的演出，让观众将其当做真的事情来看，则别有一番兴味。布景的写实化与否，一定程度上影响了观众的接受程度。从这一方面来说，主要依赖于演员台词演出的《不如归》显然并不占据优势，这也难怪前文提到的只有从演员服装改造下手了。

《恶家庭》作为需要连演数天的连台本戏，主要以情节之起伏与表演之生动取胜，主要不是以布景取胜。即便如此，到了 1916 年笑舞台搬演《恶家庭》时，还在广告中强调"新添布景为别社所无"②，可见文明戏演出中，布景比较得到注重。所以需要在此进行讨论，毋庸置疑的是，《家庭恩怨记》的布景风格在演出实践方面有其取巧讨喜之处，探讨其备受青睐的现象，不得不注意到这方面的原因。

---

① 欧阳予倩：《自我演戏以来》，中国戏剧出版社 1959 年版，第 35 页。
② 笑舞台广告：《恶家庭》，《申报》1916 年 1 月 9 日。

（三）穿插

新剧发展处于由古典向现代转变的特殊阶段，其半中半西、半文半白的杂糅状态，是过渡期的特殊样态。戏剧尚未转化为纯粹的对话剧，其中五花八门的各种穿插，是其重要特色。就连文学意味浓厚的《不如归》，也有让人诟病的穿插成分。在日本《不如归》中，浪子临终时，发表完"我但愿来世再不变女人就好了"的遗言接着就死去了，而马绛士则在这句台词之后，增加了康帼英对父母不能尽孝的感言以及对弟弟妹妹们的一番嘱托，且有康帼英吐血咽气之后众人张皇哭叫、乳娘为帼英穿鞋盖脸、丫头点香烛烧纸钱等场景，几乎把现实生活中的治丧行为完全搬到了舞台上。这样的内容，让女主人公之死被渲染得更加大张旗鼓，是对写实表演的误解，是煽情手段的一种，也是向中国观众审美心理靠近的尝试，反而与整部戏有些格格不入，损害了流畅与写实性。

《家庭恩怨记》中有不少穿插内容，在妓院内的酒宴上，有青衣、滩簧等传统戏曲表演，以及堂差们陆续演唱京调小曲之类。1912 年从夏到冬，欧阳予倩住在上海，师从江紫尘、筱喜禄、林绍琴学习唱功与身段，在三马路大舞台饰演小桃红时，在敬酒一场里加唱了一段《御碑亭》，颇引起一时注意，"后来想起觉得无聊，可是当时颇为得意"①。可见穿插旧戏有一定的自由度和随意性，且旧戏加入新剧，在当时是被认可和推崇的。另外，这一幕结尾，王伯良纳小桃红为妾之事甫定，便有龟奴上台道喜，点鞭炮在满台绕一圈并说道"桃红姑娘，小的与你道喜"，这种绕场方式是效仿古典戏曲，而台上点鞭炮的举动必然会令气氛变得闹哄嘈杂，却符合中国观众性喜热闹的口味。

《家庭恩怨记》中唱段的加入，正符合众新剧社的口味，也为其所拿手。唱段演出成为宣传时重点强调的对象，其宣传广告特别指出：

---

① 欧阳予倩：《自我演戏以来》，中国戏剧出版社 1959 年版，第 34 页。

"准添京调昆曲苏滩，诸君请早入座。"①而实际上，观众也很吃这套，
"复演之精彩，较前更佳，因伯强在妓院摆酒一幕，加入京调，庆寿一
幕，加入滩簧，故一般坐客愈为欢迎也"。② 因此，从穿插的角度来说，
《不如归》缺少这方面的优势。而《恶家庭》中的穿插主要表现为演员的
随机发挥以及滑稽角色的插科打诨，增加笑闹色彩，"剧中孝悌奸愚，
诙谐哀艳，宜笑处人人捧腹，当哭时个个伤心。""看恶家庭一定气得要
哭，看恶家庭一定快活得要笑"，③ 极尽凄惨之能事的剧情与诙谐滑稽
的笑料穿插，是其常演不衰的重要原因。

三、市 场 接 受

话剧的上座率如何，直接由市场观众的喜好来决定。文明戏发展的
主要支撑动力也是来自于观众。文明戏的主要观众是在上海成长起来的
近代市民阶层，包含商人、绅商、资本家、报人、学校教员、青年学生
等。女性在文明戏观众中占据了很大比例。欧阳予倩回忆录中对此数次
提及，例如名妓陈寓对陆镜若的欣赏，以及"那时候常有许多女人包围
我。包厢看戏，当然很普通，每逢演完戏出来，常有些女子后面跟着。
每天总要接几封情书。"④

《不如归》尤其赚取了不少女性观众的眼泪，包天笑在《钏影楼回忆
录》中写道与女性友人观看此戏的经历："有一天，我同一位女友往观，
她看到了第二幕时，已经哭得珠泪盈眶了。我说：'好了！我们为求娱
乐而来，却惹起悲哀，陪了许多眼泪，不如不看了吧。'但她却不肯，

---

① 新民社广告：《家庭恩怨记》，《申报》1913 年 10 月 31 日。
② 丁悚：《剧谈》，《申报》1913 年 11 月 2 日。
③ 新民社广告：《恶家庭》，《申报》1916 年 11 月 20 日。
④ 欧阳予倩：《自我演戏以来》，中国戏剧出版社 1959 年版，第 76 页。

越是悲哀，越是要看下去，戏剧之感人有如此者。"①女性观众多趋向于感性，偏爱爱情题材，或对康帼英不见容于婆婆的遭遇表示同情，或动容于赵金城与康帼英的伉俪情深，在感同身受的共鸣体验中，掬一把感慨之泪。于是后来"男观众跟着多了起来"。

《家庭恩怨记》场面动人，"那一类的家庭变故在中国的封建社会里并不生疏。在那个时候用一种新的戏剧艺术形式，好像真的生活一样生动地表演出来，而且有些场面相当动人，就无怪其会受到当时观众的欢迎"②。《家庭恩怨记》贴合现实生活，显得真实生动，拉近了和观众之间的心理距离。中上层社会的观众、学生、小市民容易接受。尤其是王伯良做寿和梅仙寻申两场最为动人。这两出戏都是"春柳悲剧"的重要代表，更多是赢取观众的眼泪。而当辛亥革命形势走向低迷，革命果实被窃取，人们的政治革命热情逐渐减弱，当他们走进剧场，希望获得精神上的放松与安慰，娱乐化的通俗戏剧更受欢迎。观众不仅需要流泪，更需要嬉笑怒骂中痛快释放情绪，得到放松。《恶家庭》就是应时而生的代表作。

《恶家庭》的观众群则几乎不限群体，"演出来不但浅显而且妇孺皆知，且颇多兴味"，"男女老少个个欢迎"。③ 不针对特别的职业、年龄或性别，对于市场是完全开放容纳的姿态，因为此戏浅显易懂，刺激有趣，有浓重的娱乐色彩，接受门槛较低，因此演出效果极佳，方能创下文明戏演出最高票房纪录。《恶家庭》极力渲染"恶"的内容，描绘畸形怪状，"黑暗家庭状态，可谓无不毕具，个中情节最为悲惨，凡曾参观斯剧者无不泪下沾襟"。④ 其强调善恶有报，被认为有社会教化效果，"演剧场为教育场，艺员为教务员"⑤，有益世道人心，开导社会。而

---

① 包天笑：《钏影楼回忆录》，中国大百科全书出版社 2009 年版，第 403 页。
② 欧阳予倩：《自我演戏以来》，中国戏剧出版社 1959 年版，第 178 页。
③ 徐半梅：《话剧创始期回忆录》，中国戏剧出版社 1957 年版，第 52 页。
④ 新民社广告：《恶家庭》，《申报》1914 年 6 月 28 日。
⑤ 新民社广告：《恶家庭》，《申报》1913 年 9 月 14 日。

其中滑稽成分的加入，五花八门的表演手段，更多的将戏剧向通俗娱乐的功能转变，与市民阶层靠得更近。

另外，剧场管理与营销方式也对戏剧的上座与否有密切联系。相比之下，春柳社虽也是营利性演出，但演剧生涯几经波折，地理位置上流动迁移，营业效果不佳，对此有评论者不乏忧心地指出："有文理、有思想之剧，在我辈固觉其佳。然而，白雪阳春，恐有曲高和寡之虑。"①且春柳并不擅长市场营销和宣传，无论是广告语的亲民程度还是演后评论的即时性，都远不如新民等社团。经济上的窘况，使得剧团生存困难。新民社则在打开家庭戏这条道路之后，开启了中国第一个长期、连续进行营业性演出的先例，有专业的剧团管理，前台与后台，对内与对外，有着明确的分工与安排。前台有老板负责剧场与演出经营，后台演员专管演戏，彻底走上商业营运的道路，并带动了文明戏营业性演剧的热潮。新民社由最开始自己出资独立演出并靠收入维持剧社发展，到接受商人投资介入，使演员以被雇用身份专职演出，保证了长期经营，以及有能力招徕更多实力优厚的演员，实现市场与演剧的彼此推动。但过度牟利也会起到负面作用，过度迎合市场及走向低俗庸俗，会导致不良竞争，更对戏剧艺术水平造成致命伤害。《恶家庭》的成功令各剧团纷纷效仿，家庭戏成为受欢迎的讨巧题材。而剧中宣传因果报应迷信思想的落后之处以及过度渲染恶人恶行的单调铺陈等问题，并未得到足够关注。一旦题材内容为迎合观众口味而底线降低，必然会从通俗走向"除家庭儿女外无剧本，除奸杀淫盗外无事实，除爱情滑稽外无言论"②的庸俗化倾向，后来新民社的《火浣纱》《尖嘴姑娘》《妻妾争风》等剧虽也是家庭戏题材，却已经沦为低级趣味。

总的来说，《不如归》从文学剧本到场上演出都带有浓郁的新派剧色彩，典型反映出春柳演剧的"洋派"特色，而《家庭恩怨记》的本土特

---

① 公木：《星期六春柳观剧记》，《申报》1914 年 5 月 10 日。
② 许啸天：《编新剧宜扩充范围》，《新剧杂志》1914 年第 1 期。

征逐渐鲜明，更符合文明戏观众的欣赏要求，到了《恶家庭》便逐渐走向极端化，无论是对于情节曲折离奇的过分追求，还是对于观众需求的刻意取悦，都预示着文明戏的发展越来越注重通俗性和娱乐性，逐步为市场所左右，其走向衰败已成必然。

家庭伦理观念是中华民族文化血脉中的核心部分，容易获得观众和时代的文化认同。新剧发展过程中出现的家庭戏热，通过大户小家的恩恩怨怨以及家庭成员之间的爱恨情仇，让观众感到熟悉，但并非着力于柴米油盐的真实世俗，而是带着浓厚的旧时色彩。其主题内容并未开掘深入，人物性格的立体与深刻程度尤嫌不足；其表演手段新旧杂陈，未能达到纯粹的写实演出，未能促成舞台实践与剧本创作的良性互动，遏制了其发展进步；其在社会环境影响与市场牵引之下逐渐走向低俗媚众，也折射出了整个新剧发展的弊端。等到了"五四"戏剧时期，家庭戏则呈现出不同姿态，以问题剧的方式真正举起现实叙事的大旗，对于悲剧情调的审美，也不再局限于哀情与凄惨的大肆渲染，从而具备了更高层次的艺术品格。

日本学者濑户宏曾对《不如归》和《家庭恩怨记》进行过简单比较，认为《不如归》爱情色彩浓厚，《家庭恩怨记》富于刺激情节，对于擅长表现滑稽热闹的主流剧团来说更易得心应手。① 而通过情节内容、表演手段以及市场接受三方面的论述，从对《不如归》《家庭恩怨记》《恶家庭》这三个典型家庭戏个案的比较分析，不仅可以看出春柳社与新民社之差别，还可以对外来戏剧与本土戏剧的差别与融合、艺术主张与市场营销两者应当怎样结合，以及戏剧作品与市场观众之间应当怎样互动等诸多问题，引发更进一步的反思。

（原刊于《兰州大学学报》（社会科学版）2016 年第 3 期）

（殷璐，艺术学博士，讲师，主要研究方向为中国现代戏剧。）

---

① 濑户宏：《〈不如归〉和〈家庭恩怨记〉比较》，田本相，董健主编《中国话剧研究 第十辑》，文化艺术出版社 2004 年版，第 48 页。

表象的政治判定与潜在的文化冲突

——十七年文学批评现象片论

谢维强

摘　要：十七年的文艺批评中产生的一次次具有强烈政治意义的批判，导致了一些具有创新性的文艺作品的夭折，造成了一些优秀作家创作权利的丧失甚至政治生命的窒息。究其原因，这些遭受批判和否定的作品并不是违反了批判者们认定的政治原则，而是因为批判者的审美认读与作品内容之间产生的文化心理冲突。

关键词：城乡文化隔膜；政治判定；文化冲突

十七年文学批评中存在一个现象，那就是作家们严格遵循第一次文代会确立的新中国文艺创作总方针，满怀虔诚与热诚倾情写作，力图为新中国文学尽一份绵薄之力，且其作品也常常得到读者与文艺界广泛的好评，但随后却气候突变，严厉的批判文章铺天盖地而来。批评者从主题、人物、情节、对话乃至细节条分缕析，然后运用强有力的政治术语和令人生畏的政治评判，给予作品不同程度的否定性评论，有些甚至是全面的否定。比较突出的例子有关于电影《武训传》的讨论、对萧也牧创作倾向的批判、对《战斗到明天》（白刃）、《我们的力量是无敌的》（碧野）、《红豆》（宗璞）、《在悬崖上》（邓友梅）、《小巷深处》（陆文夫）、《西苑草》（刘绍棠）等小说的批判。当时，即使得到了从读者到权威文艺理论机构比较一致肯定的杨沫的《青春之歌》，也未逃脱被严厉批评的命运；备受推崇的政治抒情诗，譬如郭小川的《望星空》，也遭到了苛刻的指责。时至今日，历史已做出了公正的结论，上述被批判作品都载入当代文学史册，有些作品还被重新结集出版。当年的批评者有的还对那段历史进行了反思与自省。譬如批判过萧也牧的康濯先生在1979 年 5 月为《萧也牧作品选》作的序言《斗争生活的篇章》里写道："当时有的文章不实事求是的一顿批评，不顾总的倾向而全部予以否定，甚至还波及作者其他作品"，"我个人那一次也不实事求是地写了文章批评萧也牧，这更是我近年来早在引以为训，感到难过，深有自咎的。"①

回顾十七年的文学批评史，类似上述文学批评的现象何以如此频繁、普遍、持久地发生，从而造成了我国当代文学事业不小的也是不应有的损失？笔者认为，除了今天文艺界公认的政治上的因素以外，城乡文化相对对立的文化背景下构成的文化心理冲突，也是一个值得探讨的问题。

一、文化冲突在审美选择上的反映

在谈论这个问题之前，可以先把被认为显示了十七年创作实绩的小说作品排列出来，从而得到一个明确的参照系数：《创业史》《三里湾》《保卫延安》《红旗谱》《红日》《青春之歌》《山乡巨变》《林海雪原》《红岩》《苦斗》《苦菜花》《上海的早晨》《风雷》《艳阳天》《风雪之夜》《我的第一个上级》《黎明的河边》《李双双小传》《党费》《百合花》《谁是奇迹的创造者》②。这二十部作品中农村题材的有十部，军事题材涉及农民的有两部(《黎明的河边》《百合花》)。从上述数字与比例看，以农村生活

---

① 朱寨：《中国当代文学思潮史》，人民文学出版社 1987 年版，第 94 页。
② 洪子城：《中国当代文学史》，北京大学出版社 1999 年版，第 29~30 页。

为题材，以农民为小说主人公，着力展示农民的命运、意愿、欲望，是十七年文学创作的主要方向，也是这一时期文学作品的显著特征。这一现象的出现有其内在的规律，中国一直是个农业大国，时至今日仍然如此。从"五四"新文学到新时期文学，以农民生活为创作母题而取得骄人成就的作家以及他们的作品，可以列出一长串的名录。在新民主主义革命过程中，中国农民构成了革命的主体力量，为革命的胜利做出了巨大的牺牲和贡献，表现他们的命运、业绩、愿望和感情，是新中国文学家义不容辞的责任。革命过程中无数人的奋斗与牺牲，革命胜利后的喜悦与生活，也为作家们提供了丰富的创作资源。十七年的文学作品以农村生活、农民命运为题材的作品占主要的篇幅，是符合社会生活逻辑规律和文学发展规律的，这是一个方面。

另一方面，"表现什么"与"如何表现"是艺术创作两个不同的审美范畴，同一审美客体运用不同的价值评价会创造出审美内涵迥异的艺术意象。在十七年以农村生活为题材、以农民为主人公的文学作品中，可以看到这样一种普遍的审美观念：农民的思想是先进的，理想是远大的，品质是纯洁的，道德是高尚的，情趣是健康的，甚至体格都是强壮的，容貌也是美丽的。在对他们的描写和塑造上，作家们赋予了中国贫苦农民优秀的品质和完美的性格，寄寓着当时人们最美好的社会理想和道德理想。但是，不管是从生活的真实还是从艺术的真实上看，这种创作观念以及作品显然存在偏颇与不足。熟知新文学时期乡土小说，尤其是鲁迅先生乡村小说的读者肯定会联想并考虑到这样的问题：两千年皇权专制制度残害下的中国农民，怎么可能一夜之间在精神、思想、道德、灵魂乃至体格诸多方面产生如此深刻的质变呢？"五四"新文学前辈笔下的生活极端贫困，感情充满悲怆，饱受精神奴役创伤的中国农民，一夜之间到哪去了呢？我们怎么去正确理解"严重的问题是教育农民"呢？十七年的文学创作尤其是文艺批评，就缺乏这方面的思考和探索。十七年的文学批评中，主要来自解放区的文艺工作者们一般是用农村文化的视角审视中国社会，用乡村文化的审美情趣衡量、评判文艺作品，这就不可避免地会与蕴涵有城市文化意象和情结的作品产生文化心态和审美情趣的冲突。新文学三十年大量作品被否定，不能不说是这一文化冲突的必然结果，而十七年中蕴涵有城市文化意象、情结的作品遭到指责、批评也是必然的了。

现在来看十七年里遭到严厉批判甚至导致作家政治生命窒息的作品：萧也牧的《我们夫妇之间》、邓友梅的《在悬崖上》、陆文夫的《小巷深处》、宗璞的《红豆》、刘绍棠的《西苑草》。这几位作家当时都是小知识分子，作品人物也都是小知识分子，是城市文化铸就的人物形象，因此，这些作品都遭到了否定性批判，萧也牧的《我们夫妇之间》在一波接一波的批判运动中首当其冲。作者在小说里写到主人公回到了儿时成长的城市，又置身于舞厅、霓虹灯、爵士乐、地毯、沙发这些熟悉的事物之间，有亲切之感。批判者陈涌、冯雪峰、丁玲等人认为，作者"依据小资产阶级观点、趣味来观察生活"，"独创和提倡一种新的低级趣味"，"向读者推销廉价的趣味"，判定小说主人公李克是一个"假装改造却又原形毕露的洋场少年"，作者城市文化情结的流露被视为是不能容忍的趣味遭到了猛烈的抨击和彻底否定。《红豆》中的知识分子的缠绵悱恻、矛盾苦涩的爱情历程也遭到批判，批评者认为："作者未站在工人阶级立场上来描写小资产阶级知识分子的心理状态，一当进入具体的艺术描写，作者的感情就完全被小资产阶级那种哀怨的、狭窄的、诉不尽的个人主义感伤支配了。"①上述其他几部爱情小说都遭到了类似的批判，知识分子、城市市民丰富和复杂的爱情生活的描述一般被认为是小资产阶级的，不健康的，格调不高的，甚至在道德上都有所质疑。这类指责同样也表现在对《三家巷》《苦斗》《青春之歌》的批判上。这些非难与批判，态度是认真的、严肃的，感情是真挚的、激愤的，恰好说明它们反映了持乡村文化审视眼光的批判者与城市文化孕育下的生活观

---

① 姚文元：《文学上的修正主义思潮和创作倾向》，《人民文学》1957 年第 11 月号。

念、感情生活的距离与隔膜，乡村文化心理在这里构成了根本的评论动因。郭小川的《望星空》是一首在一定程度上持知识分子写作姿态的诗，虽然该诗"与当时的流行的'颂歌式'的政治抒情诗并没有什么两样，甚至与当时沸沸扬扬的'大跃进民歌'也有某种共同的情绪背景"①，但诗中的某些内容在一定程度上体现了知识分子独立思考与批判现实的思维特征。全诗虽仍是歌颂"人定胜天，建设美好幸福的人间天堂"的时代主题，但在行文中，作者面对浩瀚的星空展开了人生、宇宙的哲理联想与严肃思考，"对人类的生命现象作了诗意的、隐含了某种忧郁和痛苦的自我反省。在这种忧郁与痛苦里，既折射出 20 世纪 50 年代后期违反客观规律的大跃进造成的严峻后果的时代背景，表现了作者对历史挫折的严肃思考和感应；同时，也寓意了在历史的挫折面前，革命者对自身生命意义命运的重新思考"②。诗人的思考在当时的时代狂热情绪中显得格外理性与宝贵，这种忧郁与痛苦是独立意志与自由思想的残存与显露，但诗人这可贵的思想品质马上受到了批评与责难，被认为此诗宣扬了人生渺小，宇宙永恒的消极情绪，表现了极端陈腐，极端虚无主义的感情，是"令人不能容忍的政治性的错误"。其实，批判者敏锐感受到并十分在意的恐怕不是该诗的内容，而是作者在诗中体现出的独立思考的思想品格。乡村文化深层心理中的从众、盲从心态与现代知识分子的独立思考的思想品格发生了碰撞，批评者本能地感觉到了异端。在全国上下一片"人有多大胆，地有多大产"，"不怕想不到，就怕做不到"的声浪中，这种反"超人哲学"的、陌生的、具有叛逆性质的思维方式才是真正不能容忍的。乡村文化心理与城市文化形态的距离与隔膜发展到 20 世纪 60 年代，随着阶级斗争理论的不断升级，逐渐强化为对城市生活方式的猜疑和敌视，城市似乎已成为罪恶的渊薮，城市生活方式被看作是销蚀无产阶级斗志、与无产阶级抗衡的武器。以被当时评论界极力

---

① 陈思和：《中国当代文学史教程》，复旦大学出版社 1999 年版，第 101 页。
② 陈思和：《中国当代文学史教程》，复旦大学出版社 1999 年版，第 101～104 页。

推崇的两部话剧《千万不要忘记》《霓虹灯下的哨兵》为例。《千万不要忘记》中，电机厂年轻工人丁少纯，比较讲究吃穿，借钱买毛料衣服，下班打野鸭，这些城市年轻人的日常生活行为是已留存不多的城市生活方式的残余，但这些微不足道的生活琐事在评论者的眼中却让人如临大敌，被当作资产阶级争夺青年的严重事件，被看作应当千万不要忘记的阶级斗争的具体体现。《霓虹灯下的哨兵》则是把上海繁华的南京路描述成危险的境地，处处埋伏着糖衣炮弹，无产阶级稍有疏忽，哪怕只是扔弃一双破袜子，就有可能被资产阶级侵蚀俘虏。"霓虹灯"象征资产阶级，"哨兵"象征无产阶级，仅凭这二元对立的剧名，就可体味到作者的猜疑与隔膜心态。

从以上论述可以看出，在十七年很多文艺批评者眼中，文艺作品中所描述的城市文化孕育、催生的人文景观、生活方式、思想感情都是陌生的、颓废的、异端的、具有危险意义的，都应予以否定与摒弃。在单一政治屏蔽一切的时代背景下，批评者缺乏其他的思想资源与话语体系，都只能也仅仅只能从政治的角度去判定、去结论，他们运用政治术语去框范，运用政治标准去衡量，运用政治批判去否定，直至形成了一以贯之的文学批评思维定势。但实际上，这是一种城乡文化心态的隔膜，由隔膜产生的猜疑，由猜疑产生的排斥，由排斥产生的在政治上予以扫除的决心，由这种决心催生出了一波又一波的文艺批判运动。

二、文化环境的变化对文学创作与批评的影响

文学是文化的精粹表征，是一国国民思想、精神、感情、情绪的综合载体。反之，文化是孕育文学的母体，其对一国或一民族的文学的影响也是深远且巨大的。文化环境的变化，从事文学创作与批评的文化主体发生的深刻变化，自然会对文学面貌产生直接乃至决定性的影响。新

中国成立以后，文学创作所倚赖的文化环境发生了变化，这种变化体现在以下三点：第一，建立了高度统一且具有权威性的文艺组织，中国文学艺术联合会与中国作家协会。全国的作家艺术家被高度地组织化和行政化，多元化的创作观念和文学创作活动归为一体，中国文学艺术的一系列新的方针、政策、理论得以全面迅速地贯彻执行。文联和作协的成立，为管理和指导全国的作家艺术家创作和批评，为新的思想艺术理论的全面实施提供了有力的组织保证。第二，在解放区文艺的基础上，制定了全国作家艺术家应予遵循的文艺创作总方针，解放区文艺的创作实践和经验被作为文学方向和衡量文艺创作成功与否的尺度，全国的文艺创作被纳入一体化的轨道。第三，作家艺术家的构成发生了"整体性的更迭"，"与'五四'及以后的作家多出身于江浙、福建(鲁迅、周作人、冰心、叶圣陶、朱自清、郁达夫、茅盾、徐志摩、夏衍、艾青、戴望舒、钱锺书、穆旦、路翎等)和四川、湖南(郭沫若、巴金、丁玲、周立波、何其芳、沙汀、艾芜)不同，20 世纪五六十年代'中心作家'的出身以及他们写作前后的主要活动区域大都集中于山西、陕西、河北、山东一带。'地理'上的这一转移与文学方向的选择有关。它表现了文学观念的从比较重视学识、才情、文人传统，到重视政治意识、社会政治生活经验的倾斜，从较多注意市民、知识分子到重视农民生活的变化。这会提供关注现代文学中被忽略的领域，创造新的审美情调的可能性，提供不仅从城市、乡镇，而且从黄河流域的乡村，从农民的生活、心理、欲望来观察中国现代化进程中的矛盾的视域"①。这一点很重要，"从农民的生活、心理、欲望来观察中国现代化进程中的矛盾的视域"，是这部分作家、批评家创作的主要努力方向和成果，十七年里文艺界发生的每次批判运动也几乎都是由他们构成主体力量。文学新格局的形成促进了中国当代文艺的发展，有力地配合了社会主义改造和建设，作家

---

① 洪子城：《中国当代文学史》，北京大学出版社 1999 年版，第 29～30、30～31 页。

艺术家的政治与经济地位较之新中国成立前也有了较大幅度的提高，为作家艺术家全力投入文艺创作提供了稳定的保证。但从十七年的文艺创作实践分析，也存在不足和局限。比较明显的就是由于将极具个性的、多元的文学创作观念和文学活动用同一的文艺理论与审美原则作为最高的、唯一的标准，这就造成了很多文化价值取向单一的文艺作品的批量产生。从文化学的角度考察，来自黄河流域广大乡村的作家、艺术家，与新文学时期西南和东南沿海城市知识分子作家不同，他们的文化观念与文化性格源自深厚的农村传统文化，其生活感悟与创作题材皆源自乡村社会。因此在文学创作中，他们倾情表现乡村生活，细致描述农民的日常生活，满怀挚爱的塑造完美的农民形象；在文艺批评中，他们则往往自觉不自觉地用乡村文化观念审视和衡量任何文艺作品，潜意识地将与乡村社会生活迥异的事物、与乡村文化审美情趣相悖的审美对象视为异端，尽管在实际理论建构和文艺批评中他们可能没有明确地意识到这一点。这就造成了持乡村文化心态和观念的文艺批评与蕴涵城市文化观念与审美情趣的作品在文化意识上的误读与冲突，而逐渐形成的一体化的文艺观念则为这些误读与冲突提供了权威的衡量尺度与批评规范，提供了系统的批评话语。客观上看，解放区文艺以及与之相伴生的文艺理论是产生在中国农村，特别是西北乡村，产生在民族矛盾与阶级矛盾异常激烈的年代，整体上不可避免地受到了地域与时代的强烈影响与制约。随着中国新民主主义革命的胜利，文艺创作的中心从乡村转移到城市，面对更为复杂的城市社会现象和人群，面对文化取向多样、知识水准较高的读者群，解放区文艺创作观念与批评标准显然应当随之调整、充实、完善，因为"与时俱进"是马克思主义保持蓬勃生命力的活的灵魂。但囿于当时的客观环境和主观认知水准，民族斗争，尤其是阶级斗争年代形成的文艺观念，规范了文艺创作的多样化审美取向，且成为文艺批评的唯一理论资源，这就不难理解蕴涵有城市文化价值内涵的作品为什么总是遭到全面系统的批评和否定了。

三、文化隔膜的生活现象以及一点思考

地势地貌、气候物象、生活资源、生产方式、风土人情，诸多因素构成了特定的文化环境，每一个人生活其间，其思想、行为、感情、意识就与这一环境形成同构，进而积淀为稳定的文化心理，成为每一个文化分子漫长人生中认识客观世界，衡量万事万物的坐标体系和价值尺度。在中国农村与城市相当隔绝的十七年里，我们可以看到很多乡村文化与城市文化隔膜的情景。如农民讥讽城市女性烫发，是"头上顶着一个鸦雀窝"；城市文艺工作者下乡演出咏叹调，大嫂们对美声唱法充满了惊讶和不解。20世纪60年代初，首都剧院演出芭蕾舞《天鹅湖》，有家权威报纸登出评论员文章，指出那些女演员露出白白的大腿，"我们工农兵不爱看"！这些现象说明，两大文化板块相互隔绝极易造成隔膜，这里不存在不同阶级政治观念的差异，更不存在不可调和的阶级斗争，这是乡村文化与城市文化之间的差异形成的隔膜，是任何国家、任何政治制度管理下不可避免会产生的文化现象。如今在我国，随着社会主义市场经济的迅猛发展，城乡交通、资讯交流、信息传播日益发达，城乡之间文化的相互影响和交融趋同也日益加强，城乡文化形态的差异和文化心理隔膜不再有那么远的距离了。而在十七年的文艺发展历程中，人们对这一点是相当缺乏认识的。当时，只要对某部作品的阅读产生分歧，无论是批判者还是被批者，都是在政治斗争与阶级斗争的概念与范围里展开思考与论争，这实在是十七年文艺批评中的一个盲区。不可否认，当初有些作品被批判、被封杀，确实有政治上的因素，比如《保卫延安》《刘志丹》等作品，但不是作品本身的问题，而是不可抗拒的政治情势，这是题外话。今天看来，如果当时很多作品从文化学的角度去考虑，从文化隔膜、文化碰撞的层面去审视、去解释，不少创作与批评上的问题是比较容易争论清楚的。

20 世纪 90 年代以来，全球化浪潮席卷世界的每一个角落，东西文化、南北文化不断地碰撞、交融，正汇成一股不可逆转的文化潮流。顺应这一世界潮流，跨入 21 世纪的中国正敞开胸怀与国际社会全方位地接轨。有鉴于此，以宽广的胸襟与视野，以有容乃大的睿智，吸掇采撷世界各民族的文化精髓，应是今天文艺批评工作者应当具备的基本素质和应采取的积极姿态。

（原刊于《理论月刊》2003 年第 3 期，《人大复印资料》2003 年第 6 期转载）

（谢维强，文学博士，副教授，主要研究方向为中国当代文学、新时期文学。）

浅析电影《武训传》事件中的检讨书

王　维

摘　要：中华人民共和国成立初期，随着人民民主专政政权和社会主义经济基础的确立，新的社会意识形态亟须适应新的政治、经济形势，并为它们的确立和巩固服务。为了厘清文艺界存在的混乱思想，毛泽东主席亲自发起了对电影《武训传》的思想批判运动，在此次批判运动中存留下大量的检讨书。这些文字材料可以帮助我们尽可能地重回历史现场，更能有效地去探究这场思想批判运动背后的真实意图及深远影响。

关键词：电影《武训传》；批判；检讨

20 世纪 50 年代对电影《武训传》的批判直接引发了一场声势浩大的思想文化运动，留给历史的除了大量的批判文章之外，还有一批颇耐人寻味的"检讨"，譬如郭沫若的《联系着武训批判的自我检讨》、夏衍的《从〈武训传〉的批判检查我在上海文化艺术界的工作》，等等。文章里的"检讨"意为检查自己的错误言行，即自我批评。这种"检讨"在 20 世纪 50 年代的中国知识分子思想改造运动中极为普遍，并成为改造的有效操作方式之一。中国知识分子正是借助"检讨"的形式来表明对执政党和新政权的鲜明的政治态度和脱胎换骨的决心，通过不断地检讨自我意识中的非马克思主义思想，逐渐认同主流意识形态话语，并产生一种共识，最终实现新政权对国家文艺的有效管理和控制。从第一次全国文艺工作者代表大会提出"新的人民的文艺"，并成为新中国的文艺方向的同时，文艺就不再是一种纯粹的、独立的、关于审美的精神活动，而是被强调成与政治、经济同等重要的革命阵地，完全被纳入社会主义意识形态统一化的进程之中。如周扬所说："党中央，毛泽东同志重视文艺工作，不只是简单当成文艺现象来看待，而是当成整个思想战线、甚至整个革命战线里面的一个重要因素来看待的。"①

电影《武训传》抗战后期在重庆就已开始筹拍，只是由于资金短缺和社会动乱，拍摄工作被迫停止。编导孙瑜说："《武训传》是新中国成立前编写的一个历史传记电影剧本，远在 1944 年的夏天，陶行知先生在重庆北温泉送了我一本《武训先生画传》，武训行乞兴学的故事深深地感动了我，于是就改编成了和现在大致相同的《武训传》电影剧本。"②1949 年 7 月，导演孙瑜北上参加第一次文代会时，被"热火朝天、洋溢着高度革命豪情"的新中国景象所打动。在中国电影工作者协会的成立晚宴上，他就《武训传》征求了周恩来总理的意见。回到上海后，他又和昆仑制片厂的同志们讨论武训的问题，最后通过多方努力终获得了中央文教委员会的资金支持。整部影片讲的是一个生活在封建社会里的小人物武训兴学的故事，内容是属于旧文艺的，在当时的文艺氛围下是有些"不合时宜"。之所以最后获准拍摄，是考虑到剧组人员的动机是良好的，他们按照新意识形态的要求对原剧本进行了大量删改。1950 年底，电影拍摄完成，送到华东局宣传部和上海市委共同审查。华东局一号人物饶漱石看完影片后，连连说好。1951 年 2 月，在上海和南京两地公演，也获得了热烈反响。据不完全统计，同年 2 月至 3 月间，全国各报刊发表了四十多篇评论电影《武训传》的文章，绝大多数都给予了肯定。电影《武训传》还被《大众电影》评为 1950 年十部最佳国产片之一。

不难看出，电影《武训传》在未受批判前，社会各界对武训"行乞兴

---

① 《河北省文艺理论工作会议上，关于文化革命、文艺理论工作等问题 周扬同志作重要讲话 林默涵同志也作了发言》，《戏剧战线》1958 年第 9 期。

② 孙瑜：《编导〈武训传〉记》，《光明日报》1951 年 2 月 26 日。

学"的精神是持肯定和赞扬的态度的。然而，从 1951 年 3 月底开始陆续出现了质疑电影《武训传》的言论。就在 3 月 20 日，中共中央发出通知，要求在全国范围内开展对电影《武训传》的讨论。至此，风向陡转。根据最新指示，对武训的重新思考和批评的讨论就此展开。

4 月，《文艺报》第 4 卷第 1 期发表了贾霁的《不足为训的武训》①，文中指出武训和《武训传》对于历史以至今天，没有任何意义和价值，武训的行为是不值得表扬歌颂的。紧接着，《文艺报》第 4 卷第 2 期发表《试谈陶行知先生表扬"武训精神"有无积极作用?》②，作者杨耳这样写到，"不管是今天或是昨天，'武训精神'都是不值得表扬的"，"在某种意义上说，在反动统治下宣扬'武训精神'，比起今天人民取得了政权之后宣扬'武训精神'，他的危害决不可能更小些。相反，倒不如说是可能更大些。因为，在反动统治下面宣扬'武训精神'，就会更直接地'降低和腐蚀群众的文化和政治上的战斗力'。那不更加是不应该的吗"？5 月 16 日，《人民日报》加编者按并组织转载了几篇批评的文章，使讨论更具批判性。

这场讨论最终会升级成为思想大批判运动，关键在于 5 月 20 日《人民日报》发表的一篇社论——《应当重视电影〈武训传〉的讨论》。这篇社论原为胡乔木所写，毛泽东主席看后不满意，亲自做了修改。下面这段文字就是他亲自加写的：

> 《武训传》所提出的问题带有根本的性质。象武训那样的人，处在清朝末年中国人民反对外国侵略者和反对国内的反动封建统治者的伟大斗争的时代，根本不去触动封建经济基础及其上层建筑的一根毫毛，反而狂热地宣传封建文化，并为了取得自己所没有的宣传封建文化的地位，就对反动的封建统治者竭尽奴颜婢膝的能事，

---

① 贾霁：《不足为训的武训》，《文艺报》1951 年第 4 期。
② 杨耳：《试谈陶行知先生表扬"武训精神"有无积极作用》，《文艺报》1951年第 4 期。

这种丑恶的行为，难道是我们所应当歌颂的吗？向着人民群众歌颂这种丑恶的行为，甚至打出"为人民服务"的革命旗号来歌颂，甚至用革命的农民斗争的失败作为反衬来歌颂，这难道是我们所能够容忍的吗？承认或者容忍这种歌颂，就是承认或者容忍污蔑农民革命斗争，污蔑中国历史，污蔑中国民族的反动宣传为正当的宣传。①

看得出来，毛泽东同志所看到的电影《武训传》中的"旧"不仅仅是他所处的"旧社会"，还在于其宣传倾向上的不明晰，没有彻底辨清需要"歌颂"的对象。武训"行乞兴学"的行为是"狂热地宣传封建文化"，"根本不去触动封建经济基础及其上层建筑的一根毫毛"，这完全就是"资产阶级改良主义"。社论还指出，"电影《武训传》的出现，特别是对于武训和电影《武训传》的歌颂竟至如此之多，说明了我国文化界的思想混乱达到了何等的程度"！文末提出，开展关于电影《武训传》及其他有关武训的著作、文章的讨论，目的就是要"求得彻底地澄清在这个问题上的混乱思想"。

为了一改文艺界思想混乱的现状，毛泽东同志发动了对电影《武训传》的批判运动，并自上而下迅速开展起来，也拉开了对全国知识分子进行思想改造的大幕。从 5 月开始持续半年之久的批判运动，涉及的范围相当广泛，被公开点名的就有 43 篇文章、48 个作者。这其中不仅直接涉及影片的编导孙瑜、演员赵丹等人，还涉及一切曾经称许过武训和影片的人士，进行自我检讨的范围更是相当可观。

对于一般知识分子或者普通观众而言，电影《武训传》命运的"斗转星移"是没有任何征兆的，他们犹如遭受突击般不知所措，惊讶惶恐。惊讶的是武训这个小人物，即使"不足为训"，但也不至于到要大张旗鼓地进行批判和讨伐的地步；惶恐的是一部所谓的"问题"电影居然能

① 毛泽东：《应当重视电影〈武训传〉的讨论》，《人民日报》1951 年 5 月 20 日。

被上纲上线到全党共同批判的程度。其实，当时很多人都不知道 5 月 20 日的重要社论是出自毛泽东主席之手①。相反，了解"真相"的党内高层、文艺领导则是反应迅速，根据社论中的观点，对旧文艺和旧思想随即进行猛烈批判，很快就作出了严厉的自我检讨，其作用和目的主要是更快地澄清和说明自己的问题，改正错误，继续工作。

周恩来和朱德等党内高层人物进行的是内部检讨。时任华东军政委员会文化部副部长黄源、上海市教育局局长戴伯韬和文化局副局长于伶都写了检讨书。作为主管文艺的高层领导周扬因为参与了影片的审查通过工作，更是公开发表长文《反人民、反历史的思想和反现实主义的艺术——电影〈武训传〉批判》，以示自己反省检讨的姿态："我自己很早就看了电影《武训传》，但并没有能够充分地认识和及早地指出它的严重的政治上的反动性。"②还有当年上海文艺界领导夏衍的检讨就是在周扬的建议下完成的。在 6 月下旬夏衍访苏回到北京的第二天，就接到了周扬的电话，说有事面谈。"见面之后，既没有寒暄，也不问我访苏情况。第一句话就是毛主席批《武训传》的事，知道了吧？……你赶快回上海，写一篇关于《武训传》问题的检讨。对此我很意外，我说拍《武训传》这件事，与我无关。……他说，你要知道问题的严重性。《人民日报》那篇文章，毛主席亲笔改过两次，有大段文章也是他写的。……这部片子是上海拍的，你是上海文艺界的领导。"③回到上海后，在一个一百多人参加的文化界集会上，夏衍公开检讨，并将发言整理成《从〈武训传〉的批判检查我在上海文化艺术界的工作》一文，经毛泽东同志亲笔修改后发表在 8 月 26 的《人民日报》上面。时任中国文联主席和政务

① 姚文元在 1967 年第 1 期《红旗》发表《评反革命两面派周扬》时，才第一次公开说《应当重视电影〈武训传〉的》讨论是毛泽东写的，1967 年 5 月 26 日《人民日报》套红重刊该社论，作者正式署名"毛泽东"，《文汇报》等同时刊登。

② 周扬：《反人民、反历史的思想和反现实主义的艺术》，《人民日报》1951 年 8 月 8 日。

③ 夏衍：《〈武训传〉事件始末》，《文汇电影时报》1994 年 7 月 16 日。

院主管文教科技的郭沫若也顺势作出检讨《联系着武训批判的自我检讨》，全文围绕为《武训画传》题名、题词，批判自己的"盲目称赞"，说明经过这次批判，自己认识到"武训的落后、反动甚至反革命了"，并表明反省之意："没有经过仔细的研究随便发言，没有经过慎重的考虑便替人题词题字，这种不负责任的小资产阶级的老毛病，我已下定决心加以痛改。"①

在强大的思想政治舆论下，在党内高层和文艺界领导的检讨示范下，电影主创人员、曾赞扬过武训和电影《武训传》的相关人员都纷纷作出检讨。孙瑜、李士钊、董渭川等人在报纸上发表检讨文章。"初步检讨""初步检查""再检讨"等词汇频频出现，不断向大众传递着自我否定、自我批判的信息。普通知识分子的检讨书不仅仅要在内部获得通过，还要登载在报刊上供大众审阅，以便开展更深入的批判活动。报刊在刊发这些文章时还经常会加上编者按，号召读者大胆质疑这些检讨书，积极参与再批判活动。

接下来，我们来解读一下这部电影导演孙瑜的初次检讨书——《我对〈武训传〉所犯错误的初步认识》②。此文相当简短，在归结自己之所以犯错误的原因时，指出就是自己"学习不够"。文章发表的第二天，袁水拍就发表了质疑文章。他认为孙瑜先生的检讨是"极不充分的，思想上还是混乱的，还在为自己的错误作辩解"。质疑文章末尾这样写道："孙瑜先生的检讨是不能令人满意的。我们希望孙瑜先生作一个认真的而不是敷衍的检讨。"③显而易见，导演孙瑜的"初步认识"没有"过关"，第一份检讨书不合格，因为他被公开质疑"思想上还是混乱的"。经过一年的文艺整风学习，孙瑜重新写了一份检讨书——《对编导电影

---

① 郭沫若：《联系着武训批判的自我检讨》，《人民日报》1951 年 6 月 7 日。

② 孙瑜：《我对〈武训传〉所犯错误的初步认识》，《人民日报》1951 年 5 月 26 日。

③ 袁水拍：《读孙瑜先生检讨后的一点意见》，《人民日报》1951 年 5 月 27 日。

〈武训传〉的检讨》，与第一份不合格的检讨书相比，这份检讨书有三处明显的"进步"。

首先，篇幅上就有明显变化。字数是第一篇检讨书的好几倍，全文分为三个部分：一是电影《武训传》所宣传的反动思想，二是《武训传》的摄制经过，三是发掘错误的思想根源清除一切非无产阶级思想。

其次，开始熟练地使用批判词汇。初次检讨书中的"武训这个人"再次出现时则变成了"那个彻头彻尾的大骗子、大流氓、封建奴才"。很明显的，武训其名被去除，取而代之的则是有着形容词修饰的被定性了的各种"大帽子"。

最后，在思想认识方面达到了新的高度。孙瑜检讨自己，之所以会被武训其人其事所迷惑，原因就是"没有站在人民大众的立场上去认识问题，而是用小资产阶级和资产阶级的观点、抱着自己错误的主观成见去看问题"。不仅如此，他还深挖自己小资产阶级思想的来源，比如家庭出身、美国反动电影的影响等。这篇检讨书的结尾，孙瑜这样写道：

> 接受教训，改造自己，永远没有太晚的时候。今后应坚决地加紧学习马克思列宁主义和毛泽东思想，坚决地从头学起，学习毛主席的文艺方针，以求获得理论的武装，彻底批判和清除一切非无产阶级思想，……学习社会、联络群众，明确和掌握工人阶级的正确立场，坚决和资产阶级划清思想界限；树立工人阶级的思想感情，以期以后能正确地为人民服务。①

总之，孙瑜经过文艺整风学习，开始学会掌握批评与自我批评的武器。虽然他自己认为"还不能很好的掌握"，但是从行文中已然可以看出他已毫不保留地接受并衷心拥护和感谢过去对电影《武训传》的一切严正深刻的批评，并自觉引用这些批评观点进行自我批判和反省。

---

① 孙瑜：《对编导电影〈武训传〉的检讨》，《解放日报》1952 年 6 月 3 日。

既然是检讨，看点就在于突出对自我的否定和反省，向外界表明真诚的自我改造的态度。检讨的目的看上去是简单的，"惩前毖后、治病救人"，但论及作检讨的每个个体的心态，或许就大为不同了。为了能够获得组织上的认可，为了及时改变自身不利的政治处境，有些人会写出无奈的甚至是迎合时势的检讨书；为了能顺利通过"检讨"，有些人还会违心地承认一些子虚乌有的罪名，甚至丑化自己的动机，夸大错误行为。这些也就成为检讨不断、检讨不停的怪圈会频繁出现的隐秘所在。

今天我们解读单个的检讨书，是为了去体会检讨个体的检讨行为背后的深意。值得注意的是，《武训传》事件，主要目的不是如何去评价武训，也不是"改良主义"的问题，重心所在是"反对形形色色的资产阶级思想，并牢牢地掌握住文化话语权"。① 因此，真正的重点在于清算中共党内外的所有"异质"思想，加速对党外人士特别是文人知识分子的思想改造进程。当然，文学团体和刊物的国有化也为这场文学批判运动提供了强而有力的保障，组织并鼓励批判文章的发表，不断制造批判舆论氛围，促使被批判者不断进行反省和检讨，最终形成思想文化战线上的大一统局面。遗憾的是，这场长达半年之久的大批判运动对中国电影艺术的打击却是极为巨大的，在电影《武训传》批判运动结束之后，整个中国电影界出现的是"剧作者不敢写，厂长不敢下决心（拍影片）了。文化界形成了一种不求有功，但求无过的风气"②。

（王维，文学博士，讲师，主要研究方向为中国现当代文学、文化产业研究。）

① 罗艺军：《关于武训传批判》，《粤海风》2009 年第 1 期。
② 夏衍：《〈武训传〉件始末》，《文汇电影时报》1994 年 7 月 16 日。

残酷的陌生化

——中国当代作家的悲悯情怀与文学想象

肖 画

摘 要：陌生化是文学创作推陈出新的重要手段，它使人们从新的角度观照世界，而陌生化效果的强烈与否体现了作家想象力的高下。有一种陌生化之所以残酷，源于在别样的艺术效果背后其实是众生的苦难。因此这种艺术效果不仅考验着作家另辟蹊径的文学想象，更蕴涵著作家济世为民的悲悯情怀，无论是鬼魂的告白，还是盲人的感知，抑或动物的视角，都体现了这两者在作家内心缺一不可，相辅相成的关系。

关键词：陌生化；悲悯情怀；文学想象

中国现代文学作品中熔艺术与思想为一炉的，首推鲁迅的散文诗集《野草》。《野草》里的时空不再是线性的时间与三维的空间，出入幽冥与人世之间，穿梭远古与现代之际，作者的感官是如此细腻而丰富，对人性的洞察又是如此深刻而透彻，加以独树一帜的文字表达，使《野草》成为现代文学中几乎无人超越的顶峰。集中有篇短文《复仇·其二》：

> 他没有喝那用没药调和的酒，要分明地玩味以色列人怎样对付他们的神之子，而且较永久地悲悯他们的前途，然而仇恨他们的现在。

四面都是敌意，可悲悯的，可咒诅的。

……

他在手足的痛楚中，玩味着可怜的人们的钉杀神之子的悲哀和可咒诅的人们要钉杀神之子，而神之子就要被钉杀了的欢喜。突然间，碎骨的大痛楚透到心髓了，他即沉酣于大欢喜和大悲悯中。

他腹部波动了，悲悯和咒诅的痛楚的波。

……

钉杀了"人之子"的人们身上，比钉杀了"神之子"的尤其血污，血腥。①

鲁迅的作品向来不乏对人性驳杂层面的思考，他对中国国民性的失望与对改造国民性的无奈使他一生的创作体现出浓厚的悲剧感，然而在这颗现代文学史上最痛苦的心灵中，却有着对人世最真挚最深沉的情感。他不断否定，又不断肯定，绝望与希望同在，这种无比复杂矛盾的思想仿佛"人之子"被钉杀在十字架上俯视众生的心情，尽管有仇恨，但始终以"悲悯"为依归，所以才能在大痛楚里沉酣于大欢喜与大悲悯中。

这部浸透鲁迅哲思的作品为什么叫"野草"？它象征着什么？

野草，根本不深，花叶不美，然而吸取露，吸取水，吸取陈死人的血和肉，各各夺取它的生存。当生存时，还是将遭践踏，将遭删刈，直至于死亡而朽腐……我自爱我的野草，但我憎恶这以野草作装饰的地面。地火在地下运行，奔突；熔岩一旦喷出，将烧尽一切野草，以及乔木，于是并且无可朽腐。②

---

① 鲁迅：《鲁迅全集·第二卷》，人民文学出版社 2005 年版，第 178、179 页。

② 鲁迅：《鲁迅全集·第二卷》，人民文学出版社 2005 年版，第 163 页。

这是被侮辱与被损害者的写照，鲁迅的悲悯在于"敢于直视淋漓的鲜血，敢于面对惨淡的人生"，将一切有价值的东西毁灭给人看，在生命的血污与卑微中看出人之所谓为人的尊严所在，因此他自爱他的"野草"，在"野草"中寄托他对人世的爱与恨。

悲悯的力量不是来自苍白的控诉与空洞的口号，而是摘除冰冷的面具，摒弃看客的目光，唤醒麻木的灵魂，让众生对世间的悲苦感同身受，继而发出勇者的呐喊，叫醒沉睡的同胞一道砸破铁屋子。鲁迅弃医从文，相信文学可以改变国人的精神，而文学何以收这种不可思议之功？中国两千多年来堪称文学的泱泱大国，而清末的中国内忧外患，在先行者的眼中，这些封建士大夫的"文字游戏"不能挽救民族危亡，他们急需一种符合时代潮流的崭新的文学。鲁迅在多种场合将中国古代文学斥之为瞒和骗的文学，要中国青年少读甚或不读古书，这些对当时的国人来说无异于振聋发聩。"五四"前后的新派文人大致以白话文直抒胸臆，从胡适的"文章八事"到陈独秀的"三大主张"，新文学以清浅稚嫩的白话推动国人求新求变的革命欲望。但此时的新文学作品让人耳目一新之外，艺术造诣与思想深度均力有未逮，唯有鲁迅的作品是个例外。《狂人日记》带来的冲击如此强烈，语言老练、手法新颖、情节荒诞，无不给人一种前所未有的陌生感，而这种陌生竟是如此残酷——这历史没有年代，满本写着"吃人"二字。

重读《野草》，我们更当体会到鲁迅用他的悲悯与想象完成一幅幅触目惊心的陌生画面：

> 这是死火。有炎炎的形，但毫不摇动，全体冰结，象珊瑚枝；尖端还有凝固的黑烟，疑这才从火宅中出，所以枯焦。这样，映在冰的四壁，而且互相反映，化成无量数影，使这冰谷，成红珊瑚色。（《死火》）
>
> 我绕到碣后，才见孤坟，上无草木，且已颓坏。即从大阙口中，窥见死尸，胸腹俱破，中无心肝。而脸上却绝不显哀乐之状，

但蒙蒙如烟然。(《墓碣文》)①

　　《野草》是一场接一场离奇的梦境，作者梦见死后种种，可说是现实世界在他的悲悯情怀与文学想象中的独特变形，这种陌生化迫使读者改变观看世界的惯常视角，截断习以为常的惯性思维，摆脱表象的干扰，拷问存在的意义，直面人性中最复杂的层面，所以在读过墓碣正面的刻辞之后，百思不解中，不由得绕到碣后，才得见更残酷的真相与更深奥的哲思："抉心自食，欲知本味。创痛酷烈，本味何能知？痛定之后，徐徐食之。然其心已陈旧，本味又何由知？"中国现代文学史上，鲁迅之外，还有谁能如此思考肉身的存在、剖析灵魂的深度？这几乎是一个亘古之谜，将人类对自我探索的哲学思考加以最直观的文学表达，而本身却构成了一个悖论。

　　"陌生化"本是文学理论中一个耳熟能详的概念，由俄国形式主义理论家什克洛夫斯基提出，在俄国形式主义文论中占据重要位置。质言之，陌生化汰旧换新，化腐朽为神奇，使原本习以为常的改头换面、焕然一新，强化、延伸读者的感知过程，从而让读者醒悟曾经习焉不察的事物竟如此特别，由此发现一片前所未有的天地。这既是文学的创新之处，也是文学的伦理所在，而"陌生化"正是使小说能够有所"发现"的方式。语言、题材、角度、修辞等方面皆可体现陌生化效果。与此同时，陌生化的异于常规的表现手法必须言之成理，否则过犹不及，满盘皆输。

　　《野草》描绘的一幅幅异乎寻常的画面正是来自于鲁迅对世界的有别于常人的"认识"，他以别出心裁的视角观照人们习以为常的对象，在他悲天悯人的情怀与天马行空的想象中，《野草》里的世界陌生得栩栩如生，从语言到题材，从情感到思想，都以石破天惊的陌生化效

---

　　①　鲁迅：《鲁迅全集·第二卷》，人民文学出版社 2005 年版，第 200、207 页。

果向传统文学发出最具实力的挑战。这些陌生化在新奇之余，也无法不让我们遍生寒意，因为陌生得太残酷，《复仇》里的痛楚与血污，《死火》里的冰冷与灭亡，更不提《墓碣文》里的"掘心自食、创痛酷烈"。正是鲁迅"残酷"地撕开生命的表象，我们才得以看清触目惊心的"陌生"。

笔者所谓的"残酷的陌生化"指向鲁迅作品中的这一鲜明特征，以此切入作者的悲悯和想象。鲁迅之后，在当代中国，如何以文学观照现实，如何写出被侮辱与被损害的人们"对于生的坚强，对于死的挣扎"？当代作家如何巧妙地使用这种特殊的陌生化效果，体现一位有普世价值的作家起码的人文关怀与基本的文学素养？本文尤其关注作家的悲悯，唯有从悲悯出发，想象才不会轻易地变成吸引读者的噱头，陌生化手法才不会成为过犹不及的文字游戏。

在大陆新时期的现代文学研究中，刘俊的《悲悯情怀——白先勇评传》第一次以"悲悯情怀"为主题，探析传主的人生观与创作观——"在白先勇那里，悲悯已不再只是一种看取的角度和立足的制高点——它已内化为一种精神品格和情怀气质，浇筑在他的作品中，并成为他的作品的内在核心部分"①。王德威概括莫言在《生死疲劳》中提出的小说必须有"大悲悯"，即拒绝煽情的苦难控诉，不是让替天行道形成以暴制暴的诡圈，而是莫言所说的"只有正视人类之恶，只有认识到自我之丑，只有描写了人类不可克服的弱点和病态的人格导致的悲惨命运，才能真正产生惊心动魄的大悲悯"②。西门闹在畜生道里数次轮回，以动物之眼见尽人世的荒谬与悲苦，因而领悟佛陀的箴言"生死疲劳，从贪欲起，少欲知足，身心自在"。

凡此种种为前提，本文以"鬼魂的告白""盲人的感知"和"动物的视野"三种"残酷的陌生化"为途径，探析中国当代作家的悲悯情怀与文学

---

① 刘俊：《悲悯情怀——白先勇评传》，花城出版社 2000 年版，第 1 页。
② 王德威：《狂言流言，巫言莫言》，《一九四九年以后——当代文学六十年》，上海文艺出版社 2011 年版，第 18 页。

想象。

一、鬼魂的告白

余华的小说《第七天》讲述一个中年男人死于一场意外之后，七天内在阴间相逢新朋旧友，从他们那里得知生前所不知的种种真相，而能告知真相的鬼魂往往和主人公一样死于非命——死于中国当下不公不义的社会乱象。鬼魂们纷纷讲述暴力拆迁、屈打成招、腐败横行、倒卖人体器官、政府瞒报灾情等社会热点背后少有人知的真相，而此时已难以在人间讨回公道，故此书的宣传是"比《活着》更艰难，比《兄弟》更绝望"。但余华没有把这些冤魂写成厉鬼，而是让他们以平和的心态对人间的恩怨淡然处之。余华显然设置了一个阳间与阴间近乎二元对立的叙述大格局，并在阴间又增设了一个二元对立的小格局。残暴荒诞的人间与宁静温情的冥界在叙述大格局中形成强烈的对比，殡仪馆里权势人物富丽堂皇的候烧厅与平民百姓简单粗陋的候烧厅在叙述小格局中又形成鲜明的对比，两重对比明显凸显人间的不平等。

那么何处有平等？余华为冤魂安排了一个住处叫"死无葬身之地"：

> 水在流淌，青草遍地，树木茂盛，树枝上结满了有核的果子，树叶都是心脏的模样，它们抖动时也是心脏跳动的节奏……那里树叶会向你招手，石头会向你微笑，河水会向你问候。那里没有贫贱也没有富贵，没有悲伤也没有疼痛，没有仇也没有恨……那里人人死而平等。①

"死无葬身之地"本是一种诅咒，但这里由一句话变成了一个词，

---

① 余华：《第七天》，新星出版社 2013 年版，第 225 页。

反而实现了众生平等、和谐大同，近乎托尔斯慕尔幻想的乌托邦或陶渊明虚构的桃花源，由此形成对现实世界的强烈反讽与批判。

《第七天》与余华以往的作品明显不同，尽管延续他一贯的残酷书写，但似乎缺少了《活着》所蕴含的人生厚度，也不见《在细雨中呼喊》所营造的叙述魅力，初读《第七天》容易让人联想到慕容雪村的风格，后者的小说《伊甸樱桃》《原谅我红尘颠倒》以及《天堂向左，深圳向右》，极尽描述人性的丑恶与社会的阴暗，善良与公义被吞没在无边的黑暗中。和慕容雪村一样，余华在《第七天》里没有"现身说法"，读者几乎找不到作家本人对这些负面现象的反思，因此一些评论指出余华的这部作品不过是新闻串烧，将近年来多种社会阴暗面一一罗列曝光，缺乏批判的深度。

这里的问题是小说如何"处理善恶"，米兰昆德拉以《包法利夫人》曾受到的批评为例加以说明。曾有人指责该作"过于缺乏善"，也有人问福楼拜"为什么他要隐藏起对自己人物的感情？为什么他不在小说中表达个人见解？为什么他要带给读者悲哀？"福楼拜的回答是"我总是努力进入事物的灵魂"。昆德拉因而指出小说有自己的道德，并援引赫尔曼·布洛赫的说法"小说唯一的道德是认知，一部不去发现一点在此之前存在中未知部分的小说是不道德的"。昆德拉进而说明"为了能够听到隐秘的、几乎听不到的事物的灵魂的声音，小说家跟诗人与音乐家不同，必须知道如何让自己灵魂的呼声保持缄默"。① 据此，笔者以为《第七天》并非简单地新闻排列，而是尝试以鬼魂为媒介，想象那些冤死者对人生与世界的反思，让读者看到被强权遮蔽的事实——不是以新闻调查的方式，而是以文学想象的方式，以丰满的语言与深沉的情感进入灵魂的深处。

---

① 米兰·昆德拉：《帷幕》（董强译），上海译文出版社 2013 年版，第 75-78 页。

二、盲人的感知

在当代文学作品中，少有像《推拿》这样如此细腻地刻画盲人内心世界的小说，"比喻"这一修辞手法在毕飞宇的笔下出神入化，既延续了他作品中"执着"这一种基本底色与核心气质，也体现了人（特别是盲人）之为人所必需的"尊严"，而对这一普世价值的思考使这篇小说具有深层次的社会批判性①。

《推拿》的独特价值首先在于作者以"盲人"为题材，其次是由于这一题材的特殊性使作者必须运用相应的写作技巧，最后作者要能感同身受，既巧妙又合理地呈现盲人对世界的感知。将盲人的职业和生活描述得栩栩如生只是写作的起点，而要捕捉到盲人因为视力缺陷所形成的独特的生活习惯则考验作者的观察力，但能既出人意料又恰如其分地表达盲人对世界的独特感知才是作家实力的证明，毕飞宇无疑达到了这层境界。同一件事情在视力健全者心里往往习焉不察，但在盲人心里却异乎寻常，将这些非同寻常的感受进行艺术化的处理，诉诸文字，一个全然陌生化的世界便展现在读者眼前。

我们先以"时间"为例，体会毕飞宇如何从盲人的立场来感知时间，想象时间在盲人的意识里以怎样的方式存在，因而呈现赫然不同的时间进程，由陌生化处理后的时间给予读者强烈的冲击力。视力健全者在光影、河流与钟表的滴答声中认识时间，关注时间往往只是为了安排日程，但在盲人小马的心里，时间却有切肤的感受，时间成了他的"玩具"。小马在九岁那年发生意外，在和失明痛苦而漫长的妥协过程中，小马渐渐发现了时间的奥秘，时间在"咔嚓"。

---

① 刘俊：《执着·比喻·尊严——论毕飞宇的〈推拿〉兼及〈青衣〉、〈玉米〉等其他小说》，《当代作家评论》2012 年第 5 期。

　　"咔嚓"一下是一秒。一秒可以是一个长度，一秒也可以是一个宽度。既然如此，"咔嚓"完全可以是一个正方形的几何面，像马赛克，四四方方的。小马就开始拼凑，他把这些四四方方的马赛克拼凑在一起，"咔嚓"一块，"咔嚓"又一块。它们连接起来了。"咔嚓"是源源不断的，它们取之不尽，用之不竭。两个星期过去了，小马抬起头来，意外地发现了一个博大的事实，大地辽阔无边，铺满了"咔嚓"，沟壑纵横，平平整整。没有一棵草。没有一棵树。没有一座建筑物。没有一根电线杆子。即使是一个盲人骑着盲马，马蹄子也可以像雪花那样纵情驰奔。①

　　时间在小马的心里不再看不见摸不着，而变得实实在在，可摩挲把玩，它变幻莫测，像水一样随意更改自己的存在方式，失明不仅让小马"看到时间魔幻的表情"，更让他体会到"要看到时间的真面目，只能脱离时间"。毕飞宇无意探讨时间的哲学，我们也不必从中解读出"存在与时间"之类的高蹈理论，作者对盲人心灵世界的感同身受较之种种理论探索更能打动人心——感同身受来自于作家的悲悯，而将盲人的这种独特感受表达得栩栩如生靠的则是作家的想象，可见二者相得益彰，对成功的作家而言缺一不可。

　　世俗中对"美"的定义往往来自于视觉感受，那么应如何表达盲人对"美"的感知？推拿店老板沙复明听说雇员都红公认长得美，他便琢磨一个人究竟生得什么模样才叫"美"。在世俗人眼里，五官的美不是用触觉来形容的，但盲人对外界的感知靠的往往是触觉和听觉，所以沙复明起初越想弄明白什么是美，就越是让他焦躁不安。视力健全者可曾想象过，闭上眼睛如何去形容一个人的美？如果摈弃视觉的形容词，如何说明对美的认识？"书上说，美是崇高。什么是崇高？书上说，美是阴

---

　　① 毕飞宇：《推拿》，人民文学出版社2008年版，第114页。

柔。什么是阴柔？书上说，美是和谐。什么是和谐？"①颇有文墨的沙复明联想起一连串诗意盎然的形容词，但这时文字与世界的隔膜表现得如此强烈，词与物无法建立对等的关系，一切语言都是苍白无力的。因为沙复明对都红的单相思，如何感受都红的"美"对沙复明来说就越发棘手，她的"美"让沙复明辗转反侧，连带着回忆起那一次年代久远的初恋，他对"美"几乎束手就擒。无法知道心上人的"美"是痛苦的，但无法知道自己的"美"更是悲凉和无奈的，当沙复明要都红自己说说自己的美是什么样的，都红却说"我和你一样，什么都看不见"。另一位盲人推拿师徐泰来天生失明，也没有沙复明那样复杂的心思和华丽的辞藻，当金嫣告诉他自己是美女，并问他什么是好看，徐泰来用了最能让他感觉美妙的事物来形容什么是"美"："比红烧肉还好看。"对"美"的感受从视觉变成了味觉，这种陌生化的表达不是文人为了标新立异而采用的通感，而是盲人用最朴实真挚的情感来表达自己无法体验的美好，红烧肉诱人的香味与口感成为他对"美"最动情的想象。

《推拿》让视力健全者进入盲人的心灵，看到一个极其陌生化的世界，的确让人印象深刻，但终归来自于人生的残缺。如果不是因为失明，小马何至于不得不数着时间度日，沙复明、徐泰来也能摆脱语言的局限，真正看到心上人的容貌。以残缺为代价的陌生化何其残酷，而毕飞宇对这些陌生化的合情合理的把握不只体现他的文学想象，更渗透着他的悲悯情怀——站在盲人的立场，倾听盲人的心声，撕下慈善的面纱，还盲人与视力健全者同等的尊严，真正是"因为懂得，所以慈悲"。作者对都红表现出明显的偏爱，细致地刻画出她如何拒绝旁人无论出于真情抑或伪善的"关爱"，坚持自食其力，坚守一个人应有的自尊。②

---

① 毕飞宇：《推拿》，人民文学出版社 2008 年版，第 99 页。
② 除了上文引用的刘俊的文章，还有王彬彬的文章《论〈推拿〉》（《中国现代文学研究丛刊》2013 年第 2 期）也论述了该作如何表现盲人的"尊严"。

三、动物的视角

以"动物的视角"观照人间在《生死疲劳》里蔚为大观，地主西门闹死后在五十年里数次轮回，带着前世的记忆，化身为各种家畜重返故土，见尽故乡故人故事的沧桑巨变、兴衰荣辱，一种佛家的大彻大悟油然而生，因而在小说的后记里，莫言提出小说里的"大悲悯"——"唯有对生命的复杂性有了敬畏之心，小说的复杂性于焉展开……悲悯也是写作形式问题，因为一旦跨越简单的人格、道德界线，典型论、现实论的公式就此瓦解。"[①]一旦既定的模式被打碎，则须另辟蹊径，推陈出新，让笔触深入生命的驳杂层面，改变读者对世界的惯有看法，作品中的陌生化效果由此而来。

狗是人类最忠诚的朋友，在它们眼中，这个世界是什么样子？迟子建的《越过云层的晴朗》和陈应松的《太平狗》两篇小说皆以一条狗的视角观照芸芸众生。

《越过云层的晴朗》采用第一人称叙述，叙述者是一条黄狗，讲述自己和几任主人之间的故事。狗的眼睛只能分辨黑白，看不出色彩，这只黄狗看到的世界因此黑白分明，没有中间地带，这就意味着人类的世界不管多么复杂暧昧，在狗的眼里却是非此即彼。作者给这条黄狗设定了一种判断人物好坏的最直截了当的方式，即"相由心生"——善良的心灵必定拥有美丽的外表，而卑劣的灵魂一定配备丑陋的外表。这种识人辨世的标准当然行不通，如此单纯的眼光只是作者对世界怀抱的淳朴善良的愿望，人性的错综复杂有时让黄狗无所适从，黄狗就像未经世事的幼儿一样，对自己喜欢的人的亲近毫无功利，而它所喜欢的人又往往

---

① 王德威：《狂言流言，巫言莫言》，《一九四九年以后——当代文学六十年》，上海文艺出版社 2011 年版，第 18、19 页。

是被社会抛弃的自我封闭的人——黄狗最怀念的主人小哑巴并不哑，而是因为父母双亡从此变得不爱说话，黄狗成了他最亲密的伙伴。但多年后，黄狗终于知道小哑巴的父母的死因，是一个想要建庙的人向它吐露了压抑多年的秘密：当年"破四旧"，此人响应"伟人"的号召，砸庙的时候碰见塑像的石匠"冥顽不灵"，为了"教育"落后分子，他们放火烧了石匠的家，结果只有一个孩子逃出来了。

　　忠诚善良的黄狗最后离开了人世，灵魂"越过云层，去拥抱它背后的太阳了。那里始终如一的晴朗……被无边无际的光明笼罩着，再也看不到身下这个在我眼里只有黑白两色的人间了"①。黄狗经历人间冷暖，尽管眼中的世界非黑即白，却了解到人所不了解的世态人情，临终时的世界仍然陌生，它却得以解脱，天堂的归宿正是慈悲的升华。小说结尾这种宗教式的启悟其实来自作者真实的伤痛，迟子建在小说后记"一条狗的涅槃"里写道："这部长篇似乎冥冥之中就是为爱人写的'悼词'，虽然内容与他没有直接的关联。我其实是写了一条大黄狗涅槃的故事。我爱人姓黄属狗，高高的个子，平素我就唤他'大黄狗'。他去世后的第三天，我梦见有一条大黄狗驮着我在天际旅行，我看见了碧蓝的天空和洁白的云朵——那种在人间从来没有见过的圣景令我如醉如痴。"②迟子建的爱人意外死亡，作者自述这部小说的写作近乎是自我疗伤与灵魂抚慰，作者的全副身心全然寄托在黄狗身上，读者能明显感觉整篇叙述情真意切，哀婉动人。斯人已逝，思念长存，文学的非功利的、"无用"的价值之一是帮助作者"度过一生中最艰难的岁月……我将用我的余生在文学中漫游，因为我越来越觉得，文学的漫游就如同爱人故去后能够在我的梦境中带着我在天际中漫游一样，会带给我永久的震撼和美感"③。

　　陈应松作品的底色是阴暗，下笔毫不留情，将笔下的人物逼至绝

---

① 迟子建：《越过云层的晴朗》，作家出版社 2009 年版，第 254 页。
② 迟子建：《越过云层的晴朗》，作家出版社 2009 年版，第 266~267 页。
③ 迟子建：《越过云层的晴朗》，作家出版社 2009 年版，第 268 页。

境，不仅直视中国底层草根的艰难与挣扎，也揭露赤贫之中民众的愚昧与暴戾。和迟子建的作品不同，《太平狗》是一个缺乏温情但催人泪下的故事：一条叫"太平"的狗跟随它的主人程大种从神农架山区来武汉打工，主人在城里受尽白眼和欺凌，狗对主人不离不弃，主人却对它痛下毒手，它反倒凭着对主人的忠诚死里逃生；主人最后误入武汉的黑工厂，在非人的环境里被迫劳动，狗找到了主人却无能为力，主人死在黑工厂，狗千里迢迢伤痕累累回到神农架的家，主人的家人渴望知道他的下落，却只看到从狗的眼里滚出了一滴一滴的泪珠。《太平狗》体现了陈应松在小说中一直以来的思考——"弱势人群"的出路何在？什么造成了"弱势"？"弱势"与"国民性"的关系是什么？"弱势"的暴戾如何化解？本文对此不再赘述。底层之间的倾轧，草根之间的算计，在《太平狗》里依然醒目，狗的勇敢与忠贞越发显出人的卑劣与丑恶，小说篇名近乎是对世道人心的反讽，"宁做太平犬，不做离乱人"。

《太平狗》不是以第一人称叙述，作者对狗的冷静客观的描述反而越发引人想象。《生死疲劳》以及《越过云层的晴朗》尽管借由动物的口吻以第一人称叙述，但如果在叙述的语气上太过人性化，则会过犹不及，变成童话故事，失去陌生化的效果，因为人类毕竟不能真正知道动物的内心世界，《太平狗》没有让狗"说话"，也甚少深入狗的内心，只是对狗的特征、行为如实白描，以狗的视野为参照，反衬出人的世界竟是如此荒凉、残暴、陌生。当"太平"被主人卖给屠狗贩之后，又被人买走，拴在楼顶，在寒冷的城市深夜思念故乡和主人，神农架的原始野性在体内流淌，和主人失散的"太平"与人一样伤感，城市陌生得何其诡异，陈应松如此想象"太平"对世道人心的观感：

> 到了晚上，思念主人和故乡的赶山狗太平终于发出了凄厉的长鸣。这是寒潮加深的某一个晚上，太平的脖子上勒着短短的铁链，它无法习惯这么一根链子，在山野，在它的丫鹊坳，它是自由的、奔放的、散漫的，脖子上除了毛就是吹拂着的村风，还有温和的阳

光……可从楼顶望着满城迷离恍惚的灯光，它悄悄地淌下了眼泪。这是孤独的时刻……孤独。离别。无法交流。灯火像星空一样，带着诡异和狞笑，无声地跳动在大地的深处。①

主人死后，"太平"跟着主人的气息魂归故里，一种只有动物才能察觉的神秘感引领它跟随主人的魂魄回家。陈应松以沉敛的感情写出了莫言提出的小说应有的"大悲悯"。

"故乡！……"它在心底里大声说。它喊。它，太平，一条狗。一定是回到故乡去了，它的主人。那缕白烟正向遥远的天际飘去，在很远的地方，在川、陕、鄂交界的那一片山岗上，总有这样的烟云，像透明的梦境，从它的眼际飘过！……那气味突然从很深的地方泛了出来，还没有死去，它蛰伏在太平的心灵深处。那气味使它回忆起了过去的一切；那气味拖曳着它，牢牢地拴住了它，让它不可遏止地带着坚定的步伐，向那儿走去！它跟着飘渺的主人，跟着云端里的呼唤，在星星的指引下，嗅辨着那若断若续的来路，向回走去。②

结语：陌生化与文学伦理

在形式主义的理论操演中，陌生化是"文学性"赖以生长的上好土壤，让现实中习焉不察的环境判然有别，唤起读者对同一对象的重新认知，建立自成一体的纸上王国。钱锺书引梅圣俞的诗评"以故为新，以

---

① 陈应松：《陈应松作品精选》，长江文艺出版社 2010 年版，第 240 页。
② 陈应松：《陈应松作品精选》，长江文艺出版社 2010 年版，第 255 页。

俗为雅，状难写之境，含不尽之意"与西方理论互为阐发，见证古今中外的文学创新均不离陌生化的手法，而对陌生化的合理运用正是文学的伦理所在。上文引用昆德拉对小说的理解："小说唯一的道德是认知，一部不去发现一点在此之前存在中未知部分的小说是不道德的"，那么小说应如何认知，怎样发现？在众多的创作技巧中，陌生化首当其冲，为小说在演变的道路上披荆斩棘，让文学的传承保持活力。

（原刊于《扬子江评论》2014 年第 3 期）

（肖画，文学博士，副教授，主要研究方向为世界华文文学、中国现当代文学、翻译。）

莫言小说的叙事视角

王育松

摘　要：叙事学认为，确定从何种视点叙述故事对于小说家来说非常重要，它直接影响读者对小说人物和故事的情感态度与道德判断。在莫言的小说艺术中，叙事视角的灵活多变构成其创作的一大特色。儿童视角、多角度叙述、动物视角，是莫言最成功的视角设计。

关键词：莫言；小说；叙事视角

现代小说家进行叙事艺术的创新，常常从选择特殊的叙事视角入手。英国小说家、批评家戴维·洛奇指出："确定从何种视点叙述故事是小说家创作中最重要的抉择了，因为它直接影响读者对小说人物及其行为的反应，无论这反应是情感方面的还是道德方面的。"①

纵观莫言的创作可以发现，他在小说艺术多方面的探索中，叙事视角的不断变化一直是这个"讲故事的人"所特别注重的。儿童视角、多角度叙述和动物视角，是莫言最有特色的视角设计。本文拟从这三个方面展开对莫言小说叙事视角的分析。

---

① 戴维·洛奇：《小说的艺术》(王峻岩等译)，作家出版社 1998 年版，第 28 页。

一、儿童视角

"叙事视角是一部作品，或一个文本，看世界的特殊眼光和角度。"①"一般意义上的儿童视角指的是小说借助于儿童的眼光或口吻来讲述故事，故事的呈现过程具有鲜明的儿童思维的特征。"②对于莫言来说，儿童视角就是他"看世界的特殊眼光和角度"，是他发掘童年生活宝藏，进行小说构思和写作时常用的聚焦方法，也成为其小说显著的艺术特征之一。尽管如此，初登文坛时莫言却并没有这样明确的叙述意识。他在 1985 年之前发表的习作，包括被《小说月报》转载的《售棉大路》和得到孙犁赞赏的《乡村音乐》，并没有涉及童年生活和儿童视角。只是到了成名作《透明的红萝卜》，莫言小说的儿童视角才得以显现。

《透明的红萝卜》获得巨大成功后，莫言谈到他的创作心得：

　　我觉得写痛苦年代的作品，要是还像刚粉碎"四人帮"那样写得泪迹斑斑，甚至血泪斑斑，已经没有多大意思了。就我所知，即使在"文革"期间的农村，尽管生活很贫穷落后，但生活中还是有欢乐，一点欢乐也没有是不符合生活本身的。即使在温饱都没有保障的情况下，生活中也还是有理想的。当然，这种欢乐和理想都被当时的政治背景染上了奇特的色彩，我觉得应该把这些色彩表达出来。把那段生活写得带点神秘色彩、虚幻色彩，稍微有点感伤气息

---

① 杨义：《中国叙事学》，人民出版社 2009 年版，第 197 页。
② 吴晓东、倪文尖、罗岗：《现代小说研究的诗学视域》，《中国现代文学研究丛刊》1999 年第 1 期。

也就够了。①

"奇特""神秘""虚幻"甚至"空灵"，的确是《透明的红萝卜》所具有的艺术风格(当然没有包括这篇小说的全部风格，因为它也是忧伤的、愤懑的)。这种风格从何而来，如何产生，在当时，无论莫言还是大多数批评家，都没能从叙事学的角度进行分析。仅有个别评论家独具慧眼，对莫言小说的儿童视角表示了特别的关注。②

在《透明的红萝卜》中，莫言采用将黑孩作为聚焦人物的内聚焦模式，对极端年代农村生活的叙事，对发生在成人之间情爱和恩怨的描写，都通过这个年幼无知的黑孩的眼光"打量"和"过滤"。除了黑孩的心理活动包括潜意识以外，小说对其他人物的刻画基本上控制在黑孩所能看到(听到)的表情、言语和行为等外观举止上。那些看来平常的集体出工、修建水利、师徒传艺，以及村妇的嚼舌、男女的恋爱等，在黑孩懵懂的感觉(视角)中，或者新鲜刺激，或者一知半解，因而产生出一种"陌生化"的体验。在一定程度上，小说的"奇特""神秘"等风格就因为这个儿童视角而产生。更有甚者，黑孩无意中窥见菊子姑娘和小石匠幽会的一幕，这对他产生了极度的震撼：

> 他很惊异很新鲜地看到一根紫红色头巾轻飘飘地落到黄麻秆上，麻秆上的刺儿挂住了围巾，像挑着一面沉默的旗帜，那件红格上衣也落到地上。成片的黄麻像浪潮一样对着他涌过来。他慢慢地站起来，背过身，一直向前走，一种异样的感觉猛烈地冲击着他。

① 徐怀中、莫言等：《有追求才有特色——关于〈透明的红萝卜〉的对话》，《中国作家》1985 年第 2 期，转引自杨守森、贺立华主编《莫言研究三十年》(上卷)，山东大学出版社 2013 年版，第 63 页。
② 程德培：《被记忆缠绕的世界——莫言创作中的童年视角》，《上海文学》1986 年第 4 期。

　　黑孩不敢再看下去，莫言不忍再写出来，然而孩子"看"的已经足够多了，受到的刺激非常强烈。用孩子的眼光观察极左年代的乡村，用孩子的心理感受物质的匮乏和精神的压抑，用孩子的想象彰显不屈的生存意志(如黑孩关于"透明的红萝卜"的幻觉)，所有这些与众多全知视角讲述的"伤痕小说""反思小说"相比，自然会使读者耳目一新。小说对黑孩超常感觉官能的描写，对孩子神奇幻想能力的发现，使文本的意蕴较为丰厚，溢出了反思历史和批判现实的主题边界①。尤其值得称道的是，《透明的红萝卜》的儿童视角，在莫言那里不是刻意的设置，而是妙手偶得，浑然天成。对于作家来说，这是可遇不可求的。

　　莫言曾经说过，如果要在他的作品中找出一个与他最相似的人物，那么非《透明的红萝卜》中的黑孩莫属。② 从写实的角度看，《枯河》中的小虎与童年的莫言也颇为接近。小虎上树玩耍时不慎跌落，撞伤(死)了支书的女儿。这对于家庭出身不算好的小虎一家无疑是雪上加霜。他因此受到支书和自己家人的责骂和暴打，身心俱受摧残，最后愤而投河自尽。小说的第一段用全知视角和预叙手法交代了小虎的惨死：

　　　　直到明天早晨他像只青蛙一样蜷伏在河底的红薯蔓中长眠不醒时，村里的人围成团看着他，多数人不知道他的岁数，少数人知道他的名字……明天早晨，他要用屁股迎着初升的太阳，脸深深地埋在乌黑的瓜秧里。一群百姓面如荒凉的沙漠，看着他的比身体其他部位的颜色略微浅一些的屁股。这个屁股上布满伤痕，也布满阳光，百姓们看着他，好像看着一张明媚的面孔，好像看着我自己。

　　从第二段开始小说由全知叙事转向了限制叙事，视点基本上围绕着小虎的行为和意识移动。在支书女儿小珍的激将下，小虎爬上树为她折

---

　　① 参见王育松：《童年叙事：意义丰饶的阐释空间——重读莫言的中篇小说〈透明的红萝卜〉》，《湖北社会科学》2008 年第 10 期。

　　② 莫言：《自述》，《小说评论》2002 年第 6 期。

树杈。他看到了一副奇异的景象：

> 街上尘土很厚，一辆绿色的汽车驶过去，搅起一股冲天的尘土，好久才消散。灰尘散后，他看到有一条被汽车轮子辗出了肠子的黄色小狗蹒跚在街上，狗肠子在尘土中拖着，像一条长长的绳索，小狗一声也不叫，心平气和地走着，狗毛上泛起的温暖渐渐远去，黄狗走成黄兔，走成黄鼠，终于走得不见踪影。

这个细节堪称神来之笔。在小虎眼中，小狗被碾压似乎已经司空见惯，并没引起他的一点儿惊讶。显然，小狗的遭遇隐喻着小虎以及村民的命运，那就是在极权和暴力之下，逆来顺受，隐忍而无奈。无论揭示还是批判，故事蕴含的思想意义借助小虎的视角暗示给读者，叙述显得含蓄蕴藉，耐人回味。

《枯河》的叙事到了全文的最后一段又回到全知视角：

> 人们找到他时，他已经死了……他的父母目光呆滞，犹如鱼类的眼睛……百姓们面如荒凉的沙漠，看着他布满阳光的屁股……好像看着一张明媚的面孔，好像看着我自己……

这里的句子在第一段基本上都出现过，"好像看着我自己"这句话格外引人瞩目。它生硬突兀，在整个段落中制造出不协调的声音。通常，在叙事文中"我"以叙述者的身份出现，表明文本设定了限制性视角，故事或将以"我"的视点展开。可是如前所述，《枯河》已将小虎作为聚焦人物，"我"的出现就有些画蛇添足了。究其原因，大概是作家没能够控制住个人经历与小说叙事的距离，宣泄的欲望过于强烈。这也说明在创作早期，莫言对叙事视角的把握还处在摸索之中。

在叙事学研究中，法国叙事学家热奈特较早注意到叙事文中观察者与叙述者之间的区别，亦即"视角"与"声音"的区别。① 他指出，视角研究谁看(谁感知)的问题，即谁在观察故事；声音研究谁说的问题，指叙事者传达给读者的语言，视角不是传达，只是传达的依据。

联系莫言的早期创作来看，《透明的红萝卜》《枯河》等一系列作品中，观察者是天真幼稚的孩子，讲述却没有模拟儿童语言，而是成熟的大人的口吻，是带有知识分子话语特点的书卷语体。"他听到黄麻地里响着鸟叫般的音乐和音乐般的秋虫鸣唱。逃逸的雾气碰撞着黄麻叶子和深红或是淡绿的茎秆，发出震耳欲聋的声响"(《透明的红萝卜》)。"鲜红太阳即将升起那一刹那，他被一阵沉重野蛮的歌声唤醒了。这歌声如同太古深林中呼啸的狂风，携带着枯枝败叶污泥浊水从干涸的河道中滚滚而过"(《枯河》)。这里儿童视角与讲述声音是分离的，两者之间的差异很明显。这种差异如果与《哈克贝利·费恩历险记》《麦田里的守望者》等做个比较就会更加清楚。在后两部美国小说中，故事的观察者(视角)与叙述者(声音)形成高度的一致。

莫言于 1998 年发表中篇《牛》和短篇《拇指铐》，仿佛是对《透明的红萝卜》和《枯河》的遥相呼应，也是他儿童视角叙事的新收获。《牛》的故事仍然发生在"文革"时期，围绕着生产队里一头牛的命运，讲述了物资匮乏年代，农村各色人等为了吃一顿肉而挖空心思制造出的悲喜剧。小说的视角和声音基本一致，叙述者"我"是个叫罗汉的少年，开头是这样的：

> 那时候我是个少年。
> 那时候我是村里调皮捣蛋的少年。

------

① 胡亚敏认为是热奈特首先发现了两者的区别，见胡亚敏《叙事学》，华中师范大学出版社 2004 年版，第 20 页。华莱士·马丁则认为"叙述的焦点"(谁写的?)与"人物的焦点"(谁看的?)之间的区别由克林斯·布鲁克斯和罗伯特·佩恩·沃伦首次提出，见华莱士·马丁《当代叙事学》(伍晓明译)，北京大学出版社 2005 年版，第 144 页。

那时候我也是村里最让人讨厌的少年。

这样的少年最令人讨厌的就是他意识不到别人对他的讨厌。他总是哪里热闹就往哪里钻。不管是什么人说什么话他都想伸过耳朵去听听；不管听懂听不懂他都要插嘴。听到了一句什么话，或是看到了一件什么事他便飞跑着到处宣传……他总是错以为别人都很喜欢自己，为了讨得别人的欢心他可以干出许多荒唐事。

这段看似与题旨无关的闲笔，已经悄悄地设定了故事观察的角度和讲述的语气，做出了"小说家创作中最重要的抉择"（戴维·洛奇语）。经过近二十年的磨砺，在创作心态上，莫言从初登文坛的愤怒与峻急变得幽默和从容。他笔下的少年罗汉不再像黑孩那般沉默寡言，内心始终处于高度戒备状态，而是摇身变为一个顽皮饶舌、口无遮拦的浑小子。这个叙述者所用的词汇和句式均具有口语特点，似乎是在即兴讲故事，而不是提交一篇构思审慎、语言考究的作品。读者与其说是阅读，倒不如说是在听故事，就像偶遇一个健谈的陌生人一样。

通过罗汉的眼睛，饲养员杜大爷的狡黠，队长麻叔的老辣，兽医老董的阴郁，公社孙主任的蛮横，一一展现在读者面前。这些大人们为了一饱口福费尽心机，斗智斗勇，在一个少年看来却显得漏洞百出、滑稽可笑。孙主任强行扣下病死的牛不让麻叔拉回队里，结果公社机关工作人员及其家属三百多人，因为食用病死牛肉而食物中毒，又因为无知而以为是敌特破坏。惊天大案报给上级，当地严查阶级敌人，一时间风声鹤唳。所有这一切经过罗汉的口吻叙述，亦庄亦谐的语调中隐含复杂的况味，给人的感觉是滑稽之中有心酸，戏谑之下含哀怜。

《拇指铐》与《枯河》一样，采用第三人称限知视角，聚焦人物是年仅八岁的阿义。小说的"声音"与视角分离，用成年人的口吻讲阿义的故事。阿义到县城为身患重病的母亲买药，返回的路上，被一个古怪老头莫名其妙地铐在了翰林墓地边的大树下。老头是什么人，为何铐住阿义，叙述者有意不做交代，以凸显阿义受难的突如其来、不可理喻。阿义叫天天不应，叫地地不灵，想到病重的母亲不由得忧心如焚。他一次次呼救、挣扎，路人却熟视无睹。

从某种意义上说，《拇指铐》达到了莫言童年叙事的最高艺术境界。饥饿、孤独、屈辱、愤懑、甚至死亡……所有的不幸都已成为往事，如过眼烟云。阿义面对突如其来的厄运，拼死一搏，浴火重生。小说在故事背景的描写上使用模糊笔法，营造出一副非今非古、亦今亦古的中国乡村视境。作品借此跳出写实的窠臼，拥有浓厚的象征意蕴。阿义是莫言小说中那些受苦受难的孩子的集大成者，他最终的获救，靠的不是仇恨，而是爱和感恩。这是一篇超越时空的作品，实现了莫言"努力地想使我的高密东北乡故事能够打动各个国家的读者"的抱负。① 小说的结尾构思奇特，浪漫瑰丽，再一次显示了莫言卓越的艺术想象力，也是不可多得的美文：

> 后来，他看到有一个小小的赭红色孩子，从自己的身体里钻出来，就像小鸡从蛋壳里钻出来一样。那小孩身体光滑，动作灵活，宛如一条在月光中游泳的小黑鱼。他站在松树下，挥舞着双手，那些散乱在泥土中的中药——根根片片颗颗粒粒——飞快地集合在一起。他撕一片月光——如绸如缎，声若裂帛——把中药包裹起来。他挥舞双臂，如同飞鸟展翅，飞向铺满鲜花月光的大道。从他的两根断指处，洒出一串串晶莹圆润的血珍珠，叮叮咚咚地落在仿佛玛瑙白玉雕成的花瓣上。他呼唤着母亲，歌唱着麦子，在瑰丽皎洁的路上飞跑。他越跑越快，纷纷扬扬的月光像滑石粉一样从他身上流过去，馨香的风灌满了他的肺叶。一间草屋横在月光大道上。母亲推开房门，张开双臂。他扑进母亲的怀抱，感觉到从未有过的温暖与安全。

---

① 莫言：《自述》，《小说评论》2002 年第 6 期。

在视点设计上，《拇指铐》为什么不像《牛》那样，让观察者和讲述者在阿义身上统一起来？让视角和声音统一起来？作为一篇倾力打造的中国寓言，《拇指铐》寄托着莫言让自己的文字走向世界的雄心与抱负。在这样一个物欲横流、见利忘义的时代，面对成人世界的暴力、自私、冷漠，莫言在阿义身上委以重任，希望他以爱心、坚强和执着感动世人，哪怕就那么一瞬呢。背负着作家殷切希望的阿义，因为年龄和知识的限制，并不能充分理解自己行为的意义，更无力完成上述引文那样华丽庄重的话语表达。莫言必须安排一个成熟睿智的叙述者，才能胜任如此困难的工作。《牛》的情况就不同了。作为一个写实性的、叙述乡村苦难的文本，少年的视角和声音赋予它严肃题材下灵动的身姿。以"轻"写"重"，"苦"中作"乐"，不仅是莫言惯用的小说笔法，而且蕴涵着他对乡村历史文化独特的认知与理解。两篇小说同样设定儿童视角，因为不同的主题意图而选择了不同的讲述声音。这表明莫言已经能够娴熟地处理视角和声音的关系，在两者距离的调控上得心应手。

二、多角度叙述

按照胡亚敏对视角的分类，所谓多角度叙述即不定内聚焦视角。"采用几个人物的视角来呈现不同事件，这种焦点移动与非聚焦型视角不同，它在某一特定范围内必须限定在单一人物身上，换句话说，作品由相关的几个运用内聚焦视角的部分组成。"[1]

一般认为，中国当代作家使用多角度叙述手法，来自于福克纳的《喧哗与骚动》等现代主义小说的启示。在《喧哗与骚动》中，福克纳分别以三兄弟班吉、昆丁、杰生为视点，让他们各自讲一遍自己的故事；然后又使用全知视角，以黑人女仆迪尔西为聚焦人物讲述康普生家族的

---

① 胡亚敏：《叙事学》，华中师范大学出版社 2004 年版，第 30 页。

其他故事。小说出版 15 年后，福克纳在《附录》里又把康普生家的故事作了补充。他多次对人说，自己把这个故事写了 5 遍。《喧哗与骚动》的 5 个部分虽然在叙事上有交叉、重合，但却不是简单的重复，整个故事因而获得纵深的、立体的效果。在分别以班吉、昆丁和杰生的视角讲述康普生家族的故事时，福克纳以其卓越的语言驾驭能力，用意识流的表现方法模拟了兄弟三人不同的内心独白，使观察视角、叙述声音与人物性格达到了高度的统一。

据笔者考查，莫言最早使用多角度叙述手法的小说应该是发表于 1985 年的中篇《球状闪电》。乡村青年"蝈蝈"从小有失禁尿床的毛病，造成了心理上的阴影。他多次参加高考，都因为精神高度紧张而发挥失常，屡屡失败。回乡务农后，蝈蝈迫于父母的压力娶了同村比自己大三岁的茧儿，生有一女。中学同窗毛艳考上农学院后没等毕业就退学回乡，邀请蝈蝈和她一起贷款办企业，从国外引进奶牛养殖。毛艳把一些现代观念和城市生活方式带到闭塞的乡村，因而在蝈蝈家里和村中引发波澜和冲突。这样一个吻合"改革文学"主题的故事，因为叙事手法的新颖显得摇曳多姿，令读者产生眼花缭乱、目不暇接之感。

《球状闪电》共分十节，平行采用蝈蝈、蝈蝈女儿、茧儿、蝈蝈父母等人物视角和刺猬、奶牛等动物视角，呈现出了一个乡村落榜青年在变革年代五味杂陈的内心世界。在灵活多变的视角捕捉下，城市与乡村的差异，现代与传统的碰撞，父母与子女的隔阂，还有爱与欲的矛盾、灵与肉的纠葛等都得到生动的表现。小说的艺术感染力确实得力于多角度叙述手法的大胆探索。不过，作为对一种新的视角的初次尝试，莫言行文的稚嫩和生硬之处也比较明显。首先是视角转换的频率过快，各个内聚焦人物的叙事没能够充分展开；其次，有些视角的转换担负的是先后叙述同一事件不同部分的功能，未能真正呈现既有联系又有区别的不同事件；第三，在某一特定范围内焦点的移动有随意之处，没能始终保持在聚焦人物身上，造成了叙述的混乱。比如第二节以蝈蝈的视角回忆他尿床的窘事、几次高考失败、不得已回乡务农，以及对未婚妻茧儿心理拒斥又肉体依恋的苦恼。叙事在第三人称"他"和第一人称"我"之间随意变化，行文不免有匆忙草率之感。

谈及莫言小说的多角度叙述，不能不提到《红高粱家族》。这部小说对"红色经典"的解构是多方面的，其中儿童视角与成人视角的双重叠加和自由转换，在当时十分引人注目。"红色经典"以无所不知、毋庸置疑的口吻叙述现代历史，追求认知上的规律化、真理化。随着人们史学观念和文学观念的变化，这种全知叙事暴露出绝对性和片面性的弊端。莫言在《红高粱家族》中的视角创新，归根结底来自于他历史观念的新变。一方面，他用"我父亲"的儿童视角来观察"我爷爷""我奶奶"当年"最能喝酒最能爱""杀人越货，精忠报国"的壮丽人生，用视角蕴含的血缘亲情巧妙过滤掉"土匪"一词的贬斥含义，而赋予其勇猛刚烈、爱憎分明的语义。另一方面，他用"我"的成人视角对这段英雄传奇做出现代性解读和评说，不断以现代人的懦弱反衬祖先的强悍，提出"种的退化"这个关于民族生命力的命题。

《红高粱家族》的历史叙事，由全知视角转向限知视角，由单一角度向多角度叠加，从而造成了小说结构形态的开放。传统的、板滞的线性叙事为时空的自由切换所取代，宏大叙事惯有的庄严肃穆，也在嬉笑怒骂的戏谑话语方式中不知不觉被消解。如此一来，"红色经典"的叙事成规被莫言的叙事策略全面打破，小说艺术的生产力得到极大的解放。视角的双重叠加造成了空间上的延展性和时间上的复合性，增加了信息涵容量，增强了小说的艺术表现力度，也提高了小说的文化品位。

莫言于2000年推出的长篇《檀香刑》，被评论界认为是他创作的又一个重要收获。小说在结构上分为"凤头部""猪肚部"和"豹尾部"三大部分。"凤头部"和"豹尾部"是限知叙事，分别以主要人物孙媚娘、赵甲、钱丁、孙丙、小甲为视点，用第一人称讲述故事；"猪肚部"取全知视角，用第三人称作补充叙事。这种视角的安排同样可以看到《喧哗与骚动》的影响。

福克纳以班吉、昆丁、杰生三兄弟为视点讲的故事，由于限知叙事、傻子叙事、意识流叙事多种手法的交织，实际上有意给阅读设置了重重障碍。读者只有将三兄弟叙事中的碎片组合拼贴，将他们的叙事综合起来，再参考以迪尔西为聚焦人物的那一章，才能够获得关于康普生家族完整的印象。多角度叙述和白痴视角，意识流，神话模式——所有这些福克纳对小说艺术的创新，不禁令人重温什克洛夫斯基著名的论断："那种被称为艺术的东西的存在，正是为了唤回人对生活的感受，使人感受到事物，使石头更成其为石头。艺术的目的是使你对事物的感觉如同你所见的视像那样，而不是如同你所认知的那样；艺术的程序是事物的'反常化'程序，是复杂化形式的程序，它增加了感受的难度和时延……"①

到了莫言这里，根据其创作谈，他在《檀香刑》中使用多角度叙事的主要原因在于作家独特的小说美学观念：

> 小说的凤头部和豹尾部每章的标题，都是叙事主人公说话的方式，如"赵甲狂言""钱丁恨声""孙丙说戏"等等。猪肚部看似用客观的全知视角写成，但其实也是记录了民间用口头传诵的方式或者用歌咏的方式诉说着的一段传奇历史——归根结底还是声音。而构思、创作这部小说的最早起因，也是因为声音。

> 也许，这部小说更适合在广场上由一个嗓音嘶哑的人来高声朗诵，在他的周围围绕着听众，这是一种用耳朵的阅读，是一种全身心的参与。②

莫言为了实现向中国古典文学传统(说书人和话本小说)和民间文学传统(说唱艺术)的"大踏步撤退"，在"凤头部"和"豹尾部"用类似戏曲道白的韵文方式，让各个小说人物自我呈现、各自发声。多角度叙事

---

① 什克洛夫斯基：《散文理论》，转引自胡经之主编《西方文艺理论名著教程》(下卷)，北京大学出版社 2003 年版，第 173 页。

② 莫言：《大踏步撤退》，《檀香刑·代后记》，上海文艺出版社 2008 年版。

的目的不是增加文本的审美难度，制造"陌生化"效果，而是模拟民间戏曲的情境，渲染一种众声喧哗的广场（舞台）氛围。莫言与福克纳不同的还有一点，那就是他始终不能（不愿）完全放弃自己的"声音"，即便是使用人物视角的限知叙事，莫言话语"独特的腔调"①依然要表现出强烈的存在感。"从话语的表达方式上看，作者致力于维护人物自身的文化角色，努力让人物以自己的口气叙述……但是，当这些叙事进入到事件内部，尤其是进入到细节的复述之中，便会出现大量的极致性、梦态抒情般的感觉化言语。这些话语明显超越了人物自身的感受能力，呈现出创作主体的个性禀赋"。② 这种"有意现身"的叙述者与"完全退隐"的叙述者究竟孰优孰劣，应该是见仁见智的事，不能将叙述者所有的"介入"都简单指责为"越界"。

更加能够体现莫言在小说叙事艺术上创新的，是他的另一部杰作《酒国》。这部奇异的小说设计了三个叙事层面，形成立体的叙事架构。第一层面的叙事以省检察院高级侦查员丁钩儿为视点，用调侃戏谑的笔法讲述他奉命查办传闻的酒国市有人食用婴儿一案。结果丁钩儿陷入当地政府的肉山酒海难以自拔，最后竟然淹死在茅坑里。第二层面的叙事以书信体展开，酒国市酿造学院的酒博士李一斗写信向作家莫言请教小说作法，莫言煞有其事地予以回复。双方的通信对文坛以及社会嬉笑怒骂，极尽讽刺挖苦之能事。第三层面的叙事是李一斗随信寄给莫言的九个短篇小说，涉及酒国市的历史、传说和现状，形式上戏拟了现代文学的几乎所有小说文体。

关于《酒国》的主题，研究者众说纷纭，莫衷一是。莫言为小说写的后记《酒后絮语》聊备一格，有助于对作品的理解：

　　《酒国》动笔于一九八九年九月，原想写部五万字左右的中篇，

---

① 莫言：《独特的腔调》，《读书》1999 年第 7 期。
② 洪治纲：《刑场背后的历史——论〈檀香刑〉》，《南方文坛》2001 年第 6 期。

但一写起来就没了遮拦。原想远避政治，只写酒，写这奇妙的液体与人类生活的关系。写起来才知晓这是不可能的。当今社会，喝酒已变成斗争，酒场变成了交易场，许多事情决定于觥筹交错之时。由酒场深入进去，便可发现这社会的全部奥秘。于是《酒国》便有了讽刺政治的意味，批判的小小芒刺也露了出来。

当然，《酒国》首先是一部小说，最耗费我心力的并不是揭露和批判，而是为这小说寻找结构。目前这小说的结构，虽不能说是最好的，我自认为也是较好的了。①

在相当程度上，《酒国》的成功得力于莫言为小说找到了近乎完美的结构，即用三个叙事层面搭建的立体架构。这种架构与叙事视角的转换互为表里，共同推动着故事的进展。在第一叙事层面，丁钩儿作为第三人称限知叙事的观察者，案件调查过程是以他的视点展开的。烹食婴儿事件亦真亦幻，宣传部长金刚钻身份暧昧，丁钩儿勾搭上的女司机居然是富商余一尺的第九个情妇，这个来自省城的破案高手在酒国却一筹莫展……情节的扑朔迷离造成叙述的真假难辨，丁钩儿俨然成为不可靠叙述者的代言人。他的死于非命形成一个反讽，而"酒国"则是一个象征，一个寓言：既指涉历史也指向现实，既隐喻文化也影射政治。

小说的第二叙事层面，莫言虚构一个来自酒国的文学爱好者李一斗与自己通信，双方就文学创作各抒己见。通信既涉及第一叙事层面出现的人物，又透露了第三叙事层面人物的信息，顺理成章地完成了视角的转换和叙事层面的跨越。这里视角的转换使作家莫言摇身一变为小说中人物，而虚构人物李一斗因为作家使用的"障眼法"似乎从虚构世界跳到现实当中。李一斗所在的酒国也好像不只是书中城郭，而变为现实中的存在。假作真时真亦假，《酒国》由此显示出以假乱真的叙述魅力。

李一斗随信寄给莫言的九个短篇小说组成的第三个叙事层面，包含

① 莫言：《酒国》，上海文艺出版社 2008 年版，第 343~344 页。

着作家对中国历史和现实最为痛切的思考，其中的《肉孩》《烹饪课》等尤其令人侧目。这九个短篇以及双方通信中由文学引发的议论，真假互现，虚实相间，用移动的、环形的视角观察和评说当代社会生活。联系到小说扉页题写的丁钩儿墓志铭"在混乱和腐败的年代里，弟兄们，不要审判自己的亲兄弟"来看，《酒国》恐怕就是莫言为这个激情而混沌的时代撰写的墓志铭吧。

"当然，《酒国》首先是一部小说……"，莫言的游戏精神在小说的最后一章发挥到极致，他把自己写进了酒国。受酒国市的邀请，作家莫言前去参加酒文化节。在好客的主人李一斗、金刚钻、余一尺等人的盛情款待下，莫言喝得酩酊大醉。这个"豹尾"无疑在向读者强调《酒国》的虚构性质，借自我嘲弄掩饰小说"批判的小小芒刺"。在叙事学上，这是与所谓"元小说"视角延伸方向正好相反的"反元小说"的写法。

杨义根据西方叙事学的"元小说"一词提出了"反元小说"的概念：

> 所谓"反元小说"乃是采取与元小说站在真实世界谈论虚构世界相反的视角，它是站在虚构世界的深处反过头来，谈论着作者及其熟人的世界……小说的视角是由小说内部射向小说外部的现实世界的，它与元小说的视角从小说外部的现实世界射向小说内部恰好相反，在以虚论实之中，形成了真幻交织的特殊趣味。元小说以真实悬置叙事中的虚构，反元小说却以虚构反讽叙事者的真实，它们都在小说的边界之外另有边界。①

之所以称《酒国》在小说叙事艺术上有所创新，是因为莫言对多角度叙事手法的运用，没有像福克纳那样仅仅停留在一个叙事层面，而是把视角的灵活变化扩展到不同的叙事层面，以"反元小说"的方式拓宽了艺术想象的疆界，在现实与虚构之间自由穿行。从文学与现实的关系

---

① 杨义：《中国叙事学》，人民出版社 2009 年版，第 252~253 页。

来看，这也是当下文学介入现实不得不采取的应对策略。批评家张旭东对此有精辟的分析："因为一个完整的叙事空间无法应付今天这个现实，带着一种意识怎么也看不出来，没有办法和这个现实进行有效的接触，真正要领受这个中国复杂性的话，每个人都要是个精神分裂症患者。我们要从内部分裂成多重人格、多重视点、多重立场、多重感官方式，像有些动物有复眼，有很多眼睛，要用一种意识的复眼看今天这个现实。"①

三、动 物 视 角

文学创作中动物叙事的出现和动物视角的运用，无论中外都有着悠久的传统。从西方来看，希腊神话、《伊索寓言》、古罗马的《金驴记》等构成动物叙事的源头，继而有中世纪城市文学《列那狐传奇》，拉封丹、克雷洛夫的动物寓言诗，斯威夫特的《格列佛游记》、麦尔维尔的《白鲸》、杰克·伦敦的《野性的呼唤》、法朗士的《企鹅岛》、吉卜林的《丛林故事》、卡夫卡的《变形记》、奥威尔的《动物庄园》等动物寓言小说。20世纪以来的西方影视作品中，动物叙事、动物视角也很常见，《米老鼠与唐老鸭》《狮子王》《人猿泰山》《大白鲨》《帝企鹅日记》《鸟的迁徙》等不胜枚举。

就我国而言，从《山海经》《淮南子》《搜神记》到唐传奇、宋元小说和明清时期的《西游记》《封神演义》《聊斋志异》等，动物叙事代有著述，绵延不绝。这些作品或以神话方式追述先民生活，记录下中华民族开辟鸿蒙的远古历史；或搜奇志怪，用动物故事影射现实，反映出丰富的幻想能力和美好的理想寄托。中国当代文学在改革开放后重获创作自

---

① 张旭东、莫言：《我们时代的写作——对话〈酒国〉、〈生死疲劳〉》，上海文艺出版社2013年版，第44页。

由，作家的想象力得到较大的提升。小说叙事的多样化实验成为创新探索的重要渠道，动物视角的频繁出现也就顺理成章。王小波的《一只特立独行的猪》，贾平凹的《怀念狼》，杨志军的《藏獒》，姜戎的《狼图腾》等都在运用动物视角方面获得了特殊的艺术魅力。

莫言小说中，动物叙事和动物视角最早出现在 1980 年代中期发表的一批作品里，涉及中国农村的家畜、家禽，北方自然环境中常见的鸟兽虫鱼，以及民间故事传说中的鬼怪精灵。它们的出现为莫言的乡村故事营造出真实可感的环境氛围，使他的小说具有浓郁的乡土气息。《白狗秋千架》中善解人意的白狗，《金发婴儿》中活力四射的公鸡，《透明的红萝卜》中的飞鸟和游鱼，《爆炸》中神出鬼没的狐狸，《红蝗》中遮天蔽日的蝗虫……这些动物形象构成叙事不可或缺的一个侧面，在写实或象征的意义上丰富着文本意涵。

《球状闪电》中有两节假借刺猬和奶牛的眼光，与主人公"蝈蝈"及他的女儿、父母、妻子、女同学等人的视线组成立体交叉视角，万花筒般灵活多变地揭示"蝈蝈"骚动不安的内心，从一个侧面折射改革开放给古老的乡村及陈旧的观念带来的巨大冲击。刺猬视角的设置，与蝈蝈女儿的视角交相呼应，赋予叙事几分童稚之气。奶牛视角移动的缓慢呆滞，与蝈蝈父母的偷窥行为相互映衬，摹状因循守旧的乡村风俗。《枯河》中被车轮碾出肠子仍然蹒跚行走的小狗，无疑是极左年代村民卑微生存状态的写照；《老枪》中遮天蔽日的野鸭，与主人公不可更改的宿命之间存在着神秘的关联；《金发婴儿》里那只雄赳赳的大公鸡唤醒了少妇紫荆被压抑的生命欲望，《奇死》中对二奶奶恋儿纠缠不已的狐仙，则是不测风云、旦夕祸福的预兆……

《透明的红萝卜》有一段对黑孩的描写：

　　好像有一群鱼把他包围了，两条大腿之间有若干温柔的鱼嘴在吻他。他停下来，仔细地体会着，但一停住，那种感觉顿时就消失了。水面忽地一暗，好像鱼群惊惶散开。一走起来，愉快的感觉又出现了，好像鱼儿又聚拢过来。于是他再也不停，半闭着眼睛，向前走呵，走……

这是从鱼的角度写黑孩在人世间的孤独和他与自然界的亲近。

当老铁匠被小铁匠"抢"走手艺后，小说借鸭子的视角交代老铁匠黯然离去时的情形：

> 从胡同里，鸭子们望见一个高个子老头儿挑着一卷铺盖和几件沉甸甸的铁器，沿着河边往西走去了。老头的背驼得很厉害，担子沉重，把他的肩膀使劲压下去，脖子像天鹅一样伸出来。

后面还有"那只公鸭子跟他身边那只母鸭子交换了一个眼神"这样煞有其事的描写。事实上这里叙述已经越出黑孩的儿童视线，但不用一般的客观陈述而选择了一个动物视角。幽默戏谑之外，还隐含着叙事者对角色的同情和体贴。

有些情况下，莫言借助动物的眼光看人，用动物的善良单纯对比人的阴暗复杂，批判人性的丑陋。《牛》记叙了生产队一头被阉割的小公牛双脊的悲惨故事。因为成年人的心机和算计，双脊被阉割后得不到任何救治，只能忍受剧痛和感染，最后衰竭而死。那些策划者都等着吃它的肉呢(当然这也反映了极左年代乡村的普遍贫困)。唯有牧童罗汉梦中受到双脊的攻击，听到它咬牙切齿的咒骂声——那不啻就是动物对人的声讨。《酒国》中的一篇《驴街》更以夸张的笔法铺叙"全驴宴"的残忍和奢华，摹状毛驴临死前的可怜情形，借以讽刺人的贪欲。

除了上述用法外，莫言小说的动物叙事和动物视角，还可以担负起组织文本结构的重要职能，甚至在文体创新中做出独到的贡献。"叙事是一个名词化的动宾结构的词语，事而被叙，关键在于感而有觉，视而能见。在觉与不觉、见与未见之间，存在着一个感知角度的问题。因而实在不应该把视角看成细枝末节，它的功能在于可以展开一种新的独特的视境，包括展示新的人生层面，新的对世界的感觉，以及新的审美趣味、描写色彩和文体形态。也就是说，成功的视角革新，可能引起叙事文体的革新"。① 莫言的早期创作中，《白狗秋千架》在这方面有不俗的表现，晚近的《生死疲劳》则是运用动物视角谋篇布局的大规模架构。

《白狗秋千架》的故事里，那只出产于高密东北乡的、富于灵性的白狗先于女主人公"暖"出场，唤起了"我"对过去甜蜜而又苦涩的回忆。白狗是"我"与"暖"朦胧爱情的见证，它还"看到""暖"不幸从秋千摔下被刺瞎一只眼睛，"看到""暖"不得已嫁给一个哑巴、生下三个哑巴孩子、过着辛苦而压抑的生活。最后，白狗引领"我"到了高粱地深处，让"我"尴尬面对"暖"渴望要一个健康孩子的激情倾诉。白狗的几次现身，类似于中国古典小说"草蛇灰线"的技法，勾连故事情节的作用是十分明显的。

在分析《生死疲劳》的动物视角之前，对当代文学史稍作回顾是有必要的。出生于 1950 年代、1960 年代的中国作家，因为有着大致相同的成长背景和文学阅读经验，所以他们内心深处都有一个挥之不去的"诗史情结"。尽管介入历史的方式各有不同，小说理想、美学趣味也有很大差异，但是这些小说家几乎都有审视 20 世纪的历史和现实，显示其"宏大叙事"意图的作品问世。莫言自然也不例外，他的长篇小说将 20 世纪整整一百年的中国历史尽数囊括笔下。作为一个创新意识非常鲜明的作家，莫言的长篇几乎每一部都有特殊的构造，他是以不照搬他人、不重复自我为己任的。《生死疲劳》的故事时间起始于新中国成立之初的 1950 年，跨越半个世纪到 2000 年结束。土改、合作化和人民公社、"文化大革命"、改革开放这些重大历史事件构成故事展开的背景。那么，在《太阳照在桑干河上》《暴风骤雨》《三里湾》《创业史》《山乡巨变》《艳阳天》之后，在《芙蓉镇》《许茂和他的女儿们》《平凡的世界》《古船》之后，在莫言自己的《天堂蒜薹之歌》《酒国》《丰乳肥臀》《第

---

① 杨义：《中国叙事学》，人民出版社 2009 年版，第 201 页。

四十一炮》之后，他如何实现叙事艺术的创新呢？

莫言受到佛教"六道轮回"教义的启发，借用《聊斋志异》中人物屈死喊冤的故事原型（《席方平》），加上他经过多次试验已经能够娴熟运用的动物视角，将上述三者综合起来，共同布局《生死疲劳》的叙事结构。靠劳动和节俭致富的地主西门闹，乐善好施，却在土改时被当做恶霸枪毙。在阴司衙门那里，西门闹向阎王叫屈喊冤，无论遭受怎样的酷刑都不认罪。阎王只好同意让他先后托生为驴、为牛、为猪、为狗、为猴，最后托生为畸形的大头儿蓝千岁，在一次次生死轮回中消解心中的恨意和不平。《生死疲劳》于是就以"驴折腾""牛犟劲""猪撒欢""狗精神"等几部分谋篇布局，通过模拟这些动物的眼光、心理、思维和"话语"言说人世沧桑，表现 20 世纪后半叶中国乡村的悲伤和欢乐，苦难和希冀。莫言用这样一种奇异的叙述策略，驱使西门闹在"死"与"生"之间多次穿越轮回，寓言式地书写历史的荒诞与无情，生命的沉重与坚韧。

由于西门闹死后分别投胎为驴、牛、猪、狗，动物视角成为主要的观察和言说方式，《生死疲劳》呈现出叙述对象与叙述方式两者的"分裂"：沉痛的、充满悲剧色彩的事件，用戏谑的、喜剧的话语方式讲述出来。这就在历史与文学之间寻求到一种充满张力的美学的平衡。"莫言作为小说家，不能听由悲剧感主导小说的情绪，而是要把情感和道德的悲剧性控制在游戏性、喜剧性的层面上，因为只有通过这种喜剧性和游戏性，最高的、文学形式总体才能被构造出来。这也是现代派基本的技术和形式逻辑使然。在这个意义上，莫言的确是一个现代派"。①

回顾 20 世纪以来的外国小说创作，君特·格拉斯反思纳粹崛起历史的《铁皮鼓》，布尔加科夫讽刺集权政治和孱弱人性的《大师和马格里达》，米兰·昆德拉的《生命中不能承受之轻》，卡尔维诺的《我们的祖

---

① 张旭东、莫言：《我们时代的写作——对话〈酒国〉、〈生死疲劳〉》，上海文艺出版社 2013 年版，第 99 页。

先》等，都具有使用喜剧的、游戏的话语形式言说悲剧的、沉重的社会历史命题的艺术风格。莫言的艺术创新与现代主义小说的美学追求是相通的，他们通过不同的路径达到超越现实主义的新高度。同时，在当代中国作家中，莫言的探索也不是孤立的存在。王小波的《黄金时代》，阎连科的《坚硬如水》《受活》，余华的《兄弟》等，也可以纳入到这种"幻觉现实主义"的行列里。①

（原文为《莫言小说研究》第三章，略有增改，社会科学文献出版社2016年版）

（王育松，副教授，主要研究方向为中国当代文学、世界华文文学。）

---

① 莫言获得诺贝尔文学奖后，学界对于颁奖词中的关键词"hallucinatoyy real-ism"如何翻译存在争议。美国加州州立大学教授童明认为，应译为"幻觉现实主义"。参见童明《莫言的谵妄现实主义》，《南方周末》202年10月18日，第30版。笔者赞同他的观点。

物哀、幽玄、伤逝和温暖的感伤

——林彦的文学地理与散文叙事

舒辉波

摘　要：儿童文学作家林彦的散文数量不多但艺术水准较高。本文以他的散文集《门缝里的童年》为蓝本，依凭其散文中出现的两个最重要的文学地理"栖镇"和"秋枫巷"来评述其散文叙事，并试图以这样的评述来发掘作家的创作是怎样产生的。物哀、幽玄、伤逝和温暖的感伤既包含了其散文的艺术特质，也是追寻这位作家散文叙事艺术渊源、儿童文学文学观和创作历程的关键词。

关键词：物哀；幽玄；伤逝；感伤；文学地理

林彦是我非常喜欢并且推崇的儿童文学作家，尤其他的散文。李东华说"我认为他是新世纪涌现出的最值得关注的儿童散文作家之一"，"他让我想起了那个一生只有 37 篇散文，却在现代文学史上占据了一席之地，无人能取代其地位的散文家梁遇春。量少而能名世，是因为他们有着独特而鲜明的，让人过目难忘的艺术品格"①。我也持有相同的观点。

在这个普遍取消写作难度和深度的时代，他像雕琢玉器一样力求把每个字磨亮。读他的散文真如废名评介梁遇春的散文那样"文思如星珠

---

① 李东华：《林彦散文：文思如星珠串天》，《文艺报》2008 年 2 月 23 日。

串天"。看到林彦的文字，每每有夏夜里一开门，迎面一天璀璨星斗的那种意外而惊喜的感受。再细细品读，心里还会涌上无名的哀愁和温暖的感伤，就像我们面对漫天的星光和浩瀚的宇宙那样。

作为一个写作者，我常常会追问，他是怎样写出这样的文字的呢？在这样的文字背后，哪些书或哪些经历影响了他对这个世界的看法？他又是汲取了怎样的养分，使得他能够让自己的文字饱蘸情感与灵气而扣动读者的心弦？我甚至还会想，他所写的这些散文，哪些来自真实的经历，哪些又出于虚构的想象？

本文试图循着林彦的文学地理来评述其散文叙事之美的同时，也希望能够对以上问题给出答案。

林彦的散文创作基本与他个人的真实经历密切相关，而这，正是我可以循着他的"文学地理"来梳理、评述其叙事之美的前提。正如李东华所言："林彦师从废名、沈从文、汪曾祺等文学大家，笔下都是些富有东方情调的平凡之物和平凡之人。然而，不同的是，那些大家大多写的是平和冲淡的人性之美。林彦的散文却多写自己因为父母离异、中途辍学、生病而坎坷多难的童年经历，以及周遭卑贱如草芥的小人物。写出了青春期尖锐的疼痛，一个少年人和世界之间紧张对立的关系。"①在这个少年成长的时间线上，很容易为他标注出两个非常重要的空间坐标，一个是其成长的小镇，栖镇。另一个是他生病辍学期间替表哥"看房子"客居他乡的江南小镇，苏州的秋枫巷。

一、栖　镇

"数百年来——从《堂·吉诃德》，甚或从《源氏物语》，到《鲁滨孙漂流记》《白鲸》，直到今天的文学——作家和读者一直试图在文学创作

---

① 李东华：《林彦散文：文思如星珠串天》，《文艺报》2008 年 2 月 23 日。

的虚构属性上达成协议，但都没有获得成功。"①第一个问题诞生了，林彦散文中的"栖镇"到底在哪儿？它是存在于现实的生活之中还是仅仅只是一个文学的场域——作者文学的地理，心灵的故乡？

我做了一个统计，在林彦的散文中大约有七篇散文所发生的地点都在栖镇，就此，我和他有一个简短的对话，在这次对话里，林彦讲述了他对于"真实"的理解和为什么虚构一个文学地理"栖镇"。

林彦认为，生活中有很多东西，比如说情感、意象、人物原型，它是真实的，但不是说真实的东西你一定要百分之百地复制、表现，那不是文学，文学一定要有作者的美学和情感的再加工。他认为所谓的真实，是情感真实。意象当中，你倾注了心血和感情，从某种意义上来说，那它就是你魂牵梦绕的、你认为是真实的东西，那就是一种美学上、情感上的真实。

比如说同样一碗面条，如果用粗瓷大碗装，也不是不可以，陕西那种油泼辣子 biangbiang 面，那是可以的。但是如果是银丝细面的话，用漆器，再放两片紫姜，那种质感和情调，和平常吃的面就不一样了。面条是真实的，但是如何完整地艺术化地再现它，是不能完全按照身边现有的东西来直白地表达。如果换在其他地方来写(不写"栖镇"的话)，可能他的散文就没有这个味道了。也就是说，面条是真实的，换成茶叶，也是真实的，但是不同的环境，不同的盛放(类似于文学的表达)，它的器具不一样，它的格调、美学和氛围也是不一样的。所以，林彦在散文里虚构了"栖镇"这个地名。他选取了苏州的一个角落，在沧浪区，加上吴江的一些地方，也加上一点林彦在故乡的生活体验——他的童年是在湖北农村度过的——糅杂在一起，形成了带有江南味道的小水乡，这是一个糅合起来的环境。它适合用在情境上来表达少年林彦青春时期比较狭窄一些的主题：幽深、封闭、有一定的诗意，又孤独，又幽暗，

---

① ［土耳其］奥尔罕·帕慕克：《天真和感伤的小说家》，上海人民出版社2012年版。

还带有雨水的润泽。

也就是说"栖镇"在现实生活中并不存在。"栖镇"是一个适合装"银丝细面"的"漆器"，因为林彦有紫姜、绵糖、小葱……"栖镇"只是林彦文学创作的一个"场域"，一个适合他审美趣味，能够更好地"安放"那个"少年"(这个"少年"有作者本人的映射，但是与作者本人又有着千差万别)身心，并在此展开故事，成长并感悟生命的水乡，甚至在一定程度上是作者心灵的故乡——作者更愿意自己在这样一个虚构的"栖镇"中诗意地栖息与成长。

那么，"栖镇"到底是一个什么样的地方呢?

> 分别不过几年，栖镇沿河的木楼仿佛一页页过期的日历扯得七零八落，唯独福音巷的青砖楼厚重依旧，外墙散布着爬山虎落尽碎叶的枝条，如同经历风霜后平静的脸。两棵黝黑的树守在路口，一棵热闹地开着白花，一棵沉默着。等这一棵安静下来，另一棵才花枝招展，开的也是白花。小街比较宁静，只有青色晨曦流进天窗，鸽群呼啦啦从波涛连绵的屋顶掠过，白亮的羽毛在空气中划出金属的声响。①

栖镇是临水的，沿河水逶迤拖曳曲曲弯弯地散落着木楼和青砖楼，是一个"比较宁静"的小街，有黑的树，开白的花儿。有"鸽群呼啦啦从波涛连绵的屋顶掠过"。栖镇是一幅安静的水墨画，可也静中有动，黑白鲜明。类似于水墨画的黑白色调在林彦的另外一篇散文《门缝里的童年》有更美更细微的呈现。

> 秋天的栖镇蛰伏在水墨的色调里，白的无色的水是静默(它的

---

① 林彦：《门缝里的童年·梨树的左边是槐树》，浙江少年儿童出版社 2008年版，第176页。

流动像时间一样无法察觉），屋檐是黑的，但是和屋檐一样"墨迹淋漓的黑"的乌篷船是流动的。作为黑的屋檐和白的流水之间的连接和过渡——单孔石桥是灰黯的——这更像是一副水墨画中色彩的过渡。这是栖镇的秋，没有火红的枫叶，高远的蓝天白云，只有白蒙蒙的晨雾，在水墨小镇的茶楼石桥酒肆之间，在清瘦白亮的秋水之间如时光般流动……①

《午后歌谣》则为我们呈现了另外一种栖镇的美：

午后一般是指这种时刻，阳光只剩下一片白炽的温度，河水和时间都不再流动。桥埠边，云和乌篷船的影子歇在一汪凝固的水面上。屋檐下织鱼网的阿婆目光呆滞，面对脚边一片蜷起的香樟叶，望了很久也只有一片。不肯安静的只剩下声音——蝉的轰鸣，锡器店单调的敲击，收音机里时断时续的越剧、再加上街头的吆喝声——这些声调也像阳光下的树叶，晒得卷了边。"②

林彦有关栖镇的散文大多都有着一种雾一样的伤感氛围，唯独这一篇充满了明亮的色彩和婉转的声调。虽然，着墨和表达仍然是恬淡冲和的水墨画风格，但却有着另外的跳脱、活泼和天真。

接下来，我们正式进入林彦的文学地理——栖镇，在那里来领略其散文之美。

（一）安房直子式的物哀与幽玄——以《你是一座桥》为例

"栖镇"系列散文内容各不相同，但是，总体风格却比较统一，是

---

① 林彦：《门缝里的童年·午后歌谣》，浙江少年儿童出版社 2008 年版，第44 页。

② 林彦：《门缝里的童年·午后歌谣》，浙江少年儿童出版社 2008 年版，第44 页。

带有林彦个人鲜明烙印能够呈现作者"真生命"的文字。那么，在形成林彦独特散文叙事的过程中，哪些作家对林彦的创作影响比较大呢？

据林彦讲，中国古代的作家有柳宗元、归有光、张岱。现当代作家中对他影响比较大的有周作人、韩少功、汪曾祺、孙犁。而国外作家中对林彦影响最大的就是日本儿童文学作家安房直子。

林彦在反思自己的儿童文学创作时拿自己和安房直子做了一个比较：他认为安房直子的作品有更多儿童文学的幻想性，它有点聊斋的感觉，有一种灵动的气韵在里面。而林彦自己的作品，则稍显沉重，是不符合儿童文学的最高境界的。林彦认为儿童文学的最高境界是举重若轻——真正伟大的儿童文学是用最清浅的故事，讲世界上最深刻最广泛的哲理。儿童文学像交响乐，交响乐没有文字，却大于文字；儿童文学像围棋，它只有黑白两色，但变化是无穷的。

林彦对于儿童文学的形容我深以为然，我认为最好的儿童文学作品是"像哲学家一样思考，像孩子一样去表达"。这与林彦所言"其实真正伟大的儿童文学是用最清浅的故事，讲世界上最深刻最广泛的哲理"是一致的。

正是因为深受安房直子的影响，因而林彦的作品中也呈现出了安房直子式的物哀与幽玄。

"物哀"是日本传统文学、诗学、美学理论中的一个重要概念，是日本江户时代国学大家本居宣长提出的文学理念，也可以说是他的世界观。这个概念简单地说，是"真情流露"，人心接触外部世界时，触景生情，感物生情，心为之所动，有所感触，这时候自然涌出的情感，或喜悦，或愤怒，或恐惧，或悲伤，或低回婉转，或思恋憧憬。所以，对于"物哀"我们不能仅仅从字面意思来理解。本居宣长在他所著的《源氏物语》注释书《源氏物语玉の小栉》中，对"物哀"这个理念，及其在源氏物语中的体现，都有详尽的阐述。

"哀"有着感叹的意味，但因为日语是暧昧的语言，"物哀"包含的含蓄内容更有"同情、哀伤、悲叹、赞颂、爱怜、怜惜等诸多因素，需放入具体语境中细加揣摩品味。

"物"是客观存在，"哀"是主观情感，两者"物心合一"。其中"物"（もの）可以是人，也可以是自然风物，更可以为社会世相，人情百态，总之是以现实之物触内心之"哀"，大大丰富了"哀"的情感范围。这种"物哀"之情包含着赞赏、亲爱、喜爱、可怜、共鸣、同情、悲伤、怜悯、壮美、感动、失望等诸多情绪。这样"物哀"写尽人生世相，人间世情。值得指出的是，"物哀"并不是中国人望文生义而得到的"悲哀"之感，"悲哀"只是其中一种情绪而已。叶渭渠先生在其著作《日本文学思潮史》就提出久松潜一博士将"物哀"特质分为五大类，"一感动，二调和，三优美，四情趣，五哀感。而其最突出的是哀感。"①这五类情韵我们都能在周作人的散文中寻见清晰的影子，而其中给我们最深刻的印象就是掩卷之后的哀感余绪缱绻流转而挥之不去。

对于"物哀"，叶渭渠先生认为"物哀"的思想结构是重层的，可以分为三个层次。第一个层次是对人的感动，以男女恋情的哀感最为突出，第二个层次是对世相的感动，贯穿在对人情世态包括"天下大事"的咏叹上。第三个层次是对自然物的感动，尤其是季节带来的无常感，即对自然美的动心。"知堂先生的散文在对以上三个层面"物"的感动书写之下，更有"哀"之情的抒发。他或悲哀，怜悯，愤懑或愉快，亲爱，同情。将"物哀"之情挖掘入至情至理之处。

写尽人生世相，人间世情的"物哀"之美在林彦的散文《你是一座桥》中随处可见。《你是一座桥》原本是一篇很常见的写人记事的散文，是林彦写他逝去的外婆。据林彦讲，这个散文中"外婆"的形象糅合了现实生活中他的外婆和奶奶太多共同的真实事件，通过合理的细节虚构，书写了包含着作者对外婆追忆、怀念之外更多的人情世态的咏叹。

就像我阅读周作人的散文一样，在读完《你是一座桥》获得了一个特别的"外婆"形象和故事之外，掩卷让人心思久久不能平息，一种深

---

① 叶渭渠：《日本文学思潮史》，北京大学出版社 2009 年版，第 199 页。

切的哀感(不仅包含哀思，更包含着赞赏、亲爱、喜爱、可怜、共鸣、同情、悲伤、怜悯、壮美、感动、失望等诸多情绪)余绪缱绻流转，挥之不去。

> 她终究是从那张坚固的梨木靠椅上消失了。椅子是她从罗汉桥边的地沟里捡的，除了丢掉一只脚，剩下的部分结实得让人搬不动，她搬了回来，找四块青砖把断掉的椅子脚支好，兴奋地坐了半天。以后她累得站不住了，就离不开这三脚靠椅，时光年复一年地走过，梨木的年轮让她磨得油光可鉴，她却不见了，换了一只蟋蟀站在椅背上。①

读到开篇第二段的时候，我已经完全进入了林彦文字织就的网中，除了领略到叙述本身告诉我的一个事实(外婆不在了，但是，她捡来的椅子还在)，还深刻地感受到一种挥之不去的氛围或曰气质，既有中国古典诗词里"物是人非事事休，欲语泪先流"的隐忍情感，更是深深地感觉到一种沉默的物语：那把残缺了一条腿的椅子，多像外婆啊——因为外婆也是残缺的啊，她没有丈夫，并且失聪没有听力，可是，它是多么坚固啊，虽然"失去"了一条腿，但是，却依凭支起的青砖仍旧站立——"剩下的部分结实得让人搬不动"。在"我终于又推开了那扇门，在离开栖镇三年后一个十月的黄昏，一种如风的东西从远处迎面而来，仿佛一粒未落定的尘埃跌进了我的眼睛"。那时，代替外婆的是她留下的椅子，和椅子上的一只蟋蟀。椅子和蟋蟀，在"我"离开栖镇三年之后，在外婆离开了这个世界之后，代替着外婆，以一种沉默的"空寂"来与"我"对话。

在这里，除了呈现一种"物哀"之美外，更有一种隐忍、冲淡的"幽

---

① 林彦：《门缝里的童年·你是一座桥》，浙江少年儿童出版社 2008 年版，第 19 页。

玄"之美。"幽玄"的审美意识，形成于日本中世纪，由藤原俊成①等歌论家以多角度的探讨逐步规范了其美学内涵。"幽玄"的核心是"余情"，讲究"境生象外"，意在言外，追求一种以"神似"的精约之美，引发欣赏对象的联想和想象，传达出丰富的思想感情内容。以崇尚"余情"之美为核心，在风格趣味方面，从偏重"妖艳"到讲求"恬淡"。

按照惯常的散文书写，三年后，"我"回到外婆家，物是人非，要么悲从中来，痛哭流涕，要么，向隅而泣，陷入深思。但是，在《你是一座桥》中，林彦没有这样剧烈的感情起伏，从剧烈到恬淡，但这恬淡冲和之中传达出更加丰富的情感。

随着年龄的增长，经历的事情越来越多，对于人间世事的体悟也更加丰富，人类的情感丰富而复杂，渐渐地，作文不再轻易直白地书写悲苦伤痛，但是，在冲淡平和之中，却有更多人生的况味，让人唏嘘感叹。

紧接着，散文中的第二个意象或曰隐喻出现了，那就是栖镇的桥。对于栖镇的人来说，桥除了实用功能之外还兼具审美，但是，对于外婆来说，桥既是外婆的"营生"收入来源——外婆"总是全镇第一个起床出门，负责清扫九条小街和四十多座桥"。同时，也正是栖镇的"桥"把外婆不仅从身体上变成像桥一样的人——"这些桥让外婆的背驼得很快"，桥让外婆的背驼得像桥一样"弯了"，"拱了起来"，也让外婆渐渐地成了桥一样的人——俯下身去，让她的晚辈甚至让他人，踩着，甚至践踏，过渡到彼岸。而且，外婆并不认为自己做出了怎样的牺牲，因为，这还隐藏着另外一层含义，外婆是一座桥，她不仅渡人，也在渡己。

　　做货郎的外公早些年坐夜航船去了苏北，从此没有回来，回来

---

① 藤原俊成（1114—1204），藤原道长的玄孙，藤原俊忠之子。平安时代后期镰仓时代初期的歌人。因为幼年被藤原显赖收养，所以名字是显广。后来改名了。晚年出家后法名为"释阿"。是《千载和歌集》的编者之一。平安末期歌坛"幽玄"之风的提倡者，作品风格绮丽温婉。

的只是些让人心惊肉跳的传闻，诸如当兵被俘或者失踪，总之没给外婆和三个女儿增添任何希望。依靠扫街连同卖废品实在填不满三张嘴，母亲记事起全家就一日吃两餐，母亲她们的眼睛饿得比寻常孩子大一圈，脸上有洗不掉的菜色，每天喝的米粥里也确实掺了大量的萝卜菜叶。

这是外婆扫地捡到"四毛"时的家庭处境，艰难到这样的地步，外婆还是把弃婴抱回了家里，尽管"这可不是一角钱或者牙膏皮"，而是一条命，"泥菩萨过河自身难保"，还又收养一个弃婴，为此，外婆付出的代价是巨大的。

外婆除了依旧扫地扫桥捡破烂之外，还去干本是男人干的活儿——外婆把四毛捆在背上去了十五里外的月塘车站，拖煤——"她竟然一举得手，赚到一个吃苦头的机会，每天往勒出血痕的肩头垫上破布，拽直板车，全身和地面倾成锐角，一步步丈量十五里弯路，丈量十五里距离折算成一块一角钱的过程。背上的四毛在外婆的喘息和如山的煤堆中沉睡，等待醒来后迎接一块也许沾着汗腥的奶糕"。

后来，在舅舅四毛生病的时候，刚好是元宵节。外婆借钱给孩子输液，可是，四毛的体温却降到最低，外婆陷入了绝望。

元宵节别人的热闹和外婆一个人的绝望孤独，满街的幢幢灯影和外婆所在的天地——"月亮很圆，照得天地一片白一片凉，只有她这一点黑影是热的……"在这样的文字里，我们再次领略到一种物哀之美，一种节制的幽玄之美。这样留白的书写，远远大于直笔书写外婆的"绝望"，带给我们更多更丰富的审美意蕴。

这样一个她几乎用了性命，像点燃的蜡烛一样燃烧着自己的血汗抚养大的舅舅"四毛"后来又怎样呢？当外婆花三个小时把自己舍不得吃的鲤鱼和新皮鞋送给四毛的时候，作者是这样写的：

我的四毛舅舅已经营养充足长得枝繁叶茂，他的表情一点也不惊喜，有一句没一句地问我学习怎么样，完全不理那半条经过三个小时运输来的鲤鱼。她想起什么似的从竹篮里搬出一双新皮鞋，说是托人买的新式样，再三强迫四毛换上。舅舅招架不住，换上皮鞋勉强笑一笑，催我们去吃饭。不吃了，外婆满意地看看头发锃亮皮鞋锃亮上下生辉的四毛，家里还有六只鸭要喂，得赶回去。舅舅立即送我们到车站，车开了，我回头望舅舅站的地方，空的。

读到这里，读者一定会和我一样，心里涌起两个字"值吗"？外婆这样做，值得吗？

如果有这样的疑问，那是因为我们还不够理解外婆。

就像有人踩着桥达到彼岸的时候，不会心存感激，甚至不会回望，甚至，在过渡的时候把痰吐在桥上，桥从来不会问这个问题，值吗？

外婆也不会问。

所以，林彦写道"但外婆并不在意身后是否有一双牵挂的眼睛……"

当四毛终于考上了大学，而外婆也慷慨地做好一桌饭菜的时候，外婆"边洗菜边撩起围裙擦拭混沌的泪，也擦拭她的喜悦和辛酸。那一群笑语喧哗的客人进门时，她赶紧迎上去，阁楼的门却被舅舅轻轻阖上。她被挡在门外，抻抻油渍的衣袖似乎才明白关门的含意，有些难过地退入夜的角落。等阁楼上热火朝天的欢腾散尽，送完客人的四毛才在巷口瞭到外婆，孤伶伶地蜷坐在路灯下，将他洋溢的兴奋骤然凝固。"这是本文第一次直接写外婆的"难过"和四毛一瞬间的"愧悔"。就像是武林高手，轻易不出手，一出手，就把一根长刺，深深地插入读者的心扉，让人痛过之后，感慨万千——我想，作者大概也不是为了让人痛彻心扉，而是让这痛引领读者感受更多的人生况味。最后，外婆走了，留下了八千块钱和一个缺了一条腿的椅子，当然，还留下了一座桥。因为"有一天，她突然对母亲说，想捐钱在栖镇白鹅滩修一座石桥"。

外婆终于卸下了所有的重负之后，我们来看看林彦所描绘出的一种图景，这图景和开篇一样，充满了物哀与幽玄之美。

> 她就这样捱到初夏，看桑蚕无可挽回地吐丝，看它们源源不尽地抽干自己，埋藏自己也收殓自己。桑蚕结茧那天，母亲特地带一只猫回到栖镇。推开阁楼门，外婆垂着头靠在三条腿的椅子里，表情宁静而空洞。她已经瘦得那样轻，白发萧疏，像吐尽最后一根线，结了一个潦草的茧。

而她捐造的那座桥呢，更像是一个隐喻。

"经过短暂的人来车往，白鹅滩那片河流改道，栖水转折了一个弯，把桥下荒芜成一片沙砾中的芦苇。也就是说，外婆的桥变成了一座废桥。"桑海沧田，时光流转之中，多少有情又终归无情？多少有用又终归无用？这其中的况味，让人唏嘘。溪水改道的白鹅滩，砂砾丛生的芦苇荡，一座荒草斜阳下的废桥——这样的图景充满了隐喻，也充满了无言的诉说。

当我们不再用简单的"好"和"坏"来评价一个人或者这个世界的时候，那是因为我们长大了，是因为我们对这个世界有了更多的认识，对于人生况味也有了更多更复杂的感悟，那蕴含于文字之外的情愫，那隐藏在故事之外的意蕴，岂是一两个词汇可以概括？

唯有一声叹息，只是这一声叹息里，又岂止是哀愁？如"物哀"那样，包含着"同情、哀伤、悲叹、赞颂、爱怜、怜惜等诸多情感情绪，而作者却以一种空寂、玄幽地叙述表达出来，这多像辛弃疾的词："而今识尽愁滋味，欲说还休。欲说还休，却道天凉好个秋"。

（二）生如夏花之绚烂，死如秋叶之静美——伤逝之美

"生如夏花之绚烂，死如秋叶之静美"出自印度诗人泰戈尔所作《飞鸟集》的郑振铎译本。诗文恬静，意味着一切都平静自然地进行。

林彦的散文不多，但是却有好几篇写到了死亡。如《寂地》里那个智障少女死在地窖中——"听说有一年冬季，一个白痴女孩挨打后躲进地窖不敢出来，谁也找不到她，就饿死了。地窖就此掩埋，里面还有一些芋头和土豆……"

一个孤独的被人厌弃，被酒鬼父亲时时殴打的女孩躲进地窖里活活饿死，让人震惊，让人伤怀绚烂的花朵的凋零，但是同时，"每到春天，地窖里会冒出许多土豆蔓。一片青葱"。死与生的鲜明对比和强烈反差，让人头皮发麻。

《寂地》里那个智障女孩的凋零还只是林彦散文中为书写"我"的孤独，并思考生死而一笔带过的一个次要人物。还有整篇文章来写一个天才少年的陨落，那就是《生如夏花》。

悲剧是如何诞生的呢？

林彦追忆"我"的小表哥东东是从他七岁开始的，因为"大约从七岁开始。东东就在如意茶馆做小弟"。到九岁的时候"他还自学了一手倒茶续水的功夫——关公巡城，韩信点兵，苏秦背剑、凤凰三点头，玩杂耍般一套一套的"。"栖镇中学的朱校长是唯一免费的茶客，他把成批的学生输送到北京上海读大学，芬芳桃李，泽及四方，到处有人争着付茶资。他喜欢上茶馆叫一壶雨前，一局残棋消长夏，他大概在栖镇找不到像样的对手，对弈之前，首先往棋盘边搁一支锃亮的铱金笔，按规矩，谁能逼得他动用左侧的车马炮就可大大方方把笔取走，这支笔竟然一直没有输出去。"

但是，朱校长的铱金笔却被一个九岁的读三年级的茶馆帮工的小跑堂赢走了，而当校长去拜访这个天才少年时，"看到这个绊得他马失前蹄的男孩正凑在灯下缝草稿本，所谓的草稿全是从街头捡来的香烟纸"。

贫寒的家庭，天才的少年，一个多么励志的故事开始了，然而，故事却一步步让人扼腕。因为，天才励志的少年渐渐地成为了一个目标被树立起来了，或者，成为了一个"靶子"树立起来。"东东在老师眼里成了比较标准的模范学生，埋怨阿宝笨蛋，批评老鹰表现差，或者勉励我们学习天天进步，千篇一律是要以林东为参照的。"因为，升到小学五年级，他不再到茶馆当小弟了——他已经评为全市十佳三好学生、少先队优秀大队长，并且还得了市里的数学奥赛二等奖，照片和事迹上了报纸……

这个天才少年在逐渐被大人们神话的开始，他还仍旧保有一个孩子的天真。

> 他那时还偶尔流露一些顽皮：给女生取外号；在墙角模仿校长的样子吸一口烟头，呛得两眼冒泪光；用两角九分钱买七种姜糖搅得吴跛子算不清东西南北，趁机多吃多占……

虽然东东在玩这些游戏他露出又坏又天真的笑容和我们没有两样，但是，渐渐地荣誉和期望让他的表情越来越自觉，坏和天真同时丧失。

而这，正是悲剧的开始。

> 在一个分数代表一切的地方，理所当然要继续发挥模范作用，更何况他并不是只有分数。他曾经连续十几天省下早餐钱，给缴不起资料费的同学雪中送炭，也曾经带领学生干部到老师家里运煤洗衣，把老师解放出来辅导差生……

这时，东东在自觉或不自觉地做另外一个自己，这个自己极有可能只是"大人们"希望他做的，或者，老师和校长希望他做的。甚至，是需要他做的。而东东只是足够聪明，他懂得老师和校长的心思，因而，迎合了他们。

他为什么要这样做呢?

除了少年的虚荣心之外，肯定还有一种包含了荣誉和物质的奖励。只是，命运和这个前途无量的少年开过两次玩笑。一次是，他原本有望进入实验中学，但是因为家庭的贫困无力承担学费和生活费而错失，另一次就是中国科技大学少年班提前招考，但是，复杂的人事关系和可怕的成人世界的操纵与阴谋，让这个少年再次错失。

这个少年最后一件出于本心而又让自己颇为自得的事情就是为厂长八岁的女儿做辅导。"厂长八岁的女儿因为残疾需要一个成绩优秀的家庭辅导员，做这种辅导他得心应手，收入也不错。他轻松做了四个月，常常吹着口哨在通往月塘三公里的路上来回……他只是没想到某个周末推小女孩上街会撞见政治老师，很快，校园里传开了他利用课余辅导残疾儿童的事迹，县文化局一个叫江流的记者兴冲冲找到栖镇中学，声称要给林东写报告文学。他犹豫一阵，在记者的一再追问和校长的鼓励下，把传说中的事迹又复述了一遍，让江记者心潮起伏满意极了。不知有意还是无意，他省略了赚学费这个细节。事后，拿来六百块钱让我捎给母亲，说是托母亲退给于厂长。"

小表哥的行为已经越来越让"我"觉得不可思议。于是，散文中的"我"代替读者发问了——这时，读者需要一个答案。

> 我眨着眼，觉得一向成熟的他简直认真得有些幼稚。不是你辛苦赚来的么？我说。他尴尬地搓着手，似乎想解释什么，欲言又止。

当这个早慧的少年东东被"好心好意"的观众推向舞台，扮演一个观众们期待他扮演的角色的时候，这个孩子其实已经被观众"绑架"了，或者说被"道德"绑架了。当掌声和鲜花包围着这个少年的时候，住在东东心里的那个原本天真的顽童渐渐地从"少年"的躯壳里走失了，剩下的是那个没有卸妆和谢幕勇气的"演员"——甚至，在一定程度上，他成了这个功利化的社会，这个成人世界里的"提线木偶"。

当读者明白这些之后，就很容易回答读者心目中产生的第二个问题，作者为什么要写一个孩子的"死亡"？这样的伤逝真的就美吗？

先回答后一个问题。夏花之绚烂是美的，秋叶之零落也是美的。"小荷才露尖尖角"是美的，"留得残荷听雨声"也是美的。伤逝本身自然有审美的价值，然而，作者的本意显然并不是来写夏花凋零之美，即不仅仅是要写伤逝之美，林彦写一个天才少年的伤逝之美，更多的是在思考产生这个悲剧的社会原因是什么？或者，更准确的表达是，孩子到底该怎样地成长？所以，在这篇散文里，我们既可以看到作者的儿童观，也可以看到作者的儿童文学观。

儿童文学正是随着科学儿童观的建立而产生的，我想，儿童文学作家写作儿童文学的一个前提，就是尊重儿童，把儿童当做一个具有独立人格的"人"来写。哪怕百年前鲁迅就呼吁过"救救孩子"，鲁迅先生更是在 1919 年的《新青年》中发表过《我们怎样做父亲》，然而，百年之后，对于孩子个体生命的独立和尊重仍然不够，打着"爱"的旗号之下有着太多成人世界的道德观和功利化诉求，让孩子在成长中迷失天真与自我。

刘绪源曾经说过，儿童文学"它有多深，就该有多浅"①。《生如夏花》这篇散文，我们能读到的第一个层面就是一个优美动人的故事，而它深刻的地方，则是隐藏其中的作者的思考，对于孩子到底该怎样成长的思考。

二、秋　枫　巷

秋枫巷是林彦散文中第二个出现频率较多的文学地理，并且在很大程度上，都与他的个人真实的人生经历相关。如他在散文《夜别枫桥》中所言"我的家乡远在武汉，说是家乡，其实早已没有属于我的家。先是父母离异，我被父亲扔在学校宿舍里，他酒后清醒时会给我一点生活费。不久我又因病休学，不知该漂到哪里，来武汉谈生意的堂兄把我捎到了苏州，替他守护秋枫巷里无人居住的老宅。堂兄定居上海，他说这条老巷即将拆迁，需要一个人留守老宅通报消息。我留守了一年，没有

①　刘绪源：《它有多深，就该有多浅》，《南方文坛》2007 年 1 月。

等到巷子拆迁，却等到了母亲的信，说她和妹妹的生活已经安置妥当，催我回武汉继续念高中。"

这就是林彦真实的人生经历，一个十七岁的少年所面对的是解散的家庭——家庭里苦痛的父母，生病的妹妹，另还有一个因病休学的"我"——这不能不让"我"伤感，这也是为什么林彦的散文总是如此感伤的原因。

那样的境况，对于一个深受古典文学熏染的十七岁少年，不伤感反而让人觉得不真实了，正是因为林彦的这些散文中蕴含着真实、真诚的情感，才如此打动人。但是，林彦此类散文所呈现的伤感是温暖的、有节制的，因而也是美的、动人的。

我们以《夜别枫桥》为例来阐述其"温暖"的感伤是如何通过优美而节制的叙述而达到的。

单是看林彦这篇散文的题目《夜别枫桥》，就很容易让人联想到唐代诗人张继的《枫桥夜泊》："月落乌啼霜满天，江枫渔火对愁眠。姑苏城外寒山寺，夜半钟声到客船。"而林彦散文一开头就是对张继《枫桥夜泊》的回应"枫桥停泊在苏州寒山寺外，停泊在张继吟唱的夜半钟声里，那时我离它并不遥远，却一直没有见过它，它和我始终隔着一个唐代。"

月落乌啼、霜天寒夜、江枫渔火、孤舟客子，有景有情有声有色，情味隽永，这就是张继的《枫桥夜泊》。该诗前两句意象密集：落月、啼乌、满天霜、江枫、渔火、不眠人，造成一种意韵浓郁的审美情境。后两句意象疏宕：城、寺、船、钟声，是一种空灵旷远的意境。唐朝安史之乱后，诗人张继途经寒山寺通过这首小诗写尽羁旅之愁，家国之忧，意境清远。

而林彦的《夜别枫桥》也字字珠玑，如异乡人行吟月下，浅吟低唱，婉转徘徊，温暖而诗意。

《夜别枫桥》全在一个"别"字上，在"我"收拾行囊，告别苏州的秋枫巷的时候，不仅仅是告别这里的枫桥，这里的树木，更是告别一年来自己的生活，告别"我"遇见的那些和我一样有着这样或那样"毛病"的弱者，那些普通的小人物——他们都不完美，然而，他们都深深地打动过"我"。这使得离别的感伤温暖而美好。

《夜别枫桥》不到六千字，可是，每段话每个字，作者都非常用心。比如说人物的出场就很讲究。

> 我熟悉的枫桥横在苏州老城河上，苔痕斑驳的青石，单孔，映着墨绿的水色，表情非常沉寂。很长时间我都无法判定这座桥的名字，从桥上来来往往的人对它的称呼也很含糊，卖花的大妹妹把它和邻近的两孔桥统称为横街桥，邮递员叫它南门桥，桥西的沈先生又称它过雨桥。我叫它枫桥是因为它正连接着秋枫巷口。

对于那座我要告别的单孔桥的不同叫法一下子就推出了三位人物：卖花的大妹妹、邮递员、桥西的沈先生全出场了。再看看他们对于这座石桥的不同叫法，也可以揣摩出大妹妹、邮递员和沈先生大概会是怎样的一个人。

我们再来看看人物生活的环境，苏州的秋枫巷到底是个什么样的地方。

> 我就住在桥边的秋枫巷里。巷子没有枫树，临河只有一棵苍黑的苦楝，幽深逼仄的鹅卵石街道从岁月深处蜿蜒而来，安卧在苍茫的烟雨里。年复一年被时光撕掉的古典江南在枫桥边还残留着最后一页，这里应该有太多招引游子怀想的地方，例如古巷橘红的黄昏和木屐声渐近的黎明；例如清晨小楼窗前滴雨的翠绿芭蕉；例如桥下的半河桨声半河灯影，还有灯影里蔷薇色的流水……

一个温蕴着灵气的江南水乡老巷跃然纸上。

同时，这也是一个即将被飞速发展的时代车轮碾压的地方，"堂兄定居上海，他说这条老巷即将拆迁，需要一个人留守老宅通报消息"。

像堂兄那样有本事年轻力壮的人，都离开了老巷，所以，老巷只剩下像
"我"这样因病辍学的少年，年老退休与猫相依为命的慧师傅，曾经酗
酒嗜赌因此离了婚开出租车的奕哥，收废品的男孩……然而，正是我们
这样一群际遇相仿，普通平凡的小人物，在小心翼翼地捂着自己的伤口
独自疗伤的同时，也在力所能及地温暖着他人，那样的真诚、质朴和善
良是灰暗日子里的一缕缕阳光。

这些小人物究竟是怎样的善良、温暖和美好，才使得"我"的别离
是如此伤感。

先看慧师傅。

她也确实瘦得像一棵落尽枝叶的树，但并不衰老，手脚灵便，
眼光很有精神，霜白的头发网在发套里像一枚光洁的茧。这就是慧
师傅，很快，她探明了我的家庭背景，也知道我患有肝病。原以为
她有洁癖，地板一天洗三回，我带有传染病菌可以让她躲远一点。
她反倒贴给我八十块提水费，说肝病是三分治七分养，拿这点钱添
补些营养。我反复推托，拗不过她的唠叨，正好缺少夏季的衣服，
就收下钱买了一套 T 恤衫。这套衣服惹得她很不高兴，她说给你
钱是为了买点好药，你还讲究什么穿戴呢？

这其实是两代人之间常常会出现的矛盾：慧师傅怕伤"我""自尊
心"，想帮"我"，让我帮忙提水拐弯抹角地给了"我"八十块钱，希望
"我"能添补些营养，因为肝病是三分治七分养。"我"倒好，拿这钱买
了一套 T 恤衫。这套衣服惹得她很不高兴，她说给你钱是为了买点好
药，你还讲究什么穿戴呢？"我"也不高兴，觉得这老太太实在难缠，
抠出生活费追着还给了她。这样一来，出于善意的帮助适得其反，两人
竟好久不往来。最后，还是"我"的傲气赢了，慧师傅在与"我"的接触
中了解了"我"的习性，她以自己的善良宽容了一位少年的出于自尊的
骄傲，并且尽力来帮助他，当"我"也逐渐懂得了慧师傅的时候，竟然

连一个告别的可能都没有了，慧师傅因为猫走丢了摔了一跤，大概是中风了，被女儿接到了无锡……

再来看开出租车的奕哥。

> 其实他的命运比我也好不了多少，出身书香门第，该念书的日子却撞上文化大革命，稀里糊涂下放到苏北农村修了十年地球。回城后好不容易娶了老婆生了孩子，又因为酗酒好赌，老婆忍无可忍甩了他，拖着女儿嫁了一个水果贩子，把他独自撂在有四排书架和一堆蛀虫的空屋里。

大概是因为父亲的原因，他说，这辈子傻到底也不会再买书了。可是，因为偶尔听到"我"提到一本名叫《尤利西斯》的书，他竟用跑半天出租车的收入为"我"买来，不仅如此，还为"我"买了两套高中英语和数学辅导书，希望沈先生来辅导"我"这个因病辍学的少年……更让人唏嘘感叹的是他攒了那么多钱，想让女儿读外校，可是，竟然连得见女儿的机会都没有，满指望"我"能够帮忙送信，谁知道，"我"竟然送错了信……

于是，那个为了给女儿写信笨拙地学习用信纸折叠千纸鹤的父亲，那个打扫好门庭，希望女儿回家的父亲形象，生动感人地从林彦节制的文字叙说中浮现出来。"到了约定的周六，他把家收拾得特别干净，把一个装满钞票的信封搁在手边，很有信心地等着。外面的每一串敲门声都能让他一跃而起，但是属于他的这扇门一直没有敲响。他的表情随着时间的流逝渐渐僵硬，直到黄昏的余晖完全黯淡。"

让人感伤叹息，也让人心生感动，眼眶湿润，内有暖暖光。

还有收废品的少年，"我"和他的相识因为上坡时见他拉车艰难，好心推了一把，谁知道好心办坏事儿，把车子推出了车辙，车上的东西散落一地，"我"没有帮忙捡拾，而是本能地逃逸了——这样的情境描写多么符合一个少年的身份啊。当"我"山穷水尽生活无以为继的时候想卖掉自己的皮鞋，可是，这个只有一面之缘的少年大方地把钱借给了"我"……

一个自己尚且靠"收破烂"谋生存的底层少年对于陌生人的慷慨解囊，实在让漂泊异乡度日艰难的"我"意外，也更让"我"感动。

第二天，堂兄的汇款来了。我急忙到枫桥边等他，平常总看他往这里跑，想见他却久候不至。半个月后才盼到他来，我高兴地把一张张钞票数还给他。数目没错吧？我问。

没错，他把钱卷好塞进帽子里，笑一笑推车走了。直到他消失在深巷里，我才记起来，忘了和他说声再见。

还钱段落简洁得如云淡风轻，但是，另有一种情致婉转流淌——都是读高中年龄的两个少年，把更多境遇相同的话略掉，彼此间的惺惺相惜让他们不需要讲更多的话，然而，更多的词汇已经在读者的心中油然而生，比如说彼此间的怜悯、理解、同情、容纳和祝福……虽千言万语竟不能语，也不必。

《夜别枫桥》一个"别"字既是在讲和自己境遇相似的小人物，也是在讲"我"自己。因为，他们像镜子一样，彼此照见，像烛火一样，相互温暖。

林彦还有另外一篇写秋枫巷的散文《点点的一棵树》，这篇散文比较特殊的地方是作者用小说的结构和叙述方式来写散文，有意打破文体界限，文章情真意切，并不给人一种"小说"的虚构感。

《夜别枫桥》里的人物偏安一隅，相互温暖，到了《点点的一棵树》，则直接写了飞速发展的城市化与诗意的"慢江南"之间的对立。这样的对立，不仅表现在城市化对江南小镇现实物质和空间上的蚕食与逼进，还写了代表着两种生活方式的对立，即以现代城市文明为代表的爸爸、严老师快节奏功利化的城市生活与秋枫巷大妹妹、点点那种田园牧歌式生活的对立。

在人物关系上《点点的一棵树》和《夜别枫桥》有交叉，主要人物除了点点之外，还有"我"和为枫桥命名为"横街桥"的大妹妹。等待着拆迁的秋枫巷和依附其上生活着的那些小人物，要么被拆毁，要么被这个时代的簸箕扫地而起，倾倒入另外一个现代化的城市生活场景。诗意静美的江南小镇秋枫巷在时代的发展进程中，风雨飘摇，摇摇欲坠。

点点的结局和点点的那棵老桑树的结局一样，凋零与陨落，和《生如夏花》一样，林彦写了伤逝，写了死亡，但是一样又很不一样。

《生如夏花》里是"捧杀"，是道德绑架，是一个天真小孩的消失，而《点点的一棵树》则是"囚禁"，是冷酷的物质世界对于柔弱性灵的漠视。

"严老师来了以后，爸爸不再日夜陪着点点，隔两天才回来一趟。大块大块的日子就让点点拴在严老师手里。但是严老师很少理睬点点，她只要求点点按时吃饭吃药不许乱跑，余下的时间专心教小羽弹钢琴。"除了有智力障碍的点点是"拴"在严老师手中之外，还有她自己的女儿。需要提醒读者注意的是，严老师的女儿，这个像小天鹅一样骄傲的小公主，其实也是一个不被成人关注心灵荒芜的孩子，她只是妈妈的提线木偶，寄托了太多妈妈的理想，在一间别人家的豪宅里心不在焉地学琴，过一种被妈妈安排而非自己选择的生活，她比点点好的地方在于，她是一个身体健康的孩子。

《生如夏花》和《点点的一棵树》都写了孩子的死亡，作者以"伤逝"之痛，希望能唤醒成人思考，到底该让孩子怎样生活和成长？我们对于孩子作为生命个体的尊重始终不够，时至今日，仍旧需要"救救孩子"！

三、栖镇和秋枫巷都是少年的"寂地"

寂地，在我生命里是一座地窖、一条老巷和老巷中的茶社。我把它们概括为寂地，是因为这些角落都是安静寂寞的，都在我的少年时代烙着很深的痕。现在，地窖、老巷和茶社，都被时光从世上抹掉了，我在梦里也抓不到它们的影子。唯有一张黑白照片，是十年前在老巷的留影。后来，照片莫名其妙就遗失了，整整九年。

这是林彦散文《寂地》的开篇，用来总结他最重要的文学地理栖镇和秋枫巷，也再恰当不过。一个有追求的作家，不会重复别人，也尽量避免重复自己。林彦觉得自己写的那些散文足够了，那些有着他少年时代深深烙痕的经历，刻画着他成长的伤与痛，冷和暖，都在他的那些有关栖镇和秋枫巷的散文里，再写，就重复了，而且，他自己也觉得足够了。林彦的节制不仅体现在他的文章里，惜字如金，字字珠玑，也体现在他对自己创作的严格要求之上，也因此，他的创作数量并不多。和那些一出几十本的类型化读物，内容大致相仿的儿童文学作家相比，他的作品实在太少，但分量足够。

这是一个好作家的操守。

结　　语

童年的坎坷，贫病相交，家庭分裂；青春期的孤独、迷惘和沉寂于心的尖锐疼痛，让这个有才华有情怀的少年尝到了人生的苦，也咀嚼出了生命的甘；辍学客居苏州，让林彦有机会接触林林总总的人间世情，在那里，他思考沉淀，在与世界保持距离的同时，也开眼观己察人，品咂出复杂的人生况味，由此，与这个少年的生命一起变得丰饶的还有他的文学书写，也开始成熟、圆润，他以笔取暖，以梦为马，留下了一批质量上乘的散文，而所有这些散文都可以用两个关键的文学地理名词来概括，栖镇和秋枫巷。

命运给了林彦太多的艰难，但也馈赠了他生命各种珍贵的体验，而正是这样的带有其"真生命"的各种体验成为水，成为骨骼，成为血肉，成为一呼一吸，才使得他的文字凝重、抒情、节制、优雅而动人肺腑、感人心魄。

林彦曾经说过，他的散文，向后望的多，向前走的少。既对中国传统诗文继承的多，而向世界文学或独立发展的少。我以为这样的总结与他本人的谦和有关。因为，事实上，我在他的散文里发现了很多日本文学的物哀幽玄之美，这样向世界的学习，也许原本是对于"五四"文学的承袭，因为"五四"时期有许多文学大家学习西方的同时也学习东瀛，比如鲁迅、郁达夫等。周作人的散文平和冲淡悠远，更是深受日本文学的影响。所以，不管林彦受五四文学的间接影响，还是直接向安房直子学习，我们都能在他的散文里看到他不仅继承传统，也在学习世界，并且也在尽自己之力努力向前走。

当然，向前走的路，自有各种艰难，对于喜欢阅读林彦作品的读者来说，他的文章仍显得少。如今，林彦有了更多的人生经历，对于人生和世事有了更多的领悟，而对于文学叙述和文学表达，也有了更多个人的主张，我们期待着他能写出更优秀的作品，超越他自己。

（原载于《湖北儿童文学研究》，长江少年儿童出版社 2017 年版）

（舒辉波，副教授，主要研究方向为儿童文学。）

论张翎小说的结构艺术

胡德才

摘　要：张翎是北美新移民文坛风格独特、成就斐然的女作家，尤其在长篇小说创作领域成就卓著，近十年来，先后出版了《望月》《交错的彼岸》《邮购新娘》和《金山》等四部结构繁复、意蕴丰厚、艺术独创的长篇佳作，构建起了一个色彩斑斓的文学世界，拓展了新移民文学的表现领域，丰富了当代文学的人物画廊和表现技巧。巨大的时空跨度、错综的人物关系、繁复的结构形式、"史诗"意蕴的追求构成了张翎小说的一大特色。张翎以她坚实的创作成为了北美新移民文坛重要的领军人物和当代世界华文文学的重镇。

关键词：张翎小说；结构艺术；时空跨度；史诗意蕴

一

张翎的小说世界多彩多姿，令人流连忘返。在这里，东方与西方错综交织、历史与现实紧密勾连、精神与物质互相撕扯、情感的创伤和理性的思考相伴相生。因此，走进张翎的小说世界是容易的，并且会立刻被这迷人的景致所吸引，但若要理清这一艺术世界的基本脉络、把握住它的整体格局却不是初次进入这个世界所能立即完成的，而往往需要再次甚至多次跨进这个世界。张翎的小说不是那种读一遍就使人不想再读的小说，张翎的小说非常耐读，经得住一读再读。张翎的小说世界包孕如此丰厚的历史意蕴、涉猎如此广博的社会内容、蕴涵如此复杂的情感纠葛和人性思索，而又以恰当的形式、手法和语言表达得如此引人入胜，她显然是经过了精心构思的。

李欧梵先生在谈到伟大作品的条件时曾说，"我个人心慕的文学作品，都是在构思上博大精深的作品，也可以说是思想的深度和结构的幅度都很惊人的作品"。因此，他认为，"伟大作品，必须是经过博大精深的构思后的产品"①。在张翎的前两部长篇小说《望月》和《交错的彼岸》问世后不久，就有评论家称她是"海外女作家中少有的擅长在小说结构的高手"②。再加上随后的《邮购新娘》和《金山》，可以说，张翎的长篇小说在内容上是一部比一部厚重，结构上一部比一部繁复。巨大的时空跨度、错综的人物关系、繁复的结构形式、"史诗"意蕴的追求构成了张翎小说的一大特色。

海外华文作家相对于国内作家而言，其最为独特之处是"他们拥有自己人生经历中从国内到国外的双重人生经验。"刘登翰先生认为这是他们独具的文化优势，因此，"他们善于从自己由故国到异邦的双重人生经历中进行对比和总结，使自己跨域的文学书写，具有比较开阔的视野和丰富的参照"③。对于张翎来说，一方面，地理位置的阻隔给她的文学创作提供了一段合适的审美距离，使她的书写更加从容淡定，也有了更多理性的内涵；另一方面，作为对"小说是说故事"④有着高度自

---

① 李欧梵：《伟大作品的条件——谈文学创作上的"构思"》，《中西文学的徊想》，远景出版事业公司 1987 年版，第 57、65 页。

② 陈瑞琳：《风雨故人，交错彼岸——论张翎的长篇新作〈交错的彼岸〉》，《华文文学》2001 年第 3 期。

③ 刘登翰主编：《双重经验的跨域书写——20 世纪美华文学史论》，上海三联书店 2007 年版，第 9~10 页。

④ 佛斯特：《小说面面观》，花城出版社 1981 年版，第 34 页。

觉而又对历史有些着迷的张翎①，这种从国内到国外的双重人生经验使她的小说在构思时就有了一种独特的视角，结构上体现为一种巨大的时空跨度，人物关系则错综复杂，气势上就有了几分恢弘和大气。张翎说，当她写完《金山》的时候，"我突然意识到，上帝把我放置在这块安静到几乎寂寞的土地上，也许另有目的。他让我在回望历史和故土的时候，有一个合宜的距离。这个距离给了我一种新的站姿和视角，让我看见了一些我原先不曾发觉的东西，我的世界因此而丰富"②。读张翎的小说，总能让人感到一种新奇和意外，原因就在于她独特的视角、别出心裁的构思、横跨中西贯穿百年的恢弘与厚重以及一个个意蕴丰厚而又引人入胜的故事和古典韵味与现代气息相交融的典雅细腻的语言风格。《望月》中所演绎的一个个错综交织的情感故事，令人眼花缭乱；《交错的彼岸》里侦探小说式的悬念设置，新颖别致；《邮购新娘》以八个彼此独立又互相联系的故事构成一个有机整体的拼图式结构，自成一格；《金山》以"金山梦"为引子所展示的近一个半世纪以来海外华人为求生存图发展所经历的悲欢离合、命运浮沉，显得深沉悲壮。张翎的四部长篇小说在结构上虽然各有特点，但所讲述的故事都具有巨大的时空跨度，时间上贯穿一世纪，空间上横跨两大洲，人物华洋杂陈，内容则以婚恋纠葛为主。其中《望月》和《邮购新娘》分别以主人公名篇，望月和邮购新娘江涓涓也是整部小说众多故事的引线，是小说结构布局的主干，这两部小说所叙述的跨越百年牵涉中外的新人旧事爱恨情仇都与她们直接或间接相关，都因她们而串连起来，这种结构可以称之为"串珠式"结构。《交错的彼岸》和《金山》则分别以小说中的两个次要人物新闻记者马姬和社会学教授艾米对一起华人失踪案的调查采访和对一座

---

① 张翎接受记者采访在谈到对中国当代文坛的看法时认为："整个文坛很注重实验性和市场性，却忽略了讲故事的能力。"万沐：《开花结果在彼岸——〈北美时报〉记者对加拿大华裔女作家张翎的采访》，《世界华文文学论坛》2005年第2期。

② 张翎：《〈金山〉序》，《张翎小说精选四·金山》，华东师范大学出版社2009年版，第8页。

古旧碉楼的探访溯源为线索，失踪案的主人黄蕙宁和碉楼的主人方得法才是小说的主人公，小说随着调查采访和探访溯源的深入，引出了关于主人公及其家族以及相关人物跨越百年从国内到国外的人生足迹、情感波澜和命运浮沉。小说的结局是黄蕙宁失踪案的水落石出和碉楼主人百年传奇故事的浮出水面，而作为小说引线人物的马姬和艾米也随着主体故事的结束而与自己心仪的伙伴走到了一起。小说在形式上构成了一个完整而又完美的封闭系统，这种结构可以称之为"封套式"结构。

二

张翎的小说在结构上显然都是用过一番心思的，这从《望月》和《交错的彼岸》的副标题的设置（前者为"一个关于上海和多伦多的故事"，后者为"一个发生在大洋两岸的故事"）以及《邮购新娘》和《金山》的章节目录可以见出。《邮购新娘》除"引子"（多伦多：伤心都市——一个更像结尾的开头）和"尾声"（多伦多：归程——一个更像开头的结尾）外，中间八章是与主人公有关的八个分别发生在温州和多伦多的故事。《金山》除"引子"和"尾声"外，中间八章分别为：金山梦、金山险、金山约、金山乱、金山迹、金山缘、金山阻、金山怨。如果说，从整体上看，张翎的小说以结构错综繁复、具有史诗意蕴为特色，那么，其具体的结构形式又有两种类型，一是以《望月》《邮购新娘》为代表的"串珠式"结构，另一种就是以《交错的彼岸》《金山》为代表的"封套式"结构。

《望月》是张翎出国十年、搁笔十余年之后创作的第一部长篇小说。去国十年，在异国他乡求学谋生、历经坎坷，其间两次回国，所见所闻，也使她感慨遥深。"他乡和故乡。物质和精神。我知道，我这一辈子，大概都会被这两种困惑撕扯着，永无解脱之时。于是，就有了《望月》这本书。"①从某种意义来说，《望月》正是她去国十年生活、情感、思想积累的一次喷发，是饱蘸着泪水和心血谱写的华章，是厚积薄发、孕育多时的产儿。小说以青年画家、富有的上海小姐望月移民加拿大抵达多伦多并与前来接机的姐姐卷帘相见开篇，以望月和丈夫颜开平、艺术教授牙口、画家宋世昌之间的婚恋纠葛为主线，辅之以对孙氏三姐妹卷帘、望月、踏青及其周边人物的身世、家庭、留学经历、婚恋故事的叙述。小说在展开一群当代中国移民者在异国他乡的生活、情感遭遇与人生追求的同时，不时以电影闪回的形式，通过回忆、联想引领读者进入历史、回到过去。孙三圆家族的兴衰，颜氏家族的发迹，望月父母的婚变，牙口的中国故事及其同性恋情，望月、卷帘、踏青、李方舟、刘晰、星子、宋世昌、羊羊等一群移民者的留学经与婚恋史都在"现在的故事"的进展中巧妙地交织穿插进来。从上海到多伦多，从 20 世纪前期、中期到后期，时空跨度大、人物众多、线索纷繁，但叙述有条不紊，散而不乱，重要人物、事件的来龙去脉都有完整的交代。最后，羊羊回到了丈夫身边，刘晰踏上了归国的旅程，牙口重返宁静的牧场，李方舟献身于宗教慈善事业。而经历了许多人世的波折和情感的困惑与挣扎之后的望月则开始远离世俗功利而趋于宁静淡泊。到小说结尾的时候，望月决定离开丈夫，也远离喧嚣的都市搬到了离宋世昌所在的班福艺术中心不远的乡镇农舍，并向志同道合的宋世昌发出了邀请。而就在望月的母亲临终之前，"荔枝阁"的老板黄明安带着儿子彼得从多伦多到达上海沁园来寻找因夫妻失和暂住上海的妻子卷帘。黄明安手里捧着的一大束玫瑰花在冬天缺少颜色的背景里，"红得触目惊心，绚丽异常"。小说这样结尾，既暗示了卷帘与黄明安破裂感情的修复与弥合，也使小说在叙写了一个个千姿百态又千疮百孔的婚恋传奇后仍希望给人一丝心灵的慰藉。

---

① 张翎：《困惑挣扎中的选择——〈望月〉序》，《张翎小说精选一·望月》，华东师范大学出版社 2009 年版，第 2 页。

与《望月》在构思上有相似之处的是《邮购新娘》，这两部小说的主人公画家孙望月和服装设计师江涓涓都是心高气傲、有着自己的人生追求的女子，一个作为投资移民、一个作为邮购新娘来到多伦多。望月在国内有丈夫颜开平，在多伦多又遭遇了牙口和宋世昌；江涓涓在国内有初恋情人沈远，后作为咖啡店老板林颉明的未婚妻来到多伦多，又遭遇了牧师保罗和干洗店老板薛东。两位年轻女性跨洋的人生追求和婚恋遭遇是小说情节的主线，而在作家的构思中，她们又是串连起小说中众多其他人物和故事的引线。因为望月的移民多伦多，将上海的沁园和多伦多的"荔枝阁"联系起来。沁园的变迁、孙氏家族的沧桑历史、望月父母的婚变故事、孙氏三姐妹的童年与青春往事、邻里颜氏家族的今昔巨变和会聚于"荔枝阁"的一群移民者留学的艰辛、婚姻的波折、情感的遭遇、事业的追求都错综复杂地交织在一起。因此，海外华人评论家陈瑞琳称《望月》"是一部风格相当奇特的小说，奇就奇在她能将海外如火如荼的生活有意纳入陈年旧事的烟雨中娓娓道来，从而超脱了新移民文学普遍的浮躁，熔铸了一种传统与现代奇妙交合的典雅风范。"①《邮购新娘》写江涓涓和加拿大老板隔洋约会、跨洋结婚，虽然江涓涓最终并没有当上新娘，但由此连接起多伦多和温州城，并引发出一长串绵延百年横跨中西的爱情传奇。与《望月》相比，虽然都是跨域故事，历史与现实相交织，但相对而言，《望月》的故事重心在现实中的多伦多，在望月以及相聚于"荔枝阁"的一群移民者的生活遭遇、情感经历和人生追求。《邮购新娘》的故事重心则在历史上的温州，在百年温州的历史舞台上曾上演的一幕幕爱情传奇。在结构上，《望月》以 38 节的篇幅频繁跳跃于历史与现实之间，以近乎意识流的手法，将"过去的故事"零星地穿插于"现在的故事"之中。《邮购新娘》由"引子""尾声"和八章正文组成，"每个章节有其独立于其他章节的完整故事情节，而各个章节

---

① 陈瑞琳：《风景这边独好——我看当代北美华文文坛》，《华文文学》2003年第 1 期。

又与其他章节共同构成了全书的系统情节。如果整部小说展现的是一段上下贯穿一世纪东西跨越两大洲的故事，每个章节就是这个大版图上的小方块。章节是以时空交错的方式排列，只有读完全书才能拼出一个完整的版图。"①其中，"引子""尾声"和首尾两章及中间的第四章大致叙述的是现在时态的发生在多伦多的故事，也就是关于邮购新娘江涓涓与加拿大老板林颉明隔洋约会、跨洋结婚、解除婚约、离加归国的故事。江涓涓的故事是小说情节的引线，也由她搭建起小说的结构框架。而主体部分有五章是过去时态的温州的故事，但又都与主人公江涓涓的身世、情感密切相关。第二章"一对中国母女的故事"是写江涓涓的祖母筱丹凤和母亲竹影两代越剧名伶的婚恋传奇；第三章"一个机要秘书的故事"是写江涓涓的母亲竹影和丈夫江信初的秘书李猛子的婚外恋情；第五章"一对闹市艺术家的故事"是写江涓涓和青年画家沈远的初恋情缘；第六章"两个洋牧师的故事"是写江涓涓的精神引路人保罗·威尔逊和祖父约翰·威尔逊的中国故事及其婚恋奇遇；第七章"一个漂亮保姆的故事"是写江涓涓的生母方雪花曲折的婚恋经历。而贯穿其中若隐若现的一个内在悬念就是主人公江涓涓的身世之谜。《邮购新娘》的这种繁复而新巧的"串珠式"结构，将跨地域、跨时代、多头绪而又有着内在关联的故事串连在一起，的确"很容易将读者绕在其中不能自拔"，但却并不影响读者浓厚的阅读兴致，这一方面是"因为其中每一片叶子都十分耐人寻味。每走一程，你都会发现别有洞天"②。另一方面，"在阅读的过程里，悬念充当了毒品的角色，揪着读者一步一步不知不觉地步入作者预先设定的结局"③。张翎作为天才的小说家，其讲故事

① 张翎：《〈邮购新娘〉的艺术构思》，《张翎小说精选三·邮购新娘》，华东师范大学出版社 2009 年版，第 1~2 页。

② 赵稀方：《历史，性别与海派美学——评张翎的〈邮购新娘〉》，《世界华文文学论坛》2004 年第 1 期。

③ 张翎：《〈邮购新娘〉的艺术构思》，《张翎小说精选三·邮购新娘》，华东师范大学出版社 2009 年版，第 2 页。

的能力和技巧令你不能不佩服。

三

美国学者威廉·莱尔认为鲁迅小说在结构设计上的特点之一，是"运用'封套'"，即"把重复的因素放在一个故事或一个情节的开头和末尾，使这个重复因素起着戏剧开场和结束时幕布的作用"①。这种"封套式"结构，也就是圆形结构，如鲁迅小说《伤逝》即是典型的例子。钱锺书先生曾经强调文艺作品结构布局的"圆"形。他说："窃尝谓形之浑简完备者，无过于圆。"②他对古文中"起结呼应衔接，如圆之周而复始"者，极为赞赏。又说："浪漫主义时期作者谓诗歌结构必作圆势，其形如环，自身回转。近人论小说、散文之善于谋篇者，线索皆近圆形，结局与开场复合。或以端末钩接，类蛇之自衔其尾，名之曰'幡蛇章法'。"③因此，这种"封套式"的圆形结构，实为文艺作品结构之至美境界。张翎的小说在谋篇布局上显然对此有着自觉的追求，《交错的彼岸》和《金山》可视为这种"封套式"结构的成功案例。

《交错的彼岸》以资深新闻记者马姬·汉福雷接手调查一起华人失踪案开篇，小说开场是马姬以第二人称"你"的形式对失踪的主人公黄蕙宁的身世、性情的推测和失踪原因的追问。并且交代警方派出了曾得过总督亲自颁发紫心勇士勋章的麦考利警长来负责这个案子。因此，莫言认为，"首先可以说这是一部侦探小说，因为它具备了侦探小说的一

① 威廉·莱尔：《故事的建筑师 语言的巧匠》，乐黛云编：《国外鲁迅研究论集》，北京大学出版社1981年版，第334页。
② 钱锺书：《谈艺录》，中华书局1984年版，第111页。
③ 钱锺书：《管锥编》（第一册），中华书局1979年版，第229~230页。

切条件"①。小说接下来是马姬向蕙宁失踪前的房东、蕙宁的母亲金飞云、姐姐萱宁、老师谢克顿等人进行调查，随着调查的进展，牵涉的人物越来越多，地域越来越广，小说进而展开了对跨越百年历史的中国南方布庄大王金氏家族和美国加州酿酒业大亨汉福雷家族沧桑变迁的叙述，以及对变迁中发生的几代人之间的婚恋纠葛的描写。其中黄蕙宁和海鲤子、谢克顿、大金、陈约翰之间的情缘奇遇则是重要的情节线索，由此将他乡与故乡、现实与历史、主人公的青涩初恋与海外情缘、父辈的婚恋错位与后辈的姻缘纠葛联系起来。而随着跨洋越海新老故事的展开，蕙宁失踪之谜也得以解开。最后，马姬和麦考利警长终于打探到了蕙宁的下落，而他们自身的关系也逐渐由工作伙伴发展为生活伙伴。小说结尾是黄蕙宁的长篇独白，正如徐学清所说，这"也可以读作是对小说开场时马姬种种疑问的回答。颇有意思的是，马姬的独白是直接对着蕙宁而诉，用的是第二人称'你'；蕙宁则用第一人称'我'来陈述自己不辞而别的原因。一问一答，前后呼应，在艺术结构上完成两种文化的象征性对话"②。而在小说的结构形式上，从开篇蕙宁失踪、马姬麦考利初次合作以及马姬以第二人称口吻向蕙宁发问到结尾蕙宁失踪之谜破解、马姬麦考利感情发展成熟和蕙宁以独白的形式回答她不辞而别的原因，这种首尾的一一呼应就构成了一个完整的封套。只是形式上的封闭并不意味着内容上的封闭，蕙宁与陈约翰的相遇与相知正预示着一个新的美丽故事的开始，因此，小说结构上的美感正来自其形式上的封闭性与内容上的开放性相统一。

《金山》是一部关于近现代史上海外华工生活题材的小说，它展示了华人近一个半世纪以来越洋过海、挣扎拼搏的奋斗史和血泪史，结构谨严，气势宏大、内容厚重，描写细腻，具有史诗般的意蕴，是同类题

---

① 莫言：《写作就是回故乡·〈交错的彼岸〉序》，《张翎小说精选二·交错的彼岸》，华东师范大学出版社 2009 年版，第 2 页。

② 徐学清：《论张翎小说》，《华文文学》2006 年第 4 期。

材创作中的集大成之作，堪称北美华人移民题材小说创作史上的一块里程碑。小说中的故事开始于 19 世纪 70 年代，广东开平的农家少年方得法为了一个朦胧的黄金梦想随同村的金山伯红毛踏上了远赴金山的漫长旅程，紧随"金山梦"之后的是：方得法目睹和亲历了太平洋铁路修筑时期先侨在异国他乡艰难谋生、铤而走险以至命丧海外的"金山险"；方得法和结发妻子六指新婚之夜相许却终生未能履行的"金山约"；海外洋番结伙劫毁华人洗衣馆和国内六指锦河母子遭土匪绑架的"金山乱"；方得法长子方锦山和红番女孩桑丹丝、华人女子猫眼的海外奇缘所留下的"金山迹"；方得法次子方锦河和亨德森太太的"金山缘"；混乱的时局和战乱造成的"金山阻"；地理阻隔、战争风云、政治风波、人际矛盾、情感纠葛导致的"金山怨"。小说以一百多年来中加两国以及国际社会发生的重大社会政治事件为背景，以方得法及其家族在海内外的生存发展为主线，针线细密而又波澜壮阔地展开了对主人公及其家族成员海内外传奇人生的描写。重大的社会事件，如淘金潮、太平洋铁路的修建、排华风潮、戊戌维新、辛亥革命、第二次世界大战、解放战争、新中国成立、土地改革直至改革开放等既是小说故事发生的历史背景，也是人物悲欢离合、生死浮沉的重要依据与内在根源。张翎以历史学者般扎实的资料搜集、考辨工作为基础，以严谨的态度，几乎以编年史的方式展开了对海外华人百年金山梦的书写，有力地揭示出人物命运与时代和历史的深刻联系。

《金山》在艺术结构上是别出心裁的，上述小说所叙述的这些横跨海内外纵贯一个多世纪错综交织的复杂故事是放在方氏家族的第五代传人——一个有一半洋人血统的社会学教授艾米·史密斯代替母亲方延龄回广东开平老家签订关于托管古旧碉楼协议的一周时间里展开的。碉楼原是方得法远赴金山、妻儿遭土匪绑架之后为了家人的安全所建，在改革开放年代，人类跨入 21 世纪的时候，碉楼要申报世界文化遗产，当地政府恳请方得法健在的唯一外孙女方延龄回国签订托管协议。艾米就这样受年届八旬的母亲方延龄之托回到了广东开平。在海外出生、成长的艾米原想不过是例行公事、签过协议就可当天离开，没想到走进碉楼、随着负责接待的侨办领导欧阳云安富于诱导性的介绍和作为社会学者职业的敏感与好奇，艾米逐渐对方氏家族的历史产生了浓厚的兴趣，并由此拂去历史的尘埃，揭开了方氏家族的百年传奇。到小说结尾的时候，艾米已完成了她实际意义上的"寻根之旅"，并约来男友马克，准备在协议签署之前，在自家的碉楼里举行一场婚礼。创作《金山》是张翎在脑海里孕育了20多年的计划，而2003年，她随海外作家回国采风团到侨乡广东开平参观一种特殊的建筑——碉楼则是她决定将这一创作计划付诸实施的新起点，这次参观也给了她新的灵感。《金山》以艾米探访碉楼引出碉楼主人及方氏家族跨洋跨世纪的传奇故事，这样的构思和完整的"封套式"结构明显和作者当年参观碉楼并有所发现进而产生好奇和思考有着内在的联系。

张翎小说除了艺术结构错综繁复、具有巨大的时空跨度和史诗般的追求外，女性心理刻画的细腻、人性内涵的深刻解剖以及语言风格上古典韵味与现代气息的交融也是其艺术成就的突出表现，值得深入探讨和仔细品味。

（原刊于《文学评论》2010 年第 6 期）

（胡德才，文学博士，教授，主要研究方向为世界华文文学、戏剧影视传播。）

从"发现"到"发明"台湾文学

——呈逆方向发展的两岸台湾文学研究

古远清

摘　要：大陆学者在开展两岸文化交流后，重新"发现"台湾文学与大陆文学的"共相"时，"发现"有不少诸如"日本语文学"、眷村文学、后遗民写作，还出现诗文双绝的余光中等众多由"移民特性"或"遗民性格"所带来的"殊相"。

台湾文学本来就是一座重镇，它在参与建构祖国文学中，做出了特殊的历史贡献。尤其是在"文革"期间，台湾文学填补了中国当代文学的大片空白。

台湾部分学者从 20 世纪 70 年代以来重新挖掘和"发现"台湾文学，另一些"激烈本土派"则"发明"与中华文化无关的"台湾文学"，还"发明"（其实是伪造）"台独文学史"及随之而来的"台湾语言""台湾文字"，并"发明"了"张爱玲是台湾作家"这种违反史实的作家定位。

大陆学者通过"发现"进而"识别""揭示"或"解释"这种隶属于中国文化的总体版图，却在长期诡谲曲折的历史变动中出现了众多异质的"有中有台"的台湾文学，与台湾"激烈本土派"所"发明"的"有台无中"的"台湾文学"，不是一种平行关系，也不是一种对等关系。

关键词：台湾文学；台湾文学研究；发现；发明；激烈本土派

一场暗中较劲的文学比赛

两岸的台湾文学研究，在某种程度上可说是一场暗中较劲的比赛。当 20 世纪 80 年代初孜孜矻矻笔耕的大陆学者拿出第一批稚嫩的研究成果时，对岸哪怕只看到复印件或通过"文学侦探"秘密获取的编写提纲，便不安焦躁起来。在台湾南部出版的《文学界》杂志 1983 年的一次集会上，叶石涛说：厦门、广州学者在写台湾文学史，"如果我们台湾的作家再不努力的话，我们台湾的文学也许要由大陆的学者来定位了。"①刘绍铭也说："如果台湾学者不迎头赶上，迫得海外研究台湾文学的人到广州厦门去找资料，那就怪难为情了。"②被评为"台湾文学经典"30 部之一的叶石涛《台湾文学史纲》③，便是受了大陆学者的刺激和启发而诞生的④。但大陆学者的研究成果，台湾学者普遍采取拒排的态度，理由之一是这些成果是"统战"的产物。对这种说法，连叶石涛也不以为然。他认为，用"统战"的借口去掩盖自己的"不长进"，是可悲的。"台湾文学史由大陆学者来撰写无损于台湾作家的面子。如果情绪上有些不悦，那也只能怨自己不争气。"又说："如果说大陆学者在政府的鼓励下为统战的目的而写，那也许是一部分事实，但是事实摆在眼前，他们的

---

① 叶石涛：《叶石涛〈台湾文学史纲〉专书研讨会》，《台北评论》第 2 期（1987 年 11 月 1 日）。

② 刘绍铭：《读书岂能无史》，《文讯》第 5 期（1983 年 11 月）。

③ 叶石涛：《台湾文学史纲》，文学界杂志社 1987 年版。此书后来由中岛利郎翻译成日文，在日本出版时更名为《台湾文学史》，并把原书中有关台湾文学是中国文学支流的相关论述，删得一干二净。

④ 1983 年 5 月初，南部的文友讨论台湾文学史编写时，"叶石涛先生提起他所得到的消息，是大陆那边已有人开始在整理'台湾文学史'，而身处当地的台湾作家们如果让大陆先行出版了，岂不愧煞？……同人们一听，觉得此事非同小可，而且延误不得，于是商议下决定"，由叶石涛等人分头撰写文学史。见许振江：《万般因缘，皆在心头——记〈文学界〉停刊》，《文学界》第 28 期（1989 年 2 月）。

的确确扎实地展开他们的研究工作，并有相当可观的成就。"①

从事学术研究，本不应受政治左右。从理论上说，研究台湾文学最好是走纯粹、超然、独立的道路，与政治完全无涉，但这毕竟过于理想化。无论是祖国大陆还是台湾地区，均有不少学者在用审美天线的同时，用政治天线去接受台湾文学频道，并非"包容性本土"而是"激烈本土"的台湾学者更是如此。如当今最活跃的评论家陈芳明，就发表过粗糙外加偏颇的《从"发现"台湾到"发明"台湾——现阶段中国的台湾文学史书写策略》②，认为中国（应为大陆）学者研究台湾文学是"优先依照中国历史的模式为台湾文学量身定制，也就是把台湾文学'同质化'于中国文学"，即是说"发明"子虚乌有的"中国台湾文学"。此外是大陆学者"在收编台湾文学的过程中"，把"台湾作家转化为具有中国意识、中国精神的作家"，即"发明"并不存在认同中国的"台湾作家"。其实，大陆学者研究台湾文学，从不是"有中无台"（林瑞明，2008），从不否认台湾文学的地域色彩和由"移民性格"或"遗民性格"所带来的独创性的"殊相"，也从不把那些"宁爱台湾斗笠，不戴中国皇冠"（李敏勇，1987）的诗人认为是具有中国意识的作家。陈芳明在这里口口声声指责大陆的学者不是在"发现"而是在"发明"台湾文学，其实，台湾那些"激烈本土派"包括陈芳明本人才是当之无愧的"发明家"。他们不但将本是同根同种同文的台湾文学"发明"为与中国文学无关，还"发明"（其实是伪造）"台独文学史"及随之而来的"台湾语言""台湾文字"，并"发明"了"张爱玲是台湾作家"这种违反史实的作家定位，又"发明"了贻笑大方的"闻名台外"成语，等等。

本文拟就大陆学者在开展两岸文化交流后重新"发现"台湾文学，及台湾的"激烈本土派"从 20 世纪末以来"发明"与中华文化无关、"独

①　叶石涛：《台湾文学的悲情》，派色出版社 1990 年版，第 98、170 页。

②　陈芳明：《从"发现"台湾到"发明"台湾——现阶段中国的台湾文学史书写策略》，《中国事务》第 9 期（2002 年 7 月）。

立"于中国文学之外的台湾文学作对照和比较，以说明两岸台湾文学研究及其文学史书写如何呈逆方向发展，并由此做出反思和探讨。

大陆：重新"发现"台湾文学

大陆研究台湾文学始于何时？不少人认为开始于 1979 年或笼而统之"80 年代"，如陈芳明就曾武断地认为，中国大陆"至少在 80 年代之前，未曾闻见中国境内有任何机构或任何学者注意到台湾文学的存在。"①这里说 20 世纪 80 年代以前大陆没有任何台湾文学研究机构，没有错，但说 20 世纪 80 年代以前没有任何学者"注意到台湾文学的存在"，则与事实不符。

著名左翼评论家胡风，远在抗战全面爆发的 1936 年，就从日文编印了《山灵——朝鲜台湾短篇集》(文化生活出版社)，收入台湾小说有杨逵的《送报夫》、吕赫若的《牛车》等。胡风在译介时，已敏锐地发现东亚殖民地文学，是亟待开发和研究的一个新课题。如果说胡风为大陆推广台湾文学的第一人，那曾任上海沦陷区《文艺春秋丛刊》主编的范泉，则是大陆研究台湾文学第一人。在 1946—1947 年，范泉分别在上海和香港发表有关台湾文学的评介和研究文章 11 篇，其中有宏观研究，也有微观的作家论，最值得重视的是长篇论文《论台湾文学》②，这是祖国大陆系统研究台湾文学的开山之作。

范泉研究台湾文学，具有鲜明而坚定的中国立场。无论是他写的《记台湾的愤怒》，还是《台湾戏剧小记》《台湾高山族的传说文学》③，

---

① 　陈芳明：《从"发现"台湾到"发明"台湾——现阶段中国的台湾文学史书写策略》，《中国事务》第 9 期(2002 年 7 月)。

② 　《新文学》创刊号(1946 年 1 月)。

③ 　范泉：《遥念台湾》，人民出版社 2000 年版，第 33～42、83～87、88～96 页。

都特别强调台湾文学"始终是中国文学的一个支流",但他并没有由此否认台湾文学的特殊性格,认为"本岛作家的努力,而且也唯有这样的努力,才能创造真正的、有生命力的、足以代表台湾本身的、具有台湾性格的台湾文学"①。他这些观点,引发了不久之后在《台湾新生报》"桥"副刊出现的关于如何建设台湾新文学的讨论。在讨论时,杨逵、欧阳明等人都引用了范泉的观点,由此可见范泉的台湾文学研究在宝岛影响之大。

两岸自 1949 年后呈隔绝状态,大陆再无法取得台湾文学的信息,因而出现了 30 多年的台湾文学研究空白期。直至 1987 年 7 月 15 日,台湾当局宣布解除长达近 40 年的"戒严令"。3 个月之后正式开放台湾民众赴大陆探亲。在这种人道的考虑和社会发展需要的带动下,两岸文化交流终于从这年年底,随着探亲船的运行徐徐启动。

过去视台湾文学为一片空白的大陆学者,从交流那天起就在恶补,向彼岸文学投来惊异和艳羡的目光。琼瑶的《烟雨蒙蒙》《我是一片云》一类言情小说便成了先头部队,用温柔的亲情、甜蜜的爱情、迷人的友情,软化了大陆同胞硬邦邦的阶级斗争意识形态。接着是比琼瑶多了一把黄沙的三毛,带着异国风情、浪漫人生向大陆读者潇洒走来。

众所周知,大陆文坛长期以来主张文艺为政治服务,审美娱乐功能被边缘化,那种以休闲为主旨的武侠小说、言情小说被放逐。在这种情况下,琼瑶、三毛还有古龙们乘虚而入,也就使人觉得不意外。另一方面,两岸长期老死不相往来,又给台湾文学披上一层神秘的面纱。李敖、柏杨的杂文,余光中、席慕蓉的诗歌,白先勇、陈映真的小说,还有罗兰、龙应台的散文,正好打开一扇了解台湾社会的窗口,使大陆读者对彼岸的生存境遇、世态人情有所了解,有的还觉得既新鲜又刺激。

总而言之,1979 年以后大陆学界重新研究台湾文学,"发现"对岸的文学是如此陌生而神秘。虽然两岸文学均源于中华文化,但"共相"

---

① 《新文学》创刊号(1946 年 1 月)。

中还是有不少"殊相"，即台湾文学不只是一般意义上的地区文学，而是中国现当代文学的一个重要的有特色的支脉。

众所周知，台湾文学与大陆文学本是一体两面，这"两面"表现在大陆文学均用中文所写，而台湾却出现过一种"日本语文学"——日本殖民统治体制下用异族母语即日语书写的文学作品，而不是指所有用日语书写的作品。在外来政权统治下的非日本人也就是台湾作家，无法使用中文，但这些作品是中国人所写，所体现的仍然是中华民族的情感，因而它不是日本文学的亚流或"在台湾的日本文学"，而是中国台湾的"日本语文学"，理所当然应视为中国文学的一个特殊组成部分。

台湾还有大陆在改革开放前所没有的留学生文学。自20世纪50年代起，台湾掀起出国留学的狂潮，不少滞留不归的海外作家以留学生生活为素材，谱出了一曲曲海外游子在异邦留学、成家立业的悲喜剧。代表作有於梨华的长篇小说《又见棕榈，又见棕榈》、聂华苓的《桑青与桃红》、张系国的《香蕉船》。这类作品属20世纪50年代怀乡文学的延伸和深化，同时是20世纪60年代现代文学的一支劲旅。它拓宽了怀乡文学的天地，增添了台湾当代文学的品种。在沟通两岸和海外华人的感情上，起到了桥梁作用。

台湾文学与大陆文学的另一不同，还在于岛内出现了从南洋飘来的热带文学，即移民文学。从20世纪60年代初开始，马来西亚到台湾定居或学习的作家李永平、温瑞安、黄锦树、钟怡雯等人，以蕉风椰雨的异国情调成功地介入台湾文场。到了20世纪90年代，旅台马华作家在台湾文坛大放异彩：他们或勇夺"两大报"文学奖，或在大学开设东南亚华文文学课程，或通过《中外文学》这样的权威刊物制作"马华文学专辑"，或在台湾举办马华文学研讨会，或在有分量的出版社出版《南洋论述》《马华散文史读本》等书，进入学院体制和占领文学讲台。他们还以自己创作的台湾经验审视马华文学，在马华文坛掀起阵阵波浪。

从评论家的队伍来源看，两岸不同之处在于大陆的当代文学理论家绝大部分出自中文系，而台湾正相反，在20世纪70年代以前，中文系主要是讲授古典文学，因而无论是作家和当代文学理论家，绝大多数出自外文系，尤其是台湾大学外文系。当时的外文系，中国现当代文学课自然不会开也不许开，但由于该系注意培养学生的文学兴趣和创作能力，且办有公开出版的文学刊物，学生们便把现当代文学当作课余活动的一项重要内容，久而久之竟成了气候，出了一大批既写评论又搞创作的作家：余光中、颜元叔、叶维廉、刘绍铭、李欧梵、欧阳子、杜国清、张汉良以及小说家白先勇、陈若曦，以至于文学史写到五六十年代那一章，"简直像台大外语系的同学录"①。

报纸副刊是培养文学新人的重要园地，这点两岸是相同的。与大陆迥然不同的是台湾两大报即《联合报》副刊与《中国时报》"人间副刊"，一直是台湾文坛的另一种象征。青年作者如果在这两大报获奖，就好似拿到了文坛的入门证。这两大报的副刊主编王庆麟（痖弦）即"副刊王（庆麟）"，还有"副刊高（信疆）"，一直在双雄并逐。在 20 世纪七八十年代，王、高两人因报业的竞争在台湾掀起了媒体风云，创造了副刊的黄金时代。尤其是具有浓厚的社会运动家气质的高信疆，全力尝试改变传统文人副刊的体质，将其提升到新的层次；使副刊具有现代传播的新思维，譬如新闻性、现实性、时间感和速度感等，更以主动约稿、计划编辑等策略，扩大版面。

台湾不仅有留学生文学、移民文学，还有作为台湾"母文化"之一的眷村文化。这是 1949 年后台湾文化中极重要的现象之一。自 20 世纪 50 年代起，全台湾的各军驻地，都为去台的军队家眷安排了特别的住处。作为 20 世纪 80 年代崛起的以眷村为题材的文学，其作品表现出外省第二代家国难分或揶揄当局僵化保守政策的特性。故事离不开悲欢离合的套子，情节在现实与理想、他乡与故乡、台湾与大陆之间穿梭。作者们不时涉及敏感的族群问题，这方面的代表作有苏伟贞主编的《台湾

———————

① 余光中：《中华现代文学大系·台湾 1970—1989》（总系），九歌出版社 1989 年版。

眷村小说选》。

作为台湾特定文化政治产物的眷村，在本土化浪潮冲击下正在消逝，但眷村中的外省第二代无论在政治舞台还是在文坛上均不会消失，特别是在政党轮替、眷村围墙瓦解后，还出现了一种承继"眷村文学"精神的"后遗民写作"①。所谓后遗民，从政治层面来说，是两蒋时代的遗民；从意识形态来说，是信奉"大中国主义"。这群充斥身份认同焦虑与精神流亡的一群作者，在政治上虽然退居中心，但在小说版图上的朱天文、朱天心、舞鹤、张大春、骆以军，在文学杂志、媒体以及出版上仍是位居主流，称得上是台湾目前最为活跃的文学集团。

多姿多彩的台湾文坛还表现在有三姐妹(原名施淑女的施淑、原名施淑青的施叔青、原名施淑端的李昂)作家群，另还有大陆没有的朱氏"小说工厂"。著名的军中作家朱西宁，从1952年至2002年共出版20部中、短篇小说集，7部长篇小说集。他所引领出的文学家族队伍，已成为台湾文坛的传奇。以朱氏三姐妹而论，大女朱天文出版小说10多部，其中长篇小说《荒人手记》获"时报百万小说大奖"，另还和侯孝贤长期合作编剧。二女朱天心也出版小说集10多部，其中最著名的是《想我眷村的兄弟们》，为"眷村文学"的代表作。三女朱天衣出版有短篇小说集。三女的母亲刘慕沙翻译的各类日本小说已达60多部，朱天心的丈夫唐诺则是一位推理小说家，著有《唐诺推理小说导读选》《读者时代》《文字的故事》等书，还有许多推理小说的译作，因此称朱西宁一家为"小说工厂"，倒是名副其实。这种现象，与台湾重视文学的家庭教育有关，也和中国传统的私塾教育有点类似。

和香港作家一样，台湾作家流动性也很大，这使台湾文学在某种意义上成了"越境的文学"。在越境到海外求生存，在越境到别的地区发表文学作品方面，陈若曦堪称代表人物。过去，人们只注意到大陆的卢新华是伤痕文学的开山祖，大陆重新"发现"台湾文学以后，才注意到

---

① 王德威：《后遗民写作》，《印刻文学生活志》第13期。

开先河的是台湾女作家陈若曦在香港发表的短篇小说《尹县长》①。

在"文革"期间，当大陆文学呈现一片荒凉景色时，这时台湾作家们没有"下放"劳动改造，文学团体和文艺刊物没有停办，他们仍然坚持创作，写出了像《将军族》(陈映真的小说)、《尹县长》(陈若曦的小说)、《乡愁》(余光中的诗)等许多优秀作品，填补了"鲁迅走在金光大道上"中国当代文学的大片空白。

两岸创作的不同景观在 21 世纪也有突出表现，如大陆小说家选择题材的多样比台湾奢侈，奖金比台湾丰厚，得诺贝尔奖的道路比台湾顺畅。大陆的小说故事性强，主题较沉重，台湾作家的作品故事性没有大陆作品强，却在情境上铺陈，便造成作品有时会艰涩得难于下咽。台湾青年作家的作品，很多书一本只有五六万字。说台湾作家是"小岛心态"，自然过于偏颇，但台湾的作品确实多以轻、短、薄著称。以题材而论，台湾小说内容离不开都市生活，繁复的语言结构、奇异的意象、层层的叙事空间、重重的叙事圈套所产生的陌生化效果，显示出"都市""岛屿"的文化特征。

常有人问起"两岸谁的文学成就高?"这是一个很难判断的话题。台湾过去自称是中国文学的代表，大言不惭地认为"显然三十年来台湾文学的成就，已经凌驾于中国文学之上"②。这里的关键词是"凌驾"，至于谁的文学成就高，并不是主要的。因为这个比较(准确说应该是"中国大陆文学")，不是建立在事实根据上。现在的大陆早已不提倡文艺为政治服务，过去流行的工农兵文学也已被多元发展的文学所取代，因而当下台湾作家除陈芳明孤芳自赏地说"最好的汉语文学，产生在台湾"③外，已很少有人说他们的成就比大陆高了。客观地说，如果开展两岸文学竞赛，"团体赛"大陆是冠军，因为大陆作家多、名家多，大

---

① 香港，《明报月刊》1974 年 11 月。

② 林衡哲：《漫谈我对台湾文化与台湾文学的看法》，《台湾文艺》第 100 期 (1986 年 5 月)。

③ 陈芳明：《台湾新文学史》封底内容简介，联经出版公司 2011 年版。

陆的长篇小说气势磅礴，但是台湾有很多"单打冠军"。琼瑶是言情小说"单打冠军"，李敖是杂文的"单打冠军"。余光中也是个"单打冠军"，他诗文双绝：左手写空灵的诗，右手写实用的散文，余光中还有第三只手搞翻译。他可以当中文系主任也可以当外文系主任，在大陆这只有钱钟书才做得到。

从以上论述中，可见"异中求同"的大陆学者并没有将台湾文学完全等同于大陆文学。台湾文学从来就是一座重镇，在中国文学乃至世界华文文学地图上均占据有重要地位。它在参与建构祖国文学中，做出了下列特殊的历史贡献：

充实了中国当代文学表现生活的空间。祖国大陆文学，所表现的多是神州大地风貌，很少有人反映台湾的民俗和文化生态，而台湾作家作品均留下了包括原住民在内的台湾人民独特的面貌。在对现代社会的批判、现代主义中国化及环保意识的觉醒，不同于大陆作家狭义的故乡情结的乡愁书写，还有"日本语文学"，留学生文学、眷村文学、后遗民书写、"同志"书写和后现代、后殖民的书写方面，台湾文学均在不同程度上丰富、充实了中国当代文学的内容，使中国当代文学更加多元，更加多姿多彩。

在文学理论及批评方法上，当大陆还在闭关锁国的时候，台湾却开放得比大陆早，接触西方文论与大陆的进程及角度有巨大的不同，因而他们的文论建树有与大陆不同之处，尤其既是海外华文作家又是台湾学者的叶维廉的诗学，远离了长久以来形成的理论思维模式，具有一种异质性，有不少大陆文论家较难达到的理论深度。

在表现中西文化冲突的对峙方面，台湾也有自己的特殊经验。在20世纪60年代的台湾，主要是如何处理西化与中化的问题。开始是西化占上风，后来从恶性西化走向善性西化，如受现代主义影响比白先勇多的王祯和，他晚年的作品所呈现的是现代主义与自然主义的奇异结合，其作品真正有价值的是自然主义感性所捕捉的东西。

用闽南话、客家话的方言特质丰富了"国语"的内涵，让"白话文学"的道路变得更加宽广。如黄春明的小说适度地融入闽南语，王祯和把富有生活气息和乡土味的方言运用其中，的确有助于作品的雅俗共赏。

大陆学者重新"发现"台湾文学，不仅是研究范围的扩大，而且是一种文学观念的变革。大陆过去出版的《中国当代文学史》，几乎都不包括中国台湾及港澳文学，是名副其实的"共和国文学史"。自从加入了境外文学，中国当代文学的描述和概括才准确和科学。多年来，人们评价不包括台港澳在内的中国新文学，按作家成就高低传统的排列法是：鲁、郭、茅、巴、老、曹。可自从"发现"境外文学，了解到金庸、余光中和张爱玲骄人的文学成就后，当代文学的全部运转方式、存在形态和历史经验重新被审视，导致传统排法一度被打破："金庸登堂，茅盾落第"，郭沫若也惨被除名，取而代之的是台湾的余光中或香港的张爱玲。

大陆学者重新"发现"台湾文学及随之而来的港澳文学，还带动了"世界华文文学"观念的形成。"世界华文文学"通常不包括大陆文学，它由台港澳文学及海外华文文学两大板块组成，是相当于英语文学、法语文学、德语文学、西班牙语文学、阿拉伯语文学的全球性的汉语语系文学的概念。大陆学者在建设中国当代文学的分支学科台湾文学的同时，也把"世界华文文学"作为独立的学科去建构。

台湾：重新"发明"台湾文学

这里有必要回顾一下"台湾文学"这一概念的形成经过，它是在特殊的历史背景和政治环境的变迁下，逐步完善和成熟起来的。作为在台湾地区产生和发展的中国文学之一种的台湾文学，其称谓早在日据时期就出现过，计有"台湾新文学""台湾文学""文艺台湾""台湾文艺"等。光复后国民政府采取的文化政策是彻底中国化，不许成立以"台湾"命名的文艺团体，"台湾文学"的称谓从此被"中华民国文学"或"中国现代文学"所取代。这里说在五六十年代非常流行的"中国现代文学"，其意含含糊糊，到 20 世纪 70 年代转变成稍为清晰的"乡土文学"，直至 20 世纪 80 年代出现了名正言顺的"台湾文学"称谓，可见这名词的变迁始终和台湾不断变化的政治命运紧紧相连。

现在两岸都高频率使用这一术语，但是，不同国族认同的人运用这一概念，却有南辕北辙的意义，如在右翼政权里发出左翼声音的陈映真，就认为台湾文学简言之就是"在台湾的中国文学"①，而另一些人认为台湾文学是"独立"存在的文学，与中国文学关系不大或根本就没有任何关系②。

20 世纪 50 年代以前台湾的台湾文学研究，计有黄得时、王白渊、王诗琅、郭水潭等人。他们所做的是一种拓荒工作，可惜这些人的研究均停留在吉光片羽上，缺乏系统性。在 20 世纪 70 年代，一小批作家和研究者如颜元叔、陈映真、林载爵、张良泽、林瑞明、叶石涛、张恒豪、羊子乔、陈芳明、彭瑞金、高天生、黄武忠等人不受戒严时期主流意识形态的束缚，重新发掘日据时代及五六十年代的赖和、杨逵、吴浊流、钟理和、钟肇政等本土作家。这种重新"发现"台湾文学的高潮，可以《杨逵作品集》《吴浊流全集》《钟理和全集》及《光复前台湾文学全集》的问世，还有东方文化书局影印出版《文艺台湾》等众多早期杂志为标志。这些书的问世，不仅是出于一种逆反心理，也出自反抗官方压迫和摆脱外省作家一统天下的需要。陈少廷的《台湾新文学运动简史》③，则不限于资料的整理，还有史的框架和线索。这本书的出版，彻底改变了台湾文学无"史"的局面。

作为一位爱国的民族主义先锋人物，陈少廷重新去挖掘和"发现"

---

① 陈映真：《乡土文学的盲点》，《台湾文艺》革新号第 2 期（1977 年 6 月）。

② 林瑞明：《两种台湾文学史——台湾 V. S. 中国》，《台湾文学研究学报》总第 7 期（2008 年 11 月）。

③ 陈少廷：《台湾新文学运动简史》，联经出版公司 1977 年版。

台湾文学时，十分强调台湾新文学运动深受中国大陆文学运动的影响。在《台湾新文学运动简史》中谈及战争时期的台湾新文学，他举巫永福的新诗《祖国》为例，说明台湾文学具有祖国意识。在谈到台湾新文学运动的历史意义时，他认为"台湾新文学运动因台湾光复、重归祖国怀抱而永远结束了。台湾的文学本就是源于中国的文学，台湾重归祖国，自然就再没有所谓'台湾文学'可言了(乡土文学应当别论)"。陈少廷说"没有台湾文学"，系违心地为官方论述背书。陈芳明为陈少廷一时的"失言"，大力攻讦他"认为台湾文学是从中国文学来"的观念，并高喊要清除大陆出版的台湾文学史著作的影响，"写一部没有政治阴影的台湾文学史"①，这其实是借清除他人为名让未来的台湾文学史，蒙上一层分离主义的"政治阴影"而已。也就是说，"激烈本土派"在围攻陈少廷时，正在由一个极端走向另一个极端，即从重新"发现"被官方消音的台湾文学，走向"发明"与中国无关的台湾文学。

编写《台湾文学史》通常认为是学术问题，可对"激烈本土派"来说，它事关重大，属于凝聚"台湾意识"、打造"国族"形象的重要工程。十分关心台湾文学史出版的陈芳明，自然懂得文学史的撰写"最能显示出一个地区文学的具体成就"的道理，并出于政治上的敏感，他十分担心"中华人民共和国学者"写的台湾文学史体现的"台湾文学是中国文学的一个分支"②的观点会定于一尊。正是基于台湾文学的诠释权不能拱手让给大陆学者的心理即抗拒"中国霸权"的论述，他在 1988 年春季号的《文学界》上呼吁："是撰写台湾文学史的时候了"。在他呼吁前，已出现过非正式的台湾文学史，即前面提及的叶石涛的《台湾文学史纲》，

---

① 《陈芳明、彭瑞金对谈：厘清台湾文学的一些乌云暗日》，1987 年 7 月 28 日于圣荷西陈芳明居室与彭瑞金对话。另见陈芳明《鞭岛之伤》，自立报系 1989 年版，第 377 页。令人遗憾的是，陈少廷没有完全抵挡住外来的压力，在该书出版 11 年后受分离主义思潮的影响，忏悔过去"把台湾新文学视为中国文学之支流，乃是不当之论"。

② 陈芳明：《台湾新文学史的建构与分期》，《联合文学》1999 年 8 月号。

另有稍后出版的彭瑞金《台湾新文学运动 40 年》①。叶石涛、彭瑞金和陈芳明一样，都觉得有必要呼应当时打破威权统治的热情及意识形态上的新要求，写出与新的形势相契合的《台湾文学史》。他们所打造的多半是以赖和——杨逵——吴浊流——李乔——宋泽莱等人作为论述台湾文学主线的新谱系。陈芳明在新世纪出版的《台湾新文学史》，将叶石涛和彭瑞金有意"省略"或一语带过的白先勇、王文兴的现代小说，纪弦、余光中、洛夫的现代诗，还有"后现代"作家作品写进书中，企图对台湾文学的来龙去脉重新解构和评说。乍看起来，他是"宽容本土派"，这其实是一种假象。他在重新解构和评说台湾文学时，认为大陆学者主张"台湾文学是中国文学不可分割的一环"，纯属"虚构的想象"②，是把台湾文学边缘化，这就和叶石涛、彭瑞金反对台湾文学是中国文学一部分的观点殊途同归了。

　　大家知道，台湾文学是中国文学的一部分既不是"发明"，也不属"虚构"，而是一种客观存在。要说"发明"，这"发明专利"不属于大陆学者，而属于台湾的本土作家张我军、杨逵等人，如张我军说："台湾的文学乃中国文学的一支流。"③杨逵在 20 世纪 40 年代末写的《台湾文学问答》中也说过"台湾是中国的一省，没有对立。台湾文学是中国文学的一环，当然不能对立。"④还未转化为分离主义"宗师"的叶石涛，在其早期著作中亦说过类似的话：两岸同胞"同属汉人，文化渊源相同，文学世界相同，民族基本性格相同"⑤，又说："台湾文学始终是中国人的文学。……几达六十年历史台湾文学一直属于中国文学的一部分……所有台湾作家都因台湾文学是构成中国文学的一个重要环节而觉

① 彭瑞金：《台湾新文学运动 40 年》，自立晚报社文化出版部 1991 年版。
② 陈芳明：《台湾新文学史》，联经出版公司 2011 年版。
③ 李南衡编：《日据下台湾新文学明集 5·文献资料选集》，明潭出版社 1978 年版，第 81 页。
④ 杨逵：《台湾文学问答》，《台湾新生报》1948 年 6 月 25 日。
⑤ 叶石涛：《台湾文学的悲情》，派色出版社 1990 年版。

得骄傲与自负。"①他们之所以这样认为，是因为从文学的发生发展看，与台湾最具有血缘和历史文化关系的不是东洋，而是祖国大陆；从地缘来看，台湾永远都无法与神州大地剥离。再从作品使用的语言看，绝大部分作家运用的都是北京话，即使禁止使用中文的日据时期，也仍有少数作家不用日文而用汉文写作。在这一点上，台湾有点像英国的后花园（北）爱尔兰，（北）爱尔兰文学之于英国文学，正好像台湾文学之于中国文学。

自威权政治解体以来，"台湾"一词从令人生畏的"政治禁忌"变为无处不在的"政治正确"。正是在体制的庇护下，分离主义势力势头越来越猛。人们不难看到，早在解除戒严之前，与政治本土化运动一步一步地冲破了威权时代的政治禁忌的同时，在"去中国化"政治主张的主宰下，台湾文学"独立"的种种论调已浮上水面，如林衡哲等人主张"台湾虽然在政治上还未独立，但在文学上早就独立了"。"中、台文学的关系，犹如英、美文学之间的关系"②。其实，大陆与台湾同属于中国，两岸不是两国关系，两岸文学也不是"犹如英、美文学之间的关系"。这些"激烈本土派"在反对大陆学者观点时，显得是如此焦虑和不安："当前台湾作家最紧要迫切的是做一个有归属、有国籍、落地生根的台湾作家。"③这里所说的"有国籍"的文学，是指过去所创作的以台湾事、物、人情为主题、做背景写作的文学，均应旗帜鲜明冠于非中国的"国籍"；不应再写留有中国印痕的"模糊的文学"，而应写合乎分离主义标准的文学。

在岛内，除陈映真、吕正惠、曾健民、施淑、廖咸浩等人在 21 世

---

① 叶石涛：《论台湾文学应走的方向》，《中国论坛》第 12 卷第 3 期（1981 年 5 月 10 日）。

② 林衡哲：《漫谈我对台湾文化与台湾文学的看法》，《台湾文艺》第 100 期（1986 年 5 月）。

③ 彭瑞金：《写有国籍的台湾文学》，《台湾文艺》第 119 期（1989 年 9、10 月）。

纪继续做"发现"台湾文学的工作外,"激烈本土派"则已发展出一个在国族认同、文化特质均完全有异于中国的"自主性""独立性"的论述。在这些人眼中,"台湾文学"是一种多元文学,中国文学对其影响只是其中一小部分。这些人通过重编教科书和建立"台湾文学系"和"台湾文学研究所",从历史、地理、语文入手,让台湾文学逐步脱离中国文学,以让台湾文学是既不同于日本文学也不同于中国文学的观点"深入人心"。在"激烈本土派"看来,台湾文学早已与中国文学分道扬镳,已经"断裂"和自成一格、自成一体。

"激烈本土派"如此"发明"的与中国文学无关的"台湾文学",大致经过两个阶段:即从"乡土"向"本土"转移,进而倡导出台湾文学"主体论";从"主体论"进而鼓吹与中国文学切割的"台湾文学论"。

"激烈本土派"为了找到理论支撑去"发明"独立于中国之外的"台湾文学",提出台湾文学来自"双重性民族经验",批评大陆学者"不了解台湾民族主义精神结构"[1]。这里说的"双重性民族",意指世界上除中华民族外,有另外的一个民族即"台湾民族"。这种"发明"显然违背了社会人类学常识。

这些"激烈本土派"承接子虚乌有的"台湾民族论",又"发明"出另一种虚假的"台独文学史"。这种文学史虽然还没有出版,但他们早已做好了舆论和资料准备,如把 30 年代发生的"台湾话文运动",说成是台湾文学追求"自主性""独立性"的最早源头[2]。其实,回归历史现场,"台湾话文运动"的提倡者并未把充满移民和被殖民痕迹的"台湾话文"与"中国语文"对立起来。所谓"台湾话文",也就是以闽南话为代表的方言。这种"话文"书写起来只好以音求字,求不到字便自己生造。这"生造"可谓是各显神通,如闽南人根据闽南语音造字,而客家人却根据客家话造字,结果各造出的字彼此无法交流与沟通。对这种弊端,乡

---

① 叶石涛:《总中听到老调》,《自立晚报》1991 年 5 月 13 日。
② 叶石涛:《台湾文学史纲》,文学界杂志社 1987 年版。

土文学评论家了然于心，他们在主张使用"台湾话文"时，强调这不过是一种"地方色彩而已"，且这种"地方色彩"不能完全抛弃"官话"（普通话）和汉字体系。如在黄石辉之后发表《建设"台湾话文"一提案》的郭秋生说："于是，台湾语尽可有直接记号的文字，而且这记号的文字，又纯然不出汉字一步，虽然超出文言文体系的方言的位置，但却不失为汉字体系的较鲜明一点方言的地方色彩而已的文字。"①

"激烈本土派"还把不少省籍前辈作家歪曲为具有"台湾意识"乃至"台独意识"的作家，如具有强烈汉人意识的吴浊流，其代表作《亚细亚的孤儿》并没有对台湾社会未来作出憧憬，他的另一部小说《无花果》，也没有表现对台湾发展前途的忧虑和看法。可正是这些描写有台湾光复悲剧内容的小说，被彭瑞金认为台湾人与大陆人"其历史与现实价值认同上有永难谐和的鸿沟……台湾人必须认清自己是天朝所弃的孤儿"，不能对"祖国"抱幻想，应自主奋斗下去。其实，正如左翼评论家吕正惠所说，"孤儿"是作者对战争时期台湾人处境的描写，这种描写不代表吴浊流的态度。作者通过塑造曾君这个人物，暗示台湾人应投身于中国的抗日洪流中，因为这是使"孤儿"回归母亲、台湾回归祖国，事关台湾人命运的大事②。由此可见，彭瑞金等人打造的充满空隙和缺口的"台独文学史"，它只不过是鲁迅当年说的"心造的幻影"而已。

稍有历史常识的人都不会否认：台湾文化源于中原文化，是中华文化的一个组成部分。当下台湾同胞均是大陆当年移民的后代，他们的堂号、墓碑大多写的是大陆原籍，至于他们所使用的语言与文字，理所当然是汉语汉字的一部分。不管是戒严时期还是解严后，在官方和民间场合台湾通常使用的是普通话即台湾民众讲的"国语"。至于台湾方言，主要有两种：闽南语、客家语，另有光复后从大陆移民到台湾的上海、

---

① 转引自廖毓文：《台湾文字改革运动史略》，李南衡编《日据下台湾新文学明集5·文献资料选集》，明潭出版社1978年版，第491页。

② 吕正惠：《被历史命运播弄的人们》，陈义芝主编《台湾文学经典研讨会论文集》，联经出版公司1999年版，第12页。

浙江等地方言，此外还有少数民族各部落的语言。

鉴于早先移居宝岛的大陆同胞多半来自福建南部，因此闽南人在台湾人口中占了大多数，具有河洛语的闽南语，顺理成章地成为台湾的主要方言。如今一些人要把闽南话升格为取代北京话的"国语"，受到许多人的质疑，可"激烈本土派"辩解说，"台语"之所以不等同于"闽南语"，是因为当今的"台语"虽来源于中国福建闽南语，但由于历史的因素已融合平埔语、荷兰语、西班牙语、日本语等成分。它自成一体，与原来的闽南语有所不同。更何况"闽南语"其实并非单指一种语言，甚至在闽南的地方也有客家语，"闽南语"根本不是精确的指称。① 这种看法其实不能成立。台湾闽南话虽然加入了新的成分，但与福建的闽南话仍然是五十步与百步之差，这就像广州的广府话流入香港后成了粤语，但其实广府话和粤语仍无质的差异。

和将"台湾语言"等同于闽南话相联系，一些人认为只有用闽南语即"台语"写作的文学，才是台湾文学的"正统"；只有用"母语"写的作品，才是"纯正"的台湾文学；用北京话写的作品，最多只能叫"台湾华语文学"。② 这种说法不仅受到说"国语"、用普通话写作的外省作家的抵制，而且属本土阵营的客家作家也完全不赞成。

众所周知，台湾的客家多半是由广东与闽西客家移民形成的。客家人在大陆主要分布在广东梅州、惠州、潮州与福建龙岩一带。台湾也是客家人极为集中的地方，如新竹、苗栗、桃园等地，因此客家语也就成为仅次于闽南话的台湾重要方言。可一旦将闽南话说成是"台语"的代表，那就排斥了客家族群及其使用的客家话，故"激烈本土派"所"发明"的闽南语等同于"台湾语言"的概念，难以得到岛内外同胞及海外华人的广泛认同。有识之士均认为：所谓"台语写作"的"台语"，其实是中国方言，无论是闽南话还是客家话，都是从大陆传过去的。即使纯用

① 台文笔会编：《蒋为文抗议黄春明的真相》，亚细亚国际传播社 2011 年版。

② 见台语 kap 客语现代文学专题网站。

"台语"写作，也不能由此将台湾文学与中国文学、日本文学并列，因为说到底台湾文学不是"国家文学"，而是中国一个地区的文学，用地方语言写作，只不过是更富于乡土色彩罢了。

必须指出的是："激烈本土派""发明"的"台湾语言"，不仅关联到国家认同，还牵涉到写作的规范化问题。当下有人用日文假名、罗马拼音加汉字写小说、写诗歌，也许有人认为比较理想的是用罗马拼音。所谓"台语"本由汉语、百越族的福佬话、南岛语系、日语词汇、自然状声词等组成，由于对外交流需要，又会增加西语。以汉字为主书写，在"激烈本土派"看来，显然与本土化的时代潮流相悖。就罗马拼音本身而言，"激烈本土派"与"包容性本土派"也各有各的看法。在政治高于学术的台湾本土学界，为了改变台湾文学长期处于被俗化、被矮化、被扭曲的所谓"悲情"①状态，他们在高校继设立"台湾文学系"后，又增设了"台湾语言学系"，可由于师资缺乏和招不到学生，更重要的是"台湾语言"在辞典里根本找不到，因而"真理大学"和"中山医科大学"只好将"台湾语言学系"或"台湾语文系"停办。

与"发明""台湾语言"相关的是对"台湾文字"的"发明"。这个"台湾语言"与"台湾文字"，就似孪生兄弟密不可分。这里有政治层面问题，当然也有学术层面问题。诗人兼学者向阳认为："台语"文字有四个系统：第一种为"训诂派"，这种学者主张从中原的古汉语中寻求方言的本源，在《论语》等经典著作中一定能够找出"台语"的相应文字。第二种为"从俗派"，这种人认为语言是活的，也是民间的，因而主张在地方戏曲的脚本或流行歌曲的歌词中寻找表现方式。第三种可称为"汉罗派"，这种人认为"台语"的文字表句不必都使用汉字，某一部分可用罗马拼音。第四种是主张用罗马拼音来取代汉字。向阳本人比较认同的是郑良伟所提倡的"汉罗表句法"②。这是适应语言多元变化的需

① 叶石涛：《台湾文学的悲情》，派色出版社 1990 年版。
② 向阳：《从泥土中翻醒的声音——试论战后台语诗的崛起及其前瞻》，《新诗论文集》，南投县立文化中心 1991 年版。

要，并可使所谓"台湾文字"具有发展性，进而建立自主的系统，向阳由此奢望"汉罗表句法"能成为世界性的语言，却未免言之过早。

在创作方面，"台语诗"由林宗源所开创，随后有向阳跟进。这位后来居上的向阳，2004 年获"荣后诗人奖"时，得奖评语为：

> 喙讲父母话，手写台湾兮歌诗，伫白色恐怖兮年代，唔知影惊惶，勇敢徛伫咱兮土地，用台语思考写台湾兮土地兮美丽佮沧桑，写台湾人民兮思想感情、欢喜悲伤佮心内兮梦。诗兮技巧繁复多变，诗兮风格多采多姿；诗兮质佮量拢非常可观，是战后台语诗坛杰出兮诗人。

把诗歌评论弄得像木头人似的呆滞无趣，乍看起来很有本土性，可缺乏的正是别的族群的读者难以享受到的趣味性。画地为牢的"台语"作品，把自己做小了，其影响只局限于本乡本村本土，根本无法与本岛其他族群交流，更不可能奢望走向世界。

本来，作为中国组成部分的宝岛，人们使用的文字为汉字，所不同的是采用的是中国传统的正体字即繁体字，与大陆实行文字改革后公布的简化字有所不同。但随着两岸交流的不断进展，两岸这种简繁文字的差距在缩短，台湾已有不少人甚至包括某些官方文件也在使用简化字。"激烈本土派"不顾这个事实，企图用自己"发明"的"台湾文字"去取代中国汉字，这在现实中根本行不通。

为了推广所谓"台湾文字"，"激烈本土派"以"通用拼音"取代大陆通用的汉语拼音系统。可这种所谓的"通用拼音"设计不合理，国际通用性极差，不少高层人士均表示不会跟进，文化界的媒体工作者和作家、艺术家也不投赞成票，但这些人辩称"通用拼音"是"汉语拼音"的改良版，其长处是可以体现台湾"本土母语"。这是不顾语言文字发展的科学规律，将语言文字泛政治化。"激烈本土派"为了与大陆切割，强制推行"通用拼音"，使拼音标注在岛内产生混乱。如此一来，民众纷纷表示自己已变成"文盲",这是"通用拼音"不通用这种奇怪现象造成的。

"激烈本土派"还大力推行"乡土语言教育",有的作家还亲自动手编纂方言教材,并呼吁创设方言媒体,教育部门又不断减少中小学教材中作为中国传统文化象征的文言文的比例,严重影响了青少年认同中华民族及中华文化。

为了缩小两岸使用文字的差距,有的学者提出在台湾"识简书正(繁)",在大陆则"识正(繁)书简",希望两岸人民既能够通晓繁体字,又对简化字不感到陌生。可"激烈本土派"称,如果被大陆同化去"识简书繁"或"识繁书简",这都是在"弃守文化主权",让台湾丧失"主体性",让台湾人被中国人同化。事实上,台湾人本是中国人,用不着去"同化"。另外,无论是简体字还是繁体字,均同文、同种、同源,都属汉字体系,都植根于中华文明的传承,系发扬中华文化的最佳载体。简化字、繁体字虽然笔画有分别,但不存在着本质上的差异,而且提倡简体字最早是国民党人而不是共产党人,只是两党简化程度不同而已。但令人困惑的是"激烈本土派"认为使用繁体字写作就是坚持了台湾文学的"主权",他们不知道也不想知道繁体字是最具中国性的文化元素。两岸使用的文字本来是大同小异,"激烈本土派"企图通过"发明"的"台湾语言""台湾文字",达到彰显台湾"主体性""独立性"的目的,这是违反科学的,其理由也是站不住脚的。以写小说而论,用所谓"台语""台文"常常吃力不讨好,不但作者写得累,读者也看得很辛苦,如东方白的《真美的百合》,所创造的新字就不计其数。不畏艰难的胡长松,在其勉力完成的长篇小说《大港嘴》中,遇着无字的"台语",除了借音、借义外,就用罗马字代替,代替不了就自己造字。下面虽然未出现自造的字,但读起来非常拗口:

> 妳缀我走啦!金钗!我会使予妳好日子过。假使毋是今仔日,嘛是明仔载;横直,总是有一工啦,妳着相信我。
>
> "袂用 tsit。宗保—a!"

是按怎袄用 tsit？

"我永远袄你走矣啦，因为我著顾阮老母。啊若我缀你走，谁来顾—伊咧？"

这里没有统一的音标，朗读起来也谈不上有标准的音，更没有标准的字。方言与普通话并用，汉字与自己造的字同时出现，叫读者怎能读得顺口并由此获得审美的享受。一篇"台语文"说穿了就是中文夹杂拼音的混合体。从实用性上说，这样的文字很难为人们认可。从学术上来说，汉语是一个语族，包括了八大方言，闽南方言身列其中，一些人辱骂"中国语"也连带骂了"台语"。说到底，所谓"台语"本有"汉文"的根基，如当下某些人等将"你和我"改写成"你 kap 我"，只能视为方言文字化的一种实验，这种实验不可能离开"中国语文"的母体。若将"台语"的汉字根基完全弃而不用，改为全部罗马拼音化，那只能是台湾"主体性"的更完全更彻底的"沦陷"。

两岸由于研究立场不同、视角不同、方法不同，因而不时产生争夺文学解释权的论争。张爱玲是大陆作家还是台湾作家，便是一例。敏感的台湾学者们鉴于张爱玲作品 20 世纪 70 年代后在台湾的迅速传播和影响深远，出现了一种"张（爱玲）腔胡（兰成）调"①，张爱玲甚至被尊称为"祖师奶奶"②，他们由此把"看张"现象提高到一个新的层次，即将其作品经典化。1999 年由官方"文建会"出面，决定张爱玲的小说《半生缘》入选为 30 部台湾文学经典之一。陈芳明沿袭这一思路，在《台湾新文学史》中，用长达 5 页的篇幅把张爱玲对台湾的影响（比论陈映真还多出 2 页）写进书中。陈氏在书中首次声明张爱玲不是台湾作家，这和他 2010 年在香港浸会大学举办的张爱玲国际研讨会上，用充满感性的

---

① 张瑞芬：《明月前身幽兰谷——胡兰成、朱天文与"三三"》，《台湾文学学报》第 4 期（2003 年 8 月）。

② 王德威：《张爱玲成了祖师奶奶》，《小说中国》，麦田出版公司 1993 年版，第 337~341 页。

语言大谈大赞"我们的张爱玲"即台湾的张爱玲自相矛盾，因而所谓"张爱玲不是台湾作家"的表态，有点似"此地无银三百两"。前后论述自相矛盾的陈芳明，在《中央日报》曾意芳写的采访记《台湾文学不应排他》中辩护说："张爱玲的作品是否为经典有争议，但放在台湾文学里绝对没有问题，因为张爱玲不仅对台湾作家影响极大，张爱玲的思考方式更已进入台湾文学的血脉，与台湾发展过程的命运相呼应，最完整的张爱玲还是只有在台湾可以看见。"文学的筛选不靠作者的身份证，而应重视文本，好似没有错，但不能由此完全否认作家身份的重要。至于用影响的大小和全集的出版，作为张爱玲为台湾作家的理由，在学术层面上也难以成立。把张爱玲"发明"为台湾作家，这不仅是台湾文学经典评选同时也是《台湾新文学史》一大硬伤。因为张爱玲"到底是上海人"①，是原汁原味的上海作家。张氏既不生于斯，也不长于斯，且不认同台湾，把 20 世纪 60 年代去台湾的短暂访问称之为"回返边疆"②。张氏作品绝大部分不是在上海就是香港面世，从不用台湾背景写小说。她倾力打造的艺术世界是上海和香港这两个国际化大都市，其作品没有反映过台湾的社会面貌，也没有用闽南话和客家话写作，更未有叶石涛所强调的"台湾意识"③，怎么可以将其定位为台湾作家，将其作品视为"台湾文学经典"？难怪在研讨台湾文学经典时，现场有一位建中学生质疑"张爱玲是台湾作家吗？"以表示自己的困惑与不满。

两岸：求同存异，多元共生

从以上论述可看到，在台湾文学研究中意识形态与文学史书写的纠

---

① 张爱玲：《到底是上海人》，《杂志》第 11 卷 5 期（1943 年 8 月 10 日）。

② 王祯和（丘彦明访问）：《张爱玲在台湾》，子通、亦清主编《张爱玲评说六十年》，中国华侨出版社 2001 年版，第 143 页。

③ 叶石涛：《台湾文学史纲》，文学界杂志社 1987 年版。

缠，这是无法躲避也不应该逃避的一个敏感而又沉重的话题。政治是如此迫切需要台湾文学，而不少文学研究家也热衷于拥抱政治。两者彼此依存、互为表里、动态发展、持续互动，构成了两岸台湾文学研究的一大景观。

大陆与台湾，用各自的路线和方法研究台湾文学，从整体上来说这对整合分流的台湾文学研究，很有帮助。不过，由于意识形态的干扰，台湾的"激烈本土派"的研究离台湾文学的真相毕竟十分遥远。就大陆来说，已从文学研究为政治服务逐渐回归到学术本位，不少研究论著不再是文艺政策的简单注脚。他们的文学史及其分类史的出版，在数量上已超过对岸，其中像刘登翰主编的主体部分包括古代文学、近代文学、现代文学和当代文学四个板块的《台湾文学史》①，至今还没有人超越它。大陆还把台湾文学向学校推广，在不少学校设有台湾文学课程或有关研究机构，让"发现"的台湾文学的独具风貌和魅力，与广大读者和青年学子共享。

大陆学者通过"发现"进而"识别""揭示"或"解释"这种隶属于中国文化的总体版图，却在长期诡谲曲折的历史变动中出现了众多异质的"有中有台"的台湾文学，与台湾分离主义者"发明"的"有台无中"的"台湾文学"，不是一种平行关系，也不是一种对等关系。就对岸来说，"台湾文学馆"长期对日据时代和当下作家资料的整理，对台湾文学史系列专题的撰写②，这正好弥补了大陆学者的不足。只有充分吸取对岸"发现"的台湾文学新资料和新颖而不是夸大其词的独到观点，大陆才能将自己的台湾文学研究进一步深化。至于那些学术水平粗劣和研究方法陈旧的"激烈本土派"所"发明"的与中国文学无关的"台湾文学"及其伪造的"台独文学史"，事实会证明这才是一种真正的"虚构"，经不起

---

① 刘登翰等主编：《台湾文学史》（上册），海峡文艺出版社 1991 年版，第 4 页。

② 李瑞腾主编：《台湾文学史长编》，计 33 本，台湾文学馆出版 2012—2013 年版。

历史的检验。

在本土化冲击和遮蔽多年的台湾，我们必须充分意识到，要想最终剥离政治的外在影响，实现从"发明"回归到"发现"或从政治回归到学术，尤其是祛除分离主义思潮的不良影响，避免出现诸多违反学理的"发明"，仍然任重而道远。"路漫漫其修远兮，吾将上下而求索"，笔者愿意与对岸台湾文学研究者对话、辨析，以反思台湾文学与中华文化的关系为切入点，重新恢复台湾文学的庐山真面目，最终与对岸同行走上一条求同存异、多元共生的"发现"台湾文学之路。

（古远清，教授，主要研究方向为台港文学、世界华文文学。）

【外国文学及文艺学】

"左眼"看中国的三种视像

——萨特、安东尼奥尼和罗兰·巴尔特中国行文本的互文性分析

阎　伟

摘　要：欧洲左翼知识分子萨特、安东尼奥尼和罗兰·巴尔特分别于 1955、1972 和 1974 年访问中国，并各自留下亲历中国的记录文本。由于政治立场和思想观念的差异，以及中国行不同的在场遭遇，他们关于中国的感受见解大相径庭。萨特的"红色中国"观、安东尼奥尼的"两种表情"中国论和罗兰·巴尔特的"负片（Negative Film）中国"观，除了分别显示他们"积极介入"的存在主义文学观、"积极疏离"的间离理论和"判断悬置"的现象学方法外，还展现了西方马克思主义学者观察中国时视点转化历时化的过程。他们中国行的三种视像不仅有助于我们理解西方左翼知识分子的中国立场嬗变，也为我们认识特定时期的中国社会历史提供了新的视角。

关键词：萨特；安东尼奥尼；罗兰·巴尔特；左翼知识分子；中国观

1955 年 10 月底，法国作家让-保罗·萨特（Jean-Paul Sartre）结束了在中国为期 45 天的访问，随后在中共中央机关报《人民日报》上发表《我对新中国的观感》*Mes impressions sur la Chine nouvelle（My Impressions of the New China）*一文，后来他又在《法兰西观察家》*France-Observateur*

上发表了《我看到的中国》*La Chine que j' ai vue（The China I Saw）*的专访文章，进一步说明自己中国行的感受①。

1972 年 5 月，意大利著名电影导演米开朗琪罗·安东尼奥尼（Michelangelo Antonioni）开始了为期 22 天的纪录电影 *la Chine，en 1972*《中国，在 1972》（以下简称《中国》）的拍摄工作。1973 年，《中国》在欧洲播出，随后在中国遭受强烈批判。30 年后的 2004 年，该片才在中国公开上映。

1974 年 4 月，法国哲学家罗兰·巴尔特（Roland Barthes）与法国《原样》杂志 *Tel Quel*（太凯尔）周围的一批左翼知识分子开始为期 24 天的中国行。回国后，巴尔特仅写了一篇文章 *Alors，la Chine*《那么，是中国吗?》，对中国再无评论。② 直到 2009 年，他的三卷本《中国行日记》*Carnets Du Voyage En Chine* 在法国公开出版，并于 2012 年译成中文。

这三位西方左翼知识分子的代表人物都亲历中国，并即时写出中国行文本。虽然他们的中国行文本形式并不相同，其哲学思想和政治观点也不一样，但都关注社会主义中国，在各自的叙述中，分别表达了自己的立场与判断。在评价新中国某些相似的问题与现象上，形成了可堪比照的视域。因此，本文将互文性阅读三人的中国行文本，研究其文本中构建的中国观，并历时性地梳理西方左翼知识分子中国立场的嬗变。同时，描述当时的中国对他们中国行文本的反应与态度，并以他者眼光为镜像，形成对自我认识的反思。

---

① Contat，Michel. and Rybalka，Michel（comp）. Richard C. Mccleary（trans.）. The Writings of Sartre［M］. Northwestern Univ. Press，1974.，317.

② 《罗兰·巴尔特传》中曾有记录：一年以后，鲁瓦（C. Roy）接受《世界报》的邀请谈他对巴尔特的看法时，他也提到这次奇特的旅行："我们奇怪地注意到，这个温柔、耐心、贪婪的'揭露狂'最近在谈论文化大革命后的中国时仿佛没有了牙齿。"参见该书第 204 页。

一、"访问者""偷窥者"和"旁观者"

——三人中国行目的及文本的叙事身份

第二次世界大战后，萨特在社会政治活动中表现出积极的亲共立场，以"同路人"身份与法共、苏共保持良好关系，赢得了中国政府的好感。1955 年 9 月，萨特携其终身伴侣波伏瓦（Simone de Beauvoir），以社会主义阵营内著名社会活动家和国际统战对象的身份应邀访华，并成为进入中国的"第一个著名的西方左派活动家"①。

1971 年，意大利政府与中国刚刚建交后不久，就提出希望在中国拍摄一部纪录片，并特意强调将由著名导演安东尼奥尼执导。这位在二战期间成长起来的反法西斯主义艺术家，在 1970 年拍摄的《扎布里斯基角》*Zabriskie Point* 中，表现出对激进学生运动的同情。中国政府考虑到安东尼奥尼既是世界顶级电影导演，又是意大利左翼共产党人，于是接受了这一请求。

1968 年法国"五月风暴"后，法国共产党新派杂志《原样》表现出积极的亲中国立场，对当时的"文革"表现出极大的热情与兴趣，并出版和发表了很多有关中国的研究专著和文章。1974 年，杂志社组织了包括巴尔特在内的代表团到中国访问。与萨特受到中国政府高规格的全程接待不同，巴尔特一行的访问费用由参加者自理。②

中国行给他们留下了深刻印象，他们都在第一时间做出反应。萨特《我对新中国的观感》一文虽不是访谈，但全文以虚拟对话的形式，采用第一人称方式叙事，将其在中国的直接、正面的感受，以"访问者"/"我"的视角向"接待者"/"你"作信息反馈，全文具有向接待者汇报总

---

① 高宣扬：《萨特的密码》，同济大学出版社 2007 年版，第 299 页。
② ［法］罗兰·巴尔特：《中国行日记》（怀宇译），中国人民大学出版社 2012年版，第 2 页。

结的性质。最具"读者意识"的介入作家萨特，成文之前就已明确了自己的受众和潜在读者：直接读者是促成此行的中国政府，而潜在读者就是他曾经接触过的中国大众。

安东尼奥尼的电影文本更具有实录的性质。《中国》采用第一人称叙事方式，以全称"我们"（观察者）的视角，向一个未知的"你"（观众）讲述一个"他"（中国）的故事。中国行的目的就是以摄像机为眼，向西方世界展示未知的中国，通过镜头去表现他心中的神秘中国和眼前的现实中国。因此，电影《中国》的受众指向主要是西方民众。一方面，他遵从接待方的意愿与要求，拍摄了当时中国的某些"伟大成就"；另一方面，安东尼奥尼也像许多西方观众一样，对中国充满了好奇，他拍摄时"几乎不放过任何一个具有象征意义的细节或者任何他可能赋予象征意义的动作和细节"①。为了获取这些"动作与细节"，他有时故意越界或违规，采用非常规手段，"闯入"中国百姓的日常生活进行"偷窥"式的拍摄。电影《中国》中的许多桥段，都表露着叙事者由恪守外交礼节的"访问者"、向无所不窥的"闯入者"或"偷窥者"的身份挪移。

巴尔特的《中国行日记》采取第一人称"我"的视角，以独白的方式叙述他在中国的见闻。这种独白式的日记不会预设读者，或者说，它的读者就是作者自己。日记中记录了自己中国行的同时，又不断验证着他想象中的中国形象，形成讲述者对自己所接受信息的不断追问，以及对内心世界的深刻反思。巴尔特曾说，他是受了安东尼奥尼的电影《中国》的影响，才决定到中国来的。② 然而，当巴尔特重走安东尼奥尼的线路时，他却看到这位在中国受到隆重接待的意大利电影导演，正在遭

---

① 孙红云：《两个中国？——伊文思的〈愚公移山〉与安东尼奥尼的〈中国〉》，《当代电影》2009 年第 3 期。

② ［法］罗兰·巴特：《艺术家的智慧：法国思想家罗兰·巴特给安东尼奥尼的一封信》（黎静译），《北京电影学院学报》2003 年第 5 期。

受缺席批判。① 面对中国这种完全陌生的文化或意识形态，巴尔特既不能以中国的方式、也不愿以安东尼奥尼的方式理解中国，他采取了一种近似"零度写作"的方式，冷静地记录他在中国的见闻，不做任何评价，以期达到对这种异质文化的客观观照。

因此，如果说萨特中国行文本的叙事主体是一个热情的"访问者"，那么安东尼奥尼的叙事主体就是一个积极的"偷窥者"，巴尔特就是冷静的"旁观者"。

二、"让看""偷拍"和"斜视"
——中国行文本中观察中国的方式

萨特访华时的活动内容完全由中国政府组织安排，按照预定的路线和日程考察。萨特一行参观了北京、沈阳、广州、南京、上海和杭州等地，访问日程紧张而又充实，对于此行的收获，同行者波伏瓦提供了旁证，"他们没有把中国藏在身后，他们没有在几百个农舍上涂上色彩鲜艳的油漆，也没有给上千里的乡野披上伪装网；他们让我们看到了中国"②。对于中国政府的周密接待和信息提供工作，他们既感到满意，又明显表露异议。萨特并不满足只听那些"都是一样事先构想好的话"③，他试图绕过困难，扩大信息源，去接触更多的普通民众。对萨特的这种努力，波伏瓦居然有两种不一样的记录版本。在公开出版物《长征》一书中，她如此写道，"我的行动自由从未受到过阻拦。我随时

---

① 巴尔特《中国行日记》中有多处记录，详见该书的第 47、214、215 和 304 页。

② ［法］萨特著，沈益洪编：《萨特和波娃谈中国》（秦悦等译），浙江文艺出版社 2001 年版，第 28 页。

③ ［法］萨特著，沈益洪编：《萨特和波娃谈中国》（秦悦等译），浙江文艺出版社 2001 年版，第 28 页。

都信马由缰地散步，多少次都无所谓。在北京，我们经常在没有中国人陪同的情况下外出"①。而在她写给自己美国男友阿尔格伦（Nelson Ahlgren）的信中，却充满了抱怨，"……他们担心我们自己会走丢，又想让我们参观，所以他们一直陪着我们，到处跟着我们。尽管他们客气友好，但我们有时感到烦了。我们愿意在街上随便走走，但很少有这样的机会"②。

1972 年 5 月，意大利拍摄组抵达北京后，安东尼奥尼就向中国政府提出了拍摄计划，涉及北京、上海、新疆和海南岛等 17 个地方，预计时长半年。这同中方原先安排的日程计划相差很大。经过和中国官员整整 3 天的讨论，最终他选择了"妥协"，在短短 22 天之内匆匆赶拍。③尽管如此，他的拍摄仍然受到极大限制，电影《中国》开头的旁白交代"很大一部分中国是可望而不可及、非请莫入的……我们笑眯眯的导游让我们跟随他们严格规定的路线"。

事实上，安东尼奥尼并不想受制于严格规定的拍摄线路和对象。他充分发挥摄影师的专业特长，将摄影机眼睛的功能运用到极致，利用一切机会偷拍。为了达到"偷拍"目的与中国的随行人员斗智斗法，《中国》的旁白说明就有 7 处之多。安东尼奥尼是这样解释他的拍摄行为，"在我拍摄纪录片《中国》时，不是去拍摄一个我想象中的中国，而是遵

① ［法］萨特著，沈益洪编：《萨特和波娃谈中国》（秦悦等译），浙江文艺出版社 2001 年版，第 27 页。

② ［法］波伏娃：《越洋情书》（下）（楼小燕、高凌瀚译），中国书籍出版社 1999 年版，第 657 页。在马振骋的译本中，波伏瓦的语气更为激烈，"我们不总是嘻嘻哈哈的，由于我们不懂他们的语言，这些中国人既怕把我们丢了，又要什么东西都给我们好好看，跟着我们寸步不离，无时无刻不是紧紧贴着我们，以致有时实在烦他们，尽管他们很殷勤周到。我们很少能够像我们爱好的那样在街上从从容容蹓达。换了您也会像萨特和我一样好几次失去冷静"。参见马振骋编译《波伏瓦给亚格伦的信选》（续六）之《听说访问中国，我就热血沸腾……》，《书城》1998 年第 10 期。

③ ［意］米开朗基罗·安东尼奥尼：《还能拍一部纪录片吗?》（汤荻译），《当代电影》2004 年第 6 期。

循双眼看到的现实"①。为了获取他眼中的真实,他并不满足于官方的"让看"/"摆拍"安排,而是做一个失礼的"偷窥者",经常闯入到中国老百姓未经准备的日常生活层面,表现政治之外的普通人生存状态。他用一种未经修饰的、哪怕是"带有各种缺陷"的镜头,从对比和正反两个角度介绍中国当时的现实,从而形成了"安东尼奥尼式"的中国。②

1974 年 4 月,罗兰·巴尔特一行走的也是一条预先设定的路线。虽然他们也受到了中国一些大学和作家的接待,但那是在既定计划之内。过于周到密集的安排,使得他们接触任何既定行程之外的中国人几乎不可能。"由于旅行社官员连续地、寸步不离地出现,才阻碍、禁止、审查和取消了出现惊喜、偶遇事件和俳句的可能性。"③他对这种缺少"皱痕"、缺少"偶遇事件"的旅行表示不满,信息的极度重复、单一让他大失所望。他写道:"无可争辩的事实是:信息的完全封闭,所有信息的完全封闭,性政策的完全封闭。最为惊人的是,这种封闭是成功的,也就是说,任何人,不论他逗留的时间长短和条件如何,都不能成功地在任何一点上突破这种封闭。"④人们向他介绍的东西都是千篇一律,毫无变化。他对中国的理解只能停留在语言的平面即能指方面,每天的单调重复使巴尔特感到厌倦消沉。面对这样的中国,巴尔特既没有采取"内在"的方式表示赞同,也不以"外在"方式去进行批评,而是采用了"斜视"的方法观察。他提出,"好的目光是一种斜视目光"⑤。

---

① [意]温贝尔托·艾柯:《论阐释或难为马可·波罗——谈安东尼奥尼的关于中国的影片引起的重大事件》(单万里译),《当代电影》2007 年第 6 期。

② [意]温贝尔托·艾柯:《论阐释或难为马可·波罗——谈安东尼奥尼的关于中国的影片引起的重大事件》(单万里译),《当代电影》2007 年第 6 期。

③ [法]罗兰·巴尔特:《中国行日记》(怀宇译),中国人民大学出版社 2012 年版,第 160~161。

④ [法]罗兰·巴尔特:《中国行日记》(怀宇译),中国人民大学出版社 2012 年版,第 256 页。

⑤ [法]罗兰·巴尔特:《中国行日记》(怀宇译),中国人民大学出版社 2012 年版,第 278 页。

那么，何谓斜视的目光？所谓斜视，就是要注意被观察对象第一信息之外的附加信息的特殊观察方法。巴尔特解释说，"应该区分我在第一个级次与在第二个级次学到的东西。(这差不多就是'斜视的目光') "①巴尔特将中国视作一个文本，以符号学的方法加以解读。中国像其他所有的文本一样，以等级方式存在，呈现出一种分级搭配的层次。在巴尔特看来，中国文本写了什么或展示什么？"这便是言语活动的第一等级"，随后中国文本如何被写或被看？"这便是第二层级"。在理解被观察者的活动中，来自第二等级的信息量尤其重要。在直接接受第一层级言语活动提供的信息同时，巴尔特更多的是绕到背后，观察这种信息是如何被书写。深度的观察意味着分级活动的深入，它使被阅读文本有一种"程度上的捻动"，从而"逐渐地显示"其意义②。用这种方法，巴尔特观察到，在当时中国文革时期高度一致的政治文本符号背后，掩藏着并不一致的书写方式，他"唯一注意到的和有变化的东西，便是毛泽东的书法和人们以不同字体书写的大字报"③。

三、"红色中国""两种表情"和"负片中国"
——中国行文本中的中国印象

萨特的《我对新中国的观感》一文，大体上是按照萨特对中国的评价层次行文的。"转变"是他对新中国定下的基调，然后是以"任务的巨大"为主题展开，从"事业的多种多样性""社会主义化""深切的人道主

---

① [法]罗兰·巴尔特：《中国行日记》(怀宇译)，中国人民大学出版社 2012 年版，第 289 页。

② [法]罗兰·巴尔特：《罗兰·巴尔特自述》(怀宇译)，中国人民大学出版社 2010 年版，第 131 页。

③ [法]罗兰·巴尔特：《中国行日记》(怀宇译)，中国人民大学出版社 2012 年版，第 347 页。

义"新中国的"双重面貌"几个方面依次道来，最后以中法"友谊"作结。全文熟稔地使用新中国彼时常见的政治术语，充分肯定了新中国的建设成就，并以"无所不包""彻底改变""远见"等溢美之词"毫无保留地"赞扬新中国。①

《萨特对新中国的看法》是一篇新闻采访，采访者以问答方式追问了萨特中国行的细节，以及形成中国观感的原因。文章基本上按照萨特在中国所遭遇的一系列重大政治事件经历来叙述。第一，关于马克思主义的中国化问题；第二，关于当时的胡风事件；第三，关于农业集体化；第四，关于当时中国的"三反"运动（"反腐化、反浪费和反脏乱"）。在法国记者面前，萨特依然坚持了新中国"积极发展"的论断，并对记者提出的一些消极问题表示不满，"对每一话题你都试图与欧洲作比较，你一直想证实你的怀疑"②。在这两篇文本中，对于新中国计划"用50年的时间"，把经济制度、社会结构、甚至语言文字都彻底改变，萨特认为"也还是可以想象得到的"③。对于"建设一个新中国需要50年时间"，萨特也充满期待，"群众对此并不失望，他们有新中国的蓝图，为它而工作，似乎这一新中国在第二天就能真正实现"④。文本积极乐观的语言呈现出亮丽色彩，直接象征着萨特"红色中国"的意识形态立场。

安东尼奥尼的电影给人留下印象深刻的镜头，就是那些中国人的生存表情——一张张"脸"。电影里面中国人的"表情"呈现出两种完全不同的模式，"一是笑容可掬，信心坚定又情绪饱满的脸"，"一是怯懦惶

---

① 高宣扬：《萨特的密码》，同济大学出版社2007年版，第299页。

② ［法］萨特著，沈益洪编：《萨特和波娃谈中国》（秦悦等译），浙江文艺出版社2001年版，第14页。

③ ［法］萨特著，沈益洪编：《萨特和波娃谈中国》（秦悦等译），浙江文艺出版社2001年版，第3页。

④ ［法］萨特著，沈益洪编：《萨特和波娃谈中国》（秦悦等译），浙江文艺出版社2001年版，第15页。张同道：《中国表情——读解安东尼奥尼与伊文思的中国影像》，《当代电影》，2009年第3期。

惑、焦灼不安，呆滞甚至有些许颓丧的脸"①。前一种表情往往出现在公共空间、公开展示的社会活动中(让看/摆拍)，如下班后自动组织学习毛主席语录的工人，热烈展开讨论的农村党支部，整齐嘹亮步伐坚定的下乡青年，幼儿园高唱热爱祖国的孩子们；后一种表情则出现在私人空间、未经准备的个人行为中(闯入/偷拍)，如秘密自由市场上抱着猪娃满脸惊恐的老汉、被抓拍到的孩童。

前者是一种公开表情，它"热情、坚定、信心满盈"②。往前追溯，它出现在萨特的中国行文本中，成为作品表现的主要中国表情，如开矿的工程师和果树移植的农学家，以及众多目光坚毅、表情镇静的"你们"，构成萨特所唯一面对的"大写的主体"。往后延伸，它也出现在罗兰·巴尔特的《中国行日记》中，他称之为"可爱的大众"③，如"亲切的、开放的、正派的、微笑的"工人的面庞④，模范家庭中过上了幸福生活的退休女工(类似萨特采访的女劳动模范房素荣⑤)，向他们热烈鼓掌的少先队员以及笑眯眯、寸步不离的旅行社官员。后者是一种私人表情，它消极、颓丧、局促不安。这种私人表情在萨特的中国行文本里完全不见，在安东尼奥尼的电影中却是刻意追求的镜头。于是，"影片中不时出现这样的'裂缝'：一些未经安排的东西，它们自己从某个角度不经意地冒了出来"⑥。

这样的"裂缝"，正是罗兰·巴尔特在中国行过程中努力发现，却

---

① 张同道：《中国表情——读解安东尼奥尼与伊文思的中国影像》，《当代电影》2009 年第 3 期。

② 张同道：《中国表情——读解安东尼奥尼与伊文思的中国影像》，《当代电影》2009 年第 3 期。

③ 〔法〕罗兰·巴尔特：《中国行日记》(怀宇译)，中国人民大学出版社 2012 年版，第 167 页。

④ 〔法〕罗兰·巴尔特：《中国行日记》(怀宇译)，中国人民大学出版社 2012 年版，第 166 页。

⑤ 参看 1955 年 9 月 26 日的《辽宁日报》中《法国著名作家萨特等离沈》一文。

⑥ 崔卫平：《安东尼奥尼的〈中国〉》，《新闻周刊》2004 年第 45 期。

求之不得的记忆符号，他称之为"皱痕"。"皱痕 *Pli*，或译为'褶皱'，指的是给人留下些许记忆的东西。"①虽然他也在努力寻找"完全个人的小天地"②，但由于整个旅行"躲在语言与旅行社这两层橱窗之后"③，他失望地表示中国是"一个没有皱痕的国度"④。

巴尔特的中国行，时时处处遭遇着各种各样的政治话语，如"砖块"（briques）、"俗套"（stereotype）和"多格扎"（doxa）。他认为，"在这个国家，只有政治说得上是文本，也就是说，只有政治说得上是能指"⑤。所谓"砖块"由一个个独立的单词或熟语构成的习惯性句法结构，它是俗套的、熟语的一种单位⑥。全文至少有 30 次提到了"砖块"概念，如随行翻译的"纯粹的、不加掩饰的单子"（即当年翻译们必备的"对外宣传口径"的译文资料）⑦，批判林彪的政治誓言，介绍成就和经验的"统计关键词"等。所谓"俗套"，就是"符号的重复"⑧。它在《中国行日记》中也出现了 10 余次，如一些千篇一律的政治宣传话语和革命套语（"实践""劳动者""集体主义"）⑨。在罗兰·巴尔特眼里，"俗套言语活动为说话主体提供自如、安全、不出错误的尊严，而说话人在

---

① ［法］罗兰·巴尔特：《中国行日记》（怀宇译），中国人民大学出版社 2012 年版，第 104 页。

② ［法］罗兰·巴尔特：《中国行日记》（怀宇译），中国人民大学出版社 2012 年版，第 201 页。

③ ［法］罗兰·巴尔特：《中国行日记》（怀宇译），中国人民大学出版社 2012 年版，第 233 页。

④ ［法］罗兰·巴尔特：《中国行日记》（怀宇译），中国人民大学出版社 2012 年版，第 147 页。

⑤ ［法］罗兰·巴尔特：《中国行日记》（怀宇译），中国人民大学出版社 2012 年版，第 348 页。

⑥ 参看《中国行日记》第 343 页，以及《译后记》引文及第 24 页注 3。

⑦ 参看《中国行日记》第 116 页引文及译者注 1。

⑧ ［法］罗兰·巴尔特：《中国行日记》（怀宇译），中国人民大学出版社 2012 年版，第 345 页。

⑨ ［法］罗兰·巴尔特：《中国行日记》（怀宇译），中国人民大学出版社 2012 年版，第 190 页。

这种情况下(当着'群众')变成了无侵占之嫌的主体。因为在这种情况下，这种言语活动不占据任何他人的位置，它等于是一种非言语活动，它允许主体说话"①。所谓"多格扎"(doxa)，是"在一个社会内部于特定时期出现的全部舆论和一般说来被当做规范来接受、因此是主导性的模式"②，即通行于社会的默认规范。在巴尔特看来，"砖块"构成了"俗套"，"俗套"又构成了"多格扎"，"砖块""俗套"和"多格扎"的叠加又组成了当时文革时期中国致密的政治话语体系。

如何在"砖块"和"砖块"之间、"俗套"与"俗套"之间发现缝隙，难道它们"就没有细微差别吗"?③ 他最后找到了一种办法，能够从俗套的缝隙中发现新的见解，那就是"强烈的、个人的思想应该在俗套结构的缝隙之中被解读(而在我们国家，要创新、要避开多格扎的折磨，就必须消除俗套本身)"④。这种解读方法，本文称之为"负片中国"描述法。所谓"负片"Negative Film，是一种摄影术语，就是说摄影之后的一个影像，其明暗与被摄体相反，其色彩则为被摄体的补色。从色彩角度来说，罗兰·巴尔特并没有把注意力停留在中国自己渲染的主色调上，而是努力发现不同的色彩，并反观其间的色差。在观看幼儿园小女孩们的歌舞时，他指出，"所有颜色都是西方人害怕的颜色：红，刺眼的绿"⑤；在观看革命样板戏《杜鹃山》时，他认为里面演员的"总是过

① ［法］罗兰·巴尔特：《中国行日记》(怀宇译)，中国人民大学出版社 2012年版，第 145 页。

② ［法］罗兰·巴尔特：《中国行日记》(怀宇译)，中国人民大学出版社 2012年版，第 341 页。

③ ［法］罗兰·巴尔特：《中国行日记》(怀宇译)，中国人民大学出版社 2012年版，第 116 页。

④ ［法］罗兰·巴尔特：《中国行日记》(怀宇译)，中国人民大学出版社 2012年版，第 31 页。

⑤ ［法］罗兰·巴尔特：《中国行日记》(怀宇译)，中国人民大学出版社 2012年版，第 117 页。

分化妆：粉红赭石色为底色，留出耳朵为白色"①。对于中国当时自我
彰显的颜色，巴尔特以透视式的眼睛发现，"除了古老的宫殿、宣传
画、儿童芭蕾舞和'五一'以外，中国没有色彩"②。

四、"积极介入""积极疏离"和"判断悬置"
——三种不同的价值立场

在《萨特对新中国的看法》一文中，萨特道出了他对新中国的深刻
感受，"'我为那里的人民和他们的领袖之间共有目标的一致性所震惊
了'"。③ 萨特所论及的"一致性"，主要是针对当时新中国广大人民和
政府领袖在政治目标上的趋同特点。虽然他所举证的事例，仅仅是关于
当时中国的"扫盲运动"，感叹中国人民群众自发地配合政府，积极完
成这项政治任务的巨大进展，但纵观萨特的所有论述，可以看出对"一
致性"的观察成为其中国行文本的主要线索。他历时性地叙述了他所见
闻的大事件，从"胡风事件""农业集体化""三反"运动到"扫盲运动"，
"每一次斗争都是像十字军一样，全体群众都动员起来了"④。在亲临
了诸如天安门国庆庆典等盛大政治活动之后，有类于波伏瓦的感受"即
使是最玩世不恭的人也会目瞪口呆"⑤，萨特也惊讶"已高度政治化

① ［法］罗兰·巴尔特：《中国行日记》（怀宇译），中国人民大学出版社 2012
年版，第 232 页。

② "Alors la Chine?". Paris：Christian Bourgois éditeur，1975. 中文参见刘文瑾
译：《中国怎么样》，《中国比较文学通讯》2003 年第 2 期。

③ ［法］萨特著，沈益洪编：《萨特和波娃谈中国》（秦悦等译），浙江文艺出
版社 2001 年版，第 14 页。

④ ［法］萨特著，沈益洪编：《萨特和波娃谈中国》（秦悦等译），浙江文艺出
版社 2001 年版，第 13 页。

⑤ ［法］波伏娃：《越洋情书》（下）（楼小燕、高凌瀚译），中国书籍出版社
1999 年版，第 31 页。

了"①的中国民众有如此强大的动员力和组织力。面对中国的上下一心、共同努力,萨特不由感慨,"群众的被动性是中国正在消失的许多事物之一,他们对他们的领袖非常信任,他们正为实现那些简洁明确的具体目标而奋斗。我把这称为群众的自主决定(auto-detemination)","感谢这种自主决定,中国的面貌正以惊人的速度改变……"②

萨特真心赞美这种"自主决定",并对带来"惊人的速度"的政治道德高度欣赏。他以"积极介入"的态度,在中国亲眼去见、亲耳去听,并具有眼见为实的自信,和波伏瓦一样相信"表象也有真实性"③。在这种"眼见为实的发现"下,萨特"以这种发现而形成的看法和批评",是以存在主义积极介入的政治道德观,形成了对新中国文本"一致性"的认同,并赋予这种高度趋同的符号编码以积极的文化道德意义,反过来又用这种意义去观照新中国其他的社会符号。然而,萨特站在政治道德层面,同情式理解的中国文化符号——充满"一致性"的中国服装,在巴尔特那里,却成为"发现中国秘密"的"地下通道"④。

从罗兰·巴尔特登上飞往中国的飞机起,他就注意到中国人着装的"一致性"。在法国巴黎的奥丽机场(Orly),"有十几个中国人,都穿着高领上衣……看上去,像是一群出行的修士"⑤。中国人普遍穿着制式服装,公开场合的中国人"很突出制服上的一致性,但也有细微的严格

① [法]萨特著,沈益洪编:《萨特和波娃谈中国》(秦悦等译),浙江文艺出版社 2001 年版,第 14 页。

② [法]萨特著,沈益洪编:《萨特和波娃谈中国》(秦悦等译),浙江文艺出版社 2001 年版,第 14 页。

③ [法]萨特著,沈益洪编:《萨特和波娃谈中国》(秦悦等译),浙江文艺出版社 2001 年版,第 24 页。

④ [法]萨特著,沈益洪编:《萨特和波娃谈中国》(秦悦等译),浙江文艺出版社 2001 年版,第 24 页。

⑤ [法]罗兰·巴尔特.中国行日记[M],怀宇译,中国人民大学出版社 2012 年版,第 4 页。

区别(干部/工人/职员)"①,"灰色或黑色的上衣:公务员、干部等。蓝色上衣:工人等"②。巴尔特还在日记中用简笔画勾勒出穿制服的中国人,描述中国人的特征是"服装上的绝对一致"③。在离开北京飞回巴黎时,巴尔特在机场又看到了一群中国人"身着制服……真有点像是耶稣会教士"④。从"修士"到"耶稣会教士",中国人服装的单调刻板,"真让人印象深刻!"⑤

对于这种着装习俗,巴尔特的评价是"完全没有时尚可言、零度的衣饰。没有任何寻求、任何选择。排斥爱美"⑥,是"爱美之荒芜"⑦。过于单调刻板的服装形成一副坚硬的外壳,完全堵住了通往所指的路径,形成一种只有能指的"单平面符号"⑧。跟他在中国见到的其他文化符号一样,中国的"服装"是千篇一律、毫无变化,只有能指,没有所指。这种只有"能指"而缺乏"所指"的文化符号,几乎成为罗兰·巴尔特观察当时中国方方面面的共相。面对平淡的身体、统一的服装、没有色彩的中国,"实际上,我找不到任何东西可记,可列举,

---

① [法]罗兰·巴尔特:《中国行日记》(怀宇译),中国人民大学出版社 2012 年版,第 185 页。

② [法]罗兰·巴尔特:《中国行日记》(怀宇译),中国人民大学出版社 2012 年版,第 44 页。

③ [法]罗兰·巴尔特:《中国行日记》(怀宇译),中国人民大学出版社 2012 年版,第 190 页。

④ [法]罗兰·巴尔特:《中国行日记》(怀宇译),中国人民大学出版社 2012 年版,第 300~301 页。

⑤ [法]罗兰·巴尔特:《中国行日记》(怀宇译),中国人民大学出版社 2012 年版,第 11 页。

⑥ [法]罗兰·巴尔特:《中国行日记》(怀宇译),中国人民大学出版社 2012 年版,第 11 页。

⑦ [法]罗兰·巴尔特:《中国行日记》(怀宇译),中国人民大学出版社 2012 年版,第 12 页。

⑧ [法]罗兰·巴尔特:《中国行日记》(怀宇译),中国人民大学出版社 2012 年版,第 92 页。

可划分"①。

如果说在萨特那里，他并没有把"一致性"当作思考的对象，而是将其作为思考政治道德观的边界，那么在巴尔特那里，"一致性"就成为其思考的核心概念，他发现从服装到中国社会其他各个领域，"一致性"成为贯穿其中的唯一价值标准后，"新颖性不再是一种价值，重复也不再是一种毛病"②。那么，安东尼奥尼在纪录片《中国》中，用自己的影像语言表达了对这种价值观的立场。

对于安东尼奥尼的电影，美国学者凯·穆尔经过历时性地梳理，发现它们都有一个共同特征，那就是"疏离逻辑"③。在凯·穆尔看来，虽然绝大多数评论家都认为，疏离特征是安东尼奥尼电影的中心美学因素，但他不是从消极的去理解，而是看到了"疏离"的积极作用。凯·穆尔认为，疏离作为拒绝认同和拒绝沟通的结果，其本身并不是一个结局，而是一个过程的开始④。"消极的疏离"乃是其"第一个阶段"，即"先把主体孤立起来进行详细考察，以便检验是否在一定时间内出现了新的心理阶构"，"积极的疏离"则是以发现一个新的感情"事实"为先导的最后阶段，它反过来改变了事实的总体或文化本身……"⑤当评论界几乎是统一地用消极的疏离概念来解释安东尼奥尼时，其作品中潜在的乌托邦式的主张就被忽略了。他援引另外一个美国学者杰弗里·诺埃·史密斯的观点指出，"安东尼奥尼的每一部影片中都有着积极的一端和

① ［法］罗兰·巴尔特：《中国行日记》（怀宇译），中国人民大学出版社 2012年版，第 93 页。

② ［法］罗兰·巴尔特：《中国行日记》（怀宇译），中国人民大学出版社 2012年版，第 335 页。

③ ［美］凯·穆尔：《对平凡现象的不完整表现——安东尼奥尼电影中的疏离逻辑》（叶周译，桑重校），《世界电影》1996 年第 4 期。

④ ［美］凯·穆尔：《对平凡现象的不完整表现——安东尼奥尼电影中的疏离逻辑》（叶周译，桑重校），《世界电影》1996 年第 4 期。

⑤ ［美］凯·穆尔：《对平凡现象的不完整表现——安东尼奥尼电影中的疏离逻辑》（叶周译，桑重校），《世界电影》1996 年第 4 期。

消极的另一端，以及两者之间的张力关系。抽象的东西，即'思想意识'，主要在消极的一端。具体的和实在的东西，即影片表现的生活，多半是积极的——但往往被评论所忽视"①。就是这些被忽视的疏离的"具体的和实际的"方面，不仅显示疏离有积极的一面，而且它在安东尼奥尼的电影里，和吸引着人们较多注意力的消极面具有同等重要的地位。

关于安东尼奥尼电影中的"疏离"特征，曾经与其合作拍摄《云上的日子》的德国导演维姆·文德斯也有评价，"'间离'是他的主题：分离、不相容、疏远"，安东尼奥尼喜欢"以一种更冷静、更疏离的方式观察和思考"，"不是自他们中间而是俯视他们，也不是以高人一等的态度，而是像一个讲故事的人自高处摆布他的角色"②。巴尔特在他写给安东尼奥尼的一封信中，也表达了他对其电影中"疏离"逻辑的看法。如果说，"间隔(Zwischenraum)"是在一个新的空间获得了充分的认同感，那么，"您(指安东尼奥尼)的作品也是"间隔"的艺术(L' Avventuna《奇遇》)，是一个出色的证明，所以在一定程度上您的艺术与东方有关"③。而这个与东方有关的艺术，就是指电影《中国》。

安东尼奥尼在电影《中国》中，依然坚持并实践着"积极疏离"的艺术信念。一方面，在"消极的一端"，他也记录中国文本中"抽象的东西"以展示背后的"思想意识"。主要表现为他遵从东道主的要求，展示那些直接、正面的中国形象。在他看来，"如果没有那些'组织好的'场合，这部纪录片并不一定就更接近现实"④。另一方面，在"积极的一

① ［美］凯·穆尔：《对平凡现象的不完整表现——安东尼奥尼电影中的疏离逻辑》(叶周译，桑重校)，《世界电影》1996 年第 4 期。

② ［美］凯·穆尔：《对平凡现象的不完整表现——安东尼奥尼电影中的疏离逻辑》(叶周译，桑重校)，《世界电影》1996 年第 4 期。

③ ［法］罗兰·巴特：《艺术家的智慧：法国思想家罗兰·巴特给安东尼奥尼的一封信》(黎静译)，《北京电影学院学报》2003 年第 5 期。

④ ［意］米开朗基罗·安东尼奥尼：《还能拍一部纪录片吗?》(汤荻译)，《当代电影》2004 年第 6 期。

端"，他又不断寻找"具体的和实在的东西"以展现中国人的真实生活。于是，两端力量形成一种张力：对强制要求的"一致性"有意偏离。为了记录中国人的生活和精神面貌，他尽量撷取中国人的日常生活状态，有意淡化这些人背后的政治和经济制度。他所反映的中国，不单存在于大的历史事件中，也被嵌在小故事中，存在于当时他所遇到的每个中国人的生活当中。影片触及中国的城市、农村、工厂、集市和幼儿园，甚至还有孕妇的生产和普通人的葬礼，以多种角度直抵中国的内心深处。这种不拘泥于追求"一致性"单一视角的解读，使得他的电影具有无限丰富的多义性和复杂性。

结　　语

20 世纪 50 年代中期以前，萨特处于自己的政治激进时期，极力鼓吹以介入和实践来达到社会变革的主张，成为西方激进左翼知识分子的代表。对苏联共产主义模式和中国革命的青睐与赞美，可视作他实践自己政治理想的最好注解。萨特关注新中国的社会制度及其政治实践内容，并从介入伦理观的角度，对亲历中国的"历史内容"给予高度评价。其真实性在于，他既打算做一位客观的报道者，又以热烈的信念参与其中。他很快理解了中国的政治言语活动，"接受说一种共同的、一致的、无形的言语"①。但是由于对中国政治事件的评价过于具体直接，往往陷于时过境迁的误解或失察。萨特似乎想通过这句话，为自己的判断方式保留余地，"我所看到的也就是大家都看到的东西：中国已经显示了它无所不包的容貌。至于一些特定的真理，那是下一步专家

① ［法］罗兰·巴尔特：《罗兰·巴尔特自述》(怀宇译)，中国人民大学出版社 2010 年版，第 252~253 页。

们的事情"①。

二十年以后的 70 年代，国际政治形势又发生了新的变化。一方面是苏联政府在国际事务中的所作所为令人失望，法国左翼知识分子的革命理想逐渐破灭，他们同苏共和法共的关系日益疏远。另一方面，法国在 1968 年发生的"五月风暴"，刺激了一些知识分子试图以中国的"文化大革命"为参照，重启 18 世纪启蒙思想家寻找"东方理想国"——"政治乌托邦"的历史旧梦，从而获得法国革命的理论资源和实践方法。在这种心态下，巴尔特"带着自己的友善、赞同、无知和疑虑，走完了中国之行的路程"②。

巴尔特关注的是中国文化、社会和政治权力制度以及由其决定的符号表达方式。他秉持着媒体文化批评的符号学理论，对中国文化和社会中的象征和符号现象进行"去神秘化"的文本分析，并透视出文化和社会意识形态现象背后的深层意义或二级意义。巴尔特的分析侧重于他所抽离出的符号结构这种"历史形式"，因其较为抽象和稳定而具有普遍性的价值。

两者立场和方法的变化，折射出各自生存的社会和知识条件的历史嬗变，他们在丰满真实的历史社会场内必须面对个人的伦理学选择。萨特以其实践文学的介入立场，迫切进行社会性反应；巴尔特以其普遍怀疑态度，拒绝进行社会性反应。③ 从萨特到巴尔特，显示着西方左翼对中国的观察，已由激情十足的政治预言家，让位给了冷静理智的学者。

安东尼奥尼的中国行文本，也有意摒弃了政治取向上的观看，《中国》这部影片的主题是"人"，"在我的影片里，人总是放在第一位的"④，

① ［法］萨特著，沈益洪编：《萨特和波娃谈中国》（秦悦等译），浙江文艺出版社 2001 年版，第 3 页。
② ［法］罗兰·巴尔特：《罗兰·巴尔特自述》（怀宇译），中国人民大学出版社 2010 年版，第 382 页。
③ ［法］罗兰·巴尔特：《罗兰·巴尔特自述》（怀宇译），中国人民大学出版社 2010 年版，第 313 页。
④ 刘天舒编著：《米开朗基罗·安东尼奥尼》，辽宁美术出版社 2005 年版，第 23 页。

关注"人"和普通人的生活状态。这部影片既有对中国展示自身社会主义主义建设成就的实录，也有属于安东尼奥尼式的对具体个人真实存在状况的审视。

安东尼奥尼坚持以"人"为中心的观点表现中国，在电影中大量展示"革命中作为次要矛盾的中国人的日常生活"，并未将"作为主要矛盾的革命本身"（艾柯语）——中国社会主义建设的巨大成就展示出来，由此导致主客双方态度出现抵牾，在当时引发极大的争议。① 后来的结果是，"看他的影片，我们总是心存感激，感激他为那时的中国留下了另一个角度的记录，可以让我们的后代窥见我们祖先曾经生活的时代"②。如此看来，与其执着于他记录的中国所产生的多义性或歧义性，还不如将它交付给它自身尚待言明的历时性。

总之，作为当代西方社会文化理论的主要创造者，西方左翼知识分子在书写中国时，一方面试图利用和更新他者文化，来实现对自身文化的开发与回归，不乏睿智与洞见；另一方面又将中国作为一个神性的"启示者"，将其理想化和神圣化，充满想象和误读。于是，萨特之看中国，看山是山，看水是水，满怀激情与信仰；安东尼奥尼之看中国，看山不是山，看水不是水，充满憧憬和好奇；巴尔特看中国，看山又是山，看水还是水，渗透着怀疑与反思。另外，也由于当时中国本身历史发展的复杂多变，他们很难深入理解中国现实多层次和多元化的特点，所以"只在此山中，云深不知处"。

（原刊于《湘潭大学学报》（哲学社会科学版）2016 年第 6 期）

（阎伟，文学博士，教授，主要研究方向为西方文论与比较文学。）

---

① 参看 1974 年 1 月 30 日的《人民日报》发表的社论《恶毒的用心，卑劣的手法》。肖同庆：《影像史记》，南方日报出版社 2005 年版，第 24 页。
② 肖同庆：《影像史记》，南方日报出版社 2005 年版，第 24 页。

主动表达的"他者"：
论 20 世纪 70 年代以来的
本土裔美国文学批评①

蔡 俊

摘 要：20 世纪 70 年代以来本土裔美国文学批评进入了一个全新的发展阶段。文学创作的空前繁荣、自我意识的觉醒、理论领域的拓展

① 命名问题一直是该领域学者们争论的一个焦点，至今也未能得出统一的结论，许多本土裔美国学者在自己的研究中也都将两个术语交替使用，本论文借鉴 Gary Lee Sligh 在 *A Study of Native American Women Novelists* 中的做法，将"American Indian Literature"和"Native American Literature"两个术语交替使用，但主要用前者来指涉"早期的历史文本"和作为整体的美国印第安文学，用后者指称当代本土裔美国文学，特别是 1969 年之前的文学，以此强调少数族裔作家身份意识的觉醒。同样也用"Indian"来指称作为整体的印第安人民和文化，特别是传统文化，而用"Native American"来称呼当代本土裔美国人。至于"Native American Literature"在中国学界有多种译法，如"美国本土文学""美国原住民文学""本土裔美国文学"等，本论文采用张琼在《〈四灵魂〉中族裔价值与经典传统的结合、背离与偏移》一文中的译法，认为"'本土裔美国文学'这一术语，与'华裔美国文学''非裔美国文学'等术语相一致，也能更好地反映美国文学的多元族裔和文化的特点。"（参见《外国文学研究》2009 年第 6 期）同时，本论文认为从"美国印第安文学"到"本土裔美国文学"称谓的转变，也反映出美国社会从种族主义社会到族裔主义社会的转变。"本土裔美国文学批评"（Native American Literary Criticism）这一术语参见 Graig S. Womack. "A single Decade：Book- Length Native Literary Criticism between 1986 and 1997". *Reasoning together：the Native Critics Collective*. Ed by Craig S. Womack, Daniel Heath Justice, Christopher B. Teuton, U of Oklahoma P, 2008. 特指本土裔美国批评家的批评理论和实践活动。

都为这一时期本土裔美国文学批评的发展创造了条件。本土裔美国学者主动参与到本民族文学、文化的批评与重构当中。他们一开始以"他者"的姿态出现，将印第安文化本质化，并将其看作一个与欧洲美国文化完全不同的体系；随后将目光转向民族文化内部，提出了部落现实主义的构想，更加强化了这种"他者"意识；随着研究的不断深入，文化的融合主义又成了新的热点。本土裔美国文学研究领域并没有一个统一的声音，而开放性正是这一领域的魅力所在。本土裔美国学者的批评活动为美国少数族裔文学研究提供了一个"他者"表达的典范。

关键词：本土裔美国文学批评；他者；文化本质主义；部落现实主义；混血儿

肯尼斯·罗莫尔（Kenneth M. Roemer）在《本土裔美国文学剑桥文学史》（*The Cambridge Companion To Native American Literature*）的导言中写道："1969 年本土裔美国文学专业几乎不存在……自从 1969 年以来，本土裔美国文学研究在图书馆里、课堂上甚至是互联网上从几乎不存在发展到了边缘乃至重要的地位。"①20 世纪 70 年代现代语言学会（MLA）的附属组织印第安文学②研究会（the Association for the Study of American Indian Literatures）成立后，已经召开了多次学术会，本土裔美国作家和说故事的人文艺协会（Wordcraft Circle of Native Writers and Storytellers）等组织的成立、本土裔美国文学研讨会（Native American Literature Symposiums）等学术活动的举行和《美国印第安文化和研究杂志》（*American Indian Culture and Research Journal*，1974），《美国印第安文学研究》（*Studies in American Indian Literatures*，1983）等学术性刊物的出现也极大促进了这一领域的发展。不但许多非本土裔美国学者积极投身于该领域，更引人注目的是本土裔美国学者也开始发出自己的声音。伊丽莎

---

① Joy Porter, Kenneth M. Roemer, ed. *The Cambridge Companion to Native American Literature* (New York: Cambridge UP, 2005), 1.

② Elizabeth Cook-Lynn, "Who Stole Native American Studies?", *Wicazo Sa Review* 12.1 (1997), 9-28.

白·库克-琳（Elizabeth Cook-Lynn）曾在论文中描述了这样一个情景：
"1970 年的 3 月，（本土裔）学者们在普林斯顿大学举行的第一届美国印第安学者集会上首次聚集在一起……具有里程碑意义的事件是将讨论策略提上了日程，它将改变对本土裔居民在美国的生活方式的研究。"①自此，印第安文学不再只是被主流批评理论言说的对象，印第安人也不再只是作为一个历史现象存在于人类学的研究领域中，本土裔美国学者和艺术家真正具有了"自我意识"，他们积极加入到对自身文学、文化传统的批评与重构中，成为了主动表达的"他者"。

一

沃玛克（Graig S. Womack）问了一个好问题："从什么时候开始本土裔作家开始将他们自己看作是一个艺术家集体，而这一切又是怎么发生的？"②是什么让 20 世纪 60 年代末变得如此特殊？ 20 世纪 60 年代和 70 年代的一系列印第安运动是"本土裔艺术家和学者"这一自我意识形成的重要条件。1969 年一个叫作"所有部落的印第安人联盟"的组织占领了位于旧金山坝区的阿卡塔兹岛，这个岛原本是苏族的领土，在 1868 年通过口头协议被政府占为己有。他们的占领持续了 20 多个月，这一运动的规模不断扩大，最后引发了长达十年的"印第安红色权利"运动。③ 这一运动

---

① Elizabeth Cook-Lynn, "Who Stole Native American Studies?", *Wicazo Sa Review* 12. 1 (1997), 9-28.

② Graig S. Womack, "A single Decade：Book- Length Native Literary Criticism between 1986 and 1997". *Reasoning together：the Native Critics Collective*. Ed by Craig S. Womack, Daniel Heath Justice, Christopher B. Teuton, (Norman：U of Oklahoma P, 2008), 11.

③ 参见 *Native American History*, *Red and Red* 和 *Red Land*, *Red Power*。因为印第安人一开始就被认为是"红皮肤的人"与欧洲美国人的白色皮肤形成对比，所以印第安运动也被称之为"红色权利"运动，Teuton 将 1969 年占领阿卡塔兹岛后的又相继发生的其他本土族裔运动的十年左右的时间称为"红色权利"时期。

取得一系列成果：本土裔美国人权利基金成立，《印第安自治法案》《印第安儿童福利法案》《美国印第安宗教自由法案》等相继出台，本土裔美国人开始争取自己合法的"公民权"。"红色权利"运动激发了本土裔美国人的民族自豪感，没有这种自我意识一个人很难将自己定位成是本土裔美国艺术家，并进行相关的创作活动。

在 20 世纪 60 年代末本土裔美国文学也进入了一个全新的发展阶段。1969 年斯各特·莫马迪(Scott Momaday)的小说《晨曦之屋》(*House Made of Dawn*，1968)成为首部获得普利策文学奖的本土裔美国小说，引起了文坛的关注，同时也在整个社会激起了强烈反响。这本小说后来被译成了多国语言，成为世界文学经典的一个重要组成部分。这部作品的成功是美国印第安文学发展史上的一个重要转折点，由此全面掀起了本土裔美国文学的复兴运动。继莫马迪之后，又涌现了许多本土裔小说家，其中最为主要的作家有：莱斯利·西尔科(Leslie Mamon Silko)，路易丝·厄德里克(Louise Erdrich)，杰拉尔德·韦兹诺(Gerald Vizenor)，西蒙·奥提兹(Simon Ortiz)，琳达·霍根(Linda Hogen)，路易斯·欧文斯(Louis Owens)等，这些作家的创作共同构成了当代本土裔美国文学的繁荣景象。早在 19 世纪中期，印第安作家就开始了用英语进行创作的活动，但他们作品中的精神特质与 1969 年后出现的作品有很大的不同。正如斯莱(Gary Lee Sligh)指出的，应该用"印第安作家"和"本土裔美国作家"两种称谓来指称 20 世纪 60 年代前后的作家："'印第安'与早期小说中的精神更为契合，而'本土裔美国作家'似乎不适合用来称呼莫林·多芙(Mourning Dove)等人。"①虽然同样使用英语创作，但他们已经俨然是两代人了，这其中的区别正是"自我意识"的出现。"在这个时代之前有许多从事艺术的印第安人，但很少有许多人将自己称为

① Cary Lee Sligh, *A Studies of Native American Women Novelist*. (New York：The Edwin Mellen Press, 2003), 2.

印第安艺术家"①。

20 世纪 60 年代的世界文坛也是热闹非凡，60 年代以后在西方学术界出现了形形色色冠以"后"字为前缀的"主义"。本土裔美国文学批评理论的发展很快就在处于"文化转向"的世界文学批评领域得到共鸣，许多文学批评流派都将印第安文学纳入到自己的研究领域。例如女性主义批评家们将少数族裔女性/有色女性批评理论，作为女性主义批评的最新阶段，研究种族、性别和阶级的差异对性别阅读和写作的影响。②少数族裔女性研究使女性主义研究具有了更广阔的空间，它使学者们意识到"女性"这一团体内部的差异性，更使女性主义与后殖民主义联系到了一起。与此同时，后殖民批评将注意力从第三世界的"后殖民"研究转移到对澳大利亚、美国、加拿大等国家的本土族裔的生存状态的研究上来，"本土裔美国人不是后殖民人民，当今他们仍然是被殖民的一群，遭受着内部的殖民主义(internal colonialism)的压迫"③，对他们的"内殖民"和"去殖民"研究已经成为了新的热点。此外在一些新兴的研究领域，印第安文学研究从一开始就成了学者们关注的对象。生态批评最早出现在美国，主要研究文学和自然环境之间的关系，它一开始就从印第安文学中吸取营养。罗费尔迪(Cheryll Glotfelty)在她的为生态批评正名的具有里程碑意义的文集——《生态批评读本》(*The Ecocriticism Reader：Landmarks in Literary Ecology*)中就收录了本土裔美国学者的文章；克里斯滕森(Laird Christensen)等人在为高校教师编撰的《在北美教

① Graig S. Womack, "A single Decade：Book- Length Native Literary Criticism between 1986 and 1997". *Reasoning together：the Native Critics Collective*. Ed by Craig S. Womack, Daniel Heath Justice, Christopher B. Teuton, (Norman：U of Oklahoma P, 2008), 12.

② 参见 Ana Louise Keating. "Feminist Literary Theory" In Gay and Lesbian Literary Heritage：*A reader's Companion to the Writers and Their Works from Antiquity to the Present*, edited by Claude Summers. New York：Henry Holt, 1995. 267.

③ Jace Weaver, *That People Might Live：Native American Literature and Native American Community* (New York：Oxford U P, 1997), 10.

环境文学》(*Teaching North American Environmental Literature*)中也将本土
裔美国作家研究作为环境文学研究的一个分支。文学创作的空前繁荣、
自我意识的觉醒、文化上的关注和理论领域的拓展⋯⋯这一切都为 70
年代以来的本土裔美国文学批评理论的发展创造了条件。

二

将印第安文化本质化是本土裔美国学者最早采取的策略，作为一个
刚刚形成自我意识，并具有发言权的"他者"，这也是最直接、最有效
的让自己的声音被听的方式，许多本土裔美国学者不约而同地采取了这
一策略。这种"他者"姿态在波拉·甘·艾伦(Paula Gun Allen)的著作中
得到了最好的显现。她在《圣环：重新发现美国印第安传统中的女性传
统》(*The Sacred Hoop*: *Recovering the Feminine in American Indian
Traditions*，1986)的第一部分"我们祖母的传统"的三篇文章中分析了印
第安女性的生存状态。艾伦认为虽然所有女性都处于西方文化的压迫之
下，但是她们又因自身阶级、种族的不同有着不同的被压迫的经验，她
将女性作为反抗力量的根源置于残存的美国印第安传统文化的中心，认
为殖民模式给印第安女性带来了更大的压迫。从这一点出发，艾伦将对
印第安女性与欧洲美国女性差异性的分析扩展到了对印第安传统文化与
欧洲美国文化的对比。在《圣环》的第二部分的第一篇文章——同时也是
她的影响最大的论文之一——《圣环：一个当代的观点》中，艾伦用二元
对立的眼光来审视西方文学和印第安文学以及两者背后的文化传统：

> ⋯⋯传统的美国印第安文学和西方文学有很大差别，因为部落
> 居民与西方人对宇宙、对基本现实的设想大相径庭⋯⋯印第安人认
> 为宇宙是动态的、自尊的，而基督教的宇宙观则基于一种分离感和
> 失落感⋯⋯犹太教和基督教的观点是等级分明的⋯⋯这些看法在传

统印第安人社会中几乎不存在……他们对事物没有优劣之分或是二元对立的看法……印第安人认为空间是球形的，而时间是循环的，而不像非印第安人那样认为空间是有序的而时间是线性的……印第安人的宇宙是在不断运动着和呼吸着的，而不像西方的宇宙是固定的和静止的……①

读者可以在她的论述中感觉到强烈的民族自豪感，她将传统印第安的世界观看作更为优秀的一方。在艾伦的研究中印第安人身份的特殊性是比女性身份更为重要的因素。但这也产生了一些问题：其一，艾伦在批判西方二元对立的文化本质的同时，自己也深陷于这种思维模式之中，艾伦笔下印第安社会是和谐、动态、平等的，而西方社会则是混乱、静止、等级森严的，印第安传统社会似乎成了完全不同于西方社会的乌托邦。正如萨义德在《东方学》中所指出的"东方"是"西方"的"东方"，艾伦笔下的"印第安"也正是欧洲美国人的"印第安"。"是'印第安'就意味着不是'欧洲人'。"②其二，当艾伦分析传统的印第安文化时，她运用的许多概念是源自于西方文化和文学传统的。例如她在自己著作的标题中用到了"女性的"（feminine），传统的印第安语言并没有这个词。此外，由于过分强调了印第安文化作为一个整体与欧洲美国文化的差异性，艾伦的分析是对当时在美国本土居民中流行的泛印第安主义（Pan-Indianlism）③的最好注解，这一观念往往和印第安文化的本质主

① Paula Gunn Allen, *The Sacred Hoop: Recovering the Feminine in American Indian Traditions* (Boston: Beacon Press, 1986), 55-60.

② Louis Owens, *Other Destinies: Understanding the American Indian Novel* (Norman: U of Oklahoma P, 1992), 7.

③ 参见 Dickson-Gilmore, Jane and Carol LaPrairie. *Will the Circle Be Unbroken?: Aboriginal Communities, Restorative Justice, and the Challenges of Conflict and Change.* Toronto: U of Toronto P, 2005: 134. "泛印第安主义"往往弱化印第安各部落间的文化差异，认为有一种统一的印第安文化模式，从而试图将不同部落的印第安人联合在一起以加强自身的政治和文化影响力。

义(Essentialism)联系在一起。"文化本质主义是既在空间上也是在时间上的同质化。在空间上,它忽视了个别社会内部的差异",就印第安文化的情况看,它所忽视的是印第安各部落之间的差异,并把给予这些社会的共性标识为"印第安",在此语境中印第安社会"已无'真正的'历史性可言,无真正的当代性可言,因为它们的现在只不过是其过去的简单再生产"①。

三

本质主义的做法在制造一个不同于西方社会的单一的印第安意识的同时也抹杀了其文化的部落差别,尽管对将印第安文化本质化的做法的争议一直存在,但作为刚开始主动表达的本土裔美国学者,仍自觉不自觉地采取这种策略,甚至是强化这种"他者"的意识。但与此同时,越来越多的本土裔学者开始意识到用二元对立的观点看待欧洲美国和印第安文化的本质主义做法和将印第安文化作为一个非历史的、统一体的泛印第安主义的观点对本土裔文学和文化多样化发展的不利影响。随着对本土裔美国文学研究的不断深入,本土裔作家和批评家们将目光转向印第安文化的内部,他们越来越意识到其文化属性不是超越了空间、时间的存在,而是来自历史的某处,受着某种权利话语的制约。

本土裔批评家们开始对所谓"印第安"/"本土裔""印第安文学"/"本土裔美国文学"的称谓提出质疑。著名的本土裔人类学家和作家麦克·多利斯(Michael Dorris)于 1979 年在自己的一篇文章中指出根本就没有"印第安文学"这一种文学类别,包括了 300 多种文化集体,说着200 多种不同语言的集团不可能被看作是一个单一的种族。他说:"如

①　阿里夫·德里克:《中国历史与东方主义》(陈永国译),罗钢、刘象愚主编《后殖民主义文化理论》,中国社会科学出版社 1999 年版,第 74 页。

果有一种北美语言叫作'印第安文学'的东西存在。但是从前没有，现在也没有。"①"命名"行动往往是知识与权力关系的一个最好隐喻，"谁为谁命名"则是这一权力机制中"主人"与"属下"关系的最好表达。所谓的"印第安"只是被西方文明误读的一种抽象的原型式的存在。当这一议题成为了本土裔美国文学批评理论研究中最重要的命题时，本土裔美国文学批评已经从文化本质主义的阶段逐步过渡到了新的阶段。

罗伯特·艾伦·沃瑞尔（Robert Allen Warrior）的《部落的秘密：恢复本土裔美国知识传统》（*Tribal Secrets：recovering American Indian Intellectual Traditions*，1995）始于对印第安人身份问题的探讨。他指出当代本土裔知识分子应该发出来自历史的声音，应该忠诚于自己的社区，并为其做出应有的贡献，要对印第安历史进行一种更深入的了解，不只是对印第安文化泛泛而谈，也不只是将印第安的历史文化神秘化，而是要深入了解不同部落文化的差异。"沃瑞尔的作品中的一个最大的优点就是他对浪漫主义的一贯反对，和他用社会的现实主义取代为所谓的印第安文化而欢庆的天真的本土主义。"②一些学者把这种将印第安文学研究深入到部落文化内部差异的做法发展为一种"部落现实主义"（Tribal Realism）。这种观点认为本土裔美国人同时也是部落居民，他们对自我的认识应该植根于对部落文化的认识。特同（Sean Kicummah Teuto）认为："一旦本土裔美国学者采取部落现实主义的认知方式，并用这种文化规范来解释社会生活，他们不但能够揭发殖民主义的剥削，更能够肯定印第安人民和他们的社区的价值。"③

① Michael Dorris，"Native American Literature in an Ethnohistorical Context."*College English* 41. 2（1979），147.

② Graig S. Womack，"A single Decade：Book- Length Native Literary Criticism between 1986 and 1997". *Reasoning together：the Native Critics Collective*. Ed by Craig S. Womack，Daniel Heath Justice，Christopher B. Teuton，（Norman：U of Oklahoma P，2008），60.

③ Sean Kicummah Teuto，*Red land*，*Red Power：Grounding Knowledge in the American Indian Novel*（Durham：Duke U P，2008），200.

另一位十分重要的本土裔美国学者沃玛克（Craig S. Womack）也采取了相似的策略，在《红上红：本土裔美国文学分裂主义》（*Red on Red*：*Native American Literary Separatism*，1999）中，沃玛克从本部落的历史、口头传统、民间文学研究出发，试图建立一个不同于西方文学传统的部落文学体系。和沃瑞尔一样，沃玛克也强调本土裔美国文学批评应该植根于各自不同的部落文化传统，从而与西方的文化殖民相对抗。但沃玛克的观点比沃瑞尔更极端，前者在强调部落文化的独特性的同时，也强调了其与非本土裔文化——主要是西方文化沟通的可能性，但是沃玛克断然否定了这种可能性。将印第安文学本质化的做法自然问题重重，那么完全走向相反的道路是否行得通呢？正如普利塔诺（Elvira Pulitano）所指出的："这种分裂情绪有陷入另一种殖民发明的危险。"①部落现实主义拒绝承认西方话语的权威地位，但是他们却和文化本质主义者一样，延续了西方中心论的思维模式，更加强化了印第安文化的"他者"姿态。

四

和艾伦、沃瑞尔以及沃玛克等本土裔美国学者强调印第安文化与西方文化差异的策略有所不同，还有一些学者认为："从历史事实的角度来看，印第安文化和美国主流文化曾经有、现在仍然有着千丝万缕的联系——尽管这种联系往往被人们所忽视。"②他们试图从文化对话和融合的角度出发，取消印第安文化与西方文化的中心——边缘的对立，同时他们设想将写作作为一个强大的颠覆性的工具，帮助美国印第安人重新

① Elvira Pulitano, *Toward to a Native American Critical Theory* (Lincoln：U of Nebraska P，2003)，13.

② Arnold Krupat, *The Voice in the Margin*：*Native American Literature and the Canon*，(Berkeley and Los Angeles：U of California P，1989)，3.

找到自己的定位。

萨里斯(Greg Sarris Sarris)将巴赫金的对话理论引入自己的学术写作，她在《让蛞蝓女人活着：一种整体的美国印第安文学研究方法》(*In Keeping Slug Woman Alive：A Holistic Approach to American Indian Texts*，1993)中写道："对话最根本的意思是两个或更多的人之间互相交谈，人们互相反复交流。"①在对话理论的基础上，她指出了讲述故事与学术写作的重合性，从而倡导一种故事讲述式的文学批评，倡导一种新的本土文化的认识论，而不是完全回归到传统文化。萨里斯进一步论述："我对用印第安来反对非印第安，用内部的反对外界的，或者是认为一个种族或团体比其他的种族或团体更为优秀的观点没有兴趣。相反，我的这些文章试图表明，大家可以而且应该互相交流。"②萨里斯试图建立的是一种完全开放的批评模式，但她同时也认识到这种努力的局限，她接着写道："我同时作为一个混血的印第安人和一个大学学者处于一种不寻常而又尴尬的境地，作为一个学者，我工作在一个不同文化和传统互相交融的边界。"③萨里斯意识到了自己作为一个混血的本土裔美国学者在文化杂糅性研究中所扮演的特殊的角色。

实际上，"混血"研究也一直是印第安文学研究的一个热点。早期的本土裔美国作家通常将混血儿描写成为挣扎于两种文化之间的悲剧性的受害者，他们既不能完全融入传统的印第安社会，也无法得到美国主流社会的承认。这一形象在欧文斯(Louis Owens)与韦兹诺(Gerald Vizenor)等人的笔下有所改变，混血儿们仍然继续着自己寻求身份认同的努力，渴望摆脱自己在美国社会的边缘化境地，但这一群体具有了更强的文化适应性。

韦兹诺的研究十分具有代表性，"为了对抗本质主义……他用了一

---

① Greg Sarris Sarris, *Keeping Slug Woman Alive：A Holistic Approach to American Indian Texts*, (California：U of California P, 1993), 4.

② Ibid. 7.

③ Ibid. 7.

个新词'cross blood'来取代霍布斯提出的'mixed blood'的分类"①，从而强调"混血儿"的"跨"文化的特征。在分析具体的印第安文本的时候，韦兹诺又将他的笔墨集中在"千面人物"(trickster)这一人物原型身上，"在韦兹诺的笔下，'千面人物'简直成了部落'混血儿'的代名词和隐喻，他们的象征性的作用就是去颠覆各种人为的社会差异。和'千面人物'一样，'混血儿'的身份反映了两重性和矛盾性，他们具有边缘性的特点，他们存在于印第安和白人主流两种文化、两种社会的边界之中，混血儿的甚至是一种对确定性的反抗"。②

有意思的是"千面人物"这一术语的本身就有文化"混血"色彩，它通常被人们理解为是一个植根于印第安传统的形象，是一个纯粹的印第安文化的产物，实际上"千面人物并不是源自于印第安文化，在印第安语言中也没有这样一个术语，……在传统的叙述中(千面人物)通常是一个打破疆域者，同时他也是一个疆域制造者，可以肯定的是口头文化中的千面人物通常逾越规范，但他这样做的同时也肯定了某种文化规范"③。实际上这种对"千面人物"和"混血儿"的研究，是对西方主流社会里传统印第安人形象的一种颠覆，也正是这一点使得欧文斯和韦兹诺等学者与后结构主义与解构主义有了更深层的精神联系。正如欧文斯指出的："我们这些被称作是本土族裔作家的大部分人都是混血儿，文化杂糅性、通晓多种语言、跨文化跨疆域都是我们的内在本质。"④作为一

---

① Jace Weaver, *That People Might Live*: *Native American Literature and Native American Community* (New York: Oxford U P, 1997), 6.

② Kimberly M. Blaeser, *Gerald Vizenor*: *Writing in the Oral Tradition* (Norman: U of Oklahoma P, 1996), 155.

③ Graig S. Womack, "A single Decade: Book-Length Native Literary Criticism between 1986 and 1997". *Reasoning together*: *the Native Critics Collective*. Ed by Craig S. Womack, Daniel Heath Justice, Christopher B. Teuton, (Norman: U of Oklahoma P, 2008), 70.

④ Louis Owens, *Mixedblood Messages* : *Literature, Film, Family, Place* (Norman: U of Oklahoma P, 1998), 27.

个真实存在的群体，混血本土裔美国学者确实是学术研究和文学创作领域中最活跃的一群，而在"多元文化主义"口号越喊越响亮的美国，这一群体作为一个隐喻，更具有了典型的文化融合色彩。"这种千面人物的地位将美国本土居民从本质主义者对印第安人的定义中解放出来，但是同时它也割断了他们与这片土地和文化的独特联系。"①和艾伦、沃瑞尔和沃玛克不同，萨里斯、欧文斯和韦兹诺想通过文化交流和融合的途径，打破"印第安文化"和"欧洲美国文化"二元对立的局面，试图建构一种具有现代性的本土裔美国文学批评，但他们在自己的批评话语中大量引入巴赫金的对话理论或是德里达、福柯等后结构主义的观点，也让一部分本土裔学者质疑，这种"混"血儿的文化背景究竟还有多少是源自于印第安传统。

结　　语

20 世纪 70 年代以来，本土裔美国文学批评并没有一个统一的声音，正如对待印第安文化中的本质主义，"一些学者捍卫这一做法，认为它是一种必要的政治策略；一些学者认为它与知识权力相关因此而拒绝这一做法；而还有另一些人通过将他们的想法历史化的方式来解决这一问题。当然这些理论观点往往互相交织在一起，有时候体现在一个学者的争论中"。② 而对于两种文化的融合，本土裔美国学者也始终有着一种"矛盾情结"——这是一种表现在殖民者和被殖民者之间的吸引和排斥混合的复杂情节。比如说欧文斯，一方面，在《其他的命运：解读美国印第安小说》(*Other Destinies*：*Understanding the American Indian Novel*,

---

　　① Sean Kicummah Teuto, *Red land*, *Red Power*：*Grounding Knowledge in the American Indian Novel* (Durham：Duke U P，2008)，14.

　　② Sean Kicummah Teuto, *Red land*, *Red Power*：*Grounding Knowledge in the American Indian Novel* (Durham：Duke U P，2008)，13.

1992)，印第安主义是他最关心的主题。但是在《混血儿的消息：文学、电影、家庭和地方》(*Mixed Blood Message*：*Literature*，*Film*，*Family*，*Place*，2001)中，他从分析"混血儿"谈起，强调了传统印第安文化和西方现代文化文学传统的融合性，提倡将文学理论、电影理论、环境理论、自传理论等各种传统杂糅起来，共同建立一种新的印第安文学文化传统。

沃瑞尔认为"一个成熟的本土裔美国文学批评必须是自觉而又开放性的，它时刻准备着迎接任何历史的、当代的关于美国印第安写作和文化表达的流派的加入"①，开放性正是这一领域的魅力所在，它的真正意义不是说了什么，而是"主动表达"这个动作与姿态。霍米·巴巴笔下的"他者"是"注解差异的一条边线，从来不是主动的表达者。……他者失去了表意、否定、生发自己的历史欲望、建立自己制度性的对立话语的权利"②。而"本土裔美国学者正为我们提供了一个当前混乱现实中，实用批评的完美模型"③，树立了一个"他者"表达的典范。

（原刊于《当代外国文学》2012 年第 2 期）

（蔡俊，文学博士，讲师，主要研究方向为当代美国文学、儿童文学。）

---

① Robert Allen Warrior, *Tribal secret*：*Recovering American Indian Intellectual Traditions* (Twin Cities：U of Minnesota P, 1995), 44.

② 霍米·芭芭：《献身理论》(马海良译)，罗钢、刘象愚主编《后殖民主义文化理论》，中国社会科学出版社 1999 年版，第 193 页。

③ Joy Porter, Kenneth M. Roemer, ed. *The Cambridge Companion to Native American Literature* (New York：Cambridge UP, 2005), 114.

《海蒂》中的斯芬克斯因子与儿童成长

李 纲

摘　要：在斯皮里的小说《海蒂》中，海蒂对大自然的亲近和对城市生活的不适应是由儿童的伦理选择过程决定的。海蒂的伦理选择向我们说明，儿童在成长过程中，必须经历一个从生物性选择到伦理选择的过程，只有完成了这个过程，儿童才能成长为成人。如果成人忽视了在完成生物性选择之后儿童伦理选择的特点，就有可能因伦理越位而对儿童造成伤害，阻碍儿童的成长。儿童成长的这一特点是人的斯芬克斯因子决定的。成人必须理解并且尊重儿童的自我选择，正确引导，才能帮助儿童顺利地完成伦理选择。

关键词：海蒂；伦理选择；斯芬克斯因子

《海蒂》是西方儿童文学史上一部公认的经典，至今已被翻译成70多种语言，在世界范围内广为传播，深受各国读者的喜爱。学术界在解读这部作品时普遍认为，小说主要反映了大自然和现代城市文明之间的对比与冲突。尼姑拉耶娃就曾指出，小说主人公海蒂身上体现出一种"对人类文明的疏离和与大自然的契合"，而小说也是"围绕着以大山为象征的大自然和以城市为象征的现代文明之间的对比和冲突来建构情节"。① 著名学者，《剑桥儿童文学百科全书》的主编齐普斯教授也认

---

① Maria Nikolajeva. "*Tamed Imagination: A Re-Reading of Heidi.*" *Children's Literature Association Quarterly*. 2000. 2, pp. 68-69.

为，《海蒂》之所以广受欢迎，原因就在于小说通过将恬静自然的瑞士山村与单调繁琐的城市生活加以对比，"迎合了那些对复杂繁琐的城市生活感到厌倦的读者的遁世倾向"。①

评论界普遍习惯于从自然与文明对比的角度来解释《海蒂》，这一阐释思路自然并非无的放矢，因为小说主人公海蒂在山区和城市的两段生活经历确实体现出了强烈的反差。海蒂是一个孤儿，在六岁那年被姨妈蒂提交给爷爷阿尔姆大叔抚养。海蒂和爷爷住在阿尔姆山山顶的一间小木屋里，过着与世隔绝、亲近自然的生活。尽管生活条件非常艰苦，经常吃不饱穿不暖，但是海蒂在阿尔姆山却生活得非常愉快。两年后，海蒂又被蒂提姨妈带到法兰克福去陪伴富商塞斯曼先生的独生女克拉拉。法兰克福是一个繁华的大都市，塞斯曼先生家的物质条件也非常优越。海蒂在塞斯曼先生家过上了锦衣玉食的生活，可她却丝毫感觉不到快乐，甚至患上了严重的思乡症和夜游症，差点丢掉了性命。直到重返阿尔姆山后，海蒂才重新恢复健康和快乐。城市与山区不同生活环境对海蒂造成的影响固然是显而易见，然而，如果我们考虑到海蒂的儿童身份，便会发现海蒂这两段生活经历之间的反差归根结底是由于儿童身上存留的斯芬克斯因子发生作用导致的。小说也正是通过海蒂在阿尔姆山和法兰克福的不同生活经历，艺术化地向读者讲述了一个儿童如何经历伦理选择的过程。

一、海蒂的斯芬克斯因子

众所周知，儿童与成人是两个不同的身份概念。那么，这两个身份之间的区别究竟是什么呢？一般认为，儿童与成人之间的区别主要体现

---

① Zipes, Jack. "*Down with Heidi*, *Down with Struwwelpeter*, *Three Cheers for the Revolution.*" Children's Literature. 1976. 5, p. 167.

在生理上，例如年龄上的差别，身体发育程度的不同，等等。在 18 世纪以前，人们普遍只是将儿童视为缩小的成人，或者只是将童年视为进入成年的预备期，原因正是在于仅仅看到了儿童与成人在生理上的区别。

然而，如果文学伦理学批评的思路对这个问题进行思考，就能得出不同的结论。按照文学伦理学批评的观点，"人作为个体的存在，等同于一个完整的斯芬克斯因子，因此身上也就同时存在人性因子和兽性因子"。① 其中，兽性因子是人类在进化过程中动物本能的残余，是人与生俱来的天性，而人性因子则是通过后天的教化和培养而形成的伦理意识，其核心是能够辨别是非善恶的理性。聂珍钊教授所说的斯芬克斯因子正是我们理解成人与儿童区别的关键所在。成人与儿童的斯芬克斯因子虽然都是由人性因子和兽性因子构成，但却具有不同的组合方式。尽管成人的人格中也保留有兽性因子，但是在正常情况下，成人的人性因子作为主导因子能够约束和引导兽性因子，所以成人能够用理性来指导自己的行为，使自己的行为合乎伦理。但儿童却不同。由于他们完成了只是通过生物性选择而具备了人的生理特征，但却还没有完成伦理选择以获取成熟的伦理意识，所以他们的人性因子还不具备足够的力量对兽性因子进行有效的约束与控制。这就意味着，在儿童完成伦理选择之前，其行为和性格主要是由他们身上的兽性因子决定的。我们通常所说的儿童与生俱来的天性，其实就是儿童身上的兽性因子。儿童与成人斯芬克斯因子的不同组合方式决定了儿童与成人是两种不同的伦理身份，他们的区别既是生理上的，更是伦理上的。生理上的区别是外在的、形式上的，而伦理上的区别则是内在的、本质上的。

在小说的开篇，作者就向我们展示了儿童与成人的斯芬克斯因子的不同组合方式。在去阿尔姆山的路上，海蒂趁蒂提姨妈和人谈话，无暇

① 聂珍钊：《文学伦理学批评：伦理选择与斯芬克斯因子》，《外国文学研究》2011 年第 6 期。

顾及自己的时候跑去追逐一群小羊。海蒂和小羊一起在山路上奔跑，玩得非常开心，但身上厚厚的衣服却让她气喘吁吁，觉得很不舒服。于是，海蒂毫不犹豫地脱掉了身上冗赘的衣物，在群山中"跳呀爬呀，像一只快活的小羊一样"①。当蒂提姨妈指责海蒂不应该将衣服扔掉时，海蒂的回答却是"我不需要它们了"，而且"从她的脸上一点都看不出对自己做的事情有什么后悔。"(9)蒂提姨妈认为海蒂不应该随意丢弃衣物，这是一个成年人凭借理性所作出的判断，自然是无可厚非。但是，海蒂是一个只有六岁的儿童，因此，她的行为和想法不是由理性所决定，而是受天性，也就是她身上的兽性因子的驱使。由于理性的缺乏，海蒂压根就不懂得衣服的伦理意义，不知道穿上衣服、避免赤裸是人类必须遵守的伦理道德规范，更不明白应该爱惜财物，不能随意丢弃自己的物品。因此，她才在回应姨妈的指责时显得理直气壮。

与海蒂淡薄的伦理意识形成鲜明对比的是她希望摆脱衣物的束缚，在山上自由玩乐的强烈天性。人类来自于自然。在漫长的进化过程中，人类首先通过生物性选择而获取了人的外形，而后又通过伦理选择获得了伦理意识，从而完成了从兽到人的伦理进化过程。按照心理学上复现论的观点，儿童从童年到成人的成长过程，正是对人类完成生物选择之后进一步经历伦理选择这一过程的演绎。但是，在完成生物性选择之后，人类的动物本能并没有完全消失，而是以兽性因子的形式存留了下来。作为人类动物本能的残留，人类的兽性因子会本能地体现出对大自然的融合与对不受约束的自由状态的渴望，这种本能在儿童身上就表现为儿童的自然天性。在上山途中，海蒂被美丽的自然风光迷住了，对可爱的小动物也有一种犹如同类般的亲切感，渴望摆脱衣物的束缚在群山中自由地奔跑，这其实都是海蒂的自然天性的坦露。

在阿尔姆山生活期间，海蒂的自然天性得到了尽情的释放。阿尔姆

---

① Johana Spyri, *Heidei*, London: J. B. Lippincott Company, 1919, p. 7. 以下小说引文均取自该版本，只随文注明页码，不再一一注明。

山地处偏远，这里有雄伟的群山，青翠的草场，美丽的花草和各种各样可爱的小动物，保留着大自然的原始风貌。海蒂每天都和羊倌彼得一起去山顶的牧场放羊，并且乐此不疲。山上"漫山遍野，色彩绚烂，随风摇曳的鲜花让海蒂迷醉"（22），甚至连风吹过杉树枝头发出的呼声，在海蒂听来都是"深沉而神秘，那么的美妙，那么的神奇，什么都比不上。"（31）每天晚上，海蒂都要守着日落，"看看太阳怎样向群山道晚安"（30）。甚至在梦里，海蒂梦见的都是"闪闪发光的山和山上火红的玫瑰，小羊在玫瑰丛中欢快地跳跃"（30）。由此便不难发现，阿尔姆山上的生活虽然物质条件艰苦，但却为海蒂提供了一个非常适合她自然天性的生活环境。在这样一种天性和自然契合无间的生存环境中，海蒂"就像森林里的鸟儿快乐地生活在树上一样"（31），可以享受到一种如鱼得水的快乐。

海蒂在阿尔姆山上获得了无比的快乐，但她一旦离开大自然，进入人类社会的伦理环境中，就会感到极度的不适应。在法兰克福生活期间，富有的塞斯曼先生一家虽然能够给海蒂提供漂亮的衣服、宽敞的房间、精美的饮食，但她也必须遵守这个现代城市家庭的伦理规则，包括不许随意外出，必须按时入睡和起床，上课时不许说话，等等，而这些规则恰恰是海蒂的自然天性所抗拒的。海蒂之所以在塞斯曼先生家有"身处牢笼的压抑感"（55），正是因为人类社会的伦理规则对她的自然天性形成了一种伦理禁锢，使她的自然天性无法得到释放。海蒂的天性真正需要的是与远离人类社会的自然环境，是与大自然的亲密接触，但这些需求在法兰克福根本无法得到满足。海蒂费尽心思爬上窗台，想看到窗外的青山和绿草时，她看到的却是"石头铺成的街道"，以及"一片屋顶，塔楼和烟囱的海洋"（59）；即便是偶尔被允许外出，"也只能看到鳞次栉比的房屋，熙熙攘攘的人群，看不到青草和鲜花，杉树和群山"（83）。随着时间的推移，海蒂越来越渴望摆脱人类社会的伦理环境，重新回到大自然。她"想看到山上美丽而熟悉的景色的欲望变得一天比一天强烈，只要一谈到这些景物的名字，她的记忆就会被激起，内

心的痛苦也几乎要爆发出来"（83）。如果说在阿尔姆山上，海蒂能够像
小鸟生活在树上一样实现与生存环境的完美契合的话，那么，在法兰克
福，"她就像一只被关进了漂亮的笼子里的鸟，在里面飞来飞去，尝试
着从里面飞出去"（59），始终无法适应与自己天性相抵触的生存环境。
就像塞斯曼先生所说的，"这孩子天生就不适合在城市里居住，不管那
里的条件有多么好。"（240）其实，被城市中钢筋混凝土的森林所包裹、
束缚、压抑的儿童，又何止是海蒂一人呢？

　　除了社会伦理环境与自然天性的抵牾之外，一些成人违背儿童天
性，试图将自己的伦理意识强加给海蒂的错误做法，也是令海蒂倍感痛
苦的一个重要原因。海蒂本来在阿尔姆山上生活得非常愉快，可蒂提却
要强行将她带到法兰克福。以往的论者大多认为，蒂提之所以要将海蒂
送往法兰克福，主要是因为试图从塞斯曼先生家捞到好处，是一种无视
海蒂个人利益的行为。的确，在蒂提看来，海蒂能够离开一穷二白的阿
尔姆大叔到一个富人家去生活，"是一件多么幸运的事情，可以说是千
载难逢的机会"（43），她希望通过海蒂从塞斯曼先生家那里捞到好处也
是客观事实。但是，要说蒂提完全没有为海蒂着想，似乎也是有欠公允
的。因为让儿童拥有更好的物质生活条件，接受更好的教育，应该说是
所有身为家长的成人的共同认识。其实，蒂提犯下的根本错误并不在于
看中了塞斯曼先生的财富，而在于她忽略了海蒂的自然天性，根本没有
考虑到作为儿童的海蒂到底需要怎样的生存环境。结果，她看重的锦衣
玉食的城市生活不仅没有给海蒂带来丝毫的快乐，反而令海蒂饱受束缚
与煎熬。

　　到了法兰克福之后，海蒂又碰到了女管家萝得迈耶尔。平心而论，
萝得迈耶尔是一个敬业的好管家，她心眼并不坏，而且总是尽心尽力地
履行自己的职责，为了培养海蒂也花了不少心思。然而，萝得迈耶尔不
懂得儿童必须依次经历从生物性选择到伦理选择的过程，所以超前地把
海蒂置于一个她还无法适应的伦理环境中，强迫她提前进入伦理选择的
过程。她没有认识到海蒂活泼好动和对自然的亲近实际上是人类在完成

生物选择之后的兽性因子的保留，是儿童自然天性的正常表现，而是基于成人的伦理立场把儿童的正常天性看成"粗野"，"愚蠢"，甚至是"精神失常"。为了让海蒂改掉她眼中的所谓"毛病"，萝得迈耶尔给海蒂制定了一大堆只适用于成人的烦琐的道德规则，而且强迫海蒂遵守。结果，她越是费尽心机地培养海蒂，海蒂就越是因为天性受到禁锢与压抑而感到痛苦不堪。

与海蒂有着类似遭遇的还有克拉拉。克拉拉早年丧母，所以塞斯曼先生对她格外地疼爱呵护，仆人们对她的照顾也非常精细。然而，由于没有考虑到克拉拉的儿童天性，所以他们的很多关爱和照顾其实都起到了适得其反的效果。克拉拉从小身体虚弱，行走不便，于是家人就干脆整天让她坐在轮椅上，一步路都舍不得让她走，结果导致克拉拉极度缺乏锻炼，身体越来越差，险些彻底丧失了行走能力。塞斯曼先生为了给女儿提供优越的物质生活条件，整天忙于自己的生意，但他没有意识到缺少了父亲的关爱和陪伴，女儿会有多么的孤独。在本该快乐地玩耍嬉戏的年龄，克拉拉却被逼着整天去读枯燥乏味的课本。可怜的克拉拉在念书无聊犯困时，甚至连哈欠都不敢打，更不用说提出休息或者玩耍的要求了。因为只要她一打哈欠，萝得迈耶尔就会认定那是由于她身体虚弱，非要喂她吃难吃的补品。虽然出生于富贵之家，但作为一个儿童，克拉拉却比海蒂还要可怜，海蒂毕竟享受过在大自然中尽情嬉戏的快乐，而克拉拉从一出生就被剥夺了享受儿童本应享受的快乐的权利。

作为儿童，海蒂和克拉拉都有一个从生物性选择到伦理选择的逐步成长的过程。他们的遭遇为我们提供了关于成人伦理越位的典型案例。儿童与成人的斯芬克斯因子具有不同的组合方式，在自然天性，也就是兽性因子的驱使下，儿童的价值取向、思维方法和行为方式都与成人有着很大的区别，他们还没有彻底完成从兽到人的伦理选择过程。然而，无论是在现实生活中，还是文学文本中，很多成人都忽视了儿童的天性，超前地将成人的伦理价值观念运用到儿童身上，并以此来理解、评价和约束儿童。这种伦理越位无疑会对儿童造成极大的伤害。

二、海蒂的伦理选择

海蒂在阿尔姆山和法兰克福的不同生活经历向我们充分展示了儿童斯芬克斯因子的特殊组合方式，同时也向我们说明，一旦成人忽视了儿童还需要重新演绎伦理选择的过程，强迫儿童遵守适用于成人的伦理价值标准，就有可能对儿童造成伤害，影响他们的顺利成长。那么，这是否意味着成人对待儿童就应该采取不作为的态度，任由儿童顺其自然地发挥自己的自然天性呢？事实上，持此观点的人还不在少数，例如法国著名思想家卢梭就专门写了一本《爱弥儿》来宣扬这一观点。在《海蒂》中，海蒂的爷爷阿尔姆大叔也是这么做的。他在养育海蒂时没有对她的天性进行任何的束缚，而是任由她在群山中自由地奔跑嬉戏，当老师要求他送海蒂去上学时，他当即表示了拒绝，因为他想"让她同小羊和鸟儿一起茁壮成长"（42）。然而，阿尔姆大叔的这种做法也是不利于儿童成长的，因为这种做法实际上是杜绝了让海蒂进入伦理选择过程的可能性。

按照文学伦理学的观点，人之所以成为人，不仅仅是因为通过进化过程中的生物选择而具有了人的外形，更是因为通过伦理选择获得了伦理意识，从而使自己的人性因子战胜兽性因子，用理性来指导自己的行为，从而使自己成为懂伦理，守道德的人。但对于儿童来说，由于他们的伦理意识还没有得到充分的培育和发展，他们的人性因子还无法对兽性因子形成有效的约束与指导，因此，他们必须经历伦理选择，才能真正长大成人。实际上，得益于祖母在去世之前对她的抚养与教育，海蒂已经不自觉地进入了伦理选择的过程。例如，她经常去看望双目失明的彼得奶奶，陪孤独的老人消愁解闷，还敦促爷爷修好了彼得家的房子。彼得家境贫困，经常饿肚子，她便毫不吝啬地将自己的口粮分出一大半留给彼得，尽管她自己的口粮也仅仅只是能够果腹。海蒂的这些善行说明她人性因子已经得到了一定的发展，伦理意识已经萌芽。但是，由于阿尔姆大叔没有给她提供必要的教育与指导，而海蒂自己的伦理意识还不够成熟，所以她也经常会做出一些让人瞠目结舌、啼笑皆非的荒唐事情。这在海蒂的法兰克福之行中表现尤为明显。正如作品所说，"自从海蒂来了之后，塞斯曼先生家就乱了套。"（80）她随意将小动物带回家，弄得家里一片狼藉；她好动不好静，每次上课的时候都忍不住乱喊乱动，让老师头疼不已；为了让彼得奶奶吃上松软的白面包，她攒了一大堆面包藏在衣柜里，结果由于存储不当，面包全都发黑变质了，浪费了粮食不说，还把衣柜弄得个一塌糊涂。

如果说伦理意识的缺失只是导致海蒂做出一些让人啼笑皆非的荒唐事，那么，在彼得身上，我们就能更加清楚地看到伦理意识的缺乏对儿童所产生的危害。由于父亲早逝，奶奶终日抱病卧床，母亲又整天忙于生计，所以身为家长的她们根本无力对彼得进行管教。因此，尽管彼得已经是一个十多岁的少年，却依然没有完成伦理选择的过程。由于没有经历伦理选择，彼得缺少理性意志，他的自由意志也因此得到了充分的释放。彼得身上的很多不良习性，例如厌学、粗暴、私心重、占有欲强，都是他不受约束的自由意志的体现。最能反映彼得身上的自由意志及其危害的例子发生在克拉拉上山修养期间。彼得觉得克拉拉抢走了自己的伙伴，居然出于忌恨故意摔毁了克拉拉的轮椅。彼得身上的这些恶习一方面说明了经历伦理选择对于儿童的重要性，同时也说明如果不对儿童加以约束与教导，必将酿成恶果。

海蒂和彼得都需要成长，他们成长的过程本质上就是伦理选择的过程。只有顺利完成了伦理选择，海蒂和彼得才能拥有成熟的伦理意识，获得辨别是非善恶的理性，使自己的行为符合伦理。但是，由于儿童自身伦理意识并不成熟，所以他们在经历伦理选择的时候，就需要得到已经完成了伦理选择的成人的教育和指导。如果成人像阿尔姆大叔和彼得的家长那样对儿童采取放任和不作为的态度，儿童是无法独立完成伦理选择过程的。

由此可以发现，海蒂的法兰克福之行虽然给她带来了很多痛苦，但也为她的成长创造了条件，促进了她伦理意识的成熟。在法兰克福，海蒂学到了很多之前闻所未闻必须掌握的基本礼仪和行为规范。更重要的是，她学会了阅读。儿童读书识字的过程是伦理选择过程中最重要的组成部分之一。得益于在法兰克福所接受的教育，海蒂身上的兽性因子逐渐被人性因子所控制，通过伦理选择逐渐成长为一个真正的、伦理的人。回到阿尔姆山后，海蒂"时不时地会产生一些新念头，都是她以前不曾想到过的"（119）。这些新念头正是海蒂在伦理选择过程中所产生的伦理观念，而且她也开始用这些伦理观念来指导自己的行为。每天早上起床之后，海蒂都会认真梳洗，而且把家里收拾得干干净净、井井有条，因为她觉得"作为一个小姑娘，任何时候看起来都应该清洁整齐"（118）。海蒂不再厌学，而且还帮助彼得学会了拼读，改掉了逃学的恶习。读书学习能为儿童完成伦理选择提供巨大的帮助，而儿童一旦经历了伦理选择，就能快速地成长。学会了阅读之后，她经常给彼得奶奶念赞美诗，帮助老人重新恢复了对生活的希望与信心。她还给爷爷讲述了一个浪子回头的故事，帮助孤僻遁世的爷爷重新回归社会。面对海蒂这些积极的变化，就连当初反对将海蒂送到法兰克福的爷爷都不得不感慨"海蒂真的没有白白到外面世界走一趟"（119）。

海蒂在法兰克福接受教育的过程，也是她经历伦理选择的过程。然而，这一过程并非一帆风顺。在相当长的时间内，海蒂没有取得任何进步。但是，问题并非出在海蒂身上，而出在那些教导她的成人身上。萝得迈耶尔一味地用各种行为规则束缚海蒂，这就违背了海蒂天性中活泼好动的特点，引起了海蒂的强烈抵触。而坎达特先生上课时只会照本宣科，压根就没有考虑到儿童重感性轻理性的接受特点，就连温顺的克拉拉都忍不住抱怨："他讲得越多，你明白得就越少。"（52）经过长达一年的学习，海蒂却连基本的拼读都没有掌握，而且越发觉得读书是一件枯燥无味的事情。萝得迈耶尔和坎达特先生教育失败的经历告诉我们，儿童在进行伦理选择时固然需要得到成人的帮助和指导，但是，成人在指导儿童的过程中也必须理解并且尊重儿童的天性，避免产生伦理越位，否则便不会取得好的教育效果。

在法兰克福，真正为海蒂的成长提供巨大帮助的是塞斯曼奶奶。和萝得迈耶尔等人不同，塞斯曼奶奶不是将成人的伦理观念强行灌输给海蒂，而是用儿童容易接受的方式激发她的学习兴趣、传授给她各种知识。她发现海蒂对大自然有强烈的亲近感，便用一本描述大自然和山区生活的图画书激发海蒂对阅读的向往；她理解儿童爱好玩乐的心理，所以经常陪海蒂一起玩洋娃娃，给洋娃娃缝制衣服，让海蒂在不知不觉中学会了针线活；她看到海蒂常常满腹心事却不知如何诉说，便用一个有趣的宗教故事引导海蒂向上帝倾诉自己的烦恼，告诉她如何通过信仰获得面对未来的希望和克服困难的勇气。可以说，正是得益于塞斯曼奶奶正确的教育方法，海蒂才真正地结束了伦理蒙昧的状态，逐渐完成了自己的伦理选择。

除了海蒂之外，彼得和克拉拉得益于正确的引导和帮助，也通过不同的方式完成了自己的伦理选择。由于饱受成人伦理越位之苦，克拉拉活泼好动、亲近自然的儿童天性被压抑。这不仅使她的身体越来越虚弱，也使她的心灵逐渐失去了活力，无法从生活中感受到快乐。所以，她最需要的是迈出家门，离开城市，走进大自然，让充满生机与活力的大自然激活她的心灵。在克拉森医生和阿尔姆大叔的帮助下，克拉拉来到了阿尔姆山。山区新鲜的空气和绿色健康的食品使得克拉拉的身体一天比一天强壮，最后奇迹般地重新站了起来。生机盎然的自然美景不仅令克拉拉恢复了身体的健康，还帮助她找回了久违的快乐心情，让她"心中产生了很多从未有过的想法，她要在明媚的阳光下活下去，并且做一些让自己和别人都感到快乐的事情"。（155）可以说，阿尔姆山的生活经历不仅让克拉拉恢复了健康，更帮助她树立了正确的生活信念。

彼得和克拉拉的情况正好相反。克拉拉是因为被管束太多以致天性受到了压抑，而彼得则是由于缺少管束而过分放纵自己的自由意志。因此，在帮助彼得进行伦理选择时，就必须通过适度的批评和惩罚来约束他的自由意志，同时也通过积极的鼓励以强化他的理性意志。彼得逃课时，阿尔姆大叔严厉地批评了他。而在彼得答应改掉逃学的恶习后，阿尔姆大叔又为他准备了一顿丰盛的晚餐作为鼓励。彼得摔坏了克拉拉的轮椅后，塞斯曼奶奶告诉他，人的心灵中住着一个小卫士，人一旦犯了错误，就会受到这个小卫士严厉的惩罚，"永远生活在惊恐和害怕中，不再会有快乐"（178）。这个小卫士，就是能够分辨是非善恶的理性。塞斯曼老奶奶实际上是在通过这个形象的小故事告诉彼得，人必须时刻用理性约束自己的行为，否则便会受到惩罚。在老人的启发下，彼得勇敢地承认了自己的错误。作为奖励，塞斯曼奶奶也答应可以满足他的一个愿望。通过这种赏罚分明的教育，彼得身上的自由意志和理性意志出现了此消彼长的变化，获得了辨别善恶的能力，理性逐渐得以成熟。

海蒂、彼得和克拉拉的成长经历各不相同，但都说明了同样的道理：儿童的伦理选择固然需要得到成人的帮助，但是成人对儿童的理解与尊重也十分重要。成人只有结合儿童的特点进行因势利导的培养，才能有效地引导儿童，帮助儿童完成伦理选择。这就恰恰呼应了小说的副标题——为孩子和爱孩子的成人写的故事（*a story for children and those that love children*）。正如聂珍钊教授所言，文学的根本目的是"为人类提供从伦理角度认识社会和生活的道德范例，为人类的物质生活和精神生活提供道德指引，为人类的自我完善提供道德经验"。① 《海蒂》一方面通过对儿童的斯芬克斯因子和伦理选择的文学化描述为儿童提供了有益

---

① 聂珍钊：《文学伦理学批评：基本理论与术语》，《外国文学研究》2010 年第 1 期。

成长的教诲，让儿童明白成长的意义和成长的方法，同时也对成人读者提出真诚的忠告：如果我们真的关爱儿童，就应该做到理解儿童、尊重儿童，为他们提供正确的教育和引导，帮助他们顺利完成伦理选择的过程。

（原刊于《外国文学研究》2013 年第 1 期）

（李纲，文学博士，讲师，主要研究方向为 20 世纪英美文学、西方儿童文学。）

忏悔意识在世界传播及其对中国辐射

张 静

摘 要：《圣经》里有原罪与救赎观，人类始祖亚当与夏娃偷吃了伊甸园中的禁果，因此人一生下来就是有罪的，需要向"神"即"上帝"进行"忏悔"，才能获得灵魂的拯救。忏悔意识在世界上广为传播，并给人类以深刻的影响。卢梭早在欧洲启蒙主义运动中，就力主"天赋人权"，呼唤自由、平等与博爱，并在晚年写作《忏悔录》，将自己曾经行窃、流氓、恩将仇报等恶行隐私暴露在世人面前。卢梭以他的赤城与坦荡，被托尔斯泰誉为"18世纪全世界的良心"。俄国托尔斯泰感受到自己作为贵族阶层的"罪恶"，创作《忏悔录》，强调"道德上的自我完善"，主张"人人忏悔，去恶从善"。托尔斯泰在《复活》塑造了聂赫留朵夫"忏悔贵族"形象。巴金称赞托尔斯泰是"19世纪全世界的良心"。五四时期以来，中国知识分子进行"忏悔"，鲁迅、巴金、曹禺、郁达夫、铁凝等作品中渗透了浓郁的"忏悔意识"。这实际上是中国进步的知识人士张扬中国传统儒家"内圣"思想，即内心反省的结果，又融合了西方基督教原罪与救赎观和《忏悔录》思想精华的结晶。

关键词：忏悔意识；卢梭；托尔斯泰；传播

"忏悔"原是宗教仪式，指僧尼道士代人忏悔，向神佛表示悔过，请求宽恕。人们深感自身的"罪恶"，便不断地反省、深究自我。① 在

---

① 杨匡汉主编：《20世纪中国文学经验》（下册），东方出版社2006年版。

西方传统中，尤其在中世纪基督教神学思想中，有所谓原罪观念，将人类得救的希望寄托在来世和天堂，并希望通过教会引导有罪的世人得到精神的救赎。在这种原罪观念看来，人人都是罪人，人性也必然堕落，这也是一种宗教的人性恶观。①

《圣经》中关于赎罪和忏悔的意识记载已久，甚至可以追溯到人类的始祖亚当和夏娃受蛇的诱惑，背叛了上帝，在伊甸园偷吃了禁果。神让亚当负责看守伊甸园，吩咐他不可偷吃分辨善恶树上的果子。蛇诱惑说："你们吃了那果子，眼睛就亮了，你们便如神能知恶善。"两人便违了禁令，吃了禁果，眼睛亮了，才知道自己赤身露体，便拿无花果的叶子遮蔽身体。亚当、夏娃犯罪后感到罪咎，良心受到责备，神在他们心中敲起了警钟。于是人类始祖便向神灵耶和华祈求赦免，并立誓改过自新。忏悔的根源由此便产生了。先知亚伯拉罕、伊撒等都不断违反上帝的训诫，忏悔意识于是传承下来。这样一来，"陷于罪孽是开天辟地以前实现的，由它产生了时间——罪孽的产儿，而我们得到的世界——罪孽的结果"。② 因为世界是"罪孽的结果"，世间人就必须祈求于忏悔而求得心灵的升格。

宗教中的"忏悔"，意为向神供认自我积孽，祈求谅解。它是以所谓神的意志，即教规教义为尺度与参照进行的。忏悔者将自己一览无余地展露给至高无上至真至善至美的神，他们相信神与上帝明了他们，就会宽恕他们的过失，帮助他们渡过难关。他们自视为神的世界中一滴透明的水，任何的欺骗，都会使神远离他们。而如果没有对神的信仰，他们将变得无助无主。他们忏悔的最终结果是：神在他们心中越来越高大，神旨成为他们坚不可摧的信仰；他们自己越来越渺小，渺小到没有

---

① 陈思和、李存光主编：《一双美丽的眼睛》，上海三联书店 2008 年版，第287 页。

② 别尔嘉耶夫：《自由的哲学》（董友译），广西师范大学出版社 2001 年版，第 112 页。

自我，只是一个教义的遵从者、执行者和护卫者。①

忏悔是基督教宗教生活的一项重要内容，是基督徒向上帝赎罪的一种必不可少的形式。古罗马的大主教奥古斯丁就写作了《忏悔录》。忏悔已成为基督教文化熏陶下的西方人不断自我反省、净化灵魂的方式。忏悔意识在全世界范围内广为传播，尤其在法国与俄国非常兴盛。随着欧洲传教士来华传教，以及中国人受到欧风美雨的沐浴，忏悔意识在中国也很快流传开来，并在社会生活中产生了影响。

一、法国卢梭《忏悔录》，照亮启蒙新前程

18 世纪法国的启蒙运动，是后来资产阶级民主革命的先声。启蒙主义代表人物伏尔泰、孟德斯鸠、卢梭大张旗鼓反对封建制度，呼唤平等、自由、博爱，猛烈抨击封建专制主义。这些启蒙思想家饱尝了封建制度下的艰辛和痛苦，强调"天赋人权"，直接冲击"君权神授"的谬论。

卢梭(1712—1778)出身贫寒，一生经历坎坷，刚刚出生就失去了母亲，父亲在他年幼时因重伤了一名军官而亡命天涯。这位孤儿目睹了社会的黑暗与不平，洁身自好，蔑视权贵，主张人生而平等。他贬斥神学，是一位地地道道的平民思想家。卢梭创作了《忏悔录》，对平民阶层自然淳朴的人性、高尚的道德情操进行了热情的颂扬，对上流社会的寡廉鲜耻、道德沦丧、伪善阴险进行了无情的鞭挞。他一生饱受封建势力残酷的迫害，长时期流浪生涯的苦难和敌对力量无休止的攻击，使卢梭的身心健康受到严重摧残。而在卢梭去世时仅有妻子·泰蕾兹一人在他身边，一个伟大的思想家就这样凄凉地走完了自己的一生。十六年之后，卢梭的遗骸被移入巴黎先贤祠中，得到了法国人民应有的尊重。

---

① 陈思和、辜也平主编：《巴金：新世纪的阐释》，福建教育出版社 2002 年版，第 525 页。

正如《忏悔录》的译者陈筱卿所论，卢梭通过《忏悔录》历数了孩提时代寄人篱下所受到的粗暴待遇，描写了他进入社会后所受到的虐待，以及他耳闻目睹的种种黑暗和不平，愤怒地揭露社会的"弱肉强食""强权即公理"，以及统治阶级的丑恶腐朽。该书名为"忏悔"，实则"控诉""呐喊"，并对被侮辱者、被损害的"卑贱者"倾注了深切的同情。

《忏悔录》开篇引用古罗马讽刺诗人波尔斯的一句拉丁文短诗，"发自肺腑，深入肌肤"，强烈地表现了卢梭暴露自己灵魂的心态。篇首便用真诚的文字来显露自己的内心世界："我在从事一项前无古人、后无来者的事业。我要把一个人的真实面目全部地展示在世人面前：这个人就是我。"这是大无畏的世界宣言，毫无半点迟疑与犹豫，何等坦诚，何等自豪！他响亮地宣称：

> 末日审判的号角想吹就吹吧；我将手拿着此书，站在至高无上的审判者面前。我将大声宣布："这就是我所做的，我所想的，我的为人。我以同样的坦率道出了善与恶。我既没有隐瞒什么丑行，也没添加什么善举。万一有些什么不经意的添枝加叶，那也只不过是填补因记忆欠佳而造成的空缺。我可能会把自己以为如此的事当成真事写了，但绝没有把明知假的写成真的。我如实地描绘自己是个什么样的人，是可鄙可恶绝不隐瞒，是善良宽厚高尚也不遮掩：我把我那你所看不到的内心暴露出来了。上帝啊，把我的无数同类召到我周围来吧，让他们听听我的忏悔，让他们为我的丑恶而叹息，让他们为我的可鄙而羞愧。让他们每一个人也以同样的真诚把自己的内心呈献在你的宝座前面，然后，有谁敢于对你说：'我比那人要好！'"①

卢梭勇敢地解剖自己，让自己以前的"丑恶""可鄙"全部公之于众。

① ［法］卢梭：《忏悔录》（陈筱卿译），中国书籍出版社 2005 年版，第 3 页。

在当时拟古与虚假盛行的法国社会，可谓逆世而动，何等的难能可贵！卢梭的作品在世界历史上也是罕见的，在卢梭之前的文学史上还没有出现过如此坦诚的作家。基督教中的"忏悔"，仅仅局限于人的内心层面。而卢梭的"忏悔"则完全是现实层面，将自己的"卑鄙龌龊"赤裸裸暴露在世人面前！可谓惊天地，泣鬼神！

为了谋生，卢梭做了学徒。可师傅的专横终于使他染上了他所痛恨的恶习，如说谎、偷懒、偷窃。卢梭坦诚地写他偷吃烤肉之后的真实感受：

> 我就这样学会了暗自贪婪、隐瞒、遮掩、撒谎，最后还学会了偷窃。在这之前，我从未动过偷窃的脑子，可从此就怎么也改不掉了。贪婪垂涎而又无能为力必然导致这一步。这就是为什么每个仆人都是小偷骗子，而每个学徒为什么也该如此。

卢梭毫不掩饰自己小偷小摸的行为，更加剖析了偷窃的深层次原因：专制与压迫所致贫困使然。他还以沉重的心情忏悔自己一次行窃后把罪过转嫁到女仆玛丽的头上，并造成了她遭到解雇辞退的不幸的行为。"我不知道这个受我诬陷的姑娘的下落，但是看来这事之后她不容易谋到差事了。她蒙受了一种使她名誉扫地的残酷罪名。偷的东西虽不值钱，但终归是偷，而且，更糟糕的是偷了，还去诱惑一个小男孩。总之，既撒谎又死不认账，对这种集各种恶习之大成的女子，人们是不抱任何希望了。我甚至没有看到我把她推进了贫穷、唾弃的最大险境。谁知道像她这么年纪轻轻的，因为无辜受辱而颓丧绝望，会有什么后果呢？唉！如果说我后悔不迭让她身遭不幸的话，请大家想一想，我竟然使她比我更糟，我又有多内疚呀！"①

透过这段内心深处的"忏悔"，我们看到了卢梭一颗真挚的善心。

---

① ［法］卢梭：《忏悔录》（陈筱卿译），中国书籍出版社 2005 年版，第 62 页。

卢梭为自己做出如此卑鄙的恶行而痛心疾首。

不仅惯于行偷，而且还擅长采花猎艳，这就是以前真实的卢梭。在书中他毫不掩遮自己曾经犯下的风流韵事，他巴齐尔太太竟也动了邪念：

> 那一天，她的穿戴近乎妖艳。她姿态优美，头微微地低下，露出了雪白的粉颈；秀发雅致地盘起，还插了一些花。她整个外形透着一种魅力，我仔细地端详着，不能自制。我一进屋便跪倒在地，激动不已地把双臂向她伸去。我深信她不可能听见我，也没想到她能看见我。①

字里行间，显现着一个不折不扣的流氓卢梭形象。他后来"住在一位美妇人家里，魂牵梦绕着她的倩影，白天又老是看见她，晚上被使我想起她来的东西所包围，睡在我知道她睡过的床上。有多少东西在掩拨着我呀！"这种糜烂思想进一步发展，就成为与被认作妈妈的华伦夫人那种半乱伦性质的爱情。

> 我头一次投入到一个女人，而且是一个我所崇拜的女人的怀抱里。我幸福吗？不，我感到的是肉欲。我不知道是什么无法克服的忧伤毒化了它的魅力。我仿佛犯下了乱伦之罪。有两三次，我在激动地拥抱她时，泪水浸湿了她的酥胸。而她却既无忧伤也不激动，只是温柔和平静。由于她不是个淫荡的女人，根本没有寻求过肉欲，所以并没有那种陶醉，也从未因此而悔恨。②

社会上流人物崇尚灯红酒绿、情欲四溢的生活，使整个社会风气颓

---

① ［法］卢梭：《忏悔录》（陈筱卿译），中国书籍出版社 2005 年版，第 54 页。
② ［法］卢梭：《忏悔录》（陈筱卿译），中国书籍出版社 2005 年版，第 143页。

废。正是不平等的社会制度，使卢梭"从高尚的英雄主义者堕落成卑鄙的市井无赖。"作为与腐朽、反动的贵族社会的抗衡的方式，《忏悔录》以前所未有的胸襟赤条条地把自己的"下流"展现在世人面前，以鞭挞自己的无耻的方式控诉谴责那个没落的社会。

麦特尔先生是一位才华横溢而又品德高尚的民间音乐家，也是卢梭在音乐方面的启蒙老师。他受到封建势力迫害，打算从意大利的撒丁王国返回祖国法兰西。麦特尔先生深得华伦夫人赏识与同情。卢梭与"妈妈"——华伦夫人发生乱伦之情后，华伦夫人再三叮嘱卢梭应该一路护送那位音乐家到巴黎。然而，卢梭忘恩负义，当音乐家癫痫发作，口吐白沫，不省人事，倒在里昂街头的时候，他竟然趁着人们团团围观而逃之夭夭，抛弃了这个此时最需要他帮助的老师。卢梭成名之后，每当忆及此事，就会深感内疚，忏悔不已。他知道，他年轻时代流浪生活中由于困顿潦倒，不得不拿着麦特尔先生交给自己的音乐作品，在外谎称是自己创作的，卢梭把自己打扮成为从巴黎来的作曲家。他竟然当起了几个年轻姑娘的音乐家庭教师，他的生活一下子大大地改善了。社会最底层的家庭环境培养了卢梭的正义感与同情心，他厌倦了达官贵人高堂华厦里的虚伪道德，他以平民的自傲感，把心灵上的诸多污点统统展露在社会面前，向富贵尊荣阶级显示了自己高尚的人格。在欧洲权倾一时的君主们向他恩威并施的时候，卢梭敢于拒绝他们的赏赐并直言告之。高尔基曾因此称赞卢梭是一个"本性纯真的人"。① 这在当时社会为了荣华富贵而巴结奉迎成风的环境里，彰显了一个平民思想家敢于成为道德的"另类"的崇高气魄，可谓感天动地，让风云为之变色！

《忏悔录》"以笔代刀"的手法，无情地解剖了自己曾经的丑恶行径，因为赤诚与坦荡而赢得全世界人民的爱戴与拥护。卢梭张扬着个性解放精神，揭发了腐朽文明掩盖下的社会创伤与道德溃疡。卢梭坚持"自然人性"理论，他认为人原本应有纯朴善良的天性，人性本身是善的，正

---

① 高尔基：《文学论文选》，人民文学出版社 1958 年版，第 8 页。

因为它是顺乎自然的；社会使人变为邪恶，正因为它是违背自然的。卢梭强调人的良心、理性和自由，尤其认为"自由即是人的一切能力中最崇高的能力。"①所以善良是人的本质，体现为人的自我完善与主动意志，使人成为独立自主的主体。"自然人性"是卢梭用以批判腐朽文明和邪恶人性的正面理想，也是他抨击封建专制的锐利武器。②

《忏悔录》问世后，很快席卷整个欧洲，被进步的作家们奉为至宝，争相阅读。歌德《少年维特之烦恼》深受卢梭的影响。拜伦笔下塑造的一系列叛逆者的形象，处处闪耀着卢梭个性的光芒。司汤达《红与黑》主人公于连，有人认为是卢梭的化身。个性解放的思潮随着当时的文艺复兴运动在欧洲大地迅速蔓延。

1927 年春天，年轻的巴金远赴法国留学。卢梭《忏悔录》"讲真话"的方式给他心灵以巨大的震撼，它给巴金带来强大的精神引导。五十余年之后，巴金作为异乡人不断经过先贤祠(国葬院)的记忆与"文革"中的痛楚在脑海中交织，写作了《随想录》中不朽名篇《把心交给读者》。在某种意义上说，它是《忏悔录》"讲真话"的改版形式而已。

巴金 1927 年在巴黎开始写作《灭亡》。"我住在拉丁区，我的住处离先贤祠(国葬院)不远，先贤祠旁边那一段路非常清静。我经常走过先贤祠门前，那里有两座铜像：卢梭和伏尔泰。在这两个法国启蒙时期的思想家，这两个伟大的作家中，我对'梦想消灭不平等和压迫'的'日内瓦公民'的印象较深，我走过像前，常常对着铜像申诉我这个异乡人的寂寞和痛苦；对伏尔泰我所知较少，但是他为卡拉斯老人的冤案、为西尔文的冤案、为拉·巴尔的冤案、为拉里·托伦达尔的冤案奋斗，终于平反了冤狱，使惨死者恢复名誉，幸存者免于刑戮，像这样维护真理、维护正义的行为我是知道的，我是钦佩的。还有两位伟大的作家葬在先贤祠内，他们是雨果和左拉。左拉为德莱斐斯上尉的冤案斗争，冒

①　卢梭：《论人类不平等的起源和基础》，商务印书馆 1962 年版，第 135 页。
②　伍厚恺：《简论卢梭〈忏悔录〉的文学地位》，《成都大学学报》1997 年第 4 期。

着生命危险替受害人辩护，终于推倒诬陷不实的判决，让人间地狱中的含冤者重见光明。"①

巴金在"日内瓦公民"卢梭铜像前沉思，倾诉着一个身处异国他乡的游子内心的不平与苦痛。他要向卢梭、伏尔泰学习捍卫正义、弘扬正气的豪迈情怀，为真理献身的殉道精神。"卢梭"与"伏尔泰"成为年轻巴金心中的两座精神丰碑。而巴金从两位先师那里受到的教育，在文革十年浩劫中化作自己的行动准则。

"这是我当年从法国作家那里受到的教育。虽然我'学而不用'，但是今天回想起来，我还不能不感激老师。在'四害'横行的时候，我没有出卖灵魂，还是靠着我过去受到的教育。这教育来自生活、来自朋友、来自书本，也来自老师，还来自读者。至于法国作家给我的'教育'是不是'干预生活'呢？'作家干预生活'曾经被批判为右派言论，有少数人因此二十年抬不起头。我不曾提倡过'作家干预生活'，因为那一阵子我还没有时间考虑。但是我被关进'牛棚'以后，看见有些熟人在大字报上揭露'巴金的反革命真面目'，我朝夕盼望一两位作家出来'干预生活'，替我雪冤。"②

巴金从卢梭《忏悔录》中学到人应有的良知，"没有出卖灵魂"。十年文革，人兽不分，人类的良知惨遭践踏，黑白不分，是非颠倒。巴金以《忏悔录》"我控诉"的方式对"文革"进行无情地揭批。巴金与卢梭一样，那么单纯，那么坦白，那么勇敢地挑战现实。巴金与卢梭一样，对当时神圣的信条猛烈攻击——卢梭攻击封建专制，巴金攻击封建迷信。卢梭命运坎坷，被诬陷，被迫害；巴金在"左倾"思潮余威尚在，为了避开斗争锋芒，在香港《大公报》发表揭露"文革"罪行的《随想录》。在这些方面巴金与卢梭何其相似。

1979 年巴金历尽"文革"劫难而复出，率领中国作家代表团访问法

① 巴金：《随想录》，作家出版社 2005 年版，第 26~27 页。
② 巴金：《随想录》，作家出版社 2005 年版，第 27 页。

国。他再一次回到了阔别五十余年卢梭像前瞻仰缅怀，他更加坚定信心要把刚刚开始写作的《随想录》进行下去，向法国这位先师学习。瞻仰卢梭像的第二天中午，巴黎第三大学中文系师生为中国代表团举行欢迎会。其中有两位法国同学分别用中国话和法国话诵读了巴金《把心交给读者》美文，因为这篇文章洋溢着巴金对卢梭的热爱之情。在《再访巴黎》一文中，巴金写道："没有想到在巴黎也有《随想录》的读者！我听着，我十分激动。我明白了，这是对我的警告，也是对我的要求。"《随想录》是中国的"忏悔录"，它蕴含着"真诚""善良""正义"等人类普遍的感情，而这些是没有国界的，是人类的共性。《随想录》之所以引起法国读者注目和共鸣，自在情理之中。

在巴黎的最后一个清晨，在罗曼·罗兰和海明威住过的拉丁区巴黎地纳尔旅馆的七楼上，巴金用留恋的目光观望着巴黎的天空：

> 时间过得这么快！我就要走了。但是我不会空着手回去。我好像还有无穷无尽的精力。我比在五十年前更有信心了。我有这样多的朋友。我有这么多的读者。我拿什么报答他们？我想起了四十六年前的一句话：就让我做一块木柴吧。我愿意把自己烧得粉身碎骨给人间添一点温暖。我一刻也不停止我的笔，它点燃火烧我自己。到了我成为灰烬的时候，我的爱我的感情也不会在人间消失。①

巴金五十余年后重访卢梭像，他在卢梭那儿再次温习"赤情"的含义。榜样的力量是无穷的，他"比五十年前更有信心"。巴金要化作一块燃烧的木柴、为人间带来温暖、带来光亮。言必行，行必果。巴金从1979 年创作《随想录》，一写就是"八年抗战"，1986 年才写完第 150 篇"随想"。后来他一再要告别读者，却总是停不下笔，又来一个"八年抗战"，完成《随想录》的姊妹篇《再思录》。这是卢梭式的"真情"再现。

---

① 巴金：《随想录》，作家出版社 2005 年版，第 43 页。

卢梭向世人宣言:"我说的都是真话。没有可憎的缺点的人是没有的。我要把我的真实面目赤裸裸地揭露在世人面前。"巴金在《随想录》许多文章中再现自己"文革"期间为了"活命",对胡风等人落井下石,响应造反派头头的号召,写"过关"文章,在冤案制造过程中推波助澜。在《怀念胡风》等文章里,巴金表示深深地忏悔。巴金与卢梭是东西方两道神奇的光束,照亮了人类赤诚坦荡的情感世界。

二、托尔斯泰《忏悔录》,再现全世界良心

托尔斯泰非常赞赏卢梭《忏悔录》,称它是"18 世纪全世界的良心"。托尔斯泰深刻认识到俄国社会的黑暗,也感受到自己作为贵族地主阶层的"罪恶",在心灵深处展开抑恶扬善的斗争,由自我反省到自我忏悔、自我谴责。托尔斯泰旗帜鲜明地向世界宣称:"只有经过忏悔,人才有所进步。"①经过长久的反省与忏悔,托尔斯泰抛弃了贵族立场,完全站到了农民立场。他在《忏悔录》中写道:"我与我的圈子里的生活决裂了。因为我承认,这不是生活,而仅仅是生活的影子。"②托尔斯泰要与他所处的贵族阶级决裂,可谓惊世骇俗,连深爱他的夫人也无法理解。这位隐居在雅斯纳雅·波良纳的老人成了政府和东正教教会迫害的对象,各种反动势力阴谋聚集,威逼托尔斯泰承认错误,收回对教会的攻击。托尔斯泰始终不曾屈服,82 岁那年离家出走,病死在阿斯达波沃车站上。在他与世长辞的那间屋子周围,拥满了警察、间谍、新闻记者。一直到死,他都没有得到安宁。托尔斯泰为他真诚的"忏悔",付出了惨痛代价,带着无限的凄凉,离开亲人、离开人间。

---

① 列夫·托尔斯泰:《列夫·托尔斯泰文集》(第 17 卷),人民文学出版社1989 年版,第 60 页。

② 列夫·托尔斯泰:《列夫·托尔斯泰文集》(第 15 卷),人民文学出版社1989 年版,第 56 页。

　　托尔斯泰出身显贵，又当过军官，年轻时确实过着放荡的贵族生活。但他身为作家，严肃地探求人生与俄国的出路，一生一世都在与各种欲念作坚决的斗争。他找到了基督教福音书，宣传他所理解的教义。托尔斯泰目睹农民被贵族地主盘剥，处境悲惨、不幸。因此他对专制政权和统治阶级进行了猛烈地谴责。他孜孜不倦地探索一条消除罪恶之路，他用基督教虔诚的"忏悔"方式，企求解脱内心的"罪恶感"。托尔斯泰反对暴力斗争，主张贵族阶级应该加强道德修养，爱人如己，只需要少数有理性的有钱人拒绝奴役他人，放弃自己的财产，并且自己参加劳动，自食其力。他们的榜样将推动整个社会的改造，那隔在劳动人民与"老爷们"之间的高墙就会不推自倒。① 托尔斯泰希望"少数有理性的有钱人"以他作为榜样，离开书斋把精力花费在种地、修炉灶、做木工、做皮靴等劳动生产上，由此社会就会自然改良，那道横亘在农民与地主之间的"高墙"就会轰然倒塌。这类似于空想社会主义的主张，反映了托尔斯泰精神上不屈不挠的探索，虽然缺乏实现的可能性，但他的"忏悔"精神还是给社会带来积极进步的影响，有利于提升人们的道德情操与人生价值。

　　在托尔斯泰死后，忠实地、把毕生精力都献给丈夫的索菲雅夫人非常后悔。她责备自己当时的疯狂，在她生命垂危时刻主动向她女儿表示忏悔。据亚历山德拉回忆，她母亲很后悔给托尔斯泰造成痛苦，曾经对女儿说："我真以为我那个时候疯了。"而且她在病危时向另一个女儿吐露真情："我知道我是你父亲死亡的原因。我非常后悔。可是我爱他，整整爱了他一辈子，我始终是他的忠实的妻子。"②

　　托尔斯泰接受了"平等、自由、博爱"的欧洲启蒙主义思潮，强调"道德上的自我完善"，主张人人都应当忏悔，去恶从善，认为这是解救社会苦难的灵丹妙药。托尔斯泰不仅写作影响深远的《忏悔录》，而

---

① 匡兴：《托尔斯泰和他的创作》，北京出版社 1982 年版，第 119 页。
② 张慧珠：《巴金随想论》，百花文艺出版社 1993 年版，第 622 页。

且把"忏悔意识"融入他小说创作的主人公身上，从《一个地方的早晨》到《复活》等一系列带有强烈自传色彩的作品中，我们看见了许多栩栩如生的忏悔人物形象。《复活》中的聂赫留朵夫是"忏悔贵族"的典型形象，他走的是一条忏悔、救赎人生之路。聂赫留朵夫为自己在玛丝洛娃身上犯下的罪过而忏悔，通过为玛丝洛娃奔走呼号申冤来赎罪，使他的人性复活，即人性由丧失到复归——改恶从善，善战胜恶。通过这个人物形象，反映了托尔斯泰博爱观和道德自我完善理论。托尔斯泰通过塑造忏悔人物形象，试图表明：对自己的忏悔是洗刷自己灵魂污垢的最好方式。无疑这是他主张道德自我完善的形象化的图解与折射。

托尔斯泰从性恶论立场出发，深刻反省，进而忏悔，再到否定贵族地主腐朽生活，彻底与之决裂。受到基督教影响的托尔斯泰在《忏悔录》中说："他们过着的并不是生活，只不过类似生活而已。优裕环境使我们失去了理解人生的可能。"①基督教认为，人们在现实生活中的一切活动都是为了赎罪，只有在现实社会中时时刻刻进行忏悔，死了之后灵魂才能进入天堂。宗教的原罪与救赎观念，给托尔斯泰潜意识的深刻辐射，也成就了他的作品所蕴含的人类普适性情感，使托尔斯泰成为具有世界意义的大作家，闪烁着文艺复兴以来人道主义的精神光芒。《忏悔录》是托尔斯泰世界观完成转变的告白，记录了他精神探索的轨迹，希望实现灵魂的自我拯救。屠格涅夫评论道：托尔斯泰《忏悔录》是一部"就诚意、真实和说服力而言都十分出色的作品"。鲁迅认为托尔斯泰《忏悔录》是"伟哉其自忏之书，心声之洋溢者也"。托尔斯泰对自我毫不留情地解剖，受到进步人士的热切赞颂。

巴金对托尔斯泰《忏悔录》给予了足够的关注。他曾引用高德曼这位"精神母亲"的话说："托尔斯泰把人类关系之概念基础在《福音书》之

_____

① [英]艾尔默·莫德：《托尔斯泰传》，北京十月文艺出版社1984年版，第401页。

新的解释上面，然而他和现在的基督教是离的很远很远的。"①而勃兰克斯则说："现今只有两个伟大的俄国人时时想着俄国民众，而他们的思想又属于人类全体。这两个人便是列夫·托尔斯泰和彼得·克鲁泡特金。"②对于托尔斯泰来说，他的宗教就是他的道德。他反对政府、暴力，要求人听命于生活的主宰——上帝的旨意。他同情农民的不幸处境，希望能通过自己的行动来改变他的命运。他为贵族在精神上找不到出路而苦恼。这些问题最终在东正教道德强调的博爱、宽恕和忏悔中解决了。《安娜·卡列尼娜》中列文作出挣扎后皈依了上帝。《复活》书名本身就表达了东正教反复阐述的拯救、复活、灵魂升华的主题，卷首还引用了《马太福音》中的四段话，聂赫留朵夫成为忏悔贵族的代名词。③

巴金创作《随想录》，其实是中国的"忏悔录"。他特地写作《再认识托尔斯泰》，为社会上一些对托尔斯泰不实的咒骂、诬蔑进行辩护。《读者良友》二卷一期上，埃·西蒙斯发表《托尔斯泰》，说托尔斯泰是"俄国的西门庆""酒色财气之及第的浪子"。巴金愤怒地撰文《再认识托尔斯泰》反击，认为："这样的腔调，这样的论断，有一个时期我很熟悉，那就是十年浩劫中我给关进'牛棚'的时候。我奇怪，难道又在开托尔斯泰批斗会吗？"巴金在文末给予托尔斯泰高度评价并且论述托尔斯泰对世人的深远影响：

> 他是十九世纪世界文学的高峰。他是十九世纪全世界的良心。他和我有天渊之隔，然而我也在追求他后半生全力追求的目标：说真话，做到言行一致。我知道即使在今天这也还是一条荆棘丛生的羊肠小道。但路总是人走出来的，有人走了，就有了路。托尔斯泰虽然走得很苦，而且付出那样高昂的代价，他都实现了自己多年的

---

① 巴金：《生之忏悔·〈黑暗之势力〉之考察》，《巴金全集》（第12卷），人民文学出版社1993年版，第271页。

② 巴金：《巴金译文全集》（第1卷），人民文学出版社1997年版，第2页。

③ 贾蕾：《巴金与域外文化》，北京语言大学出版社2007年版，第157页。

心愿。我觉得好像他在路旁树枝上挂起了一盏灯，给我照路，鼓励我向前走，一直走下去。我想，人不能靠说大话、说空话、说假话、说套话过一辈子。还是把托尔斯泰当作一面镜子来照照自己吧。①

托尔斯泰《忏悔录》是"十九世纪全世界的良心"，卢梭《忏悔录》是"十八世纪全世界的良心"，两者前后相继，一脉相承。在一定程度上说，巴金《随想录》就是"二十世纪全世界的良心"。贾植芳先生写作《一点记忆一点感想——悼念巴金先生》一文中，认为巴金晚年在翻译赫尔岑《往事与随想》的启发下，创作《随想录》，把自己多年的曲折经历和痛苦忏悔写了下来。贾先生深有感慨地说：

> 老托尔斯泰说，"人一生的幸福是能为人类写一部书"。我在生命暮年时刻，有幸读到巴金先生用他颤抖的手，蘸着自己的血和泪所写的那部大书——《随想录》——这部在内容和意境上远远超过卢梭的《忏悔录》的巨著，感到无比的慰藉和兴奋。因为我看到了一个灵魂里淌着血的负伤的中国知识分子的形象，它既是中国良心的真实表露，也是人类理性胜利的生动记录。②

三、中国现当代忏悔意识的传播

忏悔意识在中国源远流长，几乎历朝历代都有可歌可泣的忏悔故事。"五四"新文化运动张扬个性解放，鲁迅与巴金等五四产儿接受并

---

① 巴金：《随想录》，作家出版社 2005 年版，第 242~243 页。

② 巴金著，贾植芳等编：《我的写作生活》，百花文艺出版社 2006 年版，序言第 2 页。

传播忏悔意识。中国现当代文学领域中，阐释忏悔意识的名作数不胜数，彰显着耀眼的人文光芒。"凡是现实的都是合理的，凡是合理的都是现实的。"①"忏悔"而今成为伦理学和社会学瞩目的对象，作为一种对真诚与良知的热望，获得世人广泛接受。CCTV 12 中国法制频道很多年以来开辟"忏悔录"节目专栏，一个个忏悔故事震撼人心，有利于提升中华民族的道德素养与人文情怀。

(一)"五四"前后思想解放，名家张扬忏悔精神

晚清因马嘉理事件派遣郭嵩焘去英国赔礼，中国第一个士大夫开始踏上外国土地，开始沐浴欧风美雨。传教士纷纷来到中国，带来了基督教。西方社会各种思想如潮水一般涌向中国，20 世纪初期至"五四"运动时期，中国知识分子兴起一股留学浪潮。如巴金 1927 年远赴法国，瞻仰卢梭的雕像。卢梭《忏悔录》给他心灵进行启蒙与熏陶。"五四"时期一代知识分子全方位接受西方文化，试图以此来改造国民性。

"五四"运动高喊"打倒孔家店""重估一切价值"等口号。陈独秀主张："要把耶稣崇高的、伟大的人格和热烈的、深厚的情感培养在我的血液里，将我们从堕落、冷酷、黑暗、污浊的坑中救起。"②忏悔意识源于耶稣教的"原罪"，也就是说，五四斗士们希通过忏悔精神来塑造国民的灵魂。陈思和先生在《中国新文学整体观》中认为，与欧洲文艺复兴的最大区别，是中国新文学在否定旧文化的人性桎梏、提倡人性解放的个性自由同时，还提出了对人的至善至美性的怀疑。忏悔意识就是这种怀疑在人们心理上的表现形式。

鲁迅《狂人日记》发表于 1918 年，晚于托尔斯泰《忏悔录》36 年，

① 恩格斯:《费尔巴哈与德国古典哲学的终结》(张仲实译)，人民出版社 1957 年版，第 4 页。

② 陈独秀:《陈独秀文章选编》(上册)，上海三联书店 1984 年版，第 485 页。

但它要解决的是谋求民族出路的问题。《狂人日记》被研究者称作"为民族历史而忏悔"。鲁迅曾经坦言："我知道我自己,我解剖自己并不比解剖别人留情面。"①在民族危亡时刻,鲁迅要改造国民意识,首先要彻底批判和否定自我。兄弟失和是鲁迅一生的创伤。他的小说《弟兄》的内容大半属于回忆成分,也可以用回忆文本来表现的。然而作者那时别有伤感,不愿作回忆的文,便做成这样的小说了。这篇小说含有的讽刺的成分少,而抒情的成分多,就是因为有作者本身亲历的事实在内的缘故。②《伤逝》是鲁迅唯一的一篇表现青年男女婚姻爱情悲剧的小说,洋溢着浓烈的忏悔意识,表现了鲁迅对社会问题的深切关注。早在1906年母亲私自把朱安许配给鲁迅作妻。鲁迅说:"这是母亲给我的一件礼物,我只能好好的供养它,爱情是我所不知道的。"③当年周作人反对大哥抛弃朱安,但到晚年他不得不承认——母亲做了一件不甚高明的事。④ 在旧式社会里,女人被封建礼教规范为"从一而终"。鲁迅深知,他一旦休掉了朱安,她便会像回到了家的子君一样,"走进没有墓碑的坟墓"。1925年端午节前后,鲁迅与年龄相差悬殊的许广平确定了恋爱关系。鲁迅与朱安的婚姻长期使他处于情感与理性的冲突与困惑之中。不管是有意还是无意,他把这种深受煎熬的感悟与体验投射或寄寓到了小说《伤逝》的创作过程中。自清末民初开始,中国女性解放运动的倡导者都是男性。从这个意义上说,如果"把涓生对子君之悔解释为男性忏悔",那么《伤逝》的男性忏悔也就是鲁迅的自我反省。⑤《伤逝》反思中有忏悔,在一定程度上反映了五四时期个性解放,审视新青年一代人

---

① 《鲁迅全集》(第3卷),人民文学出版社1981年版,第457页。

② 《1913—1983年鲁迅研究学术论著资料汇编》(第3卷),中国文联出版公司1985年版,第1223页。

③ 《鲁迅回忆录》(上册),北京出版社1999年版,第260页。

④ 周作人:《苦茶——周作人回忆录》,兰州敦煌文艺出版社1995年版,第134页。

⑤ 秦世琼、胡志明:《从弟兄伤逝看鲁迅小说的忏悔意识》,《沧桑》2009年第1期。

的人生与价值观。

郁达夫小说充满了赤裸裸的灵魂告白与真率忏悔。如《沉沦》写主人公从最初"被窝里的罪恶"，觉得"生了一种怕见人面的心"；到偷看旅馆主人的女儿洗澡，"心里怕得非常，羞得非常"；到走入歌楼，一步一步走向"沉沦"，忏悔之情越来越浓郁，最后在与青楼女子寻欢之后，强烈自责起来，"你去死罢，你去死罢，你怎么会下流到这种地步"，"我怎么会走上那样的地方去的？我已经变了一个最下等的人了。"卢梭的《忏悔录》也给了郁达夫莫大的影响，他认为卢梭的著作永远会放射出它的光芒，卢梭因为主张"天赋人权"而屡遭迫害。郁达夫与卢梭一样，追求个性解放。郁达夫从卢梭那里借鉴了西方式的历史忏悔，无情地剖析了当时的病态社会，生动地再现了黑暗腐朽旧中国青年们在封建势力围剿下的心灵痛苦与堕落之后的忏悔之情。

"五四"新潮的洗礼，十月革命的影响，使瞿秋白在 20 世纪新旧文化撞击中成为中国现代知识分子。他要冲破旧社会的束缚，要做那盗取天火的普罗米修斯，要为解放全中国做出自己应有的贡献。"我将成为什么？盼望我成为人类新文化的胚胎。"他已"不是旧时代之孝子顺孙，而是'新时代'的活泼稚儿。"①他被捕之后写作《多余的话》"说出真相"。他不怕人家责备与归罪，说出了多少年来从事革命斗争的过程中内心的厌倦、困惑、衰惫、敷衍、烦恼。他批判着自己的"文人"习性，清扫着自己的绅士意识，挖掘着自己的"一切种种'异己的'意识以及最细微的'异己的情感'"，否定自己的"二元人格"，检讨着自己在受到党内批判时曾放弃了独立思考。瞿秋白作为一个书生、文人，如他所"忏悔"的，"不幸被卷进了政治改革"，"根本上我不是一个政治动物"②。革命者瞿秋白在幼年时期的党内遭受无情打击。他隔膜、苦闷、孤独，疲于应付而厌倦，希望解脱。在生命的最后时刻，他回顾自己的一生，

①　《瞿秋白文集·文学编》(第 1 卷)，人民文学出版社 1985 年版，第 213 页。

②　瞿秋白：《瞿秋白自传》，江苏文艺出版社 1996 年版，第 179 页。

他不能不叹悔自己从政是一场"历史的误会"。他被逐出中央，不准参加长征，他不能不痛感到自己在惨烈的政治斗争中是"多余"的。于是自嘲、叹惋、懊悔、遗憾自然成了他的自我解剖和内心独白的基调。毋庸讳言，《多余的话》就是一部忏悔录。瞿秋白在《〈鲁迅杂感选集〉序言》中曾称鲁迅为"最优秀的最真诚的不肯自己背叛自己的光明理想的知识分子"，"真金不怕火烧，到现在，才知道真正的纯钢是谁"。当他从容就义，用鞠躬尽瘁、死而后已的奋斗诠释着革命时，当我们咀嚼着他那诀别前捧出的一颗丹柯式的心，当我们仰望着他用"诚挚隐痛的心灵"点燃的生命巨烛时，我们不能不领悟到，他盛赞鲁迅先生的这些话，却原也是他的自况。① 尉健行在瞿秋白诞辰一百周年纪念大会上高度赞扬其革命精神，肯定其革命地位。《多余的话》因其心灵的忏悔，证明其革命的深刻性和彻底性。

"五四"运动以后，许多出生于地主和资本家家庭的青年人在新文化思潮启蒙下投身革命，背叛原来的家庭。艾青就是其中的代表。《大堰河——我的保姆》流露出诗人强烈的忏悔情愫。"我是地主的儿子，也是吃了大堰河的奶而长大了的，大堰河的儿子""我是地主的儿子，在我吃光了大堰河的奶之后，我被生我的父母领回到自己的家里"。艾青这类知识分子面临着如何解决出身问题和革命阵营的矛盾问题。"吃了大堰河的奶长大"象征着对自己的出身进行了清洗和替换，意味着艾青的血脉中流淌着的是劳动人民的血。艾青说"我等于没有父母……少年时代起，我从美术中寻求安慰"②。很多像艾青一样投入无产阶级阵营的作家，因为出生于地主家庭或资产阶级家庭，而带着深切的"原罪"意识，因而他的文本话语中所表现的"意识形态"情节显得更为热烈，也更为真诚。③ 诗人在此通过强烈的忏悔抒情，告别"地主"血统，

---

① 刘岸挺：《忏悔的"贵族"，"贵族"的忏悔》，《徐州师范大学学报》2004 年第 6 期。

② 艾青：《艾青专集》，江苏人民出版社 1982 年版，第 13 页。

③ 张仲义：《一部重写的家谱》，《山东电大学报》2008 年第 2 期。

走向革命阵营，证明了革命身份。

曹禺从小失去母亲，父亲脾气暴躁，他便十分痛恨父亲，又深感背叛父亲的负罪感，这使得曹禺的作品有不少负罪的原色。《雷雨》中周萍饱受周朴园压抑之苦，对父亲充满厌恶与仇视。他与繁漪私通，"爱上了一个他绝不应该爱的女人"，对父亲又深感有罪。周萍乱伦的忏悔是真诚的。周朴园对曾被他爱过又遭他抛弃的侍萍的忏悔情节贯穿全剧始终。周朴园的内疚是通过穿侍萍绣过的衣服，摆放侍萍用过的旧家具，不准家人开窗，深夜凝视侍萍年轻时的照片等一系列生活细节再现出来的。在寻求救赎的道路上，曹禺把目光投向博爱，坚信基督教的博爱精神是人类脱离苦难和罪恶人生的灵丹妙药，是人类的唯一希望。曹禺最后也为周朴园设计了一条由恶向善转化的归途——皈依，引导周朴园从原罪之处走向新生。在序幕和尾声中。周朴园将充满罪恶的周公馆献给了天主教堂，改作教堂的附属医院，看望已痴疯的侍萍和繁漪，在赎罪中度过余生。皈依就意味着忏悔和认罪，灵魂归向上帝，也意味着上帝对其罪恶的赦免。① 年轻的曹禺在大学时代就创作了不朽戏剧《雷雨》，用忏悔的方式埋葬了人性的丑恶，张扬着"五四"时代思想解放精神，讽喻着世人扬善去恶，求取心灵安宁和平和。

曹禺也受到西方忏悔意识影响，《雷雨》中的周朴园与鲁侍萍僭越阶级差别相爱，犹如基督教《圣经》中的夏娃与亚当偷吃了伊甸园的禁果，犯下了"原罪"。当一切悲剧爆发之后，自杀的自杀，疯癫的疯癫，只留下痛苦的周朴园在心灵深处忏悔。"五四"时期中国知识分子如陈独秀、李大钊就号召"全民族忏悔"。鲁迅、郭沫若等著名作家在他们作品里都发出了忏悔的声音，这实际是中国儒家道德要求的"内圣"，即心灵反省与完善之传统范式在新的历史时期下的延续。

---

① 王玉华：《曹禺奥尔尼戏剧中的忏悔救赎意识》，《邢台学院学报》2009 年第 1 期。

(二)"文革"造就忏悔的社会基础　当代作家为历史真诚忏悔

十年"文革"，群魔纷飞，是非颠倒，黑白混淆，整个中国成了制造冤、假、错案的大工厂，这就为整个社会营造浓烈的忏悔氛围，提供了便利的条件。"文革"之后兴起的"伤痕文学"与"反思文学"都充分张扬着浓烈的理性批判精神。作家们用饱含深情的笔调倾诉主人公内心的痛苦和愤懑，如《伤痕》中的王晓华、《班主任》中的谢惠敏都带忏悔意识。

在新时期文学作品中，张承志小说的特色是忏悔意识鲜明。他从1978年开始写第一篇小说《骑手为什么歌唱母亲》到《阿勒克足球》《白泉》《亮雪》《黑骏马》等小说，这些忏悔小说呈现出独特的形式——颂赞式的忏悔，即在对人民——母亲歌颂的同时，都或多或少的伴随着忏悔和忏悔意识。对于作家来说，忏悔并不是最终目的，它的出发点和落脚点是为颂赞服务，为颂赞作铺垫，为颂赞锦上添花。张承志笔下的忏悔者多是敢作敢为、知行合一、充满刚性的男人形象。尽管自身的过错往往是不自觉的，是生命结下的苦果，不是有意伤害的行为。但是他们绝不规避过错，真诚地袒露自己的灵魂。因为在他们看来，忏悔是心灵的自我治疗形式，是灵魂重新获得力量的必由之路。只要忏悔者真诚地忏悔，就表示谅解，宽恕他们。① 从红卫兵到知青的张承志既是那段历史的参与者，同时也是受害者。他让小说主人公做"背弃"后的忏悔。《阿勒克足球》中的黑衣青年因扑火球而牺牲，去得体面，以"死"避开了知青在去留问题上的困境。《黑骏马》中的白音宝力格因不能忍受恋人索米娅的失身也离去得理直气壮，但在背弃草原数年之后又返回草原去寻找昔日的一切。这里不仅是他旧情难忘，也是在他歉疚、自责的心中有

---

① 贾国宝：《忏悔：张承志小说的一种解读》，《阜阳师范学院学报》2002年第4期。

了一种深切的忏悔意识：曾经养育自己的草原，抚养了自己长大的老奶奶额吉以及深爱的恋人索米娅，这些在他的生命中沉淀下来的对象实际上都在无语地鞭挞着他的灵魂，使他无法安然于现在的生活状态，时刻提醒着主人公当年的离开是一种忘恩负义的行为。当再次回来面对物是人非的草原，已经死去的奶奶，还有已是人妻的索米娅，"我已经悲恸难禁"，"我从来没有想到荒僻的草原上有这样一个严厉的法庭，在准备着对我的灵魂审判"①。数年后的今天，当他得知索米娅贫穷负重的生活现状，其女儿发育欠缺，这些都让白音宝力格感到自己是这一切不幸的罪源。于是每天都帮索米娅一家干点活，多与索米娅谈谈话，似乎能减轻他心理上的负荷。② 索米娅在白音宝力格的忏悔中宽恕前男友的罪责，这是人性中的震撼人们心灵的东西，我们在小说中看到了希望的亮光。

陈思和先生研究后指出，人们在"文革"活动中扮演了双重角色，既是参与者，又是受害者。从历史的角度看，从 50 年代中期起一次又一次"左"的思潮膨胀，造成了这样一种现象：即使是十年浩劫中的无辜者，也难以保证在这以前的历史政治运动中始终白璧无瑕。时代造就了一种忏悔心理的社会基础，尤其是在灾难过后，痛定思痛之际。金河的《重逢》、张弦的《记忆》、王蒙的《蝴蝶》、高晓生的《心狱》、巴金的《随想录》等一批作品正是从政治、道德、人性等各个侧面反映人们对这段历史的反思。③ 当沉重的历史成为过去，世人反思往昔的罪责，自然而然，人性中闪光的宽容促使人们从中认识到自己的缺陷，从而弃恶扬善，提升道德情感。

王蒙创作《狂欢的季节》以意识流文体书写那个狂热年代一群失意落魄的知识分子在严酷的政治困境中所经受的灵魂挣扎，人格的变形与

---

① 张承志：《老桥》，北京十月文艺出版社 1984 年版，第 117 页。

② 张存霞：《〈黑骏马〉与〈复活〉中忏悔意识的比较》，《牡丹江师范学院学报》2008 年第 5 期。

③ 陈思和：《中国新文学整体观》，上海文艺出版社 2001 年版，第 364 页。

扭曲。王蒙《杂色》中的主人公曹千里在现实生活中一再地自我否定、自我批判、自我作践，根源于文化大革命的红色政治激情之下，从阶级斗争为主的权力结构对知识分子的心灵冲击。王蒙《狂欢的季节》勾画了一代人负罪的灵魂。章婉婉本是编辑部的女秀才，但在"反右"到"文革"那段荒唐年月里，形成了一套"非人"的人生哲学：干革命连脑袋都不要，还要脸？为在"文化革命"中占得先机，改善自己作为知识分子的弱势地位，她不惜以出卖自己的肉体和灵魂作为代价。她以冷静的可怕的"谈判"方式与丈夫结束了原本和谐美满的婚姻，先是在"反右"中为了"摘帽子"而改嫁给一个参加红军长征的老革命家，后又在"文革"中为了"回城"再一次转嫁给了一个有"暗疾"的革命"造反派"头目。可贵的是，作家并未有意地引导读者去对章婉婉所谓的"道德堕落"进行人身攻击，而是让读者在不经意中跟着作者一道对章婉婉寄以博大的人道主义怜悯。王蒙让那些"罪人们"的灵魂进行了穷形尽相的表演，上演了一场狂兽性的狂欢节。"天地不仁，以万物为刍狗。"王蒙以悲天悯人的人道主义情怀为那群知识分子，以及那一代人，也为自己做出了一份世纪末拯救国人灵魂的忏悔录。① 王蒙这位 1957 年因为《组织部来了个年轻人》被打成右派的优秀作家，历尽人间苦难以后，依然焕发出巨大的艺术魅力与反抗的勇气。反思"文革"，进行灵魂的忏悔，掀起了一朵世纪末思想解放运动的美丽浪花。

作为一种历史现象的绝唱，"忏悔的人"的文学形象在"文化大革命"以后张贤亮的小说里得到过深刻的表现。张贤亮所描写的正是 50 年代以后的知识分子，在这些人物心理上，总是自觉或不自觉地表达着某种忏悔意识。《土牢情结》表现了两种忏悔：一种是知识分子石从"资产阶级知识分子"这个概念的理性把握中认识了自己的"原罪"，由此产生了忏悔，出卖了情人乔安萍；另一种是贯穿全篇的石在对自己曾有过

---

① 李遇春：《世纪末的忏悔》，《小说评论》2009 年第 1 期。

的那种丧失了人格的忏悔，反映了人的个性的复苏，是有其价值的。①
张贤亮《青春期》以崭新的"知识考古学"的视角发掘并考察了在那个红
色革命时代中整整一代人的"青春"的历史形态。作家一再用佛家偈语
发出浩叹："人啊，我怎么怜悯你们！"张贤亮作为那一代历史的亲历者
向历史提交了一份迟到的、拯救民族灵魂的忏悔录。② 张贤亮《绿化
树》中，以章永璘因写了一首歌颂人道主义的诗歌而受到天谴般的惩罚
的悲剧，进行自我忏悔与自我作践。通过新时期作家们的长篇小说，不
难发现"文化大革命"对现实的人产生深刻的影响：人性的摧残与泯灭，
皆是外界压力造成的，这是中华民族前所未有的一场大劫难，主人公的
忏悔，表示人性的复苏与觉醒，表示人们正在逐步修复沦丧的道德感与
人文情怀。

　　中国作协主席铁凝在她的文学作品中也渗透了浓郁的忏悔意识。生
于 1957 年的铁凝，她的父母在 1957 年反右政治风暴中被作为专政对
象，送到"五七干校"劳动改造，她被寄居在北京外婆家里。少年的铁
凝作为"另类"女儿，自知有罪，开始忏悔。她在《我的小传》中写道：
"由于父母境遇的改变，我开始忏悔。我在日记里忏悔自己每日每时的
过错，那既是真心实意的忏悔，也是不知不觉的自我表现；我努力认真
地用领袖的格言要求自己，那努力里既有自己的热望，也有努力作出的
努力。我常常生出一种诉说的渴望，诉说自己对人类大公无私的敬仰，
诉说自己那'私'字的闪念。只是为了诉说，诉说就是证明。"③铁凝这
种"诉说"，就是一种心灵的"忏悔"。在那个政治运动风起云涌的时候，
父母被当作专政对象，关进"牛棚"，作为儿女的内心因充满了恐惧而
"诉说"。铁凝的长篇小说《玫瑰门》塑造的人物中，有个六岁的女孩叫
苏玮，自己给自己召开一个批斗会，假定自己是叛徒、特务、走资派，

① 陈思和：《中国新文学整体观》，上海文艺出版社 2001 年版，第 361~362
页。
② 李遇春：《世纪末的忏悔》，《小说评论》2009 年第 1 期。
③ 铁凝：《铁凝文集》，江苏文艺出版社 1996 年版，第 126 页。

演绎着一场"自我辩诬"听证会。我们从中可以体悟到，当时政治运动对普通人民影响之深，连一个刚刚上学的小孩子竟也学会做着自我批斗的游戏。文化大革命时代造就了中国人的忏悔心理的社会基础。

创作生命力旺盛的女性作家铁凝自觉关注女性的生存处境及命运，小说中表现出一种鲜明的忏悔意识。在其作品《大浴女》中得到充分体现，这部作品被搬上银幕，受到社会注目。《大浴女》描写了那个混乱躁动的年代，女主人公尹小跳备尝艰辛的成长过程与情感历程。妹妹尹小帆的死使她判了自己的罪。这使她在以后的成长中变得宽容和忍耐，那种无处不在的罪恶感促成了她无时不在的赎罪欲——为自己、为别人、为周围一切人！这种近乎残忍的自虐救赎方式是沉重和触目惊心的！作品本身呼唤的，是一场心灵的沐浴。主人公赎罪之后，最终拉着自己的手，找到了那曾经失去的"心灵花园"。她剔除了灵魂中动荡不安的成分，消解了一切内心中的对立因素，最终化为一片和谐宁静。①主人公艰辛地走完了自己的赎罪之路，换取了心灵的净化和超越，在忏悔的涅槃之中得到了新生。

（原刊于《学术界》2010 年第 3 期）

（张静，文学博士，副教授，主要研究方向为新闻传播传媒管理。）

———————

① 史默琳、张洁：《一种方式，两种情怀》，《时代文学》（下半月）2009 年第 5 期。

图像文化的哲学基础

肖建华

摘　要："图像"不是简单的视觉形象，它是与人类共在的"存在者"，是"语言"的始祖，并与语言共同构成了符号系统。从古希腊开始起就形成了视觉在场的形而上学，但它指向的是"思"。现象学和存在主义将"思"转向"看"从而完成了视觉哲学转向。拉康的"镜像理论"揭示了图像文化"看"的本质。福柯的全景敞式理论，揭示了图像文化的最深层的政治、经济、文化原因。海德格尔的"世界的图像化"是使物从不可见转为可见运作的总体系。德波"景观理论"涉及图像文化的本质和特征。这些理论都深刻揭示了人类"看的方式"，它们构成了图像文化的哲学基础。

关键词：图像文化；看的方式；世界图像；景观社会

自有人类文明以来，图像就作为一种视觉符号在人类文化实践中承担着文化传承、意义解释、历史记忆、价值取向和选择的功能。人类进入工业社会，特别是进入后工业社会后，对图像的生产、制作、复制和传播是以往任何时代都不能比拟的。图像对当代人类生活方式、行为方式、价值观念及对整个社会存在的巨大作用和影响，已成为一种文化事实——图像文化。弄清图像文化的哲学基础，可以在理论上更自觉地把握图像文化。

一、图 像 文 化

在中国"图像"作为文化来诠释早已有之，汉·许慎《说文解字序》："仓颉之初作书，盖依类象形，故谓之文，其后形声相益，即谓之字。文者，物象之本，字者，言孳乳而浸多也。著于竹帛谓之书，书者，如也。"可见仓颉作书首先在取象造字，唯这象形是通天地鬼神的。《说文解字》曰："图，画计难也，从口从啚，啚难意也"。"像，象也，从人从象，象亦声读若养"在古代"象"就是形状、样子，"图和象"总是与"形"联系在一起的。《说文解字注》解释："形，象也。各本作象形也。象当作像，谓像似可见者也。人部曰：像，似也。像也。形容谓之形，因而形容之亦谓之形。六书二曰像形者谓形其形也，四曰形声者谓形其声之形也。"六书是指中国古人创造汉字的六种方法。现在被肯定的有象形、指事、会意、形声四种方法，而象形是最主要的方法。象形要求汉字所指称的事物按形象描绘出来，让人觉得"像似"。"形声者谓形其声之形也"，这是要求形声字把字的声音转化为视觉形象描绘出来，即听觉视觉化。大部分形声字则采取了易认易读的字来作声符，其声之形实际指发音相同的作用偏旁的文字之形，如江、河、湖、海等。

关于"形"与"像"《易经·系辞上》解释："易曰在天成象，在地成形，变化见矣"。"形而上者谓之道，形而下者谓之器。化而裁之谓之变，推而行之谓之通。"日、月、星、辰、风、霜、雨、雪为之象，山、川、土、石、鸟、兽、草、木为之形，它们错综复杂、变化万千，但它们都是可见之形。抽象于形体之上是事物的本质、规律、意义，把抽象的本质、规律、意义具体下来就成为各行各业层面的人们所需要的器具制度和道理，把这些器具、制度和道理加以变化(剪裁)，然后推演、实行，就可以克服形形色色的困难，清除各种障碍，使事业为之通达。可见在中国古代"图像"从来都是与语言、文字、意义、器物、制度等文化形式联系在一起的。

"图像"从现代意义给以规定应包括影像和图画。影像(包括视像)是现代摄影、摄像、数码技术发展的产物,是事物直接的物理、化学、数字处理而形成的。图画则是手工或机械、电脑绘制的事物的摹体,并不是由事物直接作用形成。影像在"图像"中占有非常重要的地位,只有影像产生才形成了"图像文化"。"图像文化"也是一种"视觉文化"。我们知道,在古代和语言范式并行不悖的还有大量的非影像图画,当时为什么没有形成"图像文化",就在于当时尚未产生"视觉转向",即没有形成"视觉性",即"看的方式"尚未形成。只有电影诞生之后人类才出现了"图像文化",正如一些学者所说的"视觉文化的基本涵义在于视觉因素,特别是影像因素,占据了文化的主导地位"。"视觉文化是指文化脱离了以语言为中心的理性主义形态,日益转向以形象为中心,特别是以影像为中心的感性主义形态。"①图像之所以愈来愈重要,在于它是人类符号系统的一种主要形式,"符号系统的原理,由于其普遍性、有效性和全面适用性,成了打开特殊的人类世界——人类文化世界大门的开门秘诀! 一旦人类掌握了这个秘诀,进一步的发展就有了保证"。"没有符号系统,人的生活就一定会像柏拉图著名比喻中那洞穴中的囚徒,人的生活就会被限定在他的生物需要和实际利益的范围内,就会找不到通向'理想世界'的道路——这个理想世界,是由宗教、艺术、哲学、科学从各个不同方面为他开放的。"②所以,从哲学的角度看"图像",它不是简单的图画、图形和视觉形象,它是与人类共在的"存在者",它是"语言"的始祖,并与语言共同构成了符号系统,它就是人类的文化。

---

① 孟建、[德]Stefan Friedrich 主编:《冲突·和谐:全球化与亚洲影视》,复旦大学出版社 2003 年版,第 207 页。

② 恩斯特·卡西尔:《人论》,甘阳译,上海译文出版社 1985 年版,第 45、52~53 页。

二、由"思"转向"看"

对图像文化的研究必然涉及人的"视觉"问题。在人的各种感觉中，视觉和听觉一直被认为是优于嗅觉、味觉和触觉的高级感觉，因为前者总是与人的精神和心理相联系，而后者总是与人的生理需要的满足相联系。从古希腊开始视觉就被认是获得真理性认识的高级器官。柏拉图在《蒂迈欧篇》就曾说到，作为理性之家的头部处于身体的最上方，并与身躯分开(身体是灵魂的累赘，它是欲望和激情的源头)，在身体的众多感官中，位于最上方的视觉被看作是理智活动的可见的同伴。他认为如果视觉、听觉，这些感觉是不清晰和不确定的，那么其他感觉也几乎不可能是清晰、确定的，因为其他感觉比视觉和听觉还要低劣。

亚里士多德则更是明确地将视觉和认识直接联系在一起，他说："求知是人类的本性。我们乐于使用我们的感觉就是一个说明，即使并无实用，人们总爱好感觉，而在诸感觉中，尤重视觉。无论我们将有所作为，或竟是无所作为，较之其他感觉，我们都特爱观看。理由是：能使我们识知事物，并显明事物之间的许多差别，此于五官之中，以得于视觉者为多。"①在柏拉图和亚里士多德那里，由感官等级制的确立的视觉中心的地位对于保证了哲学思考和人的精神活动的纯洁性是至关重要的。可以说从古希腊开始起就形成了视觉在场的形而上学，这一传统建立了一套以视觉性为标准的认识制度甚至价值秩序，一套用以建构从主体认识到社会控制的一系列文化控制的运作准则。但这种"视觉中心主义"尚不能成为当代图像文化的哲学基础。

第一，这种视觉的最终指向不是"看"，而是"思"。从古希腊起，虽然视觉是于我们最为有益的东西的源泉，正如柏拉图描述的，如果我

---

① 亚里士多德：《形而上学》，吴寿彭译，商务印书馆1959年版，第1页。

们没有见过星星、太阳和天空，那我们就不可能用描述宇宙的语言。但出于对知识和知识确定性的追求，"看"的最终目的是使我们能看到"理智"，"人类理智按照'理式'去运用，从杂多的感觉出发，借思维反省，把它们统摄成为整一的道理"。① 到了笛卡尔时代，为了建立新的知识体系，更是将"看"转向"思"，因为只有经过主体自己的"思"（我思故我在），才能为知识建立起绝对可靠的和普遍必然的基础。到德国的古典哲学更是为知识及其体系的可靠性和普遍必然性建立起一个庞大的思辨逻辑体系，正如黑格尔说的，"哲学的目的即在于用思维和概念去把握真理。"②"思"在德国古典哲学中具有至高无上的地位。

第二，"视觉中心主义"不能成为图像文化的哲学基础，还在于它是一种"视界政体"（scopic regine）。所谓"视界政体"，就是指在视觉中心主义的思维下，视对象的在场与清楚呈现或者说对象的可见性为唯一可靠的参照，以类推的方式将视觉中心的等级二分延伸到认知活动以外的其他领域。从而在可见与不可见、看与被看的辩证法中确立一个严密的有关主体与客体、自我与他者、主动与受动的二分体系，并以类推的方式将这一二分体系运用于社会和文化实践领域使其建制化。这一二元的概念结构的有害影响不仅在于它想当然地使对立双方的一方优越于另一方（灵魂优于肉体、主体优于客体、男优于女），而且还体现了它对那被归入低级一类的事物的贬抑。而图像文化则反对这二元结构，主体和客体，自我和他者，看和被看应是平等的。

由"思"向"看"的哲学转折，我们认为现象学和存在主义起了至关重要的作用。现象学标举"面对事物本身"，在现象学的理论脉动中，始终给予"视觉直观"以极其重要的地位。胡塞尔明确表示"原初在确切意义上进行着直观的那种意向体验是对一个事物的视觉感知"。"它在

① 柏拉图：《柏拉图文艺对话集》，朱光潜译，人民文学出版社 1980 年版，第 124 页。
② 黑格尔：《哲学史演讲录》，贺麟、王太庆译，商务印书馆 1959 年版，第 2 页。

所有体现类型中都被设为前提"，这种"感性感和其他意向体验之间因而是存在着一种单向的'奠基关系'；其他的意向体验没有感知是不可能的，而反过来则是可能的"。① 由此可见，在现象学视界中，奠于感知的"直观是一切真正知识的最后根据"②。

而在直观的诸形式中，视觉感知和感觉直观是最基础的，具有奠基地位的范畴直观与本质直观，意识的想象与构造都以视知觉直观为最初的出发点。因此现象学的理论与图像文化之间有着天然的契合点。

现象学的初始要求在认识中排除"中介"，这对于语言文化是困难的，因为谈话和书写意味着通过它唤醒的语词来把一个经验翻译成一个文本，语言的中介性是语言文化自身固有的语法。而图像文化无需将经验、体验加以翻译，无需借助于任何中介，而是以直接的视觉经验、体验为内容，以直接观照的方式呈现于人类面前。它去除了语言文字"中介"可能引起的误解和歧义，强调直观地把握图像形式。"现象学视界"的"视觉"，并非仅是生理的感官或一般眼看行为，它是在直观(看)中把握了事物本质的能力，用梅洛-庞蒂的话来说就是"我的视觉就是一种看的思维"。③ "直观"这个词在德文中本来就有"观看"的意思。现象学认为，"直观"对于人的认识来说是最后的根据。所谓"本质直观"，即主体对眼前事物的"观看"中就已然包含了对事物本质的体认，而无需借助语言的中介转换，这在图像文化的认知过程中表现得尤为突出和明显。

海德格尔继承了胡塞尔的现象学方法，把存在主义"本体论"奠立在现象学基础上。现象学首先是作为一种方法而出现的，它包括"面对事物本身"、现象学的"悬置"或"加括号"、本质的还原、先验的构造或先验的还原、返回"生活世界"等。现象学基本要求是"面对事物本身"，

---

① 胡塞尔：《生活世界现象学》，上海译文出版社 2002 年版，第 9、7~8 页。

② 赫伯特·施皮格尔伯特：《现象学运动》，商务印书馆 1959 年版，第 692 页。

③ 莫里斯·梅洛庞蒂：《知觉现象学》，商务印书馆 2001 年版，第 507 页。

即面对"现象"本身。现象学的"现象"它既包括物理的也包括心理的，即呈现在意识中的东西都是现象。"现象"即"在自身中显示自身"，现象学就是让那显示自身者以正是从自身显示自身的那种方式为人所明见。所以海德格尔说："如何区别现象学的现象概念与通俗的现象概念呢？现象学要'让人来看'的东西是什么？必须在与众不同的意义上称为'现象'的东西是什么？什么东西依其本质就必然是突出的展示活动的课题？显然是这样一种东西；它首先并恰恰不显现，同首先和通常显现着的东西相对，它隐藏不露；但同时它又从本质上包含在首先和通常显现的东西中，其情况是：它造就着它的意义与根据。"①现象学与以往传统哲学明显不同的，不是让人"思考"什么，而是要"让人来看"的东西是什么？就将传统哲学的"思"转达向了"看"并"为人所明见"现象学的面对"现象"本身，"本质直观"，"在自身中显示自身"等都隐含了视觉性在场这一基本特点。"现象"本身是敞亮的"遮蔽状态就是'现象'的对应概念"。② 现象学的"认人来看"（不是让人来思）在方法论上就是由"思辨性"转向"视觉性"，"看的方式"（wags of seeing）真正被提到哲学的高度。

海德格尔继承了现象学这一思想，并把它向前推进了一步，在"让人来看"的基础上提出了"无蔽"（aletheia），无蔽即敞亮和澄明，这一视觉哲学范畴。并将这一范畴用于论述存在，存在者和真理问题。海德格尔认为，能在自身中显示自身者不是任何一般的在者，它就是一切在者之"存在"。然而这个"存在"当下而且多半却隐蔽着，深藏着，并不显示自身。这就是说，一般在者的在并不显示自身，因为它们是现成的，已被规定的东西；现成的已被规定的东西是僵死的已经是其所是的，而"存在"只能在自身在的过程中才把自身显示出来。因此，必须找一种未被规定，没有规定性的东西，这就是人。因为人有一种对存在

①　海德格尔：《存在与时间》，三联书店 1987 年版，第 44 页。
②　海德格尔：《存在与时间》，三联书店 1987 年版，第 45 页。

的领悟，即是说，他自己能够决定自己存在的方式，追问如何去存在。人只是可能性，而不是现实性，他永远能够自己规定自己，只有人才能提出存在的意义问题，并且试图解答这个问题。人在领悟"存在"、追问"存在"的过程中，"存在"就把自身"敞亮"（无蔽）出来。

"存在"的敞亮就是"真理"的敞亮。在海德格尔看来"真理"就是"无蔽"（aletheia），它的词根是 lethe（晦蔽）。也就是说真理的根源是非真理，真理预先假定了一种永远不可能完全敞亮的、晦蔽的背景。真理的完整本质内在地包含着非真理。由于晦蔽是无蔽的根源，必须先有晦蔽的东西然后方能有澄明与无蔽的东西，因此，在这个意义上可以说，非真理优于真理。而且只要人生存着，就始终被晦蔽和非真理统治着。海德格尔的结论是，我们对"存在"的追问不可能有"终极答案"，因为"存在"总是在向我们敞亮的同时又向我们遮蔽。同样，所谓的完全无蔽、敞亮的"终极真理"也是不可能的，有的只是对其真理恒久的追问。

图像文化的哲学基础即"视觉性在场"，所谓的"视觉性"关注的不是"看的对象"，而是"看的行为"以及构成这一"看的行为"的社会结构、社会体制和控制、权力、符号、价值、文化等整个体系。荷兰文化理论家米克·巴尔（Mieke Bal）曾说："看的行为根本上是不纯粹的。首先，由于它是受感官控制的，因而是基于生物学的行为（但所有的行为都是人来实施的），看内在地是被构建的，是构建性和阐释性的，是负载有情感的，是认知和理智的。"①"视觉性"还涉及视觉经验的社会历史建构和社会文化建构。从历史角度上讲，不同历史时代有不同的视觉经验，从秦代石刻到汉代画像砖传递的视觉信息不同于宋元山水画和明清家具；从社会文化角度讲，阿拉伯的图饰与西欧的图饰传递了不同文化的视觉信息。所谓的"看的方式"（ways of seeing）就是我们如何去看并如何理解看之物的方式，用伯格的话说，"我们观事物的方式受我们的

---

① Mieke Bal. "Visuul Essntialism ang the Object of Visual Culture", *Jumal of Visual Culture* 2-1. 2003, 9.

所知或我们所信仰的东西影响"。① 米歇尔也曾说："观看或许与各种形式的阅读一样，是个很深刻的问题。'视觉经验'（visual experience）或'视觉教养'（visual literacy）用本文模式是不可能得到全面解释的。"②可见"视觉性"不单是视觉对象本身的物质的或可见性，而是看的行为，是隐藏在看的行为中全部结构关系或者说对象的可见性何以可能的各种社会关系和条件。所以"视觉性"既是一种敞开、蔽视，也是一种遮蔽、隐匿。海德格尔的存在主义哲学正是揭示了这种即敞开又遮蔽视觉存在状态。

由此可见，现象学和存在主义深刻地揭示了"图像文化"的哲学基础——"看的方式"（视觉性）。将传统哲学的"思"转向了"看"。而后现代主义则进一步深刻地论述了"看的欲望"和"看的权力"。

三、"看的欲望"和"看的权力"

在"视觉性"理论中，西方一些学者从图像—语言的二元结构中来理解图像文化。他们认为图像文化是一个相对于阅读文化的概念，图像文化就是一种视觉文化。米歇尔指出，在艺术史、电影和大众文化研究中，视觉文化已经呈现为一个独立的领域，视觉文化的出现是对传统的读写概念的一种挑战。视觉文化已独立于话语文化。视觉文化包含三个核心概念：符号，身体和世界。"符号"包含诸如形象与视觉性，图像学，视觉文明，再现与复制；"身体"指种族，性格，暴力形象，世俗的和禁忌的图形，性与性别，身体，语言，色情等；"世界"包括视觉体制，形象与权利，视觉媒体与全球化，民族性，空闲，博物馆，主题公园等。米歇尔从本体上规定了视觉文化不同于话语文化，强调视觉经

① John Berger. *Wsgs of Seeming.* (New York: Penguin, 1972), 8.
② W·J·T·米歇尔：《图像转向》，《文化研究 第3辑》，天津社会科学出版社2002年版。

验不同于阅读经验，并将视觉文化放进美术史、影视传媒、大众文化、符号学、政治学中进行研究。

还有将图像文化放到时代社会和社会体制层面进行哲学思考。米尔佐夫就认为图像文化就是后现代社会的日常生活。它是一种后现代文化。因为现代主义遭遇了视觉性的失败，（因为现代主义强调文本性，强调理性思考，强调阅读），而后现代的日常生活已经被彻底地视觉化，即海德格尔说的"世界被把握为图像"和伊尔·德波所说的"景观社会"。社会日常生活的方方面面都被视觉化和图像化了。图像文化的核心是"意指系统"，这个"系统"被设想为一系列的体制、对象、实践、价值和信仰，整个社会结构正是通过这些系统来生产和再生产。图像文化这概念涉及种种体制、对象和实践的结构系统，借此视觉经验和社会秩序完好地确立起来。

视觉化和图像化是图像文化的根本特征，这一根本特征是建立在当代社会生产力和技术坚实基础之上的。传统的"话语文化"是与叙事艺术及其手工劳动社会相适应。"图像文化"则与机械和数字复制技术相联系，它借助特有的技术手段，通过对现实的复制、分割和再组合，展现日常生活或展现日常视觉未察觉的东西，从而丰富我们的视觉世界。富克斯认为"每个时代都有与之相应的特定复制技术。这些技术代表了该时代的技术能力，而且是……相应的时代需要的结果。因此，无须惊讶，每次重大的历史变革……通常也会造成图像复制技术的变化"。[1]

在"视觉性"理论中，拉康(J·Lacan)在20世纪30年代提出的"镜像理论"具有非常重要的地位。"镜像理论"尽管表面上看似乎只在论述"看"对"我"的构形作用，并将自我引向欲望不归路的歧途。但就其深层则涉及"图像文化"的"看"的哲学；涉及"图像文化"作为"他者"对人的"凝视"和"图像文化"在文化认同中的作用等哲学基本理论问题。

---

[1] 贝尔纳·斯蒂格勒：《技术与时间：爱比米修斯的过失》，译林出版社2000年版，第334~335页。

"镜像理论"是拉康理论的起点，它描述的是婴儿时期自我身份确认之初的心灵状况。从出生到 6 个月，处于前镜像阶段的婴儿对自己的身体还不能形成统一的意识，只能感知一些零散的身体片段，从 6 个月到 18 个月期限间，婴儿就开始辨认（看）出镜子里自己的完整形象了。拉康认为，对完整的自我形象的渴望和迷恋是人之天性，但这种推动人迈出混沌无知、形成自我意识，既是幸运的第一步，也是不幸的起点，因为自我身份的形成必然依赖于对"他者"（由外界提供的先在模式）的参照，只有以"他者"形象作为媒介，主动的自我形象建构才能完成。最初，婴儿"认同"在镜子里拥抱自己的母亲，但是当他发现是父亲而并非自己才是母亲真正"欲望"对象时，就会怀抱失落感努力寻找重新与母亲结合的途径，于是进入了俄狄浦斯阶段，即接受父亲代表的语言文化秩序，在社会文化体系中获得真正的自我身份的阶段。

拉康认为"镜子阶段是场悲剧"。这个镜像是我们所面对的"可见世界的门槛"，可是这个入口一开始就是通向异化之途的。[1] 因为在镜像阶段的婴儿对镜中的"我"形象的确认和理想化终究不过是一种"误认"，是自我异化的一种"完形"，"看"对于"我"的构成作用其实是将自我引向"欲望"的深渊。

在"镜像理论"中提出的"看"（凝视）、"他者"、"认同"、"欲望"这四个概念，它们构成了拉康哲学的核心范畴。

关于"看"（凝视），拉康提出了"自我之看"（照镜子）和"他者之看"。拉康特别强调"他者之看"，"主宰了童年的最初几年"最为关键的是众人所建构起来的"众人的目光之镜"。福原泰平称之为"第三人称他者的目光"和"大人的视线"[2]。拉康认为这种目光其实一开始就出现在镜像之侧，"在获致镜中身躯形象的欢悦中可以支配的是这个只露了个角的最易消隐的东西：目光的交换。这可以从幼儿转向那个以随便什么

---

① 《拉康选集》，上海三联出版社 2001 年版，第 93、91 页。
② 福原泰平：《拉康——镜像阶段》，河北教育出版社 2002 年版，第 49 页。

方式在他人的动作上可以看出，即使那个人只是在看他做这场游戏"。①
"甚至盲人也是那儿的主体，因为他知道自己是别人目光的对象"。这
种"他者的目光"对"自我"构成一种压力，甚至是一种暴力性压力。到
拉康后期，他对"凝视"作为一种结构/解构主体的力量进行了精彩的分
析："在我们与物的关系中，就这一关系是由观看方式构成的而言，而
且就其是以表征的形态被排列而言，总有某个东西在滑脱，在穿过，被
传递，从一个舞台到另一个舞台，并总是在一定程度上被困在其中——
这就是我们所说的凝视"②。在他看来，"凝视"不只是主体对物或他者
的看，而且也是作为欲望对象的他者对主体的注视，是主体的看与他者
的注视的一种相互作用，是主体在"异形"之他者的凝视中的一种定位。
因此，凝视与其说是主体对自身的一种认知和确证，不如说是主体向他
者的欲望之网的一种沉陷，凝视是一种统治力量和控制力量，是看与被
看的辩证交织是他者的视线对主体欲望的捕捉。由此可见，拉康的
"看"是一种深藏了"欲望"的"看"，"看"对于自我的构成其实是将自我
引向"欲望"的深渊，引向了一种异化之路。

　　拉康的"镜像理论"恰恰揭示了图像文化的"看"的本质。在图像文
化中"看"不仅是主体(视觉者)的认知和确证自我身份的行为，同时也
是"他者"对主体的监视的控制和挤压。主体为了满足自身社会角色完
成的欲望，必须在图像文化中获得自己断裂身体的异化"完形"，获得
"他者"对自己的身份"认同"，这也使"他者"的欲望得到满足。当个体
长大成人后，他也成为"他者"，他也用其他"他者"一样的文化方式去
"凝视"其他主体。在图像文化中，人将互为"他者"，互为"凝视"，从
而达到"认同"关系的社会泛化，达到各自"欲望"的相互满足，这就是
图像文化"看的欲望"的本体意义。

---

① 《拉康选集》，上海三联出版社 2001 年版，第 63 页。
② J. Lacan. *The Four Fundamental Concepts Of Psychoanalysis.* (London：Penguin
Books，1979)，73.

福柯(Michel Foucanlt)的"看"的理论则与他的"全景敞视理论"是联系在一起的。该理论是由边沁的"全景式(圆形敞视式)监视",设想而来的。边沁提倡"全景式监狱"是启蒙思想家对中世纪西方各国刑罚体制、监禁体制非人道主义的改造。全景式监狱可使监视者观看到被监视者的一切,但不会被监视者看到,罪犯因此而惶惶不可终日,不敢造次。这样的监狱结构,既可以起到有效的监视作用,也能够让监视人完全处于隐蔽而安全的境地。

福柯则从"全景式监狱"看到这种刑罚人道化的背后隐含着一种精心计算的惩罚权力经济学,"看"在本质上与"权力"是联系在一起的。惩罚要有效率,就必须掌握相关的知识,必须熟悉同犯罪有着的各种现象。实际上"惩罚"和"约束"都只是控制人的方式,都是作用于身体上的政治技术。福柯认为圆形敞视监狱与皇家动物园一样,它们都将"监视"(凝视)的功能充分地发挥出来。皇家动物园里不是动物,而是权力监视下的人。"全景式敞式监狱"重在监视,而不在惩罚,福柯视之为现代社会约束技术的典型,它体现了权力与知识的结合,并形成了一种新的监视机制,即被监视人和监视人都处于"监视"(凝视)——看之中,所以全景敞式建筑的主人说:"由于我设计了各种联系纽带,我自己的命运也被我拴在那些纽带上了。"①现代权力是毛细血管状的,它不是从某个核心源泉中散发出来的,而是遍布于社会机体的每一个微小部分和看似最细小的末端,谁也无法逃避。福柯为《规训与惩罚》确立的宗旨是"论述现代灵魂与一种新的审判权力之间相互关系的历史,惩罚权力是从这种相互关系中获得自身的基础和规则"。② 由此,人们就能够理解作为某种"科学"地位话语的认识对象的"人"是如何被一种特殊的征服机制所造就的,福柯认为整个现代社会就像一座全景敞式建筑,"监

---

① 福柯:《规训与惩罚——监狱的诞生》(刘北成、杨远婴译),三联书店1999年版,第229页。

② 福柯:《规训与惩罚——监狱的诞生》(刘北成、杨远婴译),三联书店1999年版,第24页。

视"(看)的权力无处不在，无孔不入，权力构成一个千丝万缕的网络，所有人都身陷其中。

在福柯关于权力的理论中，全景敞式理论占有重要地位，因圆形监狱设计使"监视"的体系只需要很小的代价，没有必要发展军备、增加暴力和进行有形的控制，只要有注视的目光就行了。一种"监视"(看)的目光，每个人在这种目光的压力下，都会逐渐自觉变成自己的监视(看)者，这样就可以实现自我监禁了。

福柯的全景敞式理论虽然是在论述现代社会的权力网络对人的监视问题，但它深刻地揭示了图像文化的最深刻和最深层的政治、经济、文化原因。从政治和经济看，图像的监视(看)已遍布社会的每个角落，各种照相机、摄像机、摄像头(大型的、微型的、针孔的、红外线的、数码的)，及各种权力目光构成了一个庞大的社会监控网络，这既满足了权力对人的监视需要，又符合经济原则(节约权力控制成本、经济管理成本)。从文化上看，"全景敞式理论"揭示了图像文化对人的身体和灵魂的规训。虽然图像文化一方面给现代社会带了许多福祉，它加强了社会力量，增加生产、发展经济、传播教育、提高了公共道德水准等，但另一方面，它又形成一种新的权力结构，在图像文化中"注视"是监督式的，也是生产性性的，在那里，权力结构是隐匿的，并无处不在，在那里，可见性与不可见性、外在性与内在性、隐匿与敞开等都编织在一种"绝对自看"中，"可见性"成为一种统治的力量，它对个体的身体和灵魂构成一种挤压。

图像文化不仅是一种"看的欲望"和"看的权力"，最终它还是一种"世界图像"和"景观社会"存在，它是当代人类的一种生活方式和行为方式，对此，海德格尔和德波有过非常深刻的论述。

四、"世界图像"和"景观社会"

海德格尔后期，在 1938 年写了《世界图像时代》，这是一部最早对

"图像"这一社会文化现象进行深刻的哲学思考的论著。

首先，海德格尔将"图像文化"放到现代社会中进行思考。"如若我们来沉思现代，我们就是在追问现代的世界图像。"那么什么是"世界图像"？海德格尔认为，"从本质上看来，世界图像并非意指一幅关于世界的图像，而是指世界被把握为图像"。也即借助于现代科学技术，世界被视觉化、图像化了，图像和其他社会物质一样，也是一种社会存在。海德格尔称这一图像化过程标志着"现代之本质"，"世界图像的追问就是现代的表像方式"。为什么"世界图像"是现代社会的根本特征，因为"世界图像并非从一个以前的中世纪的世界图像演变为一个现代的世界图像；而不如说，根本上世界成为图像，这样一回事情标志着现代之本质。相反地，对于中世纪来说，存在者乃是 enscreatum（受造物），是作为最高原因的人格性的创世的上帝造物。那时，存在者存在意味着：归属于造物序列的某个特定等级，并且作为这样一种造物符合于创造因（即 analogia entis）"。① 即那时个体尚不具备独立性，世界图像只有在个体独立的社会，即在现代社会中才能产生。

其次，"世界图像"与存在者是联系在一起的。但何谓世界呢？所谓图像又意味着什么？"世界在这里乃是表示存在者整体的名称。这一名称并不局限于宇宙、自然，历史也属于世界。但就连自然和历史，以及在其沉潜和越拔中的两者交互贯通，也没有穷尽了世界。在世界这一名称中还含有世界根据的意思。"海德格尔所说的世界既是"存在者整体"同时又是"世界"的根据。而"世界根据"在于"此之在"，"世界概念只有在'此之在'（Da-sein）的问题的视界内才能得到理解；而'此之在'的问题又始终被嵌入存在之意义（而非存在者之意义）的基本问题之中了"。世界图像大约就是关于存在者整体的一幅图画了。但实际上，世界图像的意思要多得多。我们用世界图像一词意指世界本身，即存在者

① 海德格尔：《林中路》，孙周兴译，上海译文出版社 2004 年版，第 89、91、89~90、91 页。

整体，恰如它对我们来说是决定性和约束性的那样。"图像"在这里并不是指某个摹本，而是指我现在"我们对某物了如指掌"这个习语中可以听出来的东西。这个习语要说的是：事情本身就像它为我们所了解的情形那样站立在我们面前。"去了解某物"意味着：把存在者本身如其所处情形那样摆以自身面前，并且持久地在自身面前具有如此这般被摆置的存在者。① 在海德格尔看来只有存者被"表象"（Vor-stellen）和制造作用的人摆置而言，存在者才存在着。也就是说存在者的存在是一种"可见性"视觉的存在。

海德格尔意义上的"世界的图像化"是使物从不可见转为可见运作的总体系，这种总体性既包括看与被看的结构关系，也包括生产看的主体机器、体制、话语、比喻之间复杂的相互作用，还包括构成看与被看的结构场景的视觉场，总之，一切使看/被看得以可能的条件（社会存在）都应包含在这一总体性之内。

居伊·恩斯特·德波（Guy Emest Debord）提出了"景观社会"（the society of spectacle）理论（台湾学者将其翻译为"奇观社会"）。他对现代社会的特征作了一个非常经典的描述："在现代生产条件无所不在的社会里，生活本身展现为景观（Spectacles）的庞大堆聚。直接存在的一切全部化为一个表象（representation）"。② "景观"原意为一种展现出来的可视的客观景色、景像，也指一种主体性的，有意识的表演和作秀。德波将它规定为当代资本主义社会的新特质，具体来说即当代社会存在的主导性本真主要体现为一种被展现的"图景性"即"图像文化"。人们因为对景观的迷入而失去了对本质生活的渴望和要求，而资本家则依靠控制景观的生成和交换来操纵整个社会生活。在德波眼里，"景观性"是当代社会最重要的本质特征，也是他自己最重要的理论新发现。

"景观"理论的提出与 20 世纪 60 年代西方消费时代的到来有着直

① 海德格尔：《林中路》，孙周兴译，上海译文出版社 2004 年版，第 90、102 页。

② 德波：《景观社会》，南京大学出版社 2005 年版，第 43 页。

接的关系。消费时代不仅意味着物的空前积聚，而且意味着一种前所未见的消费文化的形成，正如迈克·费瑟斯通所说的："商业广场和百货商店的不可预见的特征。在这些场所中，购物不仅仅是一种追求最大效用的、纯粹的理性计算的经济交易，而主要是一种闲暇时间的消遣活动。在这些场所中，场面形象设计或排场宏大、奢华浮侈、或汇集人们梦寐以求的、来自遥远他乡的异域珍品，或表达对过去宁静的感念与怀旧，徜徉其中，已然是来消遣的观众。简言之，购物成了一种体验。"①"体验""休闲""娱乐""时尚"成为消费文化的核心。从物的生产到物的呈现再到主体的购买与消费，这一系列过程不再单一地只是物的使用价值与交换价值的实现，而且还是物的符号价值的生产和消费。真实的世界变成"仿真世界"和"超现实世界"（图像世界）正如德波说的："在真实的世界变成纯粹影像时，纯粹影像就变成真实的存在——为催眠行为提供直接动机的动态的、虚构的事物。为了向我们展示人不再能直接把握这一世界，景观的工作就是利用各种各样专门化的媒介，因此，看的视觉（sense of sight）就自然被提高到以前曾是触觉享有的特别卓越的地位；最抽象最能骗人的视觉，也最不费力地适应于今天社会的普遍抽象。但是景观不仅仅是一个影像的问题，甚至也不仅仅是影像加声音的问题。景观是人类活动的逃避，是对人类实践的重新考虑和修正的躲避。景观是对话的反面。哪里有独立的表象，景观就在哪里重建自己的法则。"②在过去"触觉享有特别卓越地位"，即通过使用工具作具体的物质实在来改变世界，今天不是"触觉"（劳动）起决定作用，而是"让人看到"在起作用，即德波说的，在生活中，景像成了决定性的力量，景像制造欲望，欲望决定生产。

在德波眼中，景观的出现并不就意味着世界被虚无化为一幅影像图像，"景观不能理解为一种由大众传播技术制造的视觉欺骗"，必须充

① 迈克·费瑟斯通：《消费文化与后现代主义》，译林出版社 2000 年版，第150页。

② 德波：《景观社会》，南京大学出版社 2005 年版，第43页。

分理解为："景观不只是景像的聚积，而是以影像为中介的人们之间的社会关系。""在其全部特有形式——新闻、宣传、广告、娱乐表演中，景观成为主导性的生活模式。"①景观不仅是当代社会主导性的生活模式，还具有意识形态功能，景观是一种隐性的意识形态。无论是通过广告还是其他影像，呈现在人们面前的各种景观，其本质都是认同性地或者无意识地支配着人们的欲望、行为和思想，人们在图像文化的引诱下，将现存的资本主义生活方式误认为是本真的存在方式，并自愿地学习、模仿和顺从这种生活方式。

德波"景观理论"是对图像文化的本质和特征的深刻揭示。图像(景观)的空前积聚，它不仅仅是满足视觉快感和享受，它是符号价值的生产和消费，"是对人类实践的重新考虑和修正的躲避"，"是当代社会主导性的生活模式"，也是一种隐性的意识形态。总之，图像文化是我们生活的世界，个体与民族的信念、价值和欲望也日益通过它被建构、被折射和被扭曲。图像文化的各种形式(电视、广告、电影、大众传媒、网络等)已不再只是我们沟通和了解世界的工具，而且已成为我们须臾不能离开的生活方式。

图像文化为什么具有如此强的控制力量。德波认为，景观自身展现为某种不容争辩的和不可接近的事物。它发出的唯一信息是："呈现的东西都是好，好的东西才能呈现出来。"原则上它所要求的态度是被动的接受，实际上它已通过表象的垄断，通过无需应答的炫示(appearances)实现了。图像画面中之物是不容争辩的，图像就是一段又一段强制性的独白，在这场只能屈从而不能对话的影像布展中，我们绝对无法对图像来一番批判性的审视。即电视观众"不能在自己的电视屏幕上写下任何东西，他始终是在被驱逐的产品之外的，在这个幻想中不扮演任何角色。他失去了创造者的权力，或者是一个纯粹的接受者"。② 德波揭示了图

---

① 德波:《景观社会》，南京大学出版社 2005 年版，第 45 页。

② 鲍德里亚:《消失的技法》，《视觉文化读本》，广西师范大学出版社 2003 年版，第 89 页。

像文化的负面作用是一种无声的暴力，图像的逻辑是幕后隐遁的资本主义的殖民逻辑。

综上所述，现象学和存在主义将传统哲学的"思"转向了"看"，并揭示了"看的方式"，为"图像文化"建立了方法论。而后现代主义则进一步深刻地论述了"看的方式"（视觉性）和图像文化存在的心理的和社会的根据，从而为"图像文化"奠定了坚实的哲学基础。

（原刊于《国外社会科学》2009 年第 1 期）

（肖建华，教授，主要研究方向为美学。）

【语言文字】

"壴""豈"及其相关字

谭 飞

摘　要："壴"的甲骨文字形的主要部件象牛角、鼓腔、鼓座，为早期竖鼓的典型形制，主要为祭祀之用。后因鼓的功用扩大，特别是娱乐功能的加强，牛角渐为其他装饰物所代替。《说文解字》"豈"部字释义均与音乐有关，实由乐鼓声而来，当并入"壴"部。"壴""鼓"两部所收的字释义大体可分为形制、声响、击打三类，是"壴"的相关联想孳乳而来。此外，攴部的"鼓"，喜部的"喜"，豐部的"豊"，也与鼓有密切关联，当归入"壴"部。

关键词：壴；豈；鼓；甲骨文；《说文解字》

引　言

"壴"小篆作𡔝，《说文解字》释为："陈乐立而上见也。从屮从豆。"①"豈"小篆作𧰼，《说文》释为："还师振旅乐也。从豆，微省声。"从释义看，均与音乐有关，二字实为一字，其初形本象鼓。受《说文》影响，学者多强为分之，但对𧰼上半部分部件无法作出完满的解释。

---

①　（东汉）许慎：《说文解字》，中华书局 1963 年版，第 102 页。

　　古代祭祀、宴飨、征伐、官治常用鼓。《礼记·乐记》："鼓所以检乐，为群音长。"可见鼓在古代使用之广泛。《荀子·乐论》："鼓，其乐之君邪！故鼓似天，钟似地，磬似水，竽笙、箫和、筦籥似星辰日月，鞉柷、拊鞷，椌楬似万物。"说明了鼓在古代众乐器中居于重要位置。正因为鼓产生年代早，地位重要，使用广泛，由"壴"孳乳出的汉字十分发达，以至汉代许慎也难以辨明某些字之间的关系，而误分为不同的部首。

一、"壴"字溯源

（一）蚌鼓与鼓的冠饰

　　关于"鼓"字初形的讨论较多，意见基本一致。《说文解字系传》云："壴，树鼓之象，中，其上羽葆也，象形。"①《六书故》曰："其中盖象鼓，上象设业崇牙之形，下象建鼓之虡。声之象亦从屮，非中也。"②郭沫若根据《泉屋清赏》所载古铜鼓形制③，说："上有饰而下有脚，与此字酷肖。"④丁山云："𠩺与𠦪𠦪，非豆字，皆象鼓形，𠀁象鼓饰，犹𠂢为磬之本体，加饰则成𢆶形。"⑤田倩君云："其上从𡳾是所饰之羽葆，中◐象冒以皮革之鼓面，其下象虡。"⑥

---

①　（南唐）徐锴：《说文解字系传》，中华书局 1987 年版，第 92 页。
②　（宋）戴侗：《六书故》，《文渊阁四库全书》第 226 册，台湾商务印书馆 1983 年版，第 549 页。
③　见文末图一。
④　郭沫若：《卜辞通纂》，科学出版社 1983 年版，第 322 页。
⑤　丁山：《甲骨文所见氏族及其制度》，中华书局 1988 年版，第 121 页。
⑥　田倩君：《释鼓》，《中国文字》第十二卷第 52 册，台湾大学古文字学研究室 1974 年版。

　　这些讨论均认为"豈"为象形字，"屮"象饰物，中象鼓体，下为基座。然而，我们发现，甲骨文中"磬"的饰物多为 ↓ 形，而学者们所认为的"豈"的构件中为饰物的"屮"却多作 ↓ 形①，二者存在较大的差异。甲骨文是以刀笔在坚硬的龟甲兽骨上刻写而成，作曲笔的难度远大于直笔，既然均为饰物，"豈"字之"屮"何以多作 ↓，而少有写成 ↓ 形的呢？

　　"壴"甲骨文中代表性的形体有 ♦、♦、♦、♦、♦、♦、♦、♦、♦、♦、♦、♦、♦、♦ 等②，《甲骨文编》③ 与《续甲骨文编》④ 所收的"壴"的 91 个字形中，上半部分作 ↓ 的最多，有 54 个，作 ↓ 的有 12 个，作 ↓ 的有 9 个，作 ↓ 的有 7 个，作 ↓ 的有 3 个，作 ‖ 的 2 个，作 ♦、♦、♦、♦ 的各 1 个。不难发现，作 ↓ 或含有 ↓ 的形体占了绝大多数。

　　通过字形的比较分析，我们对"壴"的甲骨文形体作出如下推断：♦ 为其最完备的写法，♦、♦ 是草率的写法，♦ 为简省写法，♦、♦ 等则为草率兼简省的写法。"壴"的初形上半部分其实象牛首。

　　从字形上看，甲骨文中"牛"最常见的形体为 ♦，写法与 ♦、♦ 等的上半部分形体是完全一致的。"牛"字《戩寿堂所藏殷墟文字》⑤ 第 718 片作 ♦，《殷墟文字甲编》⑥ 第 3622 片作 ♦，牛叔卣作 ♦、昌鼎作 ♦、卯簋作 ♦、师寰簋作 ♦、友簋作 ♦、鄂君启作 ♦，⑦ 包山楚简作 ♦、

---

①　戴侗所谓从屮者，乃仍小篆形体立说，甲骨文磬字作 ♦，部件 ♦ 非从屮。

②　字形取自《甲骨文编》《续甲骨文编》。

③　中国科学院考古研究所：《甲骨文编》，中华书局 1965 年版。

④　金祥恒：《续甲骨文编》，艺文印书馆 1959 年版。

⑤　王国维：《戩寿堂所藏殷墟文字》，《甲骨文献集成》（第一册），四川大学出版社 2001 年版。

⑥　董作宾：《殷墟文字甲编》，台湾商务印书馆 1948 年版。

⑦　容庚：《金文编》，中华书局 1985 年版。

，睡虎地秦简作，这些写法基本上保留了上部弯曲的牛角，而下部均变为短横，写法与、等字形的上半部分相同。

鼓形上加牛首为古代衅鼓之写照。衅，血祭也，古代新制器物常以血祭之。古文献中多有"衅鼓"的记载。《左传·定公四年》："君以军行，袚社衅鼓。"《韩非子·说林下》："缚之，杀以衅鼓。""壴"字《殷契佚存》①第 870 片作，《殷墟文字甲编》第 2869 片作，《甲骨六录》②第 682 片作，字形中所加的点指血滴③，整个字形正是以牛血衅鼓之写照。

鼓的产生与祭祀活动有密切的关系。《礼记·礼运》："夫礼之初，始诸饮食，其燔黍捭豚，污尊而抔饮，蒉桴而土鼓，犹若可以致其敬于鬼神。"郑玄注："言其物虽质略，有齐敬之心，则可以荐羞于鬼神，鬼神飨德不飨味也。"可见先民们祭祀神灵，除贡品外，作为沟通媒介的鼓是必不可少的。《易·系辞上》中的"鼓之舞之以尽神"也反映了鼓在祭祀活动中的使用情况。《宸垣识略》记载："祭享太庙则以鼓"，说明直到清代鼓都是隆重的祭祀活动中的必用物。作为敬鬼神、祭祖先的器具，其初制成时，血祭应是情理之中的事。

因鼓为与神灵沟通的重要器具，"衅"的仪式必然隆重。古代作为祭祀用的牛、羊、豕三牲中，最重者为牛。《礼记·曲礼》称："天子以牺牛，诸侯以肥牛，大夫以索牛，士以羊豕。"这也就不难解释"壴"的甲骨文字形中为何均保留了形体似牛角的部件了。

上古社会除了祭祀中常用鼓外，战争中鼓也是必不可少的。《诗经·邶风·击鼓》："击鼓其镗，踊跃用兵。"《诗·小雅·采芑》："方

---

① 商承祚：《殷契佚存》，《甲骨文献集成》（第一册），四川大学出版社 2001 年版。

② 胡厚宣：《甲骨六录》，《甲骨文献集成》（第一册），四川大学出版社 2001 年版。

③ 与"祭"字的甲骨文形体、中的点是相似的，均指液滴状物。在字形演变中，这些点均被简省掉了。

叔率止，钲人伐鼓，陈师鞠旅。显允方叔，伐鼓渊渊，振旅阗阗。"《论语》也有："非吾徒也，小子鸣鼓而攻之可也。"都说明了鼓在战争中有号令士兵的作用。《左传·庄公十年》："夫战，勇气也。一鼓作气，再而衰，三而竭。"讲的就是击鼓进军的情形。《唐书·志第六·礼乐六》："讲武之日……大将立旗鼓之下。六军各鼓十二，钲一，大角四。""大将立旗鼓之下""六军各鼓十二"说明了鼓在军事上的重要性。《说文》释"豈"为"还师振旅乐"，即反映了鼓与战争的密切关系。

因祭祀与战争的频繁，龷的活动早已不再仅限于鼓之初制成时。《吕氏春秋·慎大》："龷鼓旗甲兵，藏之府库。"即是在战争之后龷鼓而藏之。

鼓的历史非常久远。鼓在周代用途已非常广泛，以至周设有专人管理与鼓有关的事。《周礼·地官·鼓人》："教为鼓而辨其声用，以雷鼓鼓神祀，以灵鼓鼓社祭，以路鼓鼓鬼享，以鼖鼓鼓军事，以鼛鼓鼓役事，以晋鼓鼓金奏。"讲的是周朝设有"鼓人"的官职，此时鼓的用途主要有三种：祭祀、军事、乐舞。雷鼓、灵鼓、路鼓为祭祀用，鼖鼓、鼛鼓为战争用，晋鼓为乐舞用。① 此三种当是上古时期鼓最主要的用途。制鼓的历史远早于周，据考古发掘，距今七千年前的新石器时代就已经有了形制丰富的陶鼓。②

随着社会的安定，鼓的乐舞功用渐渐普及，《诗·关雎》："窈窕淑女，钟鼓乐之。"讲的就是将鼓作为乐器演奏。娱乐功能的普及，一定程度地影响到鼓的形制演变，本为龷鼓象征的牛角逐渐成为一种装饰③。目前已发现的商代铜鼓仅两面，距今约 3200 多年的崇阳铜鼓上

---

① 祭祀之乐与乐舞之乐是有密切关系的，很多艺术形式就是在宗教功能淡化之后，渐渐由娱神演化成娱人的活动的。

② 据统计（费玲伃 2009），在辽河、海河流域有 3 类鼓形，在黄河流域有 8 类鼓形，在淮河流域有 11 类鼓形，在长江流域有 10 类鼓形。出现地域之广，形制之丰富，均说明了鼓产生的年代之久远。费玲伃：《新石器时代陶鼓的初步研究》，《考古学报》2009 年第 3 期。

③ 现在很多少数民族如苗族，仍然流行牛角形的装饰。

为马鞍状冠饰①，流失到日本的一面铜鼓较崇阳铜鼓时代稍晚些，冠饰为相背的双鸟形②。《诗·有瞽》："有瞽有瞽，在周之廷。设业设虡，崇牙树羽。应田悬鼓，鞀磬柷圉。"毛传："业，大板也，所以饰栒为县也。……植者为虡，衡者为栒。崇牙，上饰卷然，可以悬也。树羽，置羽也。""设业设虡"指用木板横竖交错做成放置乐器的架子，"崇牙树羽"指在木板上刻画锯齿形的装饰、在木架上插上彩色的羽毛。《礼记·明堂位》："夏后氏之龙簨虡，殷之崇牙，周之璧翣。"清晰地记载了乐器架装饰的演变：夏饰以龙，仍保留着鼓与神灵沟通的象征；殷的崇牙、周的璧翣则大大增强了装饰性。距今两千多年的战国曾侯乙墓中出土的鸳鸯盒上的建鼓图就很古朴，立柱保留着原树干形③。从曾侯乙墓考古发现的建鼓实物上看，上半部分也没有饰物④。而到了汉代，鼓多以流苏羽葆为饰，故徐锴说"壴"的部件"屮""其上羽葆也"。汉画像石上的建鼓上饰羽葆、立柱顶端有冠盖⑤。张衡《东京赋》有"鼓路鼓，树羽幢幢"句，描述与画像情形一致。

（二）陶豆与鼓腔

《说文》"壴""豈"二字形体均谓"从豆"，但未作进一步解释，从它们的释义中也找不出与"豆"有何关联。

"壴"字下半所从之豆与瓦豆之豆同类。《礼记·明堂位》："土鼓、蒉桴、苇龠，伊耆氏之乐也。"是文献中关于鼓的最早记载，也就是说

---

① 见文末图二。

② 见文末图一。

③ 见文末图四。

④ 见文末图五。此为复原图。据考古挖掘记载，墓室里的水位在墓室高度三分之二的水平位置，当时竖立的柱的上端是露出水面的，工作人员以为只是根普通的木柱，所以未采取加固措施，当水抽干时，因鼓柱承受不了鼓框的压力而折断倒塌。

⑤ 见文末图三。

最原始的鼓可能是土鼓。何为土鼓？《周礼·春官·龠章》："掌土鼓、
豳龠。"郑玄注："杜子春云，土鼓，以瓦为框，以革为两面，可击之。"
《吕氏春秋·古乐篇》载："帝尧立，乃命质为乐。质乃效出林溪谷之音
以作歌，乃以麋冒缶而鼓之，乃拊石击石，以像上帝玉磬之音，以致舞
百兽。"古文献中记载的早期的鼓均是以瓦缶为鼓腔，蒙上兽皮制成的。
考古发掘出了大量的新石器时代的陶鼓，也证明了文献记载。"初始阶
段陶鼓的鼓匡多仿实用的生活用品，器形往往与实用器相同或相近。"①
作鼓体的"豆"虽与瓦豆功能有别，但外形是相似的。

甲骨文字保留着较浓的象形意味。与"壴"形近的字有"豆""登"。
"豆"往往写作 ，突出豆中有物。"登"作 ，以双足示登踏意。而
"壴"则著牛角以区别于它们。这也体现了先民们造字注意了形近符号
间的区分问题。

（三）"豈"与建鼓

以往学者们的讨论，多认为"豈"取象于建鼓，这个观点是正确的，
然而对于为何不取象于其他形制的鼓则语焉不详。何以取象于建鼓？究
其原因，主要有二：

一是建鼓为崇神事鬼的殷商时期的鼓的主要形制，《礼记·明堂
位》有："夏后氏足鼓，殷人楹鼓，周人悬鼓。"郑玄注："楹，谓之柱，
贯中上出也。"也就是后世所谓的建鼓。

二是建鼓鼓体庞大、鼓声洪亮，为众鼓之首。建者，立也，本为动
词。《左传·哀公十三年》："日旰矣，大事未成，二臣之罪也。建鼓整
列，二臣死之，长幼必可知也。"孔颖达疏："建，立也。立鼓击之与战
也。"《国语·吴语》有："载常建鼓，挟经秉枹，万人以为方阵。"韦昭
注："建，谓为楹而树之。"正因为此类大型鼓在战争中有号令三军的作

---

① 费玲伢：《新石器时代陶鼓的初步研究》，《考古学报》2009 年第 3 期。

用，故而在众鼓中地位最为显赫。考古发掘出的春秋时期的龙虎四环铜鼓座，体形巨大，集龙虎于一身，显示了该鼓具有至高无上的权威。战国曾侯乙墓中除建鼓外没有发现其他类型的鼓。汉代画像石上的建鼓均居于中心位置，从构图上看是画像主体。这些资料都显示了建鼓在中国历史上的重要地位。

先民造字时从众多类型的鼓中选取了建鼓，注意了取象的典型性。

二、"豈"与"壴"

《说文解字》"豈"部"豈，还师振旅乐也。从豆，微省声。"可见"豆"为意符。"豈"在小篆中多作声符，作意符使用的仅有"豈""愷""夔"。

《说文》中部件含"豈"的字有薲、虇、敳、殨、剴、饐、曃、覬、顗、磑、闓、螘、塏、鎧、愷、夔等16字。其中薲、虇、敳、殨、剴、饐、曃、覬、顗、磑、闓、螘、塏、鎧均为形声字，声符为"豈"。

豈、愷、夔三字中的部件"豈"有提示意义的作用，此三字《说文》的释义均与音乐有关，古籍中常通用，古字书多有讨论。《说文》"豈"："还师振旅乐也。从豆，微省声。""愷"为亦声字，《说文》"豈"部、"心"部均收之，"豈"部曰："康也。从心、豈，豈亦声。""心"部曰："乐也。从心豈声。""夔"云："讫事之乐也。从豈幾声。"《周礼·大司乐》："王师大献，则令奏愷乐。"郑玄注："愷乐，献功之乐。"又《左传·僖公二十八年》："秋七月丙申，振旅，愷以入于晋。"杜预注："愷，乐也。"这些文句中的"愷"与《说文》所谓"还师振旅乐"的"豈""讫事之乐"的"夔"义近。《玉篇》："凱，乐也。或作愷。"《集韵》："古凱、愷、豈音义通。"段玉裁《说文解字注》"愷"下云："奏豈，经传多作愷。愷乐，毛诗亦作豈。是二字互相假借也。愷不入心部而入此者，重以豈会意也。《诗》又作凯，俗字也。"①

"豈"可能是"壴"之别体。"豈""壴"的音乐义与鼓有关。关于"豈"与"壴"的区别，讨论甚少。段玉裁《说文解字注》认为"豈"所从之"豆"为"壴"省形，"豈为献功之乐，壴者陈乐也。"《诗·小雅·鱼藻》有："王在在镐，豈乐饮酒。""王在在镐，饮酒乐豈。"两句，同一诗中一为"豈乐""乐豈"，表达的意思是一样的。郑玄笺："豈，亦乐也。"并没有专指"献功之乐"。段氏乃据后世用法强为区分。丁山："愷所从豈，先秦金石文字无征，意者豈为壴之别体。"②是也。

三、与"壴"相关的字

《说文》"壴""鼓"两部，当合为一部。"鼓"部收有 10 字，"鼓"象击鼓，"鼖""鼛""鼘"三字为鼓名，"鼞""鼝""鼟""鼜""鼛""鼘"六字为鼓声。"壴"部收有 5 字，"壴"为鼓之初字，"鼗"为鼓名（古代军中警戒之鼓，也称"戒守鼓"。《周礼·地官·鼓人》："凡军旅，夜鼓鼛。""鼛""鼗"一字。），"彭"为鼓声，"嘉"喻褒扬，"尌"象扶持建鼓。两部所收之字，均是在"壴"的基础上引申孳乳而来。

另外，攴部的"鼓"，喜部的"喜"，豊部的"豊"，也当归入"壴"部。

（一）鼓

《说文》"攴"部："鼓，击鼓也，从攴从壴，壴亦声。"又"鼓"部："鼓，郭也。春分之音，万物郭皮甲而出，故谓之鼓。从壴，攴象其手

---

① （清）段玉裁：《说文解字注》，上海古籍出版社 1981 年版。
② 丁山：《甲骨文所见氏族及其制度》，中华书局 1988 年版。

击之也。"

"从支从壴"与"从壴，支象其手击之"其实是一个意思。"支"《说文》注"小击也"，与"支象其手击之"意思相近。从形体上"鼓"与"鼓"可定为一字。"春分之音，万物郭皮甲而出"明显系以鼓声喻春声。然而，《说文》对二字的释义有细微的差别，许慎将它们立为两字当出于意义的考虑。

"鼓"为动词，指击鼓，后意义泛化，凡演奏形式为击打者均称"鼓"，进一步泛化后甚至连弹、吹也有用"鼓"者。如《周易·离》："九三，日昃之离，不鼓缶而歌，则大耋之嗟，凶。"《诗·秦风·车辚》："阪有漆，隰有栗。既见君子，并坐鼓瑟。今者不乐，逝者其耋。阪有桑，隰有杨。既见君子，并坐鼓簧。"敲击"缶"、弹奏"瑟"、吹奏"簧"用的都是"鼓"。

"鼓"意指凸起、顶破，"春分之音，万物郭皮甲而出"意谓春天万物萌芽、破壳而出，"鼓"与"鼓胀"之鼓意近。《黄帝内经·素问·腹中论》："黄帝问曰：'有病心腹满，且食则不能暮食，此为何病？'岐伯对曰：'名为鼓胀。'"唐代王冰注："心腹胀满，不能再食，形如鼓革，故名鼓胀也。"可见，义项的产生与鼓的外形有较大的关系。北方方言区有"圆鼓鼓"的说法，是形容事物鼓胀的状态的。还有"地板鼓起来了""电池鼓起来了""乒乓球鼓起来了"等说法，意思也是指凸起。

(二) 喜

喜，甲骨文作🝓，从壴从口。《说文》："喜，乐也。"所释非本义。

《诗·豳风·七月》："同我妇子，馌彼南亩，田畯至喜。""喜"即后之"饎""糦"，增食旁、米旁者乃后起字，其本字为"喜"。"喜"指的是祭祀活动中向祭祀对象献食。《诗·小雅·天保》："吉蠲为饎，是用孝享。禴祠烝尝，于公先王。"孔颖达疏："享，献也。絜道既全，可以至于有庙设祭祀而致孝享也。"《尔雅·释训》："饎，酒食也。""吉蠲为饎"指的即是在祭祀中以酒食供献神灵、祖先。在农耕社会，祭田祖是非常重要的、普及度很高的活动①，民间主祭者往往是与农民联系紧密的基层管理者——田畯，他们在祭祀活动中可能扮演"尸"的角色以向天祈福。

与其他祭祀活动一样，祭田祖活动也离不开鼓。《诗·小雅·甫田》："琴瑟击鼓，以御田祖，以祈甘雨，以介我稷黍，以谷我士女。"《周礼·春官·龠章》："凡国祈年于田祖，龡豳雅，击土鼓，以乐田畯。"都记载有击鼓。

"喜"可能是以祭祀活动中的重要器具来代指祭祀活动，"壴"为鼓，"口"有示别于"壴"的作用。"鼓"沇儿钟作，邻王子钟作，王孙夐钟作，均将部件"壴"写作了"喜"。

(三) 豊

《说文》豊部："豊，行禮之器也。从豆，象形。"

学者分析"豊"的字形时，多受《说文》的影响。如王国维认为"豐"："从玨在凵中，从豆乃会意字，而非象形字也。盛玉以奉神人之器谓之若豐。推之而奉神人之酒醴亦谓之醴，又推之而奉神人之事通谓之禮，其初皆用若豐二字，其分化为醴禮二字盖稍后矣。"②王国维的观点对后世影响甚深，学者多从之。但他们对部件"豆"的分析不是很完满，何以同一字形中出现两个容器——凵、豆？田倩君申之曰："如果不加豆，只书作，令人难以认出是祭祀用的什物。"③似乎解决

---

① 祭田祖之民俗至今仍存，为古之遗风。有的地方是在田边立小庙曰田祖庙，于庙前致祭。有的地方则是直接在田边致祭。献祭之物为线香、黄纸、肉饭等。

② 王国维：《释礼》，《观堂集林》(上)，中华书局1959年版，第291页。

③ 田倩君：《释礼》，《甲骨文献集成》(第十二册)，四川大学出版社2001年版。

了问题。然而，仔细考察甲金文，发现"豐"多作🎋，其上半部分均非
"🎋"，而是"🎋"。

　　"豐"的甲金文均多是在"🎋"的形体上加了两个丰，丰为玉。裘锡
圭先生根据卜辞文句及金文相关字说："可以断定'豐'本是一种鼓的名
称"，"从'豈'从'玨'""至于'豐'为什么从'玨'，还有待研究。也许这
表示豐是用玉装饰的贵重大鼓吧。"①我们认为，从字形入手，或许可以
更准确地解释这个问题。🎋的主体部件为🎋，"从豈从玨"可从。鼓与
玉，均为古代祭祀中的常用品。鼓为沟通工具，玉是敬献的重要礼物。
《周礼·春官·大宗伯》："以玉作六器，以礼天地四方，以苍璧礼天，
以黄琮礼地，以青圭礼东方，以赤璋礼南方，以白琥礼西方，以玄璜礼
北方。"讲的即是以不同颜色的玉来向不同方向的神灵献礼。

　　《说文》示部："禮，履也。所以事神致福也。从示从豊，豊亦声。"
"禮"的本字当为"豊"，文字演变中，与祭祀有关的字多增形旁"示"，
如"祖"，甲骨文作🎋，因其常为祭祀对象，后遂增"礻"旁。

四、结　　语

　　"壴"为"鼓"的本字，甲骨文字形本象于竖立的陶鼓上立有祭祀品
牛首。

　　鼓在我国历史非常悠久，产生之后一直与祭祀、战争、乐舞有密切
的关系，在先民的日常生活中使用的十分广泛，这在文字的发展中多有
反映。总的来看，"壴"字族按意义大体可分为三类：一是与鼓本体有
关，产生了一系列的鼓名，如"鼖""鼗""鼛""鼙"。二是与鼓声有关。

---

　　①　裘锡圭：《甲骨文中的几种乐器名称》，《古文字论集》，中华书局 1992 年
版，第 200 页。

鼓的形制不同，发出的声响也有细微差别，"彭"是概言之，细分则有"鼛""虩""鼙""馨""韽""鼞"。"嘉""喜""豊"是在声响的基础上进一步的引申发展，鼓声的作用是使神或人知晓，故三字均以"壴"为构字的主要部件。"豈""愷""譏"则与乐鼓声有极大的关联，形符"豈"实为"壴"之异构。三是与鼓有关的动作，如"鼓""尌""又""寸"示动作由手发出。

图一 图二 图三

图四 图五

（原刊于《励耘学刊（语言卷）》2013 年第 1 辑）

（谭飞，文学博士，副教授，主要研究方向为文字学、词汇学、应用语言学。）

从"孝""敬""悌"的词源
重新审视传统孝文化

甘　勇

摘　要：词源是民族语言原初历史的真实写照，各民族的传统观念、思维模式、文化习俗都会在词源意义里得到体现。阐释"孝""敬"等词的词源结构可以对孝文化所导致的个人权利意识淡漠的现象做出词源学的解释。"孝"的词源义当为"仿效"，原专指学习者的态度，且主要是对被学习者，即对自己父辈的态度。这种态度，原来可能只限于学习生产技能时的态度，主要以顺从，甚至以盲从作为其基本特征。"孝"是一种盲从父辈的价值取向，它在客观上促使后来的中国人更易养成一种安土重迁、因循守旧、保守落后的劣根性格。"敬"是孝道的核心精神，它的词源义当为"惊恐"，与"惊""警"同源。古人敬老的动机并不是单纯地出自于血缘感情和对先人的感激，其间亦有恐惧感作祟。与"孝"并举的"悌"与"兄弟"的"弟"声义同源，其词源义正反映了为弟者对为兄者顺从的特点。

关键词：孝文化；词源；孝；敬；悌

一、绪　　论

语言与文化相互依赖，相互影响，浑然天成，密不可分。任何民族的礼仪制度、风俗习惯、文化心理等都会在其语言，特别是词汇层面打上该民族的文化烙印。当然，不同的词语所包含的文化内涵会深浅不一。史有为指出："从人类学的角度来看，语言系统本身就是一种文化，而且是一种从传统的狭义文化看上去的广义文化。它隐含着人类创造语言的某种意识或潜意识。而这种意识在语言结构中的分布是非均质的，或多或少，有显有隐。"①具体到词汇层面，文化蕴含丰富的文化词语相对于通义词语，往往更直接地与一定时代的社会文化意识相联系。

中国的孝文化作为一种传统的社会意识形态一直是中国伦理道德的支柱。近年来，中国大陆学者从伦理学、文化学、文学等多角度对它开展过研究。而"任何一种文化的主导意识形态一定是靠它所使用的语言来构成并起作用的，只有研究这种文化所使用的语言及其独特的文化功能，我们才可能把握一种文化为什么会形成那样一种主导意识形态的线索"②。着眼于古代孝文化出现的具体语境，很多学者已经从文献语言释读的角度对《论语》《孟子》《孝经》等重要儒家经典及注疏中的"孝""悌"等核心观念做过全面而系统的阐释。还有学者从文字学的角度分析了"孝"字的字形，以期完整地发掘孝文化的内涵。然而，文献释读大多只能发掘文化词的文献使用义，字形分析则可能只能得到该词的字本义，而非词源意义。③ 要深入发掘孝文化的内涵，还需要引入词源学的方法，追溯"孝""敬"等词的音义源头和历史演进的轨迹。只有找准

———————

① 史有为：《文化语言学与中国潮·序》，邵敬敏主编《文化语言学与中国潮》，语文出版社 1995 年版，第 2 页。

② 申小龙：《文化语言学丛书·总序》，史有为著《异文化的使者——外来词》，吉林教育出版社 1991 年版，第 3 页。

③ 字本义、词汇意义、词源意义三者属于不同的学术范畴。字本义是汉字符号的形体形象所表现出来的意义，属于文字学研究的范畴；词汇意义指的是语言的词的概括意义，属于词汇学研究的范畴；词源意义，又称内部形式、词源结构，指的是同源词在滋生过程中由词根带给同族词或由源词直接带给派生词的构词理据，是一种脱离具体语境的隐性语义，属于词源学研究的范畴。很多时候，通过分析词汇意义和字本义，的确可以让我们捕捉到一些汉语词汇滋生分化的线索，但对这些显性语义的探讨并不能全然代替我们对隐性语义的探讨。

源头，理清脉络，中国传统孝文化内在的、深层的元意识才能被准确揭示出来。

二、"孝"的词源义及其文化内涵

"孝"无疑是孝文化的核心观念。究竟什么是"孝"呢？历代字典辞书和儒家经典给我们提供了比较丰富的有关"孝"的词汇意义的解说，这是我们窥见其内涵的基础。

东汉许慎《说文解字·老部》曰："孝，善事父母者。从老省，从子，子承老也。"[1]在许慎看来，"孝"是个会意字，其上部是一个简省的"老"字，下部是个"子"字。子女"善事父母"，即为"孝"。

存世的有关"孝"的金文字形也都与许慎所列"孝"的小篆字形相近，可见许慎对"孝"字的本义解释无误。

> 《诗·小雅·六月》："侯谁在矣？张仲孝友。"汉毛亨传："善父母为孝，善兄弟为友。"[2]
>
> 《论语·学而》："其为人也孝弟。"宋朱熹注："善事父母为孝，善事兄长为弟。"[3]

诸家的注释大致相同，可知，把"孝"的词汇基本义解为"善事父母"，亦为大家的共识。

然而词汇意义并不等于词源意义，要想了解"孝"文化的内涵，还

---

① (汉)许慎：《说文解字》，中华书局 1963 年版，第 173 页。

② (清)阮元校刻：《毛诗正义》，《十三经注疏》，中华书局 1980 年版，第 425 页。

③ (宋)朱熹：《论语集注》，《四书章句集注》，中华书局 1983 年版，第 47~48 页。

需要进一步揭示词的词源意义或者构词理据。"孝"的词源意义是什么呢？

笔者以为"孝"与"季"本同，当与"教""效""校""学""斅"等词同源。

"孝"与"季"实为一字。南宋戴侗、明代张自烈皆以为如此。

张自烈《正字通》"季"字条：

> 季，同孝。戴侗曰：《说文》季在子部，放也，从爻，声古肴切。孝在老部，善事父母也，从老省，从子，子承老也，呼教切。侗谓季，人子之达道也，非但事老。隶书既兴，爻与耂讹，故分为二字。据此说，《说文》分部季专训仿效误也。①

笔者以为，"孝"与"季"二字造字的取义不同，然二字音义本同，当为一时之异体。后世隶书楷化，二字又逐步归于统一，作偏旁的"季"多作"孝"。"季"无甚文献用例亦由此因所致。《说文》"季"字释作"放也"，即"仿效""效仿"。"孝"字亦有此义。

> 《诗·鲁颂·泮水》："靡不有孝，自求伊祜。"汉郑玄笺："国人无不法效之者，皆庶几力行，自求福禄。"②

"孝"的异体字"季"与"教""效""校""学""斅"等词同源，前代注释家多有零星的论证，王力在其《同源字典》中整理了历代相关的训诂材料，并对其上古语音关系进行了详细的分析，今摘录如下：

---

① （明）张自烈：《正字通》，上海古籍出版社 1994 年版，第 286 页。

② （清）阮元校刻：《毛诗正义》，《十三经注疏》，中华书局 1980 年版，第 610 页。

沃部[ôk]

见母[k]

keô 教：keô 孝(沃宵对转)

keô 孝：heô 效(効)校(见匣旁纽，宵部叠韵)

heô 效：heuk 学斅(匣母双声，宵觉旁对转)

《说文》："教，上所施，下所效也。从攴从孝。"《释名·释言语》："教，效也，下所法效也。"《春秋元命苞》："教，效也，言上为而下效也。"《广韵》："教，教训也。"《书·酒诰》："文王诰教小子。"《周官》："司徒掌邦教。"

《说文》："孝，放(仿)也。"一本作"效也"。

《说文》："效，象也。"《墨子·小取》："效者，为之法也。"《荀子·大略》："其行效，其立效，其坐效，其置颜色出辞气效。"注："效，放也。"字亦作"効"。《诗·小雅·鹿鸣》："是则是效。"《角弓》："民胥效矣。"《左传·襄公二十一年》："尤而效之。"释文："效，本作効。"

《孟子·滕文公上》："设为庠序学校以教之。庠者，养也；校者，教也；序者，射也。"《左传·襄公三十一年》："郑人游于乡校。"注："郑国谓学为校。"《汉书·平帝纪》："郡国曰学，县、道、邑、侯国曰校。"

《广雅·释诂三》："学，效也。"按，学是效法，即向别人学习。《荀子·非十二字》："不知则问，不能则学。"

《说文》："斅，觉悟也。学，篆文斅省。"按，使学为斅，读如"效"，与"教"同义。《书·盘庚上》："盘庚斅于民。"传："斅，教也。"《说命下》："惟斅学半。"传："斅，教也。"字亦作"学"。《礼记·檀弓下》："叔仲皮学子柳。"注："学，教也。"《学记》："学不躐等也。"注："学，教也。"《文王世子》："学之为父子焉。"注：

"学，教也。"①

我们使用义素分析法分析诸词意义，便不难抽绎出各词的源义素"仿效"。② 各词，包括"孝"字，都与"仿效"义密切相关。作为"教"和"学"声符兼意符的"孝"，其字形取意亦与"仿效"相关。于省吾等人编《甲骨文字诂林》以为"爻"字"盖象织文之交错，甲文网字从此"③。依此，"孝"字之义本指人子学习结网之技能，进而则指代各种仿效和学习活动。

综上所述，"孝"的词源义当为"仿效"。"仿效"貌似并无道德意义，但任何的道德标准又无不是在特定的生产关系和生活形态下自然形成的。众所周知，生产经验丰富的劳动力是传统定居农业生产中最为宝贵的生产要素。栖息于东亚大陆，以农耕文化为依托的华夏初民，年幼者多仿效、学习年长者，这些年长者多为自己的父母。因此，所谓"孝子"，首先是向父辈模仿、学习各种生产技能的学生。相对于"教"专指施教活动，"学"专指受教活动，"孝"应专指学习者的态度，且主要是对被学习者，即对自己父辈的态度。这种态度，原来可能只限于学习生产技能时的态度，主要以顺从，甚至以盲从作为其基本特征。在上古文献中，"孝"与"顺"是经常连用的两个词，意义相互包含。在生产力相对低下，对农业经验高度依赖的上古时代，新生劳动力顺从于父辈的意志，在父辈带领下开展生产，符合个人、家庭，乃至整个氏族群体的最大利益。在此背景下，对父亲的盲目模仿、崇拜，被古代圣贤提升至道德的层面加以提倡：

---

① 王力：《同源字典》，商务印书馆 1982 年版，第 300 页。
② 王宁、黄易青先生提出用"义素分析法"分析同源词，他们把同源词的义位切分为源义素和类义素，源义素指称词源意义。参见黄易青：《同源词义素分析法》，《古汉语研究》2000 年第 2 期。
③ 于省吾主编：《甲骨文字诂林》第四册，中华书局 1996 年版，第 3257 页。

《论语·学而》："子曰：'父在观其志，父没观其行，三年无改于父之道，可谓孝矣。'"①

孔子认为，一个人的父亲尚在时，我们只需看这个人的志向。此时，父亲是作为家族领导者出现的，他是家庭生产的组织者，孩子则只需跟着父亲亦步亦趋地学习，学习父亲进取有为的精神。如他父亲去世了，就应该看这个人的行为。在三年内他能不改变他父亲生时所为所行，便可以称作"孝"了。"三年无改"其实也就达到了孩子"仿效"父辈的终极目的。

从根本上来说，"孝"是一种盲从父辈的价值取向，它在客观上促使后来的中国人更易养成一种安土重迁、因循守旧、保守落后的劣根性格。特别是后来的"孝"被推而广之，用来泛指善待父母的种种行为，成为中国的核心家庭伦理道德之后，"孝"一味顺从的价值取向更表现出极大的局限性。从汉代开始，历代统治者出于培养顺民的目的，都自觉地把孝文化作为封建政治统治的精神基础。"孝"成为禁锢人民思想、瓦解人民斗志的统治权术。《孝经》《二十四孝》等历代儒家著作更是大力鼓吹"愚孝""愚忠"，通过宣扬一些极端行孝的"道德楷模"，将牺牲个人基本权利、压抑人性合理化。

三、"敬"的词源义及其文化内涵

《论语·为政》："子曰：'今之孝者，是谓能养。至于犬马，

---

① （宋）朱熹：《论语集注》，《四书章句集注》，中华书局1983年版，第51页。

皆能有养。不敬，何以别乎?'"①

孔子认为："今天人们把孝单纯理解为赡养父母。狗和马不也有人养吗，如果不尊敬父母，与养狗养马有什么不同呢?"在孔子看来，"敬"是孝道的核心精神。《礼记·祭义》："君子生则敬养，死则敬享。"②可见，对父母生前死后行孝都需要敬而有加。而我们通俗理解的"孝"也就是"敬老"，即尊敬老人。行孝和敬老的动机是什么呢? 是单纯地出自血缘感情和对先人的感激吗?

来华传教士明恩溥曾说："中国人行孝的真正根基，我们认为是一种敬畏与自爱的混合体，这两种最强有力的动机甚至能左右人的灵魂。"③他所说的"敬畏"主要是指"祖先崇拜"。他还说："祖先崇拜，是孝道最完美、最彻底的表现。"④明恩溥注意到了中国人在祭祀祖先时的祈福避祸，显然他并不认为中国人对祖先的崇拜仅仅只是为了表达亲情，相反他认为中国人敬老和行孝更多的是因为恐惧作祟。此观点虽有失片面，却也有几分道理。我们还可以透过"敬"的字源、词源找到些许旁证。

　　《说文》："敬，肃也。从攴、苟。"⑤

---

① (宋)朱熹：《论语集注》，《四书章句集注》，中华书局1983年版，第56页。

② (清)孙希旦：《礼记集解》，《十三经清人注疏》，中华书局1989年版，第1209页。

③ [美]明恩溥：《中国人的特性》，匡雁鹏译，光明日报出版社1998年版，第164页。

④ [美]明恩溥：《中国人的特性》，匡雁鹏译，光明日报出版社1998年版，第164页。

⑤ (汉)许慎：《说文解字》，中华书局1963年版，第188页。

"攴"字是个表示手部动作的常用构字部件。要解析"敬"的字源，关键还在于分析"苟"的意义。

郭沫若在《两周金文辞大系图录考释》中考证："苟用为敬，《大盂鼎》《大保簋》又均以芍为之。余谓芍为狗之象形文……其用为敬者，敬即警的初文，自来用狗以警卫，故字从苟从攴。省之，则单着狗形作芍若苟。"①

后徐中舒在《甲骨文字典》中更详细地分析了"敬"的甲骨文"𦍌"，他认为该字："象狗两耳上耸，蹲踞警惕之形，为儆(警)之初文，狗为人守夜，又随猎人追捕野兽，常作惊惧警惕之状，故甲骨文象其形以表儆意，后引申为敬……《说文》苟字篆文直承𦍌之形，其说义尚略存初义。《说文》：'苟，自急敕也。'段注：'敕者，诫也。'"②

依郭、徐两位先生所言，"敬"源自狗的象形文"苟"，有"惊惧""戒备"之义，后意义繁复，遂有分别文"警""惊"等字。事实上，文献中"警""惊"与"敬"通用者甚多，故而"警""惊"都可以视作"敬"的后起分别字，当同出一源。以上皆字源之分析。

历代关于"惊""警""敬"等词同源的声训材料甚多，清代王念孙在《广雅疏证》中直言"敬、警、憼，声近而义同"③。王力在其《同源字典》中更是详细地整理了历代相关的训诂材料，今摘录如下：

> 惊则引起警惕，警惕自己不犯错误就是敬。故"惊""警""敬"同源。
>
> 《说文》："惊，马骇也。"《楚辞·招魂》："宫庭震惊。"注：

---

① 郭沫若：《两周金文辞大系图录考释》，上海书店出版社 1999 年版，第 22 页。

② 徐中舒：《甲骨文字典》，四川辞书出版社 2006 年版，第 1020 页。

③ （清）王念孙：《广雅疏证》，江苏古籍出版社 1984 年版，第 14 页。

"惊，骇也。"《易·震卦》："震惊百里。"郑注："惊之言警戒也。"

《说文》："警，戒也。从言，从敬，敬亦声。"《文选·陆机〈叹逝赋〉》："节循虚而警立。""警犹惊也。"

《说文》："儆，戒也。"又："憼，敬也。"《广雅·释诂一》："憼，敬也。"《荀子·赋篇》："憼革贰兵。"注："憼与儆同，备也。"按，"警、儆、憼"实同一词。

《释名·释言语》："敬，警也，恒自肃警也。"《诗·大雅·常武》："既敬既戒。"笺："敬之言警也。"《周礼夏官序官》注引作"既儆既戒"。《论语·学而》："敬事而信。"《雍也》："居敬而行简。"①

综合上述字源和词源的分析，"敬"的词源义当为"惊恐"。而"敬"的实际词汇使用义也多与之相关，如历代文献中"敬"与"畏"连用者甚多，意义相互包含。

在各民族的原始祖先崇拜中，由于深信祖先的灵魂有降祸赐福的能力，进而产生恐惧感，是很普遍且正常的现象。而中国殷商以来的血缘宗法制强化了这种祖先崇拜，使其具备了更多的道德意义。由于维系宗法血缘关系的基础在于环环相扣的父子关系，故而祖先崇拜多转化为世俗的父亲权威。《孝经·圣治》云："人之行莫大于孝，孝莫大于严父。"②"严父"即"敬父"。孔子认为，人的行为，没有比孝道更为重大的了。在孝道之中，没有比敬重父亲更重要的。宗法制下，家与国是同一结构制度的，君主是全体臣民的"严父"。《孝经·士章》又云："资于

---

① 王力：《同源字典》，商务印书馆 1982 年版，第 328 页。

② (清)阮元校刻：《孝经注疏》，《十三经注疏》，中华书局 1980 年版，第 2553 页。

事父以事君，其敬同。"①意思是说，用奉事父亲的心情去奉事国君，崇敬之心是相同的。这种相同的心情，主要的表现就是诚惶诚恐。"敬父"则"父要子亡，子不得不亡"；"敬君"则"君要臣死，臣不得不死"。

四、"悌"的词源义及其文化内涵

　　《论语·学而》："其为人也孝弟。"宋朱熹注："善事父母为孝，善事兄长为弟。"②

　　《孟子·滕文公下》："于此有人焉，入则孝，出则悌。"汉赵岐注："出则敬长，悌。悌，顺也。"③

　　在孔孟笔下，"悌"是一个与"孝"并举的概念，又是孝道礼仪的重要组成部分。"悌"，狭义的理解指敬爱兄长，广义的理解则泛指敬重长上。"悌"，又写作"弟"，两字不仅古籍多通用，且声义同源。

　　《说文》："弟，韦束之次弟也。"清段玉裁注："以韦束物。如輈五束，衡三束之类。束之不一则有次弟也。引申之为凡次弟之弟，为兄弟之弟，为岂弟之弟。《诗》正义引《说文》有第字。"④

---

　　① （清）阮元校刻：《孝经注疏》，《十三经注疏》，中华书局 1980 年版，第 2548 页。
　　② （宋）朱熹：《论语集注》，《四书章句集注》，中华书局 1983 年版，第 47~48 页。
　　③ （清）阮元校刻：《孟子注疏》，《十三经注疏》，中华书局 1980 年版，第 2711 页。
　　④ （清）段玉裁：《说文解字注》，上海古籍出版社 1981 年版，第 413 页。

《释名·释亲属》:"弟,弟也,相次弟而生也。"①

《白虎通义》:"弟者,悌也,心顺行笃也。"②

从上故训,"悌"得名于作兄弟义的"弟","弟"又得名于作次第义的"第"。

"弟"的命名之义当为后生之子,显然初民在为它造词时是着眼于长幼次序的分别的。

对于长幼次序的排行,中国人有着近乎偏执的热衷。对此中缘由,笔者曾有过如下论述:

为什么一定要分出一个长幼次序呢?答案只有一个,那就是这种长幼次序的分别对于人们有特殊的意义。

在中国战国以前的漫长奴隶社会,奴隶主有着大量的剩余财富和可供驱使的奴隶。统治阶级为了使自己的王位、爵位和财产等永远地掌握在自己最亲近的人手里,规定王位继承制度是"父死子继""兄终弟及"。后来,又从保护私有财产不被分散的角度着眼,规定了由嫡长子优先继承。这种优先权的制度到了西周时期已经非常完备了,称为"宗法制"。

奴隶社会时,广大奴隶没有财产,因而也不可能涉及继承权的问题,更不会发生兄弟间利益分配的问题。而到了封建社会情况就发生了变化,广大农民虽不占有土地,却可以拥有自己的财产,他们同样要选择自己家族的继承人。长子在家中年纪稍长,容易较早接替年迈的父亲成为家庭生产的组织者,生产技能的教导者,故而成为理所当然的家族继承人。长幼次序的分别也开始对普通民众产

① (清)毕沅:《释名疏证》,上海古籍出版社 2002 年版,第 603 页。
② (清)陈立:《白虎通疏证》,中华书局 1994 年版,第 380 页。

生意义。而这时的封建领主们也从维护整个封建土地所有权的角度，进一步规定了不论天子、诸侯、卿、大夫、士的爵位，职位统由嫡长子继承的制度，从而为兄弟间利益矛盾的解决提供了一个不是最佳却也最为可行的方案，平息了嫡子之间的纷争，保证了宗法制度的稳定与自然沿续。

所以，兄弟的长幼次序决定了他们未来利益权利的分配优先级。①

在中国传统社会，同辈亲属中，后生者往往地位低下，需对兄长心顺行笃。而"弟"一词本身的评价意义亦包含了顺从、地位低的特点。"悌"的词源义正反映了为弟者对为兄者顺从的特点。两词代表着相同的价值选择，深刻地影响到兄弟间相处的行为规范。

"兄"和"弟"本是汉语中使用频率相当的一对基本词汇，然而后来在口语中"兄"让位于"哥"后居于次位，"弟"却不受影响，其原因之一就在于"弟"承载了中华民族核心的道德价值标准。

孝文化对"次第"的强调，还可见诸其他文化词及亲属词。

如西方所谓的道德之学，中文译作"伦理学"。"伦理学"中的"伦"本源自"侖"，为"侖"的后起字。

《说文》："侖，思也。从亼从册。"清段玉裁注："凡人之思必依其理。伦、论字皆以侖会意。聚集简册必依其次第，求其文理。"②

依段玉裁所言，"侖"乃聚集简册之象形，有次序、顺序等意义。

---

① 甘勇：《浅谈古今排行》，《长江大学学报》(社会科学版)2004 年第 4 期。
② 段玉裁：《说文解字注》，上海古籍出版社 1981 年版，第 312 页。

"伦"则专就人事而言，意寓人际关系中也隐含着一定的次序与顺序。"伦"可组成"人伦""伦理"等词，都代表着处理各种人际关系的道德规范。所谓"五伦"，即中国传统社会基本的五种人伦关系，也就是父子、君臣、夫妇、兄弟、朋友五种关系。五种关系无不尊卑有序，次第井然。特别是在处理兄弟、朋友两种关系时，以顺从兄长、敬重长上为要求的"悌"无疑是人们最应遵循的行为规范。

又如"伯仲叔季"之所以能用作兄弟排行，就在于次第之义皆蕴含其中。

> 《释名·释亲属》："父之兄曰世父，言为嫡统世也。又曰伯父，伯，把也，把持家政也。父之弟曰仲父。仲，中也，位在中也。仲父之弟曰叔父。叔父，少也。叔父之弟曰季父。季，癸也。甲乙之次，癸最在下，季亦然也。"①

《释名》关于"伯仲叔季"的声训虽显牵强，但对各词词汇义的阐释却非常贴切。"伯父"作为整个外延家庭的族长或家长可把持一切家政，约束乃至统治他的同辈和晚辈。由于在家族中占据绝对统领位置，他还有着各种权利，将优先继承祖辈的爵位、财产和事业。

再如，女性亲属称谓中亦有一些区分次第的用词，如"姒娣"：

> 《尔雅·释亲》："女子同出，谓先生为姒，后生为娣。"郭璞注："同出谓俱嫁事一夫。"②
> 《释名·释亲属》："少妇谓长妇曰姒，言其先来，己所当法似也。长妇谓少妇曰娣。娣，弟也，己后来也。或曰先后，以来先后

---

① （清）毕沅：《释名疏证》，上海古籍出版社 2002 年版，第 602 页。
② （晋）郭璞注：《尔雅三卷》，上海古籍出版社 2002 年版，第 8 页。

弟之也。"①

从上，"姒娣"是古代同夫诸妾的互称，尤以姐妹为常，而兄弟之妻也可以互称"姒娣"。在男性主导的古代社会，"姒""娣"的真实地位未必有根本悬殊，但观念中两者依旧尊卑有序，全然比照社会的男性关系。

五、结　　论

语言的历史其实也就是文化的历史，语词的追源往往伴随着文化的寻根。词源是民族语言原初历史的真实写照，各民族的传统观念、思维模式、文化习俗都会在词源意义里得到体现。

传统孝文化是中国传统文化的重要组成部分。在漫长的历史发展过程中，孝文化经过历代统治者和思想家的改造，已经成为中国最为重要的伦理道德规范。它造就了中国人温顺守礼的民族性格，并在凝聚民族感情，维护家庭和谐，促进社会稳定等方面发挥了重要的作用。

传统文化既有精华，也有糟粕。我们对孝文化也要"一分为二"，分清精华与糟粕。中国传统的孝道过于强调权贵、长辈的权益，在一定程度上鼓励盲从，限制创新，导致国人对权威和权力过于迷信，缺乏个人自信心。这些显然不同于现代人所提倡的孝道，如今的孝道更多的是将相互平等、独立人格和互尽义务作为父母子女间的关系基础。

本文意在通过阐释"孝""敬""悌"的词源结构来分析古代孝文化的内涵，特别是对孝文化所导致的个人权利意识淡漠现象做出词源学的解释。

---

① （清）毕沅：《释名疏证》，上海古籍出版社 2002 年版，第 605 页。

　　"孝"与"孝"本同，当与"教""效""校""学""斆"等词同源。"孝"的词源义当为"仿效"，原专指学习者的态度，且主要是对被学习者，即对自己父辈的态度。这种态度，原来可能只限于学习生产技能时的态度，主要以顺从，甚至以盲从作为其基本特征。"孝"是一种盲从父辈的价值取向，它在客观上促使后来的中国人更易养成一种安土重迁、因循守旧、保守落后的劣根性格。

　　"敬"是孝道的核心精神。古人敬老的动机并不是单纯地出自于血缘感情和对先人的感激，其间亦有恐惧感作祟。"敬"的词源义当为"惊恐"，与"惊""警"同源。"敬"源自狗的象形文"苟"，本有"惊惧""戒备"之义，后意义繁复，遂有分别文"警""惊"等字。"警""惊"都可以视作"敬"的后起分别字。"敬"的"惊恐"义在祖先崇拜、父亲权威中得到了很好的体现。

　　"悌"是一个与"孝"并举的概念，又是孝道礼仪的重要组成部分。"悌"，又写作"弟"，两字声义同源。"兄弟"的"弟"，本身的评价意义就包含了顺从、地位低的特点，而"悌"的词源义正反映了为弟者对为兄者顺从的特点。此外，孝文化对"次第"的强调，还可见诸其他文化词及亲属词。

　　（原刊于韩国《国际中国学研究》第十五辑，2012 年 12 月刊）

　　（甘勇，文学博士，讲师，主要研究方向为汉语史、应用语言学、对外汉语。）

语言的维度与翻译的限度及标准

朱 恒

摘 要：语言研究始终都应该是翻译的核心和出发点。新的语言观认为语言至少具有工具性、思想本体性和文学性三个维度。可借用"能指""所指"将这三个维度分别描述为：所指偏向型语言、能(指)所(指)同一型语言和能指偏向型语言。"翻译"则可重新定义为：是一种在目标语中再现源语的能指所指关系的活动。"可译性"取决于各种能指所指关系的对立程度。所指偏向型语言可译度高，能所同一型可译，但难度高，文学性语言可译性低，甚至不可译；对"信""达""雅"进行了正本清源的考证，不再针对抽象文类，而是取决于具体语言，能所统一型语言的翻译标准是"信"，在译文中再造所指，通过对话、阐释使所指在目标语中明晰起来；所指偏向型语言的翻译标准是"达"，以信息、意义的传递为先，译语地道，不能构成阅读障碍；能指偏向型语言的翻译标准是"雅"，能指变形是手段，达到以诗译诗的目的。

关键词：语言；翻译限度；翻译标准；能指；所指

翻译研究正在发生各种各样的转向，传播学转向、文化学转向、符号学转向、社会学转向等，大有从语言学撤离的趋势。对翻译的学科构建而言，这些"转向"研究不仅有用而且十分必要，但它们始终只是外围研究。不管转向何方，有一个事实是无法否认的：翻译是因语言而起，以语言作结的活动，语言始终都应该是翻译研究的核心与出发点。

多年来处于支配地位的语言工具论使语言学派的翻译研究"走进了死胡同"。① 但自 20 世纪 80 年代英美哲学宣称哲学的语言论转向（linguistic turn）以来，人们对语言有了新认识，语言理论的深度也有了大幅提升。遗憾的是，在人文社科"泛文化"研究的语境下，翻译活动赖以发生的终极问题——语言问题仍遭到了不应有的漠视，"翻译研究把翻译放到一个宏大的文化语境中审视"②。而语言学界也不把翻译问题视为语言问题，这在乔治·穆南看来，不仅仅是不可理解的，而且是"语言科学的耻辱"。③ 其实，运用新的语言理论，翻译研究中的一些基础性问题和有争议的问题，如"可译性"问题及翻译标准问题，是可以得到一定程度的解答的。

一、语言的维度

"语言是什么"？找到答案似乎并不困难，语言是"工具"——"交流工具""思维工具"或者别的什么"工具"。多年来，对这个答案我们似乎也颇为满意。我们每天说的、写的、在电脑中输入的语言不是任由我们操练、玩弄、支配的工具是什么呢？当然，这只是哲学认识论在语言问题上的一个反映，在这里，语言只能借助于外在于己的"工具"来呈现自身，"语言"最终也像"筷子""铁锹""手机"一样被存放在贴有"工具"标签的库房里。新的语言学理论并不否认"语言是工具"，只是认为，语言不仅仅是工具。因为语言有工具之用，便断定"语言就是工具"，并认为"工具"就是语言的本质属性，这样的看法是大可怀疑的。

在本体论的视域，不能问也不能回答"语言是什么"，语言的"本体"只能是语言自身。借助于外物对事物下定义都是对事物自身的误读

① 张南峰：《走出死胡同，建立翻译学》，《中国翻译》1995 年第 4 期。
② 谢天振：《翻译研究新视野》，青岛出版社 2002 年版，第 26 页。
③ 许钧：《翻译论》，湖北教育出版社 2006 年版，第 34 页。

和否定。我们唯一能做的就是观察使用中的事物呈现的各种面貌，尽可能接近事物本身。比如说，语言虽然是工具，但这个工具天然就具有"神性"。上帝说"要有光"，就有了光，"光"以及世间万物正是通过上帝的"说"（语言）创造出来的；而且《约翰福音》里更是说，"In the be-ginning was the Word, and the Word was with God, and the Word was God."直接指明了"God"和"Word"之间的同一性。中国也有类似的记载，《淮南子·本经训》"昔者仓颉作书，而天雨粟，鬼夜哭"，民间也一直有"敬惜字纸"的传统。恩斯特·卡西尔、列维-布留尔等都认为"言语中有魔力的影响，因此，对待言语必须小心谨慎"①。而且，巴别塔的故事告诉我们，翻译活动本身就是因上帝变乱了人们的语言而引起的。从某种意义上讲，翻译职业的出现，正是"拜上帝所赐"。当然，由于"神性"问题的超越性，我们很难将其运用于我们实际的翻译研究中。

"神性"只是语言的一个维度。在这个超越性的维度之外，语言至少还有三个维度：工具性、思想本体性和文学性。

如前所述，语言具有工具性，但语言是如何履行其工具性的职能的呢？不管是声音形式还是视觉形式呈现的语言，信息或思想的交流都是其重要目的。信息或思想借助语言得以呈现、清晰、凝固，像包裹一样可以从一个主体传递给另一个主体，而信息、思想并不受到减损。中国古代对此有着很深入的思考，比如"言-意"关系。"筌者所以在鱼，得鱼而忘筌；蹄者所以在兔，得兔而忘蹄；言者所以在意，得意而忘言。"（《庄子·外物》）对传递意义而言，语言不过是如抓鱼捕兔的工具或手段，鱼、兔到手，筌、蹄就如同不曾存在过一样。语言的工具观也认为，在传递信息的过程中，语言应该是透明的，如空气或水一样，存在但又不让人刻意去感觉到它的存在。

借助索绪尔的"符号""能指""所指"术语可以更清楚地描述语言的

---

① 列维-布留尔：《原始思维》，商务印书馆 1985 年版，第 171 页。

这一功能。在论述"能指"与"所指"的关系时，索绪尔特别强调，"把这种具有两面性的单位比之于由身躯和灵魂构成的人，是难以令人满意的"；而"比较正确的是把它比作化学中的化合物，例如水。水是氢和氧的结合；分开来考虑，每个要素都没有任何水的特性"。① 在这里，索绪尔特别提醒他的读者，能指与所指并不是简单的"构成"关系，而应该是一种"化生"关系。也就是说，能指和所指并不是板滞的、僵死的固定结构关系，而是动态的、弹性的、甚至是压制与反压制的变量关系。能、所指之间的变量突破一定值域，就会呈现出某种语言样态来。

在"言-意"关系中，"言"（口说的与书写的）就是"能指"，"意"则是"所指"，工具性语言的实质就是"能指"通过自身的不断隐匿、消失而让"所指"显形、现身。这种通过能指自身的消失而唤出所指的语言，我们可以将其命名为"所指偏向型语言"或"工具性"语言。如闲谈时，说的人与听的人之间流淌的仿佛是思想本身，语言本身并不会引起特别注意，没有人会先分析某句话的主谓宾，然后再得出意思，语言仿佛并不存在。

但工具性语言不是语言的全部，萨丕尔警告人们，"认为自己可以不使用语言就能适应现实情况，认为语言是解决交际中具体问题或思考问题时偶然使用的工具，那是非常错误的"②。在信息、意义的传递过程中，语言确实可以被当作外在于主体的"工具"，但对每个个体的人而言，语言先于他们而在，一旦选择了某种语言，就必须严格地处于这种语言的规约之下。维特根斯坦断言，世界上不存在"私人语言"；海德格尔说，不是人说话，而是话说人。语言是人的工具，人不也是语言的工具吗？我们说的每一句话（索绪尔称为"言语"）都是符合"语言"规定的话，都是替"语言"发声而已。这也就是语言的另一个维度，即思

---

① 费尔迪南·德·索绪尔：《普通语言学教程》，商务印书馆 1980 年版，第 147 页。

② 爱德华·萨丕尔：《萨丕尔论语言、文化与人格》，高一虹等译，商务印书馆 2011 年版，第 138 页。

想本体性。

语言的思想本体性是认为，并不存在一个在语言之外的所谓"客观世界"。世界不过是由语言塑造的世界，不同的语言塑造了不同的世界。洪堡特很早就宣称，一个民族的语言和思维是不可分割的，因此，"一个民族的语言就是他们的精神，一个民族的精神就是他们的语言"①。认同洪堡特观点的语言学家、哲学家不在少数。海德格尔认为，"存在在思想中达乎语言。语言是存在的家。人居住在语言的寓所中"②。语言的思想本体性理论认为，语言与思想之间具有直接同一性，在这里，语言就是思想，思想必须通过语言表现，二者是一而二，二而一的问题。这也可以解释为什么作为思想文化运动的"五四"一定要从一场语言文字运动——"白话文运动"开始。③

用"能指""所指"概念来表述，思想本体性的语言就是"能所同一型"语言，即能指就是所指，创造一个新的能指符号就是生成一种新的思想。"五四"时期，中国知识界大量输入"民主""科学"等观念，但作为汉语中新的能指，只有通过一段时间的解释、宣传、沉淀，其"所指"逐渐建立起来，能指才慢慢被人接受。

语言的另一个维度是其文学性维度，有人称其为"文学语言"，严格地说，还是应该叫做"文学性语言"或"语言的文学性"。语言的"文学性"问题最早是由罗曼·雅可布逊提出的。1921 年，在以俄文发表的长文《最近的俄罗斯诗歌》中，雅可布逊指出，"文学研究的主体不是文学，而是'文学性'（literariness）；亦即：某作品成为文学作品的因素。"④借用"能指""所指"概念，文学性语言可以描述成"能指偏向型"

---

① 威廉·冯·洪堡特：《论人类语言结构的差异及其对人类精神发展的影响》，姚小平译，商务印书馆 1999 年版，第 25 页。

② 海德格尔：《路标》，孙周兴译，商务印书馆 2007 年版，第 366 页。

③ 朱恒、何锡章：《五四白话文运动的语言学考辨》，《文学评论》2008 年第 2 期。

④ R. Jakobson, *Selected Writing*, Vol V., (Hague, Paris, New York: Mouton, 1979), 299-354.

语言。与工具性语言的"所指偏向"不同的是，"能指偏向型"语言并不以抵达所指为目的，甚至有意干扰能指通往所指的路径与行程，而将受众的注意力吸引到能指符号自身。形式主义诗学明确指出，"如果说，日常语言具有能指(声音、排列组合的意义)和所指功能(符号意义)，那么文学语言只有能指功能"。① 本应是忠实、透明记录语言的能指符号并不甘心处于从属地位，时常会提醒我们注意它的存在。比如诗歌语言的分行，就是为了提醒读者，中断与真实世界的语义联系。而众多修辞手法的目的，也是为了加大通往所指的难度，延长通往所指的时间。简言之，就是让读者不要关注"说了什么"，而要关注"怎么说的"。

从目前研究情况看，语言至少具有上述四个既相互区别又相互关联的维度。语言的多维度观对解决翻译研究中的一些基础性问题可以提供有益的思路。

二、翻译的限度

谈到翻译，首先要回答的问题的是，不同语言之间的转换是否可能，也就是"可译性"(translatability)或"不可译性"(untranslatability)问题。面对多姿多彩而又佳作难寻的口笔译活动，相信不会有绝对的"可译"或"不可译"的拥趸者。如果"可译"，那怎么样才称得上翻译呢？形形色色的关于"翻译"的定义大多是费道罗夫定义的翻版。"翻译是用一种语言手段忠实、全面地表达另一种语言表达的东西(传达的忠实和全面是翻译区别于转述、简述以及各种改写之所在)。"②从语言多维度的观点看，这个定义不过是语言工具观在翻译问题上的反映。如果将不同语言描述为不同的能指和所指关系，"翻译"则可重新定义如下：翻译

---

① 朱立元：《当代西方文艺理论》，华东师范大学出版社 2005 年版，第 47 页。

② 蔡毅：《关于国外翻译理论的三大核心理念》，《中国翻译》1995 年第 6 期。

是在目标语再现源语的能指所指关系的活动。

如前所述，语言的能指、所指关系有三类：所指偏向型、能(指)所(指)同一型和能指偏向型，对应的语言分别是工具性语言、思想性语言和文学性语言，而与此相对应的翻译类型则是工具类(语言)翻译、思想类(语言)翻译、文学类(语言)翻译。非常巧合的是，倪康梁先生也是"把所有翻译粗略地分为三类：(1)技术类、(2)文学类、(3)思想类。"虽然我与倪先生的分类的出发点和标准都不相同，但我们的最终结论却几乎完全一致，也许这正是由翻译的本质决定的。他的翻译类型对应的是另外三个学科：语言学、文艺学和解释学。①

翻译类型因语言的三个维度而划分为三类，但必须指出的是，这三种类型的翻译并不是由抽象的文本类型来划分的。翻译的限度、难度、准度并非取决于某一个文本类型。比如，小说、散文当然是文学作品，但不能因此简单地认为小说、散文翻译就是文学翻译。小说也好，散文也罢，都不可能"字字珠玑，句句锦绣"，全是"好词好句"，绝大部分语言都是很"平常"的语言。这些语言不仅能翻，而且易翻。况且，还有很多文本根本就无法归类，如传记，到底算不算文学作品呢？文本无法归类或简单化的归类，正是造成"可译""不可译"无法对话的重要原因。从语言的多维度出发，可以找到新的看待文本的方式。

抽象地划分文本类型对翻译类型的建立意义不大，最终会得出正确而不可操作的"真理性结论"，如"文学翻译的对象是文学作品，……而非文学翻译的对象是文学作品以外的各种文体，如各种理论著作、教科书、报刊政论作品、公文合同等等"；"文学翻译采用的是文学语言，而非文学翻译采用的是非文学语言"等。② 可以说，类似的表述充斥汉语世界的专业期刊、专业书籍，但极少有人去回答"什么样的语言是文学语言""为什么将这样的语言称为文学语言"这些基础性问题，而多是

---

① 倪康梁：《译者的尴尬》，《读书》2004 年第 11 期
② 郑海凌：《文学翻译的本质特征》，《中国翻译》1998 年第 6 期

在"文学作品的语言"与"文学语言"之间简单地画上了等号。

翻译的实质是对语言本身的解码编码，翻译类型的建立只能以语言的维度作为出发点。因此，在语言多维度观看来，固然存在单纯的技术类、思想类、文学类文本，但绝大多数文本都是"所指偏向型""能所同一型"和"能指偏向型"这三种语言类型的混合与杂糅，只是它们在不同类型的文本中所占比例不尽相同而已。如《围城》，当然是小说，是文学作品，但翻译《围城》所需要处理的语言并不都是文学语言，如"照例每年夏天有一批中国留学生学成回国。这船上也有十来个人。大多数是职业尚无着落的青年，赶在暑假初回中国，可以从容找事。那些不愁没事的学生，要到秋凉才慢慢地肯动身回国。"类似这样的没有什么"文学味"的语言占到了该书的80%以上。从前述"能所关系"来看，这一段显然是"所指偏向型"语言。阅读时，读者不会将注意力放在文字本身上，语言仿佛是"透明"的，信息毫无挂碍抵达读者。由于这一类型的语言以抵达所指为旨归，能指符号处于不断的消隐过程中，伽达默尔称其为语言的"自我遗忘性"，他说，"活语言根本意识不到语言学所研究的语言的结构、语法和句法"，并且，"语言越生动，我们就越不能注意到语言"。① 这与我们常常沉浸于某部小说，与主人公同悲喜，而几乎不去注意文字本身的阅读体验正好可以互证。这样的语言虽然是文学作品中的语言，但并不能说是"文学性语言"，而恰恰符合"工具性语言"的特征。大量的应用文体如通知、告示、启事、备忘录等也属于这类语言。由于"所指偏向型"语言只是工具，重心是信息、意义，这类的语言是便于翻译、易于翻译的，因此，也毫无疑问是"可译"的。

思想类的语言的翻译就复杂得多。正如维特根斯坦所理解的那样，作为一种主观的东西，如果不借助人类理智发明的语言，思想自身是无法表达的。思想只有通过各种语音、语调、字词、记号、符号以及语句、命题，才能在感官的感知中得到表达。语言就是思想，思想就是语

---

① 伽达默尔：《哲学解释学》，上海译文出版社1994年版，第65页。

言。翻译一种语言就是再现一种思想。由于能指、所指具有同一性，确定能指符号就显得尤为重要了。在思想类语言的翻译中，翻译技巧、翻译艺术并不是最重要的。由于思想借助于概念运行，而概念又是因语言而生，所以，概念的命名就显得特别重要，也特别困难。

用林纾和严复的翻译做个对比。林纾译的是小说，如前所述，虽然是文学作品，但多数语言其实是"工具性语言"，所以林纾的翻译是"耳受而手追之，声已笔止，日区四小时，得文字六千言"。[①] 只要在目标语中传递出了所指，用什么样的能指并不重要，工具性语言的转换与语言的熟练程度成正相关关系。而严复所选择的作品多为介绍西方学术思想的书籍，属思想类翻译。严复虽然中英双语俱佳，但却往往"一名之立，旬月踟蹰"。很多人以此证明严氏对待翻译的严谨态度，其实不然，他想说明的恰恰是思想翻译的难度。因为"新理踵出，名目纷繁，索之中文，渺不可得，即有牵合，终嫌参差"。而这正是思想与语言不可分割的表现，源语的能指在目标语中几乎无法找到对应。再造能指，也意味着要重新规约所指。翻译的过程也就成了"自具衡量，即义定名"的过程。由于是重造能所关系，所以"定名之难，虽欲避生吞活剥之诮，有不可得者矣"。[②] 而在《〈群己权界论〉译凡例》中，通篇都在阐释为什么要将"liberty"翻译为"自繇"，其实就是在为"liberty"寻找相应的汉语能指，并建构一套新的能指—所指关系。[③] 从严复的译书过程可以看出，思想类翻译是可能的，但它确有难度，并且主要难在"命名"上。

严格说来，文学语言并不是语言的构成要素，文学语言的文学性体

① 林纾：《译〈孝女耐儿传〉序》，罗新璋、陈应年编《翻译论集》，商务印书馆 2009 年版，第 240 页。

② 严复：《〈天演论〉译例言》，罗新璋、陈应年编《翻译论集》，商务印书馆 2009 年版，第 202~203 页。

③ 严复：《〈群己权界论〉译凡例》，罗新璋、陈应年编《翻译论集》，商务印书馆 2009 年版，第 208 页。

现在语言的运用上。"绿"不是个很普通的词吗？但用在"春风又绿江南岸"中，不仅让"绿"字本身，而且让这句诗都有了诗意。本文再三强调，我们所说的文学语言是狭义的文学语言，并不等同于"文学作品的语言"；我们所说的"文学翻译"，不是文学作品的翻译，而是对文学作品中具有"文学性"的语言的处理。文学作品中有非文学语言，非文学作品中也可能有文学语言，判断的标准不是作品，而是语言本身。

如前所述，文学性语言可描写为"能指偏向型"语言。所谓"能指偏向型"，即语言使用的目的不是像工具性语言那样，能指符号常常通过"自我遗忘"的方式指向所指。"能指偏向型"语言中，能指符号不再是通往所指的工具，恰恰相反，通过夸张、变形、重复、韵律、节奏等手段，能指符号将读者的注意力吸引到自己身上，抢了所指的镜头。也正是从这个角度，形式主义诗学把"诗歌确定为受阻碍的、扭曲的语言"。① 由于语言之间的不可通约，这些手段在目标语中往往找不到对应的方式，更达不到同样的效果。从这个意义上讲，文学语言是不可译的。诗歌是典型例子。如杜甫的《〈秋兴〉八首》，让人称叹的不是它说了什么，而是已臻极致的平仄的"工"，任何其他语言都无法传递、再现。所以弗罗斯特说，诗是一经翻译就不存在的东西（Poetry is what gets lost in translation）。这里的"诗"不仅仅是诗歌，而是"诗性"，或语言的"文学性"。换句话说就是，不是诗歌不可译，而是诗性不可译。

虽然有很多人在译诗，但认为"诗"不可译的也大有人在，因为"诗之所以为诗的东西，在很大程度上有机地溶化在诗人写诗时使用的语言之中，这是无法通过另一种语言（或方言）来表达的。"②钱锺书先生也曾比较过文学性语言与其他类型语言的区别，"瓦勒利尝谓叙事说理之文以达意为究竟义，词之与义，离而不著，意苟可达，不拘何词，意之

① 朱立元：《当代西方文艺理论》，华东师范大学出版社 2005 年版，第 47 页。

② 王以铸：《论诗之不可译——兼论译诗问题》，罗新璋、陈应年编《翻译论集》，商务印书馆 2009 年版，第 972 页。

既达，词亦随除；诗大不然，其词一成莫变，常保无失。是以玩味一诗言外之致，非流连吟赏此诗之言不可；苟非其言，即无斯致。"①钱先生这里说的"词"就是我们所说的"能指"，"义"或"意"则为"所指"。"叙事说理"的工具性语言，以"达意"为目的，至于用什么样的"词"（能指）并不重要，"意苟可达，不拘何词"；而诗歌语言中的"词"（能指）则不能改变，一旦改了，诗味也就不复存在了（"苟非其言，即无斯致"）。从这个意义上讲，"诗"（文学性语言）也是不可译的。

总之，从三个维度看，语言的可译度是不相同的。工具性语言可译度很高，思想性语言可译，但难度极高，而文学性语言则几乎不可译。以前的"可译""不可译""语言派"与"艺术派""直译"与"意译""技术"与"艺术"等争论，不过是一个问题的两个方面，站在语言的不同维度言说的结果。从多维度语言观来看，"可译""不可译"之争可以休矣！

三、翻译的标准

翻译的标准是个常说常新的话题。几乎所有的翻译研究者都试图给出一个自己的标准，但无论借用什么理论，都绕不过严复的"信达雅"。之所以最终无法统一，自说自话，其实都是想用单一的标准涵盖多维度语言必然具有的差异。其结果，必然是最终消解翻译标准，要么认为文学翻译的标准是"模糊的"；② 要么认为"翻译并无确定标准，也无必要为此标准而争论"。③ 但我们仍然相信任何有意识的人类活动都是可以确立一定标准的，翻译也不例外。

---

① 钱锺书：《谈艺录》，生活·读书·新知三联书店 2001 年版，第 238 页。
② 赵德远：《翻译标准的相对性与绝对性》，《解放军外国语学院学报》2000年第 4 期。
③ 游振声、姜治文：《论翻译无确定的标准》，《重庆大学学报》（社会科学版）2003 年第 6 期。

严复本人也承认，"译事三难：信达雅"分别源于：《易》曰："修辞立其诚"。子曰："辞达而已矣。"子又曰："言之无文，行而不远。"这三个不同表述的对象都是语言，即"辞"或"言"，是不同文章对语言的不同要求，"三者乃文章正轨"。由于译文的最终考辨标准也是语言，严复把它们也用作了"译事楷模"。这里，我们需要特别注意的是，"信达雅"与"《易》曰、子曰、子又曰"是一一对应的。因为"修辞立其诚"，所以要"信"；因为"辞达而已矣"，所以要"达"；因为言要有"文"，所以要"雅"。并非巧合，"修辞""辞"与"有文之言"正好与三个维度的语言相契合。

"辞达而已矣"里的"辞"正是一般性的语言，什克洛夫斯基称为"日常语言"，也可称作"工具性语言"，本文称其为"所指偏向型语言"。这类语言是通过"自身的遗忘"抵达所指，传递信息、意义等。"达"有两重意义：一是"达旨"，"言、辞"须及于物，传递的内容清晰、确实；二是通达，语言本身不构成理解障碍。译文要求传递出能所指关系中的"所指偏向"，即不仅要达意，而且不能让能指符号自身过多吸引或干扰阅读。这就要求译文必须是地道的目标语，那些异于目标语的源语形式(能指组合形式)很少或几乎不在目标语出现。如《乔布斯传》有这么一句："……his mother Clara, who was a smoker, was stricken with lung cancer."大陆版的《乔布斯传》是这样译的："乔布斯的母亲克拉拉是一个吸烟者，他31岁时，……母亲患上了肺癌。"这个译文在"达"上面就存在问题，"吸烟者"，读者总觉得有些怪。台湾版译为"他的养母克蕾拉因为烟抽得太凶，得了肺癌"，显然更"达"一些。

"修辞立其诚"陈述的则不再是"辞"，而是"修"辞这个对辞的加工、整理、提升、概括、抽象的过程，与今天所指的"修辞手法"的"修辞"并不一样，如比喻、对偶、拟人拟物都是"修辞手法"，与"诚"何干？"修"过了的"辞"就是超越了日常生活的"辞"，即思想本体性语言，也即"能所同一型语言"。创造一种新思想，就是创造一个新词语(能指)。"修"辞必须与内心、思想相符，思想本体与语言具有一致性，

"正心诚意"是"修"辞的基础，"信"是"修"辞的最高标准。思想本体性语言的翻译，有人直接称为"思想翻译"。思想翻译的对象是浓缩、提炼过（"修"）的思想，"即义定名"并不是件容易的事。如何将老子的"道"译为英文仍然还是"道"本身？是不是每个说英语的人都真正懂"Taoism"？海德格尔的"Ereignis"，译作"大道"（孙周兴）、"统化"（张汝伦）、"本是"（陈嘉映）、"本有"（陈小文）、"缘起生成"（张祥龙）、"成己"（邓晓芒）……谁知道其所指为何？要懂得这些术语（"名"），没有对这些术语的解释是不可能的。语言的清晰是随着对思想的理解实现的。这就要求必须忠实于思想本身，"对思想或意义的叛逆则不被允许，否则译者就是在创作而不是在翻译"①。倪梁康先生认为思想翻译的"信"是指"思想的再构。对原作中所要表达的思想的尽可能如实把握。""能所同一型"语言要求翻译家再造一个最接近思想本身的"名"，以实现对思想的"转渡"。思想翻译中"达"与"雅"则降为次要要求。"达"的直观表现就是"懂"，但谁也不敢将"达"或"懂"作为思想翻译的标准。鲁迅就批判过一些"看了几十行也还是不能懂"，因而对翻译不满的人。他说，"倘是康德的《纯粹理性批判》那样的书，则即使德国人来看原文，他如果并非一个专家，也还是一时不能看懂"②。对思想类翻译，一味求"达"、求"雅"都会伤害思想本身。

"言之无文，行之不远"与"辞达而已矣"是孔子提出的，二者又几乎完全背反，多年来让人困惑不解。用语言的多维度观分析，孔子的这两个表述不仅不矛盾，而且恰恰从多维度揭示了语言的本质。有的语言是不需要"文"的（"辞达而已矣"），有的语言则非"文"不可，否则"行之不远"。以"达"作为标准的"辞"，是工具性语言，或"所指偏向型语言"，而需要"文"的语言，则是文学性语言，是"能指偏向型语言"。"文"通"纹"。"纹"者，"饰"也。有"文"的语言，也就是装饰过了的语

---

① 倪康梁：《译者的尴尬》，《读书》2004 年第 11 期。
② 鲁迅：《为翻译辩护》，罗新璋、陈应年编《翻译论集》，商务印书馆 2009 年版，第 364 页。

言。"装饰过了的语言"就是运用一定手段，让语言的能指符号得到凸显。举个例子，我们常常看到这样的通知："今天下午三点半请全院教职工到三楼阶梯教室开会，会议内容重要，请大家不要缺席。"这是工具性语言，读者关注的是开会的时间、地点、不能请假等信息，而语言本身不会吸引阅读者的注意力。如果有人把它改成：

今天下午三点半，

职工阶梯教室见。

会议内容极重要，

不能请假很抱歉。

改后的文本传递的信息与原通知相比并无减损，不能说这就是诗，但这是"能指偏向型"的语言。能指符号通过分行、齐言、押韵等手段使语言有了"文"（纹）。雅克布逊曾经指出，"诗歌的诗性功能越强，语言就越少指向外在现实环境，越偏离实用目的，而指向自身，指向语言本身的形式因素，如音韵、词语和句法等"。[①] 在我们所说的能所关系中，"偏向"是有度的差异的。如汉语"能指偏向型"的极致就是骈文和律诗，而这是绝不可译的。

就文学性语言的翻译标准而言，应该是"雅"。严复得出"雅"本是源于孔子的"言要有文"，有"文"（纹）之言方为"雅"言。但后世论"雅"都误读了"雅"，将"雅"等同于"高雅"或"古雅"，说什么"《金瓶梅》或同类的书，它里面的社会人物是那样的粗俗，而以周秦的文章来描写"，"结果一定非常的可笑"。[②] 好像撒泼骂人的脏话也要译成"文质彬彬"的"雅"言，这根本就是误解。"雅"常与"文"连用，说明"雅"因"文"（纹）生，"文"（纹）促"雅"成。并且，据考证，早在东汉，"随着文学和文人意识的觉醒，它（雅）也逐渐显示出向审美观念和趣味渗透

---

① 朱立元：《当代西方文艺理论》，华东师范大学出版社 2005 年版，第 51页。

② 陈西滢：《论翻译》，罗新璋、陈应年编《翻译论集》，商务印书馆 2009 年版，第 476 页。

的趋势"。① 而在中国有记载的最早的译论《法句经序》中，支谦认为"近于质直"的翻译"其辞不雅"，维祇难则认为佛言，"依其义不用饰"，并且"美言不信，信言不美"，故"实宜径达"，② 将"雅"与"饰""美"的关系揭示得很清楚。"雅"的核心意义就是"美"，具体到语言，就是能指符号"指向自身，指向语言本身的形式因素"。翻译意味着能指的变化，源语的能指形式很难留存在目标语中，但能指与所指的关系是可以再现的。原文是"能指偏重"，译文也应该是"能指偏重"，也可以说是"以诗译诗"。

需要特别指出的是，三种类型的语言是语言的三个侧面，三个维度，三者之间并无高低难易先后之分。"信""达""雅"同样也无高低难易先后之别。并不是先"信"后"达"再"雅"，也不是"信达而外，求其尔雅"。以语言为判断标准，则是该"信"则"信"，该"达"则"达"，该"雅"则"雅"。

语言的多维度观让我们对语言本身有了新的认识，能所关系也给我们提供了新的言说路径，翻译的限度、标准等争议颇多的问题也有了新的思考。虽然没有提出翻译的新标准，但有了新根据。

（原刊于《中国翻译》2015 年第 2 期）

（朱恒，文学博士，副教授，主要研究方向为英汉语言比较、译介学、符号学。）

---

① 于迎春：《"雅""俗"观念自先秦至汉末衍变及其文学意义》，《文学评论》1996 年第 3 期。

② 罗新璋、陈应年编：《翻译论集》，商务印书馆 2009 年版，第 22 页。

文学和影视艺术的语言

帅锦平

摘 要：语言是艺术的媒介。了解文学和电影（视）语言的特征以及它们之间的区别，对影视和文学创作有裨益，尤其是对影视艺术的创作意义更加重要。本文用比较分析的方法，粗略地将两者的关系厘清，从而给影视写作和创作人员以启示。

关键词：语言系统；影像；直接性；直观性；随意性

电影和文学是两种不同的艺术，它们最根本的差异是使用两种不同的媒介材料，构成了不同的符号系统。文学艺术是以文字语言的组合为自己的媒介，影视艺术则以影像（同时还包括伴随影像之中的声响）组合而成的镜头语言作为自己的媒介的。把握两种艺术语言媒介的差异，有助于厘清文学和电影（视）作为艺术的分野，也有助于促进这两类艺术的创作。

文学是所有艺术中最古老的艺术形式之一，文字语言是文学艺术区别其他艺术的本质特征。电影（视）在众多艺术门类中被称为"第七艺术"，它尽管从早先的艺术门类中汲取营养，但不是哪一种艺术的分支或变种，而是一门具有独特表现力的艺术形式。

文学语言的基本元素是文字。文字只是文学语言的物质载体，它自身不能作为文学的主体，只有当它按照一定的语法规范组合起来，才能成为文学主体的语言而存在。文字是一种相对稳定性符号体系，但是，文字又和它所能指代的客观现实中的对象之间没有直接意义上的关系，具有随意性。正如有人说：中国人的"茅厕（mao si），英国人的"嘴"（mouth）。因此，不管在哪一种语言系统中，文字符号与其所代表的意义之间没有必然的联系，而是约定俗成的。正因为文字符号有这样的特征，所以任何一种文字语言都需要通过学习才能掌握。

而电影（视）语言符号系统是摹拟人的视听感知经验的影像，它与它所表示的意义几乎是一致的。在影视语言符号中，影像（包括声响）就是观众可以直接感知的某条河、某栋房子，这是一种直观性的符号系统，它是对人的视听感观的直接刺激，这种语言无须学习就能掌握。

这里涉及文字符号和影像符号在反映客观物质世界的方式的差异，这一差异也直接导致接受者（观众和读者）接受方式的差异。一方面，文字语言借助于抽象概括的随意性符号来激起接受者记忆中的相应的思维形象，接受者在文字语言中所感受到的形象其实是存在于读者的思维意识中，这种抽象的文字符号必须借助读者的想象才能"补充"成为一个想象中的形象。另一方面，影像语言则是借助于外界刺激来激起记忆中相应的思维形象，不管接受者所意识到的形象和感知到的东西是否等同。

从感知的一般规律来看，客观世界越具体越真切就越便于接受者感知或接受，因此，在这个层面上讲，影像语言比文字语言更具体和真切，影视语言也比文字语言更容易被人接受。

文字符号作为"信号的信号"（巴甫洛夫语）是对客观事物的高度抽象。高度抽象的文字给每一个接受者的接受都带来了不确定性，某一物体在一个人心中的形象会跟其他人不相同，因为不同个性、经历、气质的接受者必须凭借个体的经验、素养、体验和认知等去还原被抽象的意象，也就是说要经过文字的刺激去进行想象和重建。在想象和重建的过程中，接受者的个体特征将起到很重要的作用，整个过程都充满了间接转换的性质。而影像符号则不同，它将源自于客观存在的表象直接诉诸接受者，从而使接受者直接感知到表象产生时的本原状态。影像本身是具体的，它很少有抽象概括的能力，于是电影电视的抽象必须通过过程表现出来。正如乔治·布鲁斯东在论及小说和电影这两种手段之间最根本的差异时指出的那样，小说和电影都是让人"看见"，这一方面意味着小说家和电影家的意图是相同的，但另一方面，"看见"的方式是不一样的，"人们可以是通过肉眼的视觉来看，也可以是通过头脑的想象来看。而视觉形象所造成的视象与思想形象所造成的概念之间的差异，就反映了小说和电影这两种手段之间最根本的差异"。

布鲁斯东给小说的"看见"加上引号，意在表明文字其实是看不见也听不见的。文字语言跟影像一样，它的符号没有物理的光波和声波的关系，光和声在这里只是一种随意性的载体，比如文字符号既可以用眼来读，也可以用耳来听它的读音，而盲人则是用指触来读，还有借助于视力的哑语。也就是说，文字在利用光波时，并非是在利用外界物体的反向光的刺激。它在利用声音时，也不是利用外界声源所发出的自然声音，只是让读者借助于光波、声波来识别某一符号系统所设计的特殊字形和发音，然后直接诉诸读者的记忆储备中的字与音。因此，一旦遇到没有学习过的另一种文字符号，那么光和声（字形和发音）对读者来说就不起作用了。

这种识别过程就使得文字符号更适合于处理思想的抽象世界，文学家只能通过文字的描写来引起读者的感觉，使读者根据自己的生活经验进行一次再创造，在脑海中构想出自己心目中经验过的视觉形象来。文学就是利用这种文字符号来形成一种独特的形象的语言，我们把它称做"文字语言"。文字语言主要是一种抽象概括的、象征性的、隐喻性的、分析性的语言。它的象征是一目了然的，因为作者可以把他的象征解释给读者。电影从心理学上说，可能是有说服力的或虚假的、内容丰富的或内容贫乏的。只有电影的思想和内容不是来源于各种思想的深层内涵中，在任何情况下都是用眼睛可以看见的，在表面上能全部感觉到。

所以，文学在表意时常常使用大量的修辞，经常采用"以此物喻彼物""正面描述侧面烘托"等手段，使本来抽象的、难以言说的、不易表达的东西得以形象生动的表现。文学要使抽象的概念形象化，最重要的手段就是运用各种各样的修辞。文学中的修辞尽管外在形态各异，但是也有共同的特征，即通过本体和喻体之间本质上的某种相似点所形成的联系，使本体获得具体性、生动性。修辞的盛行乃是为了弥补文字的形象表述的欠缺。修辞不是文学专利，影视也有修辞。但是影视的修辞一般以特定影片整体形态中的特定对象物在视听运动组织中的某种突出点来比拟。文学的隐喻需要修饰语；电影电视纪录的精确性和具体性取消了修饰语。文字可以直接表现人的内心活动，电影电视停留在表象、外部或表象化的内心活动上。

此外，文字符号纪录下来以后是静态的，文学语言使用相对独立的单一符号，它们之间的空间位置是既定的，而影像则是"活动照片"，是"光和影的把戏"，电影艺术的潜力和意义就在于一切存在物看起来就像它自己那样。影像符号所指代的含意是无法任意更改的，而在文字符号中能指和所指可以有很大的差别。

各种艺术因为使用不同的媒介符号，而产生了自己独特的艺术语言。每种艺术的特点，都同它的局限性有关，文学艺术所使用的文字符号能表达语言的含意，这是它的长处，也是它的局限。同样，影视艺术所使用的影像符号能真实地纪录生活情景和细节，这是它的长处，但也是它的局限。

文字最大的优势在于它可以摆脱人为因素的局限，天马行空般挥洒自如，读者也可以通过文字展开自己的无尽遐想，产生"仁者见仁，智者见智"的不同感悟，并可以不断反观、回味。而一旦拍成影视作品，万般想象被铸成眼前不能更改的具体场景，总会有"不像"的地方，这本身就注定了难以逾越原著的一种缺憾。同时，影视作品是将文字的细微描绘化为直接的视觉效果，在这个过程中，必然要省略原作品中的许多精巧之处，如人物的心理、故事的细节，等等。越是以文字见长、妙笔生花的作品，这种损失就越显得严重。改编艺术家在进行文字作品的影视改编时，只有很好地把握了文学和影视这两种艺术所使用的不同的艺术符号，才能自如地实现二者之间的成功转换。

总之，文字和影像是反映客观的方式和途径完全不同的符号系统。

(原刊于《中南民族大学学报》(人文社会科学版)2003 年第 2 期)

(帅锦平，哲学硕士，副教授，主要研究方向为文艺学、电影学。)

市场经济与普通话

李俊群

摘　要：语言是交际的主要工具，作为"全国通用的普通话"，在市场经济条件下，怎样发挥作用，以适应市场经济的需要，市场经济对普通话有什么影响、作用与要求等，是当前语言应用研究的新课题。市场经济与普通话关系极为密切。市场经济的统一性、开放性、竞争性要求语言的共同化、实用性、标准化。市场经济推动语言的发展，市场经济体制的建立使普通话在语音、语法和词汇三方面都发生了变化，这些变化使普通话更加丰富。市场经济要求把普通话纳入法制轨道，推广普通话仅靠宣传、号召是不够的，必须依法管理。

关键词：市场经济；普通话

自从党的十四大确定建立社会主义市场经济以来，中国社会在经济、政治和文化各方面都发生了巨大变化。语言是交际的主要工具，作为"全国通用的普通话"，在市场经济条件下，怎样发挥作用，以适应市场经济的需要，市场经济对普通话有什么影响、作用和要求等，是当前语言应用研究的新课题。

一、市场经济是推广普通话的动力

市场经济有三个显著的特点：统一性、开放性、竞争性。这三个特点对普通话影响很大。

市场经济的统一性要求语言的共同化。市场经济的统一性是相对分割性而言的，全国是一个统一的大市场，不能搞地区分割。这种统一的市场必然要求语言的共同化，共同化的语言就是全国通用的普通话。社会主义市场经济是商品经济，市场经济越发达，商品交换也就越发达，而发达的商品交换必然要求扩大信息交流。语言文字作为信息的主要载体，在市场经济中具有重要作用。在社会主义市场经济条件下，国内各地区、各民族之间经济交往日益频繁，商品流通空前活跃，人员流动越来越大，目前全国人户分离人数已达七千多万，随着市场经济的完善，异地交往会更加频繁。全国各地的人互相交往，别说不同省份的人说话彼此听不懂，就是同一个省而不同地方的人说话互相也不一定都能听懂。因为有的省份分别为几个大的方言区，如福建又分为闽南话、闽北话等；广东又分为粤语、客家话等；湖北咸宁地区以及黄石市的阳新大冶等县市属于赣语系。这些地方的话在本省内其他地方也不能通行，所谓"隔条坳，不同道；隔条江，不同腔"。想要交往，都必须讲相互能够听懂的普通话。因此，社会主义市场经济的发展，必然要求"推广全国通用的普通话"。可以说，社会主义市场经济的发展，要求推广普通话，比以往任何时候都要更加必要和迫切。

市场经济的开放性要求语言的实用性。市场经济的开放性是相对封闭性而言的。市场经济的开放，既是对内开放，也对外开放，国际国内的市场使用普通话大有用武之地。对内开放是全方位的开放。沿海地区开放在前，内地及西南、西北等边疆地区在后，沿海地区带动内地及沿边地区，形成全方位开放的新格局。比如长江经济开发带就是以上海为龙头，带动沿江经济的开发。社会主义市场经济体制要求经济行为与经济效益相联系，为了获取最大的经济效益，使用普通话已成为人们的自觉要求。九省通衢的武汉有一条闻名遐迩的汉正街，这里的商家客户来自全国各地，何以生意兴隆，购销两旺，重要原因之一就是普通话成为交易的纽带。

对外开放是双向性的。一方面要开拓海外市场，另一方面要引进外资。现在的世界是开放的世界，关起门来搞建设是不能成功的，中国的发展离不开世界。开拓海外市场，参与国际市场竞争与国际合作交流，我们使用的主要交际工具——语言就是我们的国语，即普通话。在国际商贸活动中，不仅要求我们的工作人员具有较高的思想水平和丰富的专业知识，而且还要求具有较高的语言文字能力。请看下例：

> 同"汉川号"一起，我们从国外一共买了四条船，保修期间，发现冷藏舱上有"汗水"，浸湿了货物。外国总经理要赖，不予修理，因为一条船返修要花去二十万美金。我国"汉川号"船长贝汉廷一针见血地指出：我知道四条船索赔，工厂损失是很大的。但如果不修好，那几条船全世界航行，等于给你的厂做活广告，那样，你的损失不就更大了吗？总经理先是摇头，后是点头，赞叹贝汉廷有第一流的头脑，外加一副铁腕。（柯岩《船长》）

贝汉廷针对外国总经理因怕损失修理费而想赖账的心理指出："如果不修好，那几条船在全世界航行，等于给你的厂做活广告。那样，你的损失不是更大了吗？"迫使那位总经理接受了要求，为国家挽回了重大的经济损失。

对外开放，引进外资，需要良好的投资环境，而普通话就是良好的语言环境，它是营造整个投资环境不可缺少的组成部分。湖北省仙桃市一次与外商洽谈业务，外商带的普通话翻译听不懂仙桃方言，又要找懂仙桃方言的翻译，甚至要找几个翻译，直接影响了该市的对外交往。因此，需要普通话，诚招天下客。例如，普通话为武汉的沌口经济开发区和东湖经济开发区创造了良好的语言环境，取得了巨大的经济效益。

市场经济的竞争性要求语言文字规范化。竞争性是市场经济的又一特点。现在，从腰缠万贯的大老板到小本经营的个体户，都有一句口头禅：买卖难做钱难赚。这说明与改革开放之初相比，竞争正在深化，市场走向成熟，想赚钱就得有真本事，本事之一就是经营者的语言艺术普通话水平的提高，促使服务态度更好，礼貌待人，文明服务。目前，国际国内的经济竞争比以往任何时代都更加激烈，更加尖锐，更加复杂。而高科技竞争尤为重要，哪个地区哪个国家在发展高科技竞争中处于领先地位，哪个地区哪个国家的经济就更加发达，竞争力也就更强。计算机的出现及其应用，是人类文化建设中的历史性飞跃。几千年来，语言文字面对的是人际交际，计算机的出现，使语言文字的服务对象从人际交际拓展到了人机交际。如果不用标准的普通话，是无法进行"人机交际"的。面向 21 世纪，中文信息处理将是高新技术的基础和重点，是跨世纪语言文字工作的重中之重。

总之，市场经济的统一性、开放性、竞争性与语言的共同化、实用性、标准化是一致的，直接影响普通话的发展，是推动普通话发展的动力。

二、市场经济的发展变化影响普通话的发展变化

语言是社会现象，同社会生活的关系十分密切；经济是社会的基础，经济生活中的交际是重要的交际；社会主义市场经济是语言应用和发展的经济背景。"语言是随着社会的产生和发展而产生和发展的。"①社会主义市场经济的发展变化必然影响普通话的发展变化。这种影响包括语音、语法、词汇三个方面。首先说语音，"语音变异在语言中是很缓慢的，通常需要三十年或者三十年以上，才能看得出某些语音有显著的普遍性变异"②。普通话以北京语音为标准音，京腔京韵京味的普通话历来为人们所称道，但是改革开放以后情况有了微妙的变化。广东开

① 斯大林：《马克思主义和语言学问题》，人民出版社 1971 年版，第 16 页。
② 陈原：《社会语言学》，上海学林出版社 1983 年版，第 202 页。

放最早，市场经济发展最快，被人们称作"鸟语"的粤味普通话在全国颇有影响。上海被列为重点开发以后，市场经济的发展后来居上，海味普通话在全国的影响也毫不示弱。虽然，粤味普通话、海味普通话尚不能与京腔抗衡，但其影响也不可小觑，生活中固不用说，影视剧里也经常不绝于耳。这里说的腔、韵、味就是指的方音对普通话语音的影响。

其次是语法。"语法的变异也是很缓慢的，但语言这个东西却是天天在那里变，因此，经过十几年，几十年，某些语法现象也在那里变。"①市场经济所带来的社会变化，也对普通话的语法产生了一定影响。由于市场经济在广东起步早、发展快，使"粤方言正处于'强势语言'地位"，② 一些粤语句式广为流传，其他方言区（包括北方话区）竞相模仿。"有没有没搞错"这个句式本是粤语和闽语句式，流行于广东、福建和港、澳、台等地，这些地区经济实力强，其经济、文化与内地交流的同时，语言也对内地产生了影响，"有没有搞错"这种句式已经被普通话所接受。让我们看看内地文学刊物及北京籍作家和语言学家应用这种句式的情况：

1. 我想起来了，前些日子，风闻又下来了一个几号通令，叫挨家挨户的检查，看大门上、窗户上有没有贴"忠"字，墙上有没有请宝像？（公刘《井》，《收获》1985 年第 2 期 163 页）

2. 司机回头急看，显然是看装载警卫部队的大卡车有没有跟上来。（刘白羽《第二个太阳》，《当代》1987 年第 3 期 22 页）

3. 这个问题我不知道李先生有没有研究过。（马希文 1986 年10 月 30 日在全国哲学社会科学"七五"规划会议上的发言。）

华中师范大学教授邢福义先生在 1998 年第一届双语双方言国际学

---

① 陈原：《社会语言学》，上海学林出版社 1983 年版，第 203 页。
② 陈恩泉：《论双语交融过程中词语的规范》，《双语双方言》（三），香港汉学出版社 1994 年版，第 22 页。

术会议上宣读的论文"'有没有 VP'疑问句式"（后收入《双语双方言》文集第 1 集，中山大学出版社 1989 年版。上列 3 例转引自该文），对这种句式何以能够进入普通话进行了深入的研究，从理论上肯定了某些方言句式被普通话所接纳以后更具有普遍意义，使普通话句式更丰富。

最后说词汇变化。"语言的词汇对于变化是最敏感的，它处在几乎不断变化的状态中。"①的确，词汇是语言三要素中最敏感的部分，词汇的变化时间短，速度快。只要社会生活出现了新事物，语言中就会迅速出现反映新事物的新词汇。例如，VCD 刚一问世，CVD 又跟着出现，可以说高科技事物一出现，其名称就有新词语表示。李行健主编的《新词新语词典》汇集和收录了 1949 年至 1993 年现代汉语中出现的新词和新语 8000 余条，之后，每年由国家语委语用所编写一本反映当年的新词新语词典。摘录部分如下：

> 爱心／艾滋病／巴士／拜拜／冰柜／彩扩／炒鱿鱼／炒／大哥大／第三产业／度假村／短平快／多媒体／儿童不宜／发廊／富婆／干啤酒／个体户／公关／股票／光纤通信／海基会／回归／激光／集装箱／禁毒／京津塘高速公路／焗油／侃／立交桥／靓／美发／能耗／牛仔裤／陪读／敲定／曲奇／热狗／人情味／桑拿浴／速冻面食／台资／跳槽／跳蚤市场／通信卫星／网络／信息化社会／性感／穴头／有奖销售／自学成才

这些新词新语可以分为三类：第一类是创造新词新语，以反映新事物新观念的概念。如：艾滋病、第三产业、短平快、公关、集装箱、禁毒、京津塘高速公路、立交桥、能耗、敲定、速冻面食、穴头、自学成才；多媒体、光纤通信、激光、通信卫星、网络；爱心、度假村、儿童不宜、富婆、个体户、海基会、跳槽、性感、有奖销售等。其中，"自学成才"以前各词属于一般事物的名称，"网络"以前各词属于高科技事物

---

① 斯大林：《马克思主义和语言学问题》，人民出版社 1971 年版，第 18 页。

的名称，"有奖销售"以前属于新观念的名称。第二类是引进外来词，包括外语与方言词，如：巴士、拜拜、干啤酒、牛仔裤、曲奇、热狗、桑拿浴、信息化社会；大哥大、发廊、焗油、靓等。其中"信息化社会"以上各词从外语引进，"靓"以上各词从粤方言引入普通话。第三类是启用旧词，如：炒、炒鱿鱼、股票、侃等。这些词，新中国成立前都有，新中国成立后计划经济时期认为"炒鱿鱼、股票"带有资本主义色彩而长期弃置不用，社会主义市场经济体制确立以后它们又被重新启用。"侃"在北方话中也早已存在，新中国成立后可能由于"侃"有闲话之嫌，而一度用得较少，改革开放以后，北京的年轻人流行单音节词，"侃"又受到青睐而流行开来。

上述各类词进入普通话有一个规范过程。做好普通话词汇规范化工作，着手组织研制并分期分批发布有关外来词、异形词、缩略词、新词新语和社会科学名词术语等方面的规范标准，建立必要的管理制度，引导词汇应用更加规范化。上述新词新语和社会科学名词术语以及外来词进入普通话以后，极大地丰富了普通话的词汇。

总之，随着社会主义市场经济的发展变化，普通话的语音、语法和词汇也相应发展变化。

三、市场经济要求将推广普通话纳入法制轨道

江泽民同志在十五大报告中指出："要在坚持四项基本原则的前提下，继续推进政治体制改革，进一步扩大社会主义民主，健全社会主义法制，依法治国，建设社会主义法治国家。"一切政府机关都必须依法行政，推广普通话也应该依法进行。

依法管理是当今推广普通话工作的时代特征。我们先来看看近半个世纪以来推普方针的变化。1955 年 10 月，全国文字改革会议上提出了推广普通话的方针：重点推行，逐步普及。1957 年 6 月 25 日到 7 月 3

日，在教育部和中国文字改革委员会联合召开的全国普通话推广工作汇报会议上对推普方针增补为"大力提倡，重点推行，逐步普及"，推普方针由 8 个字变为 12 个字。1993 年国家语委将推普方针改为"大力推行，积极普及，逐步提高"，把工作重心转移到普及、提高上来。新的 12 字方针在强化政府行为，扩大普及范围，提高全民普通话应用水平方面提出了更高的要求。推普方针的变化虽然反映了语言方针政策的变化，但它们有一个共同点就是会议的决定，之后形成文件下发，靠行政手段贯彻执行。直到 1982 年《中华人民共和国宪法》第 19 条才规定："国家推广全国通用的普通话"，之后制定的《中华人民共和国民族区域自治法》《中华人民共和国教育法》《中华人民共和国义务教育法》《中华人民共和国广播电视管理条例》等法规、规章相继规定"推广全国通用的普通话"，各地也先后出台了 25 个语言文字地方法规和行政规章。

随着法制的日益健全，不仅对语言文字的依法管理提出了越来越高的要求，而且对公民应用普通话的意识和能力也提出了越来越高的要求。推广普通话已经经历了近半个世纪，人们应用普通话的意识有所提高。过去湖北人认为讲普通话是"山东的驴子学马叫"，现在持这种看法的人恐怕不多了。改革开放，讲普通话已经习以为常。不过，应用普通话的意识仍然有待提高。应用普通话的意识包括"国家意识、参与意识、现代意识、规范意识"等。语言的统一是国家统一、民族团结的象征。我国是一个多民族、多方言的国家，推广普及普通话有利于增进各民族各地区之间的交流，维护国家统一，增强中华民族凝聚力。推广普通话是全国各民族人民的共同大事，每一个人都应该参与。讲普通话的人多了才能叫普通话普及了，普通话讲好了才能叫普通话的水平提高了。水平有高有低，提高有快有慢，但首先贵在参与，讲普通话，从我做起。语言文字是文化的重要载体。语言文字能力是文化素质的基本因素，推广普及普通话是各级各类学校素质教育的重要内容。推广普及普通话有利于贯彻教育面向现代化、面向世界、面向未来的战略方针，有利于弘扬祖国优秀传统文化和爱国主义精神，加强社会主义精神文明建设。信息技术水平是衡量国家科技水平的标志之一。语言是最主要的信息载体，语言文字规范化是提高中文信息处理水平的先决条件。推广普及普通话和推行《汉语拼音方案》有利于推动中文信息处理的发展和应用。总之，应用普通话的意识提高了，讲普通话就会成为自觉的行为。如果说参与意识是讲不讲普通话的问题，那么，规范意识就是讲得好不好的问题，可以说规范意识就是要求提高普通话的应用能力。

关于普通话的应用能力，国家语委已经提出了奋斗目标：2010 年以前，普通话在全国范围内初步普及，交际中的方言隔阂基本消除，受过中等或中等以上教育的公民具备普通话的应用能力，并在必要的场合自觉地使用普通话，与口语表达关系密切行业的工作人员，其普通话水平达到相应的要求。21 世纪中叶以前，普通话在全国范围内普及，交际中没有方言隔阂，语言文字规范化、标准化水平显著提高。总之，语言文字工作要逐步做到依法管理。

综上所述，市场经济与普通话关系极为密切。市场经济的统一性、开放性、竞争性要求语言的共同化、实用性、标准化。市场经济推动语言的发展，是推广普通话的动力。语言随着社会的发展变化而发展变化，市场经济体制的建立使普通话在语音、语法和词汇三方面都发生了变化，这些变化使普通话更加丰富。市场经济要求把普通话纳入法制轨道，推广普通话仅靠宣传、号召是不够的，必须依法管理。《中华人民共和国语言文字法》是我国语言文字管理的一部专门法律，它的问世将使我国的语言文字走上依法管理的轨道，使我国法制建设更加完善和健全。

（原刊于《语文现代化论丛》，北京大学出版社 2000 年版）

（李俊群，教授，主要研究方向为俗话学。）

【教育教学】

语言沟通课程的"仿真"教学情境研究与实践

李军湘

摘　要：传统口才教学将学生训练成演讲、辩论人才，很难满足其日常沟通与未来职场沟通的需求。人类的语言沟通处在一定的社会活动情景之中。建构主义学习理论视情境教学为教学设计的最主要内容之一。"应用语言艺术"教学构建的是一种以学生为中心的"仿真"教学情境，以学生当下的生活、影视剧节选及普通职场沟通难题为场景，让学生在体验、解析中演习沟通知识，增强应对不同情境的口头表达能力。

关键词：语言沟通；情境教学；应用语言艺术；仿真教学情境

一、面临的问题与预设的目标

2009 年 9 月，中南财经政法大学面向本科生了开设具有通识教育性质的《应用语言艺术》课程，目的在于提升大学生应对各类社会情境的口头沟通能力。传统的口才教学多采用朗读、演讲、辩论等方式训练学生的普通话、语音、态势与口语表达，将学生训练成朗诵、演讲、辩论人才，很难满足大学生日常沟通与未来职场沟通的需求。

教学作为教师与学生交互作用的过程，教师就像企业领导者，帮助教室内的每个人调整个人目标以达成该课程所要完成的教学目的。① 相关调查表明：与"80 后"大学生表现出的不适、迷茫相比，如今的"90后"大学生已摆脱了以往理想主义的狂热，价值目标有着强烈的实用化特点。他们了解当前就业形势的严峻，对自身的要求也有了更为清醒的认识，渴望在大学里不断发展自我。② 一项针对上海与台湾大学生的调查发现：两岸大学生对教师能"激励学生增加学习满足感"的认同度最高，而对教师能"引起学生学习的渴望"的认同度最低；在两岸大学生眼里，教师们能引导学生参加学习过程，但在引起学生学习的渴望部分，仍做得不足。③ 依据"途径—目标"教学领导理论，教师的教学领导包括以下几个方面：(1)致力于引起学生对学习的渴望，即根据学生的需求制订教学目标；(2)增加机会以成就有品质的教育行为，增强学生的实践能力；(3)提供正向的指导，教学计划符合学生需求，清楚定义学生的责任；(4)帮助学生排除学习障碍，能够评估问题并帮助解决问题；(5)激励学生增加满足感，鼓励学生独立思考，成长为成熟的社会人……④目前，语言沟通类课程教学大多以课堂讲授为主，学生多数情况下处于被动状态。虽然通过听课学生也能了解一些语言沟通知识，但仅靠教师口授而没有直观的辅助与训练手段，学生对教师讲授的诸多内容仍懵懂茫然。

传统的教学模式根植于洛克的观点。他认为，未经专业学习的学生恰如一张张白纸，等待着教师在上面书写，学生如同一个个空的容器，需要教师向其灌输知识。正是基于这一假设前提，传统教学观将教师的工作视为纯粹的知识传递活动，教师的教学就是努力将自己掌握的知识

---

① 陈羿君：《上海、台湾大学生对教师教学领导能力认知的比较分析》，《高等教育研究》2010 年第 4 期。

② 丁静：《时尚文化对当代大学生价值观的影响》，《学海》2010 年第 5 期。

③ 陈羿君：《上海、台湾大学生对教师教学领导能力认知的比较分析》，《高等教育研究》2010 年第 4 期。

④ 王一军：《大学课程发展学生个人知识的必要与可能》，《高等教育研究》2011 年第 4 期。

输送出来，转变为学生的知识，学习过程就是知识的获取过程。从认识论的角度看，该假设认为知识是一种可以传递并为个人所持有的物品，学生可以像教师一样了解世界且设想学生也希望像教师那样了解世界。在传统的教学模式中，对学生评价的核心目的是为了检查学生对教师传授的知识的记忆情况，并依此对学生进行分类，通过比较学生的成绩，确定学生中的胜利者和失败者。对教师而言，有价值的是专业知识的记忆，而不是专业知识的运用。这种传统教学模式通常被称之为传授式。① 大卫·W. 约翰逊将传统的教学描述为：教学活动只是由教师将知识转移给学生，教师的工作就是输出知识，而学生只能被动地接收知识，教师在课堂中传授信息，而学生学习的目的就是记住并在考试时复写出这些信息；教学活动就是把知识装到一个个空洞的容器中去，学生只要被动地接受即可；学校教学的重要目的之一就是对学生进行分类，教师依分数将学生分成不同的等级，并以此对学生的能力进行评价；根据泰勒的工业组织模式，学生与教师都被看作"教育机器"中可以任意替换的部件，在教学中应保持一种竞争的组织结构，学生的学习动力在于获得比其他同学更好的成绩，而教师的教学则是为了胜过自己的同事；传统教学模式认为任何人只要具备了某种专业知识，不经过培训就可胜任教学工作，在这种所谓的知识专业假设之下的教学，"每一位成功的教师背后都是一个筋疲力尽的班级"。②

作为一种社会现象，人类语言学和心理学研究表明：语言应用能力的发展与特定社会环境之间有着不可分离的联系。人们运用语言从事沟通活动时，离不开人、事、物所构成的相应场景，人们的语言沟通无不处在一定的社会活动情景之中。由此可见，在应用语言艺术教学中，只

① 赵海涛，刘继和：《"基于问题的学习"与传统教学模式的比较研究》，《外国教育研究》2007 第 12 期。

② ［美］大卫·W. 约翰逊，罗格·T. 约翰逊，卡尔·A. 史密斯：《合作型学习的原理与技巧——在教与学中组建有效的团队》，刘春红译，机械工业出版社2001 年版。

有让学生置身于现实的语用情境或模拟的语用场景中，才能让学生有针对性地学习如何组织思维，理解相应场景中传导的沟通信息和语言材料，触景生情，激发表达欲望，提升运用语言表情达意的能力。这正是《应用语言艺术》教学试图达成三个目标：（1）从解决学生日常沟通难题入手，拓展学生的眼界、思维、胸襟，激活学习兴趣，发展学生未来职场语言沟通的逻辑性、条理性和过硬的心理素质；（2）尝试转换教学主体，讲授和讨论、角色扮演相结合，课内和课外相结合，突出学生的主体地位，培养学生的积极参与意识；（3）创新教学思路，改革教学方法，完善深入性、趣味性、时代性、应用性并举的教学原则。

二、建构主义学习理论及教学方法

20 世纪末及进入 21 世纪以来，我国教育界最重视的心理学概念莫过于"建构主义"。建构主义作为一种新的学习理论，是在吸取了诸多学习理论如行为主义理论、认知主义理论，尤其是维果斯基的理论的基础上形成和发展的。行为主义理论认为人类思维是与外界环境相互作用的结果，即形成"刺激—反应"的联结，行为是学习者对环境刺激做出的反应，所有行为都是习得的。认知主义理论重视个体在学习中的主体价值，强调认知、理解、独立思考等活动在学习中的重要作用，主张个体学习的创造性。维果斯基特别强调活动和社会交往在个体的高级心理机能发展中的突出作用。建构主义学习理论则认为：个体的知识获得是客观与主观共同作用的结果，知识的学习与传授重点在于个体的转换、加工和处理，而非简单的"输入"或"灌输"，学生切身的"经验"和主动参与在知识学习的过程中起着举足轻重的作用；学习是一个与情境联系紧密、积极自主的操作活动，在此过程中，知识、能力等不能被训练或被吸收，而只能被建构，这种建构并非从零开始，而总是以一个已有的知识结构为基础的，这种学习有赖于学习者在其中进行情境联系；学习者依据从前的认知结构，注意和有选择性地感知外在信息，建构当前事物的意义，被利用的过往知识并非从记忆中原封不动提取，而是根据具体情境的变化得以重新建构；学习者是借助于他人的帮助对知识进行建构的。①

　　对于学习过程，建构主义学习理论认为：学习是学习者重建内部心理表征的过程，学生不是外来信息被动的接受者，而是进行选择加工的主动者；学习者是从不同背景、角度出发，在教师和他人的协助下，通过独特的信息加工活动，建构自己的意义，这是个人建构的过程；学生对世界的独特理解也许不符合教师的期待，但对于学生自身来说，这种建构却意义重大，因为它是学生在自己先前经验基础上对世界的一种主观组织。对于学习结果，建构主义学习理论认为，教育者要有明确的目标，指导和协助学生依自身的情况对新知识进行组织，最后建构起关于知识的意义。对于学习条件，建构主义学习理论认为主体、情境、协作和资源是促进教学的四大要件，主张：(1)学习以学生为中心，注重主体的作用；(2)学习情境要与现实情境相结合，因为生动、丰富的现实情境能帮助学生掌握高级的知识；(3)注重协作学习，强调学生与学生的讨论与相互学习；(4)注重教学环境设计，为学习者提供丰富的情境资源。对于教学关系，建构主义学习理论认为：在教学过程中，教师只是创造某种环境，学生们在此环境中，在原有认知结构的基础上对所学内容进行加工，进而获得某些知识，如此获得的知识会在长期记忆中保存，并可在今后的学习中进行重新加工或组合；教师的努力方向是培养学生的能力和才干，应以"培育和发展"教学观替代"选择和淘汰"教学观，教育就是教师和学生在共同合作的过程中，彼此产生的一种信息和观点的相互交换，师生之间和学生相互之间越是相互关心、相互负责，学习的潜力就越大；最好的学习是在合作的背景中发生的，学生间经常

---

　　① 王毅敏：《从建构主义学习理论看英语情境教学》，《外语教学》2003 年第 2 期。

的合作讨论，使他们更加努力地去发展与他人的更为积极的关系，心理上也会变得更健康。① 建构主义学习理论提出了三种教学方法：（1）情境教学法，即设置与现实情境相类似的，以事例、问题为基础的教学；（2）随机通达教学法，即着眼于问题的不同侧面，每次情境具有不重复的方面，让学生获得对同种知识的多方面理解；（3）支架式教学法，即教师引导教学，使学生掌握建构和内化所学的知识技能，通过支架（教师的帮助）把管理学习的任务逐渐由教师转移给学生自身，最后撤去支架。② 总而言之，建构主义学习理论强调以学习者为中心的学习，强调学习者对知识的主动探索、主动发现和对所学知识意义的主动建构；教师不再是知识的传授者和灌输者，而是意义建构的帮助者、促进者；学习者是信息加工的主体，是知识意义的主动建构者，知识不是由教师灌输的，而是由学习者在一定的情境下通过协作、讨论、交流、互相帮助（包括教师提供的指导与帮助），并借助必要的信息资源主动建构的。③

三、建构主义学习环境下师生角色的定位

建构主义学习理论视情境教学为教学设计的最主要内容之一。教师的教学设计不仅要考虑教学目的，还要设置有利于学生意义建构的多种教学情境，在实际情境或借助多媒体架构的贴近现实的场景中学习，从而最大限度地触发联想，唤醒先前记忆中有关的知识、经验或表象。④ 心理学认为，情景是对人有直接刺激作用、有一定的生物学意义和社会

---

① 赵海涛，刘继和：《"基于问题的学习"与传统教学模式的比较研究》，《外国教育研究》2007 第 12 期。

② 王毅敏：《从建构主义学习理论看英语情境教学》，《外语教学》2003 年第 2 期。

③ 祝智庭：《现代教育技术：促进多元智能发展》，华东师范大学出版社 2003 年版。

④ 何克抗：《教学系统设计》，北京师范大学出版社 2002 年版。

学意义的具体环境，它可以是具体的自然环境或具体的社会环境，具体可感性是其特质。所谓情景教学，就是教师在教学中为了达到预定教学目的，从学生需求出发，引入或创设与学习内容相对应的具体场景或氛围，给学生以真切的现场体验，寓教于事，启发学生自觉、自主地学习，以帮助他们迅速而正确地领会学习内容，提高教学效率。情境教学由以教师为中心转为以学生为中心；由教师对学生的"教"变为对学生的"导"；由学生被动接受知识变为主动探究、索取知识；由单纯传授书本知识改变为开放性、多渠道获取知识并展开知识的应用。

(一) 教师角色

与传统的讲授式教学相比，情境教学中教师已不单纯是知识的传授者，而是得花费更多的时间，付出更为艰辛的劳动：教师要做许多细致的前期准备工作，如选择恰当的问题，检测学生探究问题的深度，给学生更多鼓励激发其独立自主学习的热情，准确评价学生发现问题的缜密性与学生的理解程度，等等。从表面上看教师似乎退居到"幕后"，而实际上要保证情境教学的有效性，教师的作用举足轻重。这种幕后角色的关键作用是为学生成为学习中的"主角"铺平了道路，表现为：

1. 促进者

建构主义教学观认为，知识的意义寓于情境之中，学习情境不是一个无关因素，学生必须通过具体情境才能获取某种知识。在"情境教学"中，教师作为促进者并非将知识的结果直接告诉学生，而是通过适时化解学生在解决"眼前"问题时遇到的困惑或不足，将符合专业要求的科学思维与策略体现出来。

2. 指导者

确立学生在学习中的主体地位并非对教师作用的否定，而是为了让学生更有效率地使用情境教学资源。教师由知识灌输者的角色转变为学生获取知识的指导者角色，意味着其肩负起为学生选择、管理、组织和加工知识的引导与帮助责任。

3. 合作者

在"情境教学"中，教师承担着指导学生"解决问题"的任务，在教育学生学习合作的同时，教师自己首先要学会合作，将教师与学生之间由传统的"上"与"下"关系，变为一种平等相待、相互合作、相互促进的学习研究共同体。

(二)学生角色

每个学生都是一个独特的个体，潜能巨大，他们从小到大的经历和经验皆是有待开发学习的财富，"情境教学"中所有环节的设计无不立足于令学生更好地成长：置身于"情境教学"中的学生，不再被视为"空的容器"或者信息的被动接收者，而是一个个能够掌控自己的主动学习者，是学习活动全程的主角；在情境教学中，学生也不再是"孤独的"学习者，他们以小组为单位合作，相互启发完成课题，他们的潜力、热情和能力会在相应情境的体验中得以充分的发掘、发挥和发展。

1. 自主者

自主学习是一种主动学习、独立学习和发现学习。在"情境教学"中，学生作为学习者拥有更大的自主性，在学习过程中，他需要自我激励，探究尝试，将新建构的知识应用到相应困境的解决之中，并且还要反思解决问题的过程。

2. 合作者

在"情境教学"中，学生们往往以小组为单位研究问题，在讨论中，学生与小组其他成员只有彼此信任、相互启发、共担责任，才能共享专业知识，集思广益，从多种可能性中寻求到解决难题的相应路径。

3. 研究者

在"情境教学"中，问题情境往往能够吸引并维持学生的兴趣。由于"情境"与自己当下或未来的生活关联紧密，能促使学生积极思考、探求情境的方方面面，识别问题的症结所在，以找寻解决问题的良好策略，完成由观看者到研究者的转变。

四、应用语言教学的"仿真"情境与思考

受益于"建构主义"学习理论与"途径—目标"领导理论的应用语言艺术教学，试图构建的是一种以学生为中心的"仿真"教学情境。所谓"仿真"情境，是指教师在课堂上以学生当下的生活、影视剧节选以及普通职场沟通难题等为案例，让学生在体验、解析中习得语言知识，增强交涉能力的教学情境。"仿真"情境以具体困境为学习任务，以化解问题的过程为学习过程。应用语言艺术是一门认知性、情感性和实践性很强的技能课，学生的口头沟通能力只有通过大量的实践训练才能提高。口才训练实际上就是模拟训练，因而要求教师因地制宜地利用课内外题材，营造尽可能真实的交涉语境，学习情境越接近真实，学生建构的知识就越可靠，就越容易在真实的情境中运用，从而达到教学的预期目的。面对实际问题，许多学生之所以在运用所学的技能时感到困难，源于他们知识学习的过程脱离了其赖以从中获得意义的真实情境。因为，只有真实的情境才能提高学生的观察、思考和应用能力，才能帮助

学生成就良好的习惯和正确的价值观。正如乔纳森指出的：如果能给学习者提供自我选择和拓展自身兴趣的机会，他们会对当下的学习承担更大的责任。在传统教学模式下，学习者常常被剥夺了拓展决策、自我监督、注意力调整等技能的机会，这些技能对学习经验的优化十分必要。如果学习者将学习任务看成是让自身的发展与外部机构的期望相匹配，那么，他们在学习中会变得越来越得心应手。①

在应用语言艺术教学中，面对阅历有限的大学生(接触社会有限及专业经历空白)，考虑到知识的运用总是受到个人的前期积累与现实情境等因素的影响，教师由近及远、由浅入深、由表及里地设计"仿真"教学情境的"路径"和"台阶"，使之适合学生当下的现状，便于学生理解和接受。应用语言艺术课程的"仿真"情境可分为三类：

(一)实际生活案例

即由学生提供发生在自己或身边朋友生活中的语用情境：如上课前的"占座"纠纷、借用手机丢失发生的索赔……交全班学生商讨对策。创设情境的关键，在于"情境"必须是学生感兴趣且乐于尝试的，否则形同虚设。教学情境只有联系学生的生活实际，使学生认识到学习与生活是紧密联系的，才能真正激发其学习热情与兴趣，并培养学生从生活中发现问题和运用知识解决问题的能力。因此，应用语言艺术教学情境的创设，第一是就"近"取材，即来自学生生活中的情境；第二是就"急"取材，即优先选取大学生当下生活中的语用困境。这样能使学生很快进入"境"，设身处地进行多种角色扮演，移情体验他人的立场和感受，积极主动地投身到语言运用的实践之中。

使用学生身边发生的真实案例作为教学情境，让学生将课堂上了解

_____

① [美]戴维·H. 乔纳森：《学习环境的理论基础》(郑太年译)，华东师范大学出版社2002年版。

的有关沟通理论与技能现学现用，是使学生获得创新能力必不可少的条件。首先，真实情境的形象性将抽象的知识具体化，有利于学生理解书本的教条，体验在相应境况下知识的运用；其次，化枯燥为生动，大大激活了学生的学习兴趣；再次，促使学生重新审视身边的生活，并从日常生活中发现问题、提出问题，在身临其境中检验知识、增强能力，由此认识世界，丰富自己的人生经历。

(二)影视剧节选

即教师利用多媒体技术，放映自中外影视剧中节选的交涉视频，将"准真实"的各类语用情境呈现在学生面前，提高其由此及彼，触类旁通的应用能力。情境教学的设计欲有利于发展学生的创造力和想象力，题材的多样性及内容的趣味性必不可少。实验证实：人类获取信息95%来自视觉、听觉和触觉，人们能记住自己听到和看到的50%，在交流过程中自己所说内容的70%。将影视剧中的交涉情境引入应用语言教学，可以创设接近实际的情境，在产生亲切感和新鲜感的同时，激活了学生大脑皮层中的优势兴奋中心，对增进其形象思维、抽象思维与逻辑思维的协调发展，有着异常重要的作用，已被实践证明是一种行之有效的教学方法。

之所以选择影视剧节选作为学生应用语言学习的教学情境，原因有二：首先，作为大众喜闻乐见的艺术形式，影视剧中蕴藏着丰富的语用情境。以往人们仅注重其消闲性或艺术性，忽略了"语言应用精华"。利用多媒体将影视剧的精彩语用情境引入教学环节，能使学生在学习过程中开阔眼界，弥补其见识的不足，是一种形象说理且寓教于乐的方式。其次，基于当前网络发达、学生可以非常方便地利用网络资源学习的现状。信息技术的推动，网络已经不仅是一个连接学习资源的平台，而且成为高等教育组织的基本框架。信息、知识和学习机会现在能够通过强大的网络来传送给成千上万的人们。正如杜德斯达所指出的："网络学习结构最适合提供随时随地的教育服务——也就是说，提供'及时式'的教育而不是'以防万一'的教育。应当承认，这也许不是与普通教育相关的一般学科的适当框架，但它完全有可能支配专业教育和与工作有关的学习。"①艺术是对生活的浓缩。课堂教学的生动性与网络观影的便捷性，有助于学生随时汲取影视剧中的各类语用经验，自觉解析其中的成败得失，为终身学习能力的发展奠定基础。

(三) 普通职场案例

由于学生缺乏专业经历，若依学生所学专业进行专业案例分析，往往流于空泛。因此，教学情境设计还要讲求适宜性，即"情境"的难度适宜。过于简单会使学生失去兴趣，难度过大又会令学生望而生畏。在应用语言艺术教学中，教师选择将普通职场交涉引入课堂，让学生经过独立思考及集体讨论，体会如何在未来职场中准确、清楚、有效地表达自己的观点。以下为其中一个案例：

> 一位客户从西北去海滨城市大连出差，到一个商店买海鲜。售货员帮客户将海鲜装袋时，无意中听说他三天后才离开大连。于是这位售货员立即退款，并告诉客户，等三天后他离开时，现在买的海鲜已不新鲜了。海鲜售货员为客户着想，放弃销售机会，无可非议。问题是，如果用"既销售产品又满足客户需求"的标准衡量，海鲜售货员出于好心放弃销售之后，是否就满足了客户"希望买海鲜回家乡"的需求呢？"好心"是一回事，能否做到"两全其美"又是一回事。这个案例的问题是：如果你是那位海鲜售货员，你怎样把这件事做得更好？

---

① ［美］詹姆斯·杜德斯达：《21 世纪的大学》(刘彤等译)，北京大学出版社2005 年版。

普通职场案例必须符合学生的知识背景和认识能力，把需要解决的问题和已学的沟通技能巧妙地寓于情境之中，并且益精不益多。

五、"仿真"情境教学的一次实践

学生解决问题的能力是大学高层次学习的主要表现，这种能力的高低取决于情境知识的多寡。应用语言艺术教学的实践性，要求学生们在课堂上一要"动脑"，二要"动口"。这里以"仿真"教学情境中"影视剧节选"为例，看看教学中如何让学生"身临其境"体察并开展讨论。教师提出问题是应用语言课堂促进学生思考的起点和动力，从有疑到释疑的过程，就是学生情境知识不断丰富、认知能力不断发展的过程。教师的通常做法是：首先，运用"脑力激荡法"——教师凭借影视剧描述的语用情境向学生寻求意见，提供一个能够相互启发的"共振"机会，让学生在讨论中触发灵感、集思广益，强化沟通力与解析力；其次，运用"发散与聚合法"——教师提出一些存有多种结论的问题以发掘影视剧语境内涵，启发学生从不同角度发散思维、求异求新，通过分析比较筛选最佳方案，提升其发散思维和聚合思维水平。

情境教学由"提出问题——学生思考——背景介绍——分段放映——学生讨论——教师点评"等部分组成。

以下是教师讲述"开场白"时放映的一个片断。

[提出问题]：

1. 如果你与一位陌生女性会面，怎样同她交谈？

2. 若是一次相亲，你的底线是什么？

[学生思考]：

让学生将问题思考数分钟。

[背景简介]：

冯小刚的贺岁片《非诚勿扰》讲述了一个"海归"发财后征婚的故事。

陌生男女会面，初次交谈如何自然而不生硬？且看葛优扮演的秦奋与徐若瑄扮演的台湾富商千金茶馆对话：

[放映片断一]：

秦：你好像不是本地人吧？

徐：我是台湾人。我爸爸在杭州开工厂，所以我们暂时住在杭州。

秦：去过北京吗？

徐：当然去过啊。

秦：北京、杭州你更喜欢哪里？

徐：这个问题有点难。如果讲居住环境、天气气候的话，那当然是杭州。可是我也蛮喜欢北京人的，我爷爷就是北京人，我最喜欢听他讲话了：这是怎么回儿事。

秦：(纠正) 回不加儿音，事加儿音。怎么回事儿。

徐：怎么回事儿。后来我爷爷因为大陆沦陷，就跟着国军撤退去台湾……

秦：(打断) 等会儿等会儿，我们叫解放，你们叫沦陷。我们叫解放。

[学生讨论]：

将四五个学生分为一组，讨论数分钟后，由一位同学代表本组报告讨论意见。

[教师点评]：

同学们指出秦奋用提问作为交谈的开头。这是开局的一个重要方法（肯定学生的亮点，并且具体点名）。——男女初次见面，"破冰"重任理应男同胞承担。秦奋从北京来杭州见应征的台湾小姐。素不相识者如何打破无话可说的"尴尬"？他采用了提问，并且以对方为主提问。达成了两个效果：一是对方有话可说，二是从中找寻到进一步交谈的话题。同学们还注意到两次纠错——徐小姐即兴学说北京话，秦奋纠正发音；对方说"沦陷"，他更正为"解放"。他不怕"因小失大"？这正是"海龟"的智慧所在：当彼此并不了解时，女性对一味顺从的男人易生轻视之心，以为缺乏主见。秦奋"纠错"，一方面显得有主见，另一方面可视为一个小"圈套"：若徐小姐因此夹缠不清，足见其小眉小眼。

［放映片断二］：

　　徐：解放？什么叫解放啊？——我明白的，解放跟沦陷，只是角度上的说法不同而已。

　　秦：对对，我们可以求同存异。

　　徐：就是。有些普遍的价值观是被大家认同的，好像慈悲就要有仁爱之心啊。

　　秦：嗯，你像这次大地震，台湾各界都踊跃在那儿捐款，大陆人民还是很感动的。

　　徐：我爸爸的企业也有捐款。我们看到同胞这样受难，大家都很心痛。

　　秦：尤其是那些失去父母的孤儿，真是可怜，我在新闻里看到一位母亲，临死前还在给孩子喂奶，人都咽气了还在哺育，母性真是伟大。

　　徐：做母亲是可以为孩子牺牲一切的。

　　秦：爸爸也行。甭说是亲生的，就那些孤儿，我都想申请领养了。

［学生讨论、发言后，教师点评］：

各位说秦奋"顺杆爬"。这儿有大学问——徐小姐以"解放跟沦陷只是角度上的说法不同"化解了"争执"，秦奋见好就收"我们可以求同存异"。通常情况下，交谈和谐的途径之一是"顺杆爬"营造"心理相容"的气氛。但事事顺着对方，令人怀疑你的诚意。"顺杆爬"的学问在于：

能否对彼此认同的"理念"予以细化或提炼——对方说法抽象，你就形象具体；对方就事论事，你就总结升华。当徐小姐说"慈悲就要有仁爱之心"时，秦奋化抽象为形象，以"汶川地震台胞捐款"和"遇难母亲给孩子喂奶"深表同感，越谈越投机。

[重放整个片断]

需要特别指出的是：对学生讨论中表现的点滴长处，教师在点评时均应予以及时肯定。他人和社会的评价和判断会影响被判断者的感觉和行动，这种现象被社会学者罗伯特·默顿称为自我实现的预言。有心理学家对研究者的偏见和教师的评价做了实验研究，结果显示认识和判断起着重要作用，比如老师对学生"学习能力优秀"的评价可能会引发学生做出更出色的表现。① 形象的记忆伴随着赞赏的愉悦，能激活学生学习的主动性，对"90后"大学生语言应用能力的自我塑造和持续发展大有益处。兴趣是人们积极探究某种事物或进行某种活动，引导和维持注意力的重要因素。应用语言艺术教学创设的三类"情境"打通了课内课外的界限，使学生在有限的课堂时间内得到多方面体验与训练，提高了教学效率。其意义在于：首先，针对当前大学生语言沟通能力欠佳的现状，借助"仿真"体验，提升了学习兴趣；其次，较好地解决了语言沟通教学中内容多、课时少、学生主动性不强、教师"满堂灌"的问题。拓展了教学的新路径；最后，引导学生开阔视野、胸襟，培养自主学习能力，增强合作精神，为学生口头沟通能力的可持续提升打下了基础。

（原刊于《高等教育评论》2013年第1卷）

（李军湘，教授，主要研究方向为母语教学、语言沟通、影视文化。）

---

① ［美］戴维·迈尔斯：《社会心理学》（侯玉波等译），人民邮电出版社2006年版。

非文学专业大学生写作能力的提升

周德梅

摘　要：本文结合当前各类大学"大学语文课"或"写作课"开设不普遍，而入校大学生写作能力有待提升的实际，重点探讨了非文学专业大学生写作能力提升问题。提出他们应重点提升自己写作"学术体""公文体""新闻体""常用体"等各体应用文的能力，以适应大学及未来生活及工作的需要。笔者并呼吁各高校重视对大学生写作能力的提升。

关键词：非文学专业大学生；写作能力提升；应用文体

经过十多年中小学阶段的基础学习，众多学子经由高考进入各种层次的高等院校深造，从此，各类专业学习成为大学生们学习生活的核心，除了文学专业的学生有专门的写作概论课及各类文学体裁的写作实训课外，其他非文学专业的大学生(后文简称大学生)已少有进行课堂写作学习的机会。由于各类高校管理者办学理念的差异，一些学校取消了大学语文必修课，作为大学语文重要教学内容之一的写作教学，在这些学校就无从谈起了；一些学校虽然开设了大学语文或写作必修课，但仅有很少的课时量，写作教学也无从深入；一些学校将大学语文课或写作课开设为选修课，上课教师及选课学生人数都有限，难以让学生普遍受益。

实际上，虽然大学生经过中小学阶段基础性的学习已掌握了一定的写作知识，具备了一定的写作能力，但写作知识的掌握及写作能力的提升还有很大的空间。如果在大学阶段放松甚至放弃对写作能力提升的要求，在未来的工作、生活中，一定会遇到因写作能力不足导致的困难，影响大学生专业能力的发挥，进而影响他们个人价值及社会价值的完满实现。

因此，作为大学办学者，仍应重视大学阶段写作类课程的设置，尽量开设必修性写作课，不能为了节省办学成本而无视人才培养中不可或缺的写作能力提升环节。作为大学生个体，应充分认识到写作能力提升对自身发展的重要性，无论学校是否开设有写作类的必修课或选修课，都应在大学阶段有意识地增加自己的写作知识积累，有意识地进行各类文体写作训练，争取在求学阶段培养出较高的写作能力，以适应当今高度竞争的社会环境对高素质人才的要求。

一、大学生应提升自己的写作能力

从中学阶段语文课程教学大纲中，我们可以了解，经过这些阶段的学习及训练，在写作方面，高中毕业生应该已经具备写作记叙文、说明文、议论文和一般应用文的能力。他们应能善于观察生活，对自然、社会和人生有自己的感受和思考，能有意识地考虑写作的目的和对象，负责地表达自己的看法；可以根据自己的特长和兴趣写作，在自由作文中能有个性、有创意地表达；文章能做到观点明确，内容充实，感情真实健康；思路清晰，材料选取围绕中心，结构合理安排；能根据表达的需要，恰当运用叙述、说明、描写、议论、抒情等表达方式，并能展开丰富的联想和想象；能调动自己的语言积累，推敲、锤炼语言，文章语言做到规范、简明、连贯、得体；还能自主选择恰当的课题，制订研究计划，运用调查、访问、讨论、查找资料、网上检索等多种方式，进行研讨，形成论文等成果。

如果所有进入大学的高中毕业生在写作上都能达到中学教学大纲所

规定的程度，那他们在大学阶段确实可以不再通过专门的课堂学习去提高写作能力，但许多大学新生的写作能力实际水平却并未达到中学教学大纲所要求的程度。

如果对这些年我国各地高考作文命题进行分析，可以发现，我们对中学生作文能力的考察，侧重于他们的议论文写作能力，富于文学色彩的表达能力，在写作中能否表达进步、健康的思想情感。高考作文命题的模式直接影响着中学教师的写作教学及学生平时作文训练的方式方法。实际上这样的教学与训练已对教学大纲所提出的写作要求进行了很大程度的压缩，尽管如此，每年高考的优秀作文所占比例并不很高。在当前我国高等教育已经成为大众教育的现实环境下，一定有许多达不到教学大纲写作能力要求的同学由于总分优势进入了重点院校的非中文专业，在一般院校或高职类院校中，写作能力有待加强的学生当会更多。

如果用大学生将会面临的工作与生活中各种对写作能力的需求，来对照中学教学大纲对中学生写作能力的要求，来对照高考作文对考生的要求，我们会发现，即使是在中学阶段写作能力较强的学生，高考作文能轻松拿高分的学生，如果在大学阶段忽视对写作能力的继续提升，他们在大学阶段以及毕业后的学习、工作、生活中，仍将遇到因写作能力欠缺而导致的各种困难。

可以说，对大学生而言，无论你在中学阶段是否已掌握了较丰富的写作知识、是否已拥有了较强的写作能力，在大学学习中，仍要既根据自己的特长与兴趣，又根据学习、工作、生活的需要，加强对写作知识的积累，加强对各类文体的写作训练，扎实提升自己的写作能力。

二、大学生应具备哪些写作能力

写作是实践的产物，文章体裁的形成有一个不断发展、变化的历程，至今没有一个十分确定不变的文体分类，但从写作方法、内容特征及社会功用几个方面加以综合分类，可大致分出以下五大类别：一是"文学体"，包括诗歌、小说、散文、戏剧等；二是"新闻体"，包括消息、通讯、新闻评论、特写等；三是"学术体"，包括学术论文、科研报告、毕业论文、学位论文等；四是"公文体"，包括通用公文和专用公文，其中通用公文如公报、命令、指示、决定、决议、公告、通告、通知、会议记录、计划、总结等，专用公文如合同、市场预测报告、市场调查报告、技术鉴定书、诉状、判决书等；五是"常用体"，包括宣传类、礼仪类、书函类、条据类等，其中宣传类如讲话稿、演讲稿、解说词、启事等，礼仪类如请柬、贺词、题词、感谢信、慰问信、讣告、悼词等，书函类如申请书、倡议书、建议书、介绍信、证明信、一般书信等，条据类如便条、假条、借条、留言条等。

以上五类文体中的后四类又可统称为应用文体，与第一类的"文学体"在社会功用方面有很大区别。文学作品主要通过形象化的情感表达、人物塑造令读者在产生美感反应的基础上起到感染、启迪、愉悦读者的非实用作用，而应用文体主要是通过各种文体的制作实现文章的各种实用价值，这些文体一般都有较为规范的格式，所涉事、理等材料要求真实不虚，写作语言讲究平易朴实。

在针对中学生的写作教学中，基本是按主要写作手法不同，进行记叙文、说明文、议论文等类文体的写作训练，此外还有简单的新闻文体如消息及少量的应用类文体如书信、申请书、社会调查等文体的写作训练。对于仅经过中学写作训练的大学生而言，他们所具备的写作能力基础主要是掌握一般的记叙文、说明文、议论文写作知识，进行过相应的千字左右的对应文体训练。少量有写作兴趣的同学经过文学范文的学习，能进行一些文学文体的创作尝试。更少量的同学，能在掌握各种写作表达方法的基础上，尝试进行研究性的社会科学论文写作或科技论文写作。

如果说，文学写作对大学生而言，更多需要兴趣爱好，对他们今后的生活、学习和工作来说并非必具的能力，而许多实用文体的写作，是大学生在今后的生活、学习和工作中必须熟练驾驭的，而对各种实用文体的了解以及写作训练，在中学阶段落实得少之又少。如果到了大学阶段甚至大学毕业后，我们的大学生还不能掌握有些重要实用文体如论文、公文的写作，那么，他们甚至都无法顺利毕业，也无法胜任他们的工作。因此，在大学阶段，大学生们应该了解自己在今后的生活、学习、工作中应知应会哪些实用文体，并进行大量的实用文体写作训练，以适应大学及未来生活、工作的需要。

大学生在大学阶段应通过学习、训练具备哪些写作能力？可以说，一个合格的大学毕业生，应该对上文列举的"新闻体""学术体""公文体""常用体"等各体应用文都知道其基本写法，并有意识地进行尽量多的各类文体训练。如果要面面俱到地对各种文体详加介绍，非得要用一套丛书的篇幅不可，这里不必要进行文体知识介绍，只要同学们认识到了我们应该具备这样一些写作知识，无论是网络还是书店、图书馆，有的是介绍这些文体的写作方法的文章和书籍，同学们不妨在手头准备三五本新版的《大学生应用文写作》之类的教材，参照研读。在了解有关知识的基础上，结合自己的大学生活及专业学习，有意识地进行写作训练，一定会有益于自己在大学及今后生活、工作中的写作需要，帮助自己更顺利地完成学业、更好地胜任今后的工作。

当然，在我们的高等学校教育培养目标中，一直强调要将学生培养成人文素养及专业素养全面发展的人才，对写作能力而言，其中之意，应不仅包括要求我们的大学生应该具备写作各体应用文的能力，也具备一定的文学写作能力。具备文学写作能力，虽不是对大学生的必要要求，但如果有这种兴趣和能力，一定会使我们工作与生活在务实之外，增添更多的诗意及美感！

作为一名长期从事大学语文教学，对大学新生的写作能力实际情况比较了解的教育工作者，笔者在这里再次呼吁我们的高校办学者重视非文学专业大学生的写作能力提升，通过开设写作或应用写作必修课或选修课的方式，引起学生对写作能力提升的重视！笔者也再次提醒大学生们注意，无论有无学分需要，大学阶段写作能力的再提升是万万不能忽视的，希望你们在宝贵的大学学习阶段，在加强专业学习、提升专业能力的同时，提升自己的写作能力特别是应用写作能力！

（原刊于《写作》2015 年第 11 期）

（周德梅，文学硕士，副教授，主要研究方向为大学语文教育。）

现代应用文研究之反思

胡胜强

摘　要：回顾和反思现代应用文的研究所取得的成绩、存在的问题以及应用文研究的出路，是非常必要的而且是当务之急。本文认为主要有以下几个问题困扰着应用文的研究：应用文发展史的研究犹抱琵琶半遮面，应用文的理论为他人作嫁衣，应用文的批评如隔靴搔痒，应用文的研究队伍对应用文的研究钟情者寡。本文重点讨论以上问题及诸问题产生的原因。

关键词：应用文；研究；反思

作为"经国之大业"的应用文，应现代社会活动的"用"而得到空前的发展和广泛的重视。随着我国市场经济的蓬勃发展而取得的瞩目成就，作为指导应用文的"用"和促进、规范应用文发展的理论研究，也令相邻学科刮目相看。自 20 世纪 80 年代起，应用文的研究经历了三个历史性阶段：一是普及阶段，在这一阶段里，写作界的同仁们以极大热情编撰了一大批教材和论文。现在重新审视这些教材和论文，尽管质量有不尽如人意之处，但在特定时代和特定环境里，对社会各阶层认识和重视应用文起到了不可估量的作用。二是文本研究阶段，这一阶段是由普及到提高的阶段。写作界的同仁们对传统的应用文文种进行了一次大规模的梳理，其目的是为了使应用文更适用、更便捷、更规范。三是理论构建阶段，这一阶段由写作界具有一定影响力的学者、专家组成团队，深层次地研究和探讨应用文的结构、方法、技巧以及试图构建应用文研究的理论框架。这三个阶段所取得的成就凝聚了应用写作界同仁们的心血和智慧，是一笔巨大的精神财富和精神遗产。法国著名哲学家雅克·德里还有句名言："对于遗产，最忠诚的方式就是不忠诚。"为了适应应用文的使用和研究的信息化、数字化时代社会政治、经济、文化发展的需要，为了使应用文学科建设的发展上新台阶，在学科殿堂里能和其他学科一样光彩照人，回顾和反思现代应用文的研究所取得的成绩、存在的问题以及应用文研究的出路，是非常必要的而且是当务之急。笔者经过长期思考，认为主要有以下几个问题困扰着应用文的研究：应用文发展史的研究犹抱琵琶半遮面；应用文的理论为他人作嫁衣；应用文的批评如隔靴搔痒；应用文的研究队伍对应用文的研究钟情者寡。本文重点讨论以上问题及诸问题产生的原因，限于篇幅，如何解决以上问题另文论述。

一、应用文发展史的研究是犹抱琵琶半遮面

应用文是一个非常古老的学科。中南财经政法大学的郭道扬先生在他的《中国会计学发展史》里，通过考证认为结绳是借条的雏形。根据郭道扬先生的观点以及诸多考古专家的考证，应用文的产生可以追溯到文字产生之际，也就是说，人们创造了文字的同时也创造了应用文。为数众多的专家学者普遍认为现存最早的文献——《尚书》是一部应用文专集。这样一个古老而源远流长的"学科"，它的发展博大精深，它的理论汪洋恣肆，这是不争的事实。然而时至今日，应用文却不能成为一个独立的学科，甚至得不到其他学科的认可不得不委身于其他学科之下，这是应用文的悲剧，也不能不说是应用文研究者的悲剧。

我们先不去管理科、工科这些后于应用文产生的学科发展得如何迅猛，仅就相邻学科而言，它们在学科的"聚义厅"里都堂而皇之地有一

把交椅，应用文则被拒之门外。为什么？第一，应用文的研究始终停留在感性经验的层面上。反思过去的研究成果，大多是对应用文的文体进行客观的、静止的探讨，不是说这种研究和探讨毫无意义，而是这种研究探讨无法跃上科学理论的层面，凭借感性经验无法和文学写作研究的"高深"水平相提并论。到目前为止，我们还没有看到一部理论性、综合性、实用性很强从而得到应用学界以及其他学科普遍认可的理论专著，这就和其他学科形成了巨大反差。第二，应用文的研究缺乏史的承载。任何学科的产生、发展都离不开历史的传承和积淀。应用文是一个非常古老的学科，但从研究的成果里我们却很难看到这种历史的演变以及深重的理论知识积淀。如果离开了应用文发展史的研究，应用文研究就如同散兵游勇，很难起到攻坚和收复失地的作用，且影响甚微。应用文发展史如同大吕洪钟，我们期待它的轰鸣，也期待它能让其他学科震惊。回眸应用文的相邻学科，文学有"文学发展史"，文学理论有"文学理论批评史"，即使是改革开放以后发展起来的新学科，也同样有它的史：新闻有"新闻学发展史"，广告学有"广告学发展史"，传播学有"传播学发展史"。而应用文发展史时至今日还犹抱琵琶半遮面，迟迟不能露出它的尊容，这的确是应用文研究的一大缺憾。造成这种缺憾的原因很多：一是应用文的古老既给应用文的研究提供了丰富的历史资料，同时也增加了研究史的巨大难度。二是应用文的文种之多尽管给应用文的研究提供了广阔的空间，但它庞杂的文种增加了史的梳理的难度。三是应用文作者的隐蔽性和不确定性也给应用文发展史的研究带了极大的困难。这些客观存在的难度较其他学科要大得多。但我们并不能因此作壁上观，甘心用邻近学科的理论来整合应用文。

二、应用文的理论为他人作嫁衣

曹丕在《典论·论文》里论述文体时说："夫文，本同而末异。盖奏议宜雅，书论宜理，铭诔尚实，诗赋欲丽。此四种不同，故能偏也；唯通才能备其体。"曹丕所列的四种，其中三种是应用文。陆机在《文赋》里也谈到了类似的观点："体有万殊，物无一量，纷纭挥霍，形难为状……诗缘情而绮靡。赋体物而浏亮。碑披文以相质。诔缠绵而凄怆。铭博约湿润。缄顿错而清壮。颂优游以彬蔚。论精微而朗畅。奏平彻以闲雅。就炜烨而谲诳。"陆机所列十种中有八种是应用文。可见在古人的眼里，应用文的分量是非常重的。古人如此钟情应用文，可以断言，他们对应用文的总结、研究一定很多。只是我们缺乏应有的挖掘和研究，以至于被其他学科广泛使用甚至据为己有。荀子在《荀子·正名》中论述文章功用时说："辩说也者，心之象道也。心也者，道之工宰也。道也者，治之经理也。心合于道，说合于心，正明而期，质请而喻。辨异而不过，推类而不悖；听则合闻，辨则尽故。以正道而辨奸，犹以绳持曲直，是故邪说不能乱，百家无所窜。"荀子在这里强调了文章作用的重要，而这里所论述的主要是指应用文的作用。这样的理论我们常常在文学理论里看到，可以说，在所有的古代文学理论教科书里都收集了这一论述；相反，在应用文的教材、专著以及文章中从没有发现。我们现在谈应用文的作用时，很有代表性的是洪威雷先生在《应用文写作概论》中论述的直接作用和间接作用，而这种理论也是从文学理论里借用过来的。刘勰在《文心雕龙·时序》中论述文章体制时说："故知变染乎世情，兴废系乎时序，原始以要终，虽百世可知也。"任何文种的产生发展以及变化乃至死亡都与时代的发展变化以及需求有关，这是不争的事实。很明显，刘勰在这里论述的是应用文，因为他每当论述文学时，常常使用文学的描写手法。即使如此，也同样被文学理论学科据为己有。难道说只有文学是"文章应时而生，体各有当"（姚华《弗堂类稿》），应用文则万古永存？但我们在阐述应用文的变化时，却很少有人用刘勰的话作为论据，难道我们自己也认为应用文乃"艺文之末品"，不敢堂而皇之地运用古人总结研究应用文的成果。再如，刘勰在论述应用文收集材料时的精辟论断也被文艺理论界的人收集到古代理论里，刘勰在《文心雕龙·事类》中说："夫山木为良匠所度，经书为文士所择，木美而定于斧斤，事美而制于刀笔，研思之士，无愧匠石矣。"这该是在论述应用文的材料的收集和处理吧！即使是这么明确的应用文的古代理论也同样被收集到古代文艺理论里。这样的例子举不胜举，为什么会这样呢？问题在于：第一，人们认为应用文是文艺之末品，而忽视了它经国之大业作用。自古以来对应用文重实用、轻研究形成了无形的定律(改革开放以后，另当别论)。所以，古人对应用文的论述都散见在汗牛充栋的典籍中，即使是在对古代文化进行大梳理的清代，也没有人对应用文的理论进行整理，这可能是受刘勰"艺文之末品"这个观点的影响。第二，人们认为应用文言之无文，行之不远。尽管应用文可以治国安邦，人们的生活也离不开应用文，但在大多数人眼里，它仍然是"末品"，是"小技"，不足以登大雅之堂；而且从事这种科学的研究，很难成名、成家。应用文和诗、词、歌、赋、小说以及语言学、文学批评等研究相比，很难达到那种色彩纷呈、文采激扬而高深莫测的境界，也同样很难引起社会的关注和共鸣。尤其在商品经济社会里，从事应用文的写作和研究不可能成为一种自由职业而养家糊口，但诗、词、歌、赋、小说却可以。第三，从事应用文研究的人大多朝三暮四。可以这么说，现在从事应用文研究的群体里，为数可观的人不是兴趣使然，而是职业使然。兴趣是研究问题的强大动力，精神是力量的源泉。没有兴趣或兴趣索然，人们对所研究的问题就不可能很深入，也很难持久，更不会花毕生的精力对一个自己不感兴趣的课题整日埋头研究，做难以成名或难以成家的牺牲。正因如此，没有人花大力气去挖掘和整理应用文理论，应用文理论顺理成章地成了其他学科的财富。现在时代不同了，应用文的研究者可以和其他学科的研究者一样成名、成家，影响远播。且看南京大学教授裴显生先生、华中农业大学教授余国瑞先生等，他们或钟情应用文研究，或穷毕生精力，所做出的成绩令人叹为观止。只是像这样的人为数寥寥，我们呼吁更多的人把应用文的研究作为终生职业，到那个时候，我们就有力量争得应用文所应有的地位，再也不会求全于别的学科，而可以名正言顺地跻身于学科"聚义厅"里。

三、应用文的批评如隔靴搔痒

什么是应用文批评？应用文的标准是什么？到目前为止，很少有人讨论此问题。应用文批评的标准是由应用对象决定的，根据应用对象的发展变化而更好地为其服务。如果说这个批评标准可以成立，那么就可以给应用文批评一个定义：应用文批评是对应用文实践的总结，根据应用对象的发展变化，从理论的高度指导应用文的发展趋势及应用、研究，使其更规范、更准确、更简洁、更实用。这个定义落脚在"用"上，批评的目的当然是为了更好的用。应用文批评古已有之，曹丕在《典论·论文》中说"盖奏议宜雅，书论宜理，铭诔尚实……"。很明显，曹丕是从写作风格上对奏议、书论和铭诔进行批评。我们回眸《写作》《应用写作》《文秘写作》这三个写作界的主要杂志，近年来，其发表的批评文章大多是从微观的角度对某些问题进行批评。这样的批评或无的放矢，或顾左右而言他，难以切中要害。因为它没有明确应用文批评的标准，当然也很难站在理论的高度，高屋建瓴地对某个问题进行正确的指导或引导。任何学科的发展都离不开批评，没有批评就很难有提高。批评是博众家之长、集思广益的一种学术活动过程，而应用文研究在这方面尤其要倡导，要加大力度，大宣批评之风，促进应用文的发展和提高。尤为突出的是，应用文研究的批评文章不仅质量不尽如人意，而且数量上少得可怜。当我们翻开《写作》《应用写作》《文秘写作》杂志时，很难看到有应用文的批评文章。作为一个学科，这是一种很不正常的现象。应用文的涵盖面极其广泛，随着形势的发展变化，会产生很多新文种，也有很多文种退出历史的舞台。在这一过程中，很多问题是需要相互探讨、研究的。再者，即使是对传统的文种，学术观点也不可能那么统一，很多问题是见仁见智的，不可能像现在这样风平浪静。何况那些随着市场经济的发展而产生的新生文种更需要众多的人参与研究、讨论，集思广益，引导这些新鲜文种健康地发展。反观其他学科，对一些重大的理论观点尤其是热点理论问题常常进行广泛而深入的讨论，也常常可以看到某个人在讨论同一个问题时发表"研究""又研究""再研究""商榷""又商榷""再商榷"等文章，学术氛围非常浓厚。而在应用文研究领域，却很难看到这种现象，这不仅是学术成果多寡的问题，而是学术氛围、学术理念的问题。就具体问题论述具体问题，当然也可以解决具体问题，但始终难以达到解决根本问题的目的。我们可以把具体问题比作为现象，现象是各种各样的，很难得到众多学者的认同，解决现象的根本就使其上升到本质的高度。因为本质是真理，本质是从现象里抽象出来的，是理论结晶，必然会得到大家的认同。应用文批评应该从对具体问题的批评里走出来，去解决重大的理论问题。当前应用文学科的发展，亟须展开广泛的、深入的讨论和批评，亟须众多的、解决重大理论问题的讨论和批评，而不是那些隔靴搔痒的批评。

四、应用文研究钟情者寡

我国有一个庞大的应用文教学和研究队伍。据 2004 年统计，仅副高以上职称的教师就有近 5000 人，仅高校从事应用文教学和研究的人员不少于 8000，实际工作部门的人数就无从统计了。这个队伍的数量和其他很多学科相比，有过之而无不及。这是应用文受到社会重视最好的注脚，也给应用文的教学和研究提供了空间的有利条件，更是应用文教学和研究得到社会充分认可的佐证。但是，数量尽管非常可观，可真正埋头故纸、潜心研究、深入实践、广泛调查并为之终生痴迷者又有几人？很多人是因为职业有限，无可奈何，身在曹营心在汉。用"满园春色关不住，一枝红杏出墙来"这一联诗来形容应用文队伍里的一些同志，再恰当不过了。随着社会的发展，应用文的教学、研究会越来越受到社会的重视，也必然会有很多人由对应用文不感兴趣而逐渐产生感情，以至一往情深。因为应用文教学和研究的前景越来越光明；因为应用文是一个古老而年轻的科学，可以天高任鸟飞，海阔凭鱼跃，这个学科宽广而深邃，可以大显身手；因为现代社会人们的生活越来越离不开应用文，也必将对应用文越来越重视；因为随着现代技术不断发展，给应用文的教学和研究提供了非常便捷的条件，如古人对应用文的论述大多散见于典籍之中，像散落在草丛中的珍珠，得花大气力方能找到一颗，现在利用电脑这个先进的工具去查找，会事半功倍；因为应用文教学、研究领域里的前辈们、权威们已经做出了榜样，用他们的研究成果告诉了人们，应用文的教学、研究大有可为。

但是，目前的现状却使人担忧，教育的发展给应用文的发展创造了空前的机遇，同时也分化了应用文的师资队伍，造成了青黄不接的局面。现在很多高校在原来基础写作课的平台上，发展成立了相关的学科，如新闻、广告、传播等专业，由原来的教研室或系一变而成为院，大多年轻教师转型从事其他专业。如中南财经政法大学原来从事应用文教学和研究的教师有二十多人，成立了新闻系继而成为学院后，从事应用文教学和研究的专职教师只有十人。教学任务惊人的繁重，成天应付教学都力所不及，更无时间进行研究。而在这十人中，或研究古典文学，或研究文字学，或研究现当代文学，或研究外国文学，或研究散文，真正终生研究应用文者寥寥，这种现象在全国的大专院校中普遍存在。担忧之二是，应用文的教学属于基础课，往往很难得到学校的重视，有的学校甚至把它看做是跑龙套的配角，在评职称、加工资以及政治地位、生活待遇上比专业课的老师要低一层次。担忧之三是，应用文的研究出成果慢且很难一鸣惊人，故而也很难得到同行或其他学科的认可，因为它毕竟是基础学科，知之者甚众，高深者何寡。这些都是客观原因，客观不是主要的，关键是主观因素。很多人缺乏对应用文教学、研究重要性的考虑，缺乏对应用文教学、研究光明前景的充分认识。我们可以回顾一下现在在应用文学科里大有建树的学者，如华中农业大学教授、世界现代应用文研究会副会长兼秘书长余国瑞先生，他对应用文的教学和研究可谓一往情深，终生为之耕耘，取得了丰硕的成果，使人折服。南京大学教授、全国写作会会长裴显生先生，尽管应用文研究不是他的专业，但他钟情应用文，在应用学科产生了举足轻重的影响。再如应用学会会长、湖北大学教授洪威雷先生，行政学是他研究的专业，但他也对应用文的研究做出令人叹为观止的贡献。所以，只要我们钟情应用文的教学和研究，并持之以恒，就会取得丰硕的成果。

（原刊于《新闻与文化传播论丛》第 3 辑，中国财政经济出版社 2006 年版）

（胡胜强，教授，主要研究方向为应用文。）